POLJAK WLASSOWETZ

LITIOTOPIA

Für Marta

›Wir sind eine Gesellschaft der Einsamkeiten, die sich begegnen und wieder verlieren, ohne sich gegenseitig zu erkennen. Das ist unser Drama, eine Welt, die für das Auflösen von Bindungen organisiert ist und in der der andere stets eine Bedrohung, nie aber ein Versprechen ist.‹

Eduardo Hughes Galeano

›Glückliche Jahrhunderte, glückliches Zeitalter, dem die Alten den Namen des Goldenen beilegten, und nicht deshalb, weil das Gold, das in unserm eisernen Zeitalter so hoch geschätzt wird, in jenem beglückteren ohne Mühe zu erlangen gewesen wäre, sondern weil, die damals lebten, die beiden Worte dein und mein nicht kannten. In jenem Zeitalter der Unschuld waren alle Dinge gemeinsam.‹

Miguel de Cervantes Saavedra

LIMA
URUBAMBA
WILLKAPAMPA
QUSQU
PERU
TITIQAQA
PAZIFIK
CHILE

BRASILIEN
BOLIVIEN
LA PAZ
ALTIPLANO
COCHABAMBA
POTOSÍ
SALAR DE UYUNI
UTURUNCU

KAPITEL 1

Europa. Berlin. 2029.
Ich versinke in meinen Erinnerungen. Amaru und Tika.
Ihre Wünsche. Ihre Utopien. Ihr Wahn.
Alles, was ich weiß, weiß ich von ihnen.
Tika und Amaru. Unteilbar. Jedes Wort und jede Lüge.
Ihre Hinterlassenschaften, meine Vermutungen und
Schlussfolgerungen sind nur kaleidoskopische Verwerfungen
und zugleich alles, was mir von ihnen geblieben ist.
Mein Körper wird schläfrig.
Der fantasierende Geist erwacht.

*

Sieben Tage und sieben Nächte plagte Amaru ein wiederkehrender Traum, bis er sich dazu entschied, diese taumelnde, diese aus ihrer Bahn geglittene Welt zu verlassen. Eine mysteriöse Müdigkeit, eine fundamentale und einsame Erschöpfung hatte ihn zuvor befallen, und so hatte er sich seinem Traum, von dem er nach jedem Erwachen etwas mehr zu verstehen glaubte, wehrlos hingegeben. Erst am achten Tag war es Amaru möglich, sich von seiner Lethargie zu befreien, die Überreste seiner Existenz in seinen Manteltaschen zu verstauen und dem im Schlaf vernommenen Hilferuf zu folgen. Niemals war er sich eines Vorhabens so sicher gewesen, denn noch nie hatte er ein derartiges Verlangen empfunden.

Nachdem ihn sein Traum das erste Mal heimgesucht hatte und Amaru zu sich kam, streifte ein von Sonne und Mond geschaffener Lichtstrahl über sein entgeistertes Gesicht. Das trübe Licht, das die in Größe und Leuchtkraft sich gleichenden Himmelskörper in seine Wohnung warfen und das weder dem Tag noch der Nacht klar zuzuordnen war, hielt Amaru in einem Dämmerzustand zwischen Wachen und Träumen gefangen. Wahllos rauschten Sequenzen an ihm vorüber, Fragmente, deren Bedeutung er nicht erfassen konnte. Für gewöhnlich mochte Amaru diesen Moment der Unentschlossenheit, der vom Zwang, sich entscheiden zu müssen, befreit war, dieses für wenige Sekunden anhaltende Schweben, wenn der Körper selbst bestimmt, ob er auflebt oder der Realität fernbleibt, und das sich mit den ersten Lidschlägen oder Störgeräuschen verflüchtigt. Aber diesmal breitete sich eine Unruhe in seinem Körper aus, die ihm klar werden ließ, dass er aufwachen musste.

Vergeblich versuchte Amaru, die ihn durchdringenden Bruchstücke seines Traumes zu ordnen. Je mehr er sich bemühte, desto stärker sträubte sich sein Körper. Seine Glieder verkrampften. Sein gehetzter Atem drang durch Mund und Nase aus, wie ein wild schnaubendes Tier rang er nach Luft. Amaru spuckte und stöhnte. Er stammelte Worte in einer Sprache, die er nicht kannte, und warf seinen dröhnenden Kopf hin und her. Als es ihm gelang, die Bewegung seiner Augen zu kontrollieren und sie auf seine schmerzenden Fersen zu richten, sah er offenes Fleisch. Er spürte die Wärme des blutgetränkten Lakens, Panik befiel ihn und er betastete seinen Körper. Hämatome. Kratzer. Überall. Amaru drückte seine Handflächen auf seinen Brustkorb und dämpfte damit den Widerhall seines Herzens, das sich verlangsamte und nach einigen Schlägen stillzustehen schien. Seine Atmung verflachte. Das Sonnenmondlicht versiegte. Während er dalag, hilflos wie ein Sterbender, überfielen ihn Erinnerungen, die nicht von dieser Welt waren.

Amaru fror im Wind, der über die karge Ebene zog und unter der schwarz gewordenen Sonne zwei Menschen ausformte. Er hörte das schrille Gelächter der Gold fressenden Götter, sah ihre von Gier entstellten Gesichter. In einer weißen Salzwüste zuckte eine amputierte Zunge vor seinen Füßen und färbte die Landschaft dunkelrot. Ein Prozessionszug pilgerte einen Vulkankrater hinauf, wo eine Frau von einer Menschenmenge gesteinigt wurde und im letzten Augenblick nach ihm rief: »AMARU!«

Ihr Todesschrei, der so energisch war, dass Amaru das Zerreißen der Stimmbänder hören konnte, und der unter dem dumpfen Ton der aufschlagenden Steine hätte verstummen sollen, ließ ihn aufschrecken. Ein Echo hallte durch seine Wohnung, und Amaru drosch auf seine Ohren ein, woraufhin sein Name in ein monotones Pfeifen zerfiel. Das durch die Wucht seiner Schläge einsetzende Stechen war ihm Beweis genug, dass er wach lag. Ein verstörender Traum hatte ihn übermannt, ein willkürliches Spiel der Gedanken. Er selbst musste im Halbschlaf seinen Namen gebrüllt haben. Die übrigen Verletzungen konnten allein die Folgen eines Sturzes sein, an den er sich nicht mehr erinnerte. Womöglich hatte der zu einer Gehirnerschütterung geführt und seine körperlichen Symptome verursacht. Amaru war froh, nun halbwegs klare Gedanken fassen zu können. Er konzentrierte sich und versuchte, sich zu entsinnen, was er vor dem Schlafengehen getan hatte. Ohne Anhaltspunkt driftete er durch einen uferlosen Nebel. Das Einfühlen in seine innere Leere strengte ihn zu sehr an und deshalb gab er es in der Hoffnung, dass ihn das Geschehene von selbst einholen würde, wieder auf.

Mit der Zeit ließ der Schmerz in seinen Gehörgängen nach. Ein leichtes Schwindelgefühl blieb übrig. Amaru wollte sich aufrichten, aber sein Körper war schlaff und ausgezehrt, als ob er überhaupt nicht geschlafen hätte, sondern unablässig gerannt wäre. Er dehnte seinen Kiefer und streckte seine geschwollene Zunge heraus. Sein Mund und seine Kehle waren ausgetrocknet, zu sprechen war ihm unmöglich. Den unsinnigen Impuls, um Hilfe zu schreien, hätte er ohnehin unterdrückt. Er war ein Mann von fast 45 Jahren, der allein zurechtkam und schon lange keines anderen mehr bedurfte. Mühsam drehte er seinen Kopf zur Seite und schaute durch die offen stehende Flügeltür ins Wohnzimmer. Sein Blick verharrte minutenlang. Dann nahm er zögerlich die Bewegung eines durch den Raum gleitenden Schattens wahr.

Amaru kniff die Augen zusammen. Die Konturen verdichteten sich. Der vage Umriss gewann an Gestalt. Amaru erschrak, als er erkannte, dass jemand in seiner Wohnung umherschlich. Er war sich bald sicher, dass die Schattengestalt sich allein glaubte und nach irgendetwas suchte. Immer wieder verschwand sie aus seinem Blickfeld. Ihre Bewegungen wurden hektischer, wodurch der Holzboden laut knarrte. In Amaru stieg Zorn auf, als er sah, wie der Eindringling seine Aufzeichnungen vom Schreibtisch wischte, die Schubladen seiner Kommoden öffnete und sie auf dem Boden zertrümmerte. Amaru rief ihm zu, er solle aufhören und abhauen, doch er war bloß zu einem unverständlichen Lallen imstande, das dieser tobende Mensch nicht hörte. Ungestört riss er die Bücher und Schallplatten aus den Regalen, zerrte die Gardinen aus ihren Halterungen und ging auf den Balkon. Amaru wollte die Gelegenheit nutzen, ihn überraschen und niederschlagen, aber bevor er sich regen konnte, kehrte der Eindringling bereits zurück.

Er setzte sich aufs Parkett, lehnte seinen Rücken gegen die Wand und begann vor sich hinzureden: »Ama qhilla. Ama llulla. Ama suwa.«

Wieder und wieder flüsterte er diese Worte, deren Klang Amaru vertraut erschien, obwohl er die Bedeutung des Gesagten nicht verstand. Die Langsamkeit, mit der er sprach, und das fehlende Volumen seiner Stimme verrieten Amaru zumindest, dass dort ein alter Mann hockte. Amaru seufzte vor Erleichterung, denn er war sich sicher, dass er einen Alten, trotz seiner Erschöpfung, überwältigen konnte. Mit den Unterarmen stemmte er sich von der Matratze hoch. Mehrmals atmete er ein und aus, um dem Schwindel entgegenzuwirken. Dann wankte er auf den Alten zu, der sein Kommen nicht registrierte. Eine Armlänge von ihm entfernt, dazu bereit, über ihn herzufallen, musterte Amaru sein Gegenüber genauer.

Das ledrige Gesicht des Alten war von Furchen durchzogen. Es war abgemagert und mit den hohen Wangenknochen glich es einem Totenschädel. Ein Wollumhang bedeckte seinen buckligen Körper. In seinem Schoß lag ein entwurzelter Kaktus. Seine schmutzigen Finger umgriffen die Dornen, zupften sie heraus, und er schälte das Gewächs mit den Nägeln. Er zog Faser um Faser ab, und als er das Fruchtfleisch freigelegt hatte, biss er wie ein Ausgehungerter hinein.

Dies war nur ein verwirrter Greis, und Amaru empfand Mitleid mit ihm, der taub und blind zu sein schien. Nachsichtig strich er ihm über die pochenden Adern auf seinen Handrücken.

Der Greis hob den Kopf. In seinem Mund hechelte ein Zungenstumpf. Er stierte Amaru an, fletschte die Zähne und stürzte auf seine Kehle zu.

Knöcherige Finger quetschten Amarus Luftröhre zusammen. Überrumpelt ging er zu Boden. Unter der Wucht des Aufpralls und dem nicht nachlassenden Würgegriff des Alten verlor er das Bewusstsein.

Am Ufer einer öden Insel kam Amaru zu sich. Er war von einem See umgeben, den schneebedeckte Berge am Horizont begrenzten. Kein Wesen kreuzte den dämmrigen Himmel oder kroch über den steinigen Grund. Nichts verleitete das Wasser zu einer Regung. Amaru war, als hielte die Natur inne, als nähme sie sich eine Auszeit von der Last, ständig sein zu müssen. In der Annahme, er könnte diesen Ort durch sein Handeln wiederbeleben, stieg er die Böschung hinauf. Aber diese Welt verlangte nach keiner Reanimation. Ihr lag vielmehr daran, aus dem Zustand der Reglosigkeit heraus, in jenem Moment Neues zu gebären.

Jenseits des Ufers erblickte Amaru eine Ebene, auf der sich Sonne und Mond, in ihrer Mächtigkeit gleichend, einander näherten und sich Seite an Seite niederließen. Ein grelles Licht blendete Amaru. Die Gluthitze der Sonne vermengte sich mit der trockenen Kälte des Mondes, der einen verführerischen Duft verbreitete. Das Aroma von verbranntem Schießpulver lag in der Luft. Sein Gegenüber konnte nicht anders, als ihm zu verfallen. Die Sonne schlang ihre Plasmastrahlen um ihn, zog den Trabanten zu sich heran, sodass sie aufeinanderlagen und eins wurden. Der Himmel verdunkelte sich. Die Welt geriet in Bewegung. Der scharfkantige Fels erzitterte und schlitzte Amaru die Fersen auf.

Kosmisch kalte Böen rauschten über das Land. Auf dem in Erregung geratenen See türmten sich Wellen auf, rollten heran, schlugen gegen das Ufer und ihr Schaum spritzte über die Insel. Wo der glühende Kranz der schwarzen Sonne die Erde berührte und auf die Gischt traf, erhoben sich zwei Felsen, die der Wind zu Menschen ausformte. Ihre im Schein der Korona glänzende Haut schmiegte sich um ihren vollkommenen Körper, sinnlich und rein. In ihrer Haltung drückten sich eine Erhabenheit und eine Zuversicht aus, die Amaru kaum ertragen konnte. Sein Glied schwoll an und er lechzte danach, mit diesen Menschen zu verschmelzen. Mit ihm. Mit ihr. Gemeinsam. Sich seiner Lust schämend presste er die Handflächen auf seine Augenhöhlen. Doch seine Begierde zwang ihn dazu, dieses orgastische Ereignis zu betrachten. Seine Finger schoben sich auseinander.

Die neuen Menschen sahen sich an, neugierig, was ihre Schöpfer mit ihnen vorhatten. Sonne und Mond verströmten im Gleichklang Worte, die Amaru nicht einschätzen konnte, da er die Sprache dieser Welt nicht beherrschte. Die von den Urgewalten Gezeugten, Mann und Frau, Bruder und Schwester, Liebender und Liebende zugleich, verstanden hingegen und unterwarfen sich den Weisungen. Sie wagten erst aufzustehen und sich in Bewegung zu setzen, als sich die Himmelskörper aus ihrer Umschlingung gelöst und einen ebenbürtigen Platz am Himmel eingenommen hatten. In ihren Händen hielten die Menschen einen goldenen Stab, mit dem sie die Festigkeit des Untergrunds prüften. Nach drei Schritten wiederholten sie diesen Akt, nur um festzustellen, dass der Boden zu hart war und ihr Stab nicht eindringen wollte.

Amaru folgte ihnen im Abstand eines Ergebenen, und so liefen sie über die Insel, bis sie irgendwann müde wurden und am Eingang einer Erdspalte rasteten. Eine Wolkenwand rauschte vom Himmel herab. Unter ihrem Donnern schliefen sie ein. Der Andenwind peitschte über die Hochebene und über Amarus spröde Lippen. Auch er war erschöpft. Er schlich zu ihnen und zwängte sich zwischen die beiden nackten Körper. Haut an Haut. Die Umgebung zerrann im Regen, und Amaru fiel in einen Traum.

Vom Balkon blies ein Luftstrom in die Wohnung herein, der Amaru weckte. Auf dem Boden liegend griff er sich an den Hals. Die Atemnot und die ihn erdrückende Schwere hatten sich gelöst. Er stand wie ein Neugeschaffener auf und durchsuchte seine verwüstete Wohnung nach dem Einbrecher. Das Ausmaß seiner Zerstörungswut war irrsinnig. Die Bilder waren von den Wänden gerissen, eine einzige Malerei hing noch an ihrem Platz. Der Greis hatte alle elektronischen Apparaturen in ihre Einzelteile zerlegt und das Badezimmer zerschmettert. Amaru betrat die demolierte Küche. Ein Fliegenschwarm schwirrte ihm entgegen. Irgendetwas Fauliges verpestete die Luft, und Amaru trank unter dem lästigen Surren der Insekten am Wasserhahn. Fassungslos und den Alten verfluchend eilte er zur Wohnungstür. Die Kette war eingehängt, das Schloss von innen zugesperrt. Wie immer. Sicherheitshalber lugte er durch den Türspion. Der rote Samtteppich und das Geländer des Treppenaufgangs füllten seinen gewölbten Blick. Sonst war nichts und niemand zu sehen.

Amaru boxte gegen die Tür und beschimpfte sich als weltentrückten Schwachkopf, weil er den Überfall des Greises für real gehalten hatte. Er öffnete das Schloss, um in die Wirklichkeit zurückzukehren, ging einen Schritt nach draußen und stolperte über ein auf der Schwelle liegendes Paket. Ein Wachssiegel hielt den vergilbten Einband zusammen, der mit Amarus kalligrafisch gezeichnetem Namen versehen war. Mit dem Paket unter dem Arm verriegelte er die Tür und setzte sich an seinen Schreibtisch.

Was hatte ihn nur dazu getrieben, seine Wohnung kurz und klein zu schlagen? Hatte er getrunken? Seine Notizen waren zu Schnipseln zerkleinert. Was er noch lesen konnte, erschien ihm bedeutungslos. Ein paar Zahlenreihen und Graphen, bezeichnet mit Wasserstoff, Erdgas, Gold und Lithium. Mehr war von seinen Papierstapeln nicht übrig. Amaru durchstöberte die Unordnung und fand zwei Schatullen mit Rauchutensilien und Medikamenten. Er drehte sich eine Zigarette, nahm ein paar Züge und schaltete die Tischlampe ein, die nicht aufleuchtete. Sämtliche Glühbirnen in seiner Wohnung lagen in Scherben.

Über sich selbst im Halbdunkel den Kopf schüttelnd inspizierte Amaru das Paket. Das silberne Siegel hatte die Form eines Berggipfels, darunter stand eine Inschrift. Amaru schwenkte sein Feuerzeug, um die Buchstaben zu entziffern. »Ich bin das reiche Potosí, Schatzkammer der Welt, den Königen diene ich zum Neide«, las er mit schwacher Stimme vor. Potosí wusste er nicht zu verorten. Er bezweifelte sogar, wie er es immer tat, wenn er etwas nicht kannte, dass es existierte. Amaru wendete das Paket und begutachtete die Rückseite. In feinen Linien, als hätte man sie mit einer Tintenfeder aufgetragen, standen dort Worte aneinandergereiht, dicht an dicht, unzertrennlich, in sich geschlossen: »Ama qhilla. Ama llulla. Ama suwa.«

Amaru stieß das Paket von sich, rieb über sein kurz geschorenes Haar und kam zu dem Schluss, dass er träumte. Anders war dies alles nicht zu erklären. In der Erwartung, dass irgendetwas passieren würde, saß er da und rauchte. Das Chaos in seiner Wohnung löste sich nicht auf, noch geschah sonst etwas, also verwarf er diesen Gedanken wieder. Sein Körper fühlte sich sowieso viel zu lebendig an. Zu deutlich atmete er den hereinwehenden Wind ein, als dass er nicht wach sein konnte.

Amaru trat auf den Balkon. Seine Pflanzen waren allesamt entwurzelt. Beim Hinübergehen weichte die nasse Erde den Schorf an seinen Fersen auf. Er beugte sich über das Geländer und besah die totenstille Stadt. Die ihm vertrauten Plätze und Kreuzungen, an denen sich üblicherweise Menschen und Straßenlärm ballten, waren leer gefegt, die Laternen und Ampeln erloschen. Die Stadt war wie ausgestorben, die Fenster der Nachbarhäuser mit Dunkelheit verbarrikadiert. Amaru legte den Kopf in den Nacken. Noch nie hatte er Sonne und Mond derart nah beisammenstehen sehen. War es Tag oder Nacht? Hypnotisierend leuchteten ihn die Himmelskörper an. Die Luftfeuchtigkeit stieg, ihm wurde es schwüler. Schweißperlen umflossen seine Augenhöhlen. Seine Pupillen schrumpften zusammen. Sein Sehfeld verzerrte sich. Amaru blinzelte, aber die sich vor seine Augen schiebenden Fragmente vervollkommneten sich und vereinnahmten ihn ganz. Ohne es zu wollen, glitt er von sich und vor ihm öffnete sich eine andere Welt. Eine Welt, die bedrohlich und finster war.

Von Moskitos umschwirrt quälte sich Amaru durch den Dschungel, dessen feuchtwarmer Atem aufstieg. Überall schrie, pfiff, zischte und fauchte es. Die schrille Sinfonie des Waldes schwoll an und Amaru zwängte sich durchs Dickicht. Nur fort. Mit jedem Schritt schnitt das Gestrüpp tiefer in seine Haut hinein. Er schlug um sich und schrie seinen Schmerz und seine Verlorenheit heraus, bis sich der Wald seinem Klagen beugte und verstummte. Die Blätter wurden durchlässiger, das Gehölz weicher und er gelangte an eine Lichtung, die ein Rinnsal durchfloss. Durch das seichte Wasser watend, rieb er sich mit dem schwarzen Uferschlamm ein, um sich vor den Stechmücken zu schützen. Schrittweise verbreiterte sich das Rinnsal zu einem Bach, der in Stromschnellen mündete. Sie gruben sich durch den Dschungel und wiesen Amaru den Weg.

Nach etlichen Biegungen kam er an einer Sandbucht an. Ein Krächzen war zu hören, und Amaru vermutete, ein Raubtier würde sich über seine Beute hermachen und sie zerfleischen. Als er vorsichtig herantrat, vermengten sich die Laute mit menschlichen Stimmen. Amaru warf sich auf den Boden, denn diese Stimmen verhießen Unheil. Er schlängelte sich vorwärts und verschanzte sich hinter einem Baumstumpf. Unweit vor sich sah er ein improvisiertes Lager. Pferde tranken am Ufer. Zelte waren aufgespannt. Feuerstellen glommen. Ihr Leuchten spiegelte sich in den Rüstungen von Dutzenden, langbärtigen Männern. Sie begafften einen Gefangenen und bohrten ihm einen glühenden Eisenstab durch die Wange. Seine Haut und sein Fleisch verschmorten und seine Zahnreihen kamen durch das Loch zum Vorschein.

Seine Begleiter, die wie er in Fesseln lagen, begriffen, dass die anderen nach dem an seinem Handgelenk schimmernden Armreif verlangten. Sie beschworen die neuen Götter, dass der aus den Bergen kommende Fluss Urubamba die Geschenke der Sonne immerzu an die Strände spüle und sie zwar schön seien, jedoch den Hunger nicht stillen könnten. Wenn die Götter sie gehen ließen, brächten sie ihnen kraftspendende Pflanzen, nach deren Verzehr sie friedfertiger sein würden.

Was sie sagten, konnte Amaru genau verstehen, doch den Folterern blieben die Worte der Gefangenen rätselhaft und sie erzürnten darüber. Sie trommelten gegen ihre Brustpanzer und die metallische Vibration kroch zu Amaru.

»Reicht mir mein Eigentum und lasst mich sehen, ob es auch in seinen offenen Adern fließt!«, befahl einer, den sie ehrfurchtsvoll mit Don Federmann ansprachen.

Zwei Männer folgten seinem Befehl. Sie zogen ihre knurrenden Bluthunde mit sich und packten die zusammengebundenen Hände ihres Opfers. Da es ihnen zu mühselig war, die Knoten zu lösen, hackten sie ihm mit ihren Schwertern beide Unterarme ab. Der Armreif fiel auf den Boden und die losgelassenen Hunde zerfleischten den Amputierten. Unter dem Kreischen seiner Sippe krepierte er jämmerlich. Sogleich stürzten sich die Gepanzerten auf die Beute. Sie wälzten sich auf der Erde und prügelten sich darum. Laut grölend strömten immer mehr von ihnen herbei, und als sie wieder auseinandergingen, war außer aufgewirbeltem Sand nichts übrig.

Der Federmann forderte einen von ihnen, der ein Holzkreuz um seinen Hals trug, mit einem Fingerwink dazu auf vorzutreten. Sich sein schmieriges Haar von der Stirn wischend kniete sich der auserwählte Fettwanst vor seinem Herrn nieder, der Amaru den Rücken zuwandte. »Niemand bestiehlt die Gemeinschaft!«, mahnte der Federmann und zog sein Folterinstrument durch den zischenden Sand.

Hastig fingerte der andere in seinen Lederstiefeln und übergab seine Beute. Den Goldreif in die Höhe haltend geriet der Federmann in Zorn. »Ihr Narren, das Land, das vor uns liegt, ist mit goldenen und silbernen Straßen gepflastert. Wenn wir zusammenhalten, werden unsere Nachfahren für Jahrhunderte darüber gehen. Dies hier ist die Neue Welt und in ihr beraubt man einander nicht, denn sie ist gerecht und alles ist im Überfluss vorhanden. Ihr seid keine Schweine, die Abfälle fressen und sich im Dreck suhlen, sondern Konquistadoren!«

Seine Anhänger murmelten beifällig und schleiften den nächsten Gefangenen heran, der wild strampelte, zum Nachthimmel zeigte und schrie, dass sie nur dem Rücken des Lamas folgen müssten, um den Nabel der Welt zu erreichen. Qusqu. Die Hauptstadt ihres Reiches Tawantinsuyu. Ein Ort, wie er sonst nirgends auf dieser Welt existiere. Dem Leib einer Raubkatze nachempfunden, prachtvoll und heilig, und selbst wenn sie als mächtige Götter die Stadt betreten wollten, bedürften sie einer Handvoll Erde, um sie auf dem Platz der Tränen und dem der Freude niederzulegen. Wenn sie der Herrlichkeit Qusqus nicht verfielen, würden sie nach vielen Tagesmärschen gen Süden die weiße Wüste durchqueren und dort die Berge finden, wo die Tränen des Mondes und der Schweiß der Sonne das Gestein nicht mehr durchdringen konnten. Mit seinen Augen deutete er zum Sternbild hinauf, das sie zum Nabel der Welt leiten würde. Daraufhin riss ihm der Federmann seinen funkelnden Ring aus der Nasenscheidewand.

In Amaru schwelte der Drang, ihm den Brustkorb aufzureißen und sein Herz zu zerdrücken. Leider war er allein und hatte der Überzahl nichts entgegenzusetzen. Aber als er sah, wie die Konquistadoren einen Vater von seinem Kind trennten, der Priester das Kind lüstern beäugte und die anderen die mit Goldstaub bestrichenen Lider des Vaters von seinen Augen abzogen, entschied er sich, lieber zu sterben, anstatt alles apathisch hinzunehmen. Amaru schlich heran. Seine mit Uferschlamm bedeckte Haut war in der Dunkelheit eine gute Tarnung. In Sprungweite lauerte er auf die passende Gelegenheit zum Angriff.

Der Federmann streifte sich gerade den Armschmuck über, als die Konquistadoren entsetzt aufschrien. Etwas war über Amaru hinweggeglitten und hatte sich auf sie geworfen. Schüsse lösten sich. Rauch stieg auf. Ehe sie nachladen konnten, knackte ein schwarzer Jaguar die Schädeldecke des Priesters und sprang fauchend auf den Federmann zu. Mit dem Eisenstab wehrte er Krallen und Reißzähne ab. Das Tier wich zwischen seinem und Amarus Körper aus und verschwand in der Finsternis.

Amarus und Federmanns Augen trafen sich und konnten sich für einen Moment nicht voneinander lösen. Was Amaru erblickte, war das Gesicht eines ihm Bekannten, der ihn fixierte und zum Morden bereit war. Allerdings erfasste Amaru nicht, wer wirklich vor ihm stand, er erinnerte sich allein an die ihm vertraute Physiognomie. Die unsymmetrische Augenpartie, die schmale Nase und die hochragende Stirn, die seinem eigenen Aussehen glichen.

Um nicht in die Fänge seines Ebenbilds zu geraten, tat es Amaru dem Jaguar gleich und flüchtete. Instinktiv sprang er über Unebenheiten hinweg, fand weich landend festen Halt. Sein Atem war ausdauernd, sein Puls schlug im Rhythmus des Waldes und schon bald hatte er den Jaguar eingeholt. Das Tier leckte sich, im Dunkel fast unsichtbar, eine offene Wunde an einer seiner Pranken. Aus zwei Kiefern schoben sich zwei speichelnde Zungen und Amaru erkannte, dass dem Hinterkopf des Tieres ein weiterer Schädel entwachsen war. Die beiden Mäuler brüllten ihn an.

»Warum bin ich hier?«, brüllte Amaru seinerseits aus voller Kehle, und der Jaguar machte sich auf, um ihm die Antwort zu zeigen. Amaru folgte ihm wie sein Schatten, bis sich am Ende des Waldes eine Schlucht ausbreitete, die zu tief war, als dass ein einfacher Mensch ihren Grund hätte sehen können, und die von einer Seilbrücke überspannt wurde. Die Raubkatze scheute vor dem strahlenden Weiß, das sich jenseits der Brücke erstreckte und für das sie nicht geschaffen war. Nervös umkreiste das Tier Amaru. Es witterte sein Wesen, erachtete ihn der bevorstehenden Aufgaben für würdig und huschte durch das Geäst zurück in den Dschungel.

Von jetzt an musste Amaru allein gehen und er ergriff, ohne zu zögern, das schaukelnde Geländer, das aus Menschenhaar geknüpft war. Über die weichen Planken schreitend näherte er sich der Klippenkante, wobei ihn die dahinterliegende Salzwüste zunehmend blendete. Licht, alles durchdringend. Es wurde so gleißend, dass Amaru das Sehen selbst sah. Geometrische Formen entwickelten sich, hafteten aneinander und zerfielen wieder. Die Muster kopierten sich in Endlosschleife und bildeten ein in sich verdrehtes Fraktal, das ausuferte und sich vervollständigte.

Die totschweigende Stadt lag vor Amaru. Sein Oberkörper war über die Balkonbrüstung gelehnt, seine Rippen gestaucht. Er wischte sich den Schlafsand aus den Augen und bemerkte dabei den Schmutz unter seinen langen Fingernägeln. Seit wie vielen Tagen ihn sein Traum plagte, ließ sich für Amaru nur an dem in ihm aufkommenden Ekel abschätzen, den er immer empfand, wenn seine Nägel über die Fingerkuppen hinauswuchsen. Die frischen Fasern des San Pedro, die sich darunter angesammelt hatten und die er mit seinen Zähnen herausholte, schmeckten bitter. Er konnte die Pflanze benennen, ohne zu wissen, weshalb.

Amaru ging ins Badezimmer, um sich das Gesicht zu waschen, in der Hoffnung, er würde zu sich kommen und diesen andauernden Albtraum endlich loswerden. Zwischen den zersplitterten Fliesen hob er eine Spiegelscherbe auf und besah sich. Der, der sich ihm zeigte, war ihm fremd. Die Nase war breiter und kürzer, als er sie in Erinnerung zu haben glaubte. Die Wangenknochen weicher. Schwarzes Haar lag über einer flachen Stirn. Sein Teint war dunkler, fast bronzefarben, als hätte sich der Anteil des schwefelhaltigen Melanins in seiner Haut reduziert. Amaru schwenkte die Scherbe. Seinen Hals säumten Würgemale, und Amaru fürchtete, er hätte den Verstand verloren. Sein Abbild entglitt ihm und beim Versuch, es zu fassen, schnitt ihm die Scherbe beide Handflächen geradlinig auf.

Amaru stillte die Blutung, torkelte zu seinem Schreibtisch und schnappte sich das Paket. Mit zittriger Stimme übersetzte er die Worte auf dem Einband und ergänzte sie: »Ama qhilla. Sei nicht faul. Ama llulla. Sei kein Lügner.

Ama suwa. Sei kein Dieb. Und führe ein gutes, harmonisches und nobles Leben.« Er zerriss das Papier und wickelte eine Ledermappe aus. In ihrem Inneren durchblätterte er ein Geldbündel Bolivianos, ein Flugticket nach La Paz und einen Reisepass. Die Datenseite war größtenteils geschwärzt und trotz intensiven Nachdenkens brachte er es nicht fertig, sich seinen kompletten Namen zu vergegenwärtigen. Amaru. Das war alles, was ihm zu seinem Passbild einfiel.

Um seine neuerlichen Kopfschmerzen zu mäßigen, kramte er eine Tablette aus seiner Medikamentenschatulle. »Hypnorex-Litio?«, rätselte er über die Aufschrift und schluckte die Pille schnell hinunter. Danach widmete er sich wieder der Mappe. Er entleerte aus einem beiliegenden Beutel ein paar Münzen, deren Prägung mit dem Wachssiegel identisch war, und begutachtete einen geflochtenen Wollring. An ihm hingen verschieden geknotete, farbige Fäden. Amaru schob die Sachen weg, tunkte seine Fingerspitzen in einen zweiten Beutel, hob ein braunes Pulver heraus und streute es sich auf seinen Handrücken. Die fein geriebenen Samen ähnelten Schnupftabak. Amaru führte seine Hand zur Nase und sog das Yopo ein. Während sich das scharfe Pulver durch seine Schleimhäute fraß und die sich freisetzenden Basen seine Blut-Hirn-Schranke überwanden, entfaltete es unverzüglich seine Wirkung. Amaru verfiel in Trance und halluzinierte mit geöffneten Lidern.

In einer flachen Salzwüste irrte er umher. Sonne und Mond warfen ein so helles Licht auf den reflektierenden Boden, dass er kaum aufschauen konnte und mit gesenktem Kopf vorwärtsging. Kein Wunder, dass der zweiköpfige Jaguar dieses Land gemieden hatte, verdammte es doch jeden Eindringling dazu, ohne seinen Schatten gehen zu müssen. Amaru geisterte über die unwirtliche Ebene, bis er auf dem weißen Grund dunkle Schlieren ausmachte. Er bückte sich, zerrieb die rot getränkten Salzkristalle, die seine Finger einfärbten, und folgte der immer deutlicher werdenden Spur.

An ihrer Quelle kroch der Greis in einer Lache, die sein Mund mit dickflüssigem Blut nährte. Seine Gichtfinger, die Amarus Kehle fest umschlossen hatten, tasteten kraftlos über den Boden. Er suchte seine Zunge, die einen Meter von ihm entfernt lag und deren letzte Nervenbahnen zuckten.

Mit dem Fuß schob ihm Amaru die Zungenspitze hin. »Es lohnt sich nicht, sich dagegen zu wehren. Das Leben gehört den Lebenden. Sag mir, wo ich Tika und die anderen finde!«, appellierte er an den Sterbenden und tätschelte den Kopf des Alten, der Amarus Hände packte und sie verlangend an seinen Hals führte. Aber Amaru, der noch nicht dazu fähig war, einen anderen Menschen zu töten, selbst wenn dieser es wünschte, riss sich los und rannte davon.

Am flirrenden Horizont rückten die Himmelskörper zusammen. Unter ihnen rekelte sich eine Rauchwolke, und Amaru wusste, wohin er zu gehen hatte. Mit der Gewissheit, dass es an ihm lag, vor den Gold fressenden Göttern zu warnen, hastete er über die knirschende Fläche und holte das Ende eines Prozessionszuges ein. Die singenden Menschen trugen Sänften mit getrockneten Leichnamen. Ihre mit goldenen Scheiben behängten Ohren reichten bis zu den Schultern. Auch die Rücken der Lamas waren so schwer mit Kostbarkeiten beladen, dass die ächzenden Tiere fast zusammenbrachen. Nur das Nachschieben ihrer Begleiter hielt sie auf den Beinen. Amaru reihte sich ein und fasste mit an, doch als ihn die Menschen bemerkten, traten sie zur Seite und senkten ihre Köpfe. Niemand wagte es, ihn anzusehen. Stattdessen zupften sie sich ihre Wimpern heraus und bliesen sie ihm zu. Einige Männer lösten sich von ihren Tieren und fegten mit ihren Händen die Salzwüste zu seinen Füßen. Erst als der Untergrund nachgiebiger wurde und sich zu einem warmen Aschehaufen auftürmte, gaben sie es auf.

Amaru schritt durch die von ihm weichende Menschentraube, die sich am Vulkankegel aneinanderdrängte. Vom Rand des brodelnden Kraters aus richtete er sich an das Volk. Mehrmals musste er des aufsteigenden Schwefelgestanks, den die geöffnete Unterwelt freigab, und des grollenden Berges wegen innehalten. Nachdem er den Menschen erzählt hatte, was am Ufer des Urubambas geschehen war und wer ihn durch den Wald geführt hatte, winselten sie. Sie warfen sich auf die Erde und füllten ihre Münder mit Asche.

Aus der Menge traten zwei Priester hervor. Der eine trug das schwarze Federkleid eines Kondors. Seinen Kopf umgab eine feinfiedrige Halskrause. Über sein Nasenbein ragte der Schnabel des Vogels hinaus. Die gefächerten Flügel hingen von seinen Schultern herab. Der andere hatte sich das Fell eines Jaguars übergeworfen. Seine Eckzähne waren spitz geschliffen. In seinen Wangen steckten Grashalme, dünn wie Schnurrhaare. Die beiden Priester nickten verständnisvoll und erbaten vom Volk ein Opfer. Zügig wurde ein Lama herbeigeschafft und der Jaguarpriester rammte seine Fingernägel in die Bauchdecke des Tieres, durchwühlte die Innereien, trennte die Lunge heraus und hielt sie dem Himmel entgegen. Sonne und Mond schoben sich übereinander. Finsternis trat ein. Die Priester gerieten in Unruhe. Der als Kondor Gewandete zerrte ungläubig an der Lunge und der andere fauchte ihn an.

Das Volk spottete, dass die Priester nutzlos seien. Selbst sie verstünden die Zeichen zu deuten. Das Sternbild des Jaguars, das ewig scheinende Chuquichinchay, stehe nicht mehr am Nachthimmel. Die Prophezeiung erfülle sich. Die Götter wollten ihre Welt umstürzen. Nichts anderes als die Unterwerfung bliebe ihnen. Das Pachakuti sei gekommen.

Mit einem gellenden Kreischen brachte der Kondor die hysterische Menge zum Schweigen und der Jaguarpriester zeigte auf eine junge Frau. Ohne Widerworte fügte sie sich ihm, der ihr Haar mit seinen Klauen kurz schor, ihr Cocablätter in den Mund stopfte und ihr aus einem Tonkrug so viel Chicha zu trinken gab, dass das Maisbier über ihr taubes Gesicht lief.

Die Übrigen beherzigten das Flehen des Kondors, die mit der Aschewolke herausgesprengten Felsbrocken einzusammeln. Er hob selbst einen der Steine auf und bat die Götter um Gnade. »Tayta Inti! Mama Killa! Ihr Diener Wiraquchas!«, sprach er Sonne und Mond untertänig an. »Er, der Schaum des Meeres, der alles Seiende schuf, auch euch, hat uns die weißen Götter geschickt, die das blinkende Quri und uns Menschen verschlingen wollen.

Wendet euch nicht von uns ab. Ihr habt unsere Vorfahren geschaffen, Manqu Qhapaq und Mama Uqllu, die neuen Menschen, Mann und Frau, Bruder und Schwester, Liebender und Liebende zugleich, die inmitten der Fluten aus dem Titiqaqa qucha entsprungen sind. Sie, die eine Erdspalte durchquerten und aus der Gebärmutter unserer Welt hervortraten, der heiligen Höhle Paqariqtampu. Von dort stiegen sie in ein fruchtbares Tal hinab, wo ihr Stab in der Erde versank, und begründeten unser Reich. Sie folgten euren Weisungen, belehrten die rohen Menschen und unterwarfen alle Völker, aus allen Himmelsrichtungen, bis an die Grenze der vernünftigen Welt. Habt ihr vergessen, wer wir sind? Wir führen ein gutes Leben, das wir nach euch ausrichten, und bringen euch Opfer dar. Seht euch unsere Auserwählte an, die wir euch zu geben bereit sind. Tika, die Vollkommenste unter uns. Kehrt auf eure Bahnen zurück und ordnet unsere Welt wieder!«

Bevor Amaru realisieren konnte, was unter der anhaltenden Sonnenfinsternis und den Blitzen des Eruptionsgewitters vor sich ging, prasselten die ersten Felsbrocken auf Tika nieder, die ihn Hilfe erflehend anstarrte: »AMARU!« Ihr Todesschrei verstummte durch die Gewalt der Steine.

Mit der eingetretenen Stille erwachte Amaru. Die Wirkung des Yopopulvers hatte nachgelassen. Geblieben war ein bestialischer Kopfschmerz, der seinen Traum lebendig hielt. Tika hatte nach ihm gerufen und sein Mitgefühl geweckt. Seinen Mut. Sein Begehren. Seinen Willen. Keinesfalls würde sie dermaßen nach einem Fremden verlangen. Der Klang ihrer Stimme war ihm vertrauter als seine eigene und trotzdem schaffte er es nicht, sie zuzuordnen. Wer war sie? Woher kannten sie einander? Weshalb fühlte er sich zu ihr hingezogen? Das Pochen in seinem Schädel wurde immer unerträglicher, je mehr er sich sein vergessenes Leben zurückzuholen versuchte. Was vor ihm lag und Linderung versprach, war allein ihre Welt. Amaru hatte sich durch seine Unfähigkeit zu handeln schuldig gemacht. Er hätte die Steinigung mit einer einfachen Handbewegung abwenden können. Vor Zorn biss er sich in seiner Faust fest und schlug mit der anderen auf die Tischplatte ein.

Im Moment des Auftreffens donnerte eine Explosion und die Fensterscheiben barsten. Die Druckwelle schleuderte Amaru rücklings gegen die Wand und er duckte sich vor den umherfliegenden Glassplittern. Seine Lungenflügel pumpten aufgeregt. Er hustete Staub. Mit Verzögerung ertönte panisches Geschrei.

Amaru schwankte auf den Balkon und sah über die wiederbelebte Stadt. Flammen schossen aus dem gegenüberliegenden Gebäude und erhellten die Nacht. Im zerfetzten Dachgeschoss war anscheinend ein Sprengsatz gezündet worden. Der aufsteigende Qualm vermengte sich mit den Schwaden, die aus dem Regierungsviertel herüberzogen. Auch dort loderten Brände. In den Rußwolken glaubte Amaru, die Konquistadoren auf ihren Pferden reiten zu sehen. Vorneweg der Federmann, der die sich überlagernden Himmelskörper hinter sich herzog und einen Glutregen herabfallen ließ.

Aus den einstürzenden Häusern flohen die Menschen ins Freie. Sie warfen sich Schutz suchend auf den mit Schutt und Scherben übersäten Asphalt. Sirenen heulten auf und erstickten ihr Klagen. Die Löschmannschaften kämpften sich verzweifelt durch das Gewühl. Das auf den gesamten Straßenzug übergreifende Feuer ließ sich nicht mehr eindämmen. Zwei Blocks weiter detonierte der nächste Sprengsatz. Heftiger als der vorherige.

Amaru nahm die Zerstörung mit Gleichgültigkeit hin. Er empfand kein Mitleid mit den Toten und den Verletzten und kehrte seiner Welt den Rücken. Hätte er um einen einzigen ihn liebenden Menschen gewusst oder um einen, der es verdient hätte, geliebt zu werden, wäre sein Traum in Vergessenheit geraten, und er, diesen Menschen suchend, hinausgestürzt. Aber Amaru wähnte sich allein in dieser entzauberten Welt. Was hielt ihn noch in diesem Leben, da er sich an niemanden erinnern konnte und ihm alles bedeutungslos vorkam. Hier gab es nichts mehr für ihn zu tun. Nichts verband ihn mit den anderen. Fortan sollte das Unwahrscheinliche, dieses unerwartet in sein Leben getretene Ereignis, seine Zukunft bestimmen. An einem anderen Ort brauchte jemand dringend seine Hilfe. Tika. Zum Aufbruch entschlossen warf er seinen Mantel über und stopfte das Geldbündel und die Papiere, den Wollring und die Silbermünzen in seine Taschen. Das restliche Yopo nahm er unmittelbar. Geübt schnupfte er das berauschende Pulver. Er wollte endlich zu einem handelnden Menschen werden.

Sieben Tage und sieben Nächte plagte Amaru ein wiederkehrender Traum, bis er sich dazu entschied, diese taumelnde, diese aus ihrer Bahn geglittene Welt zu verlassen.

KAPITEL 2

Damals, am Ende der alten Welt.
Die Totgesagten gehen um.
Europa steht in Flammen.

*

»Ich habe mit Amarus Verschwinden nichts zu tun und ich weiß auch nicht, wo er jetzt ist. Wie oft muss ich Ihnen das noch sagen, Herr Kriminalkommissar? Weshalb hätte ich mir die Mühe machen sollen, ihn zu beseitigen? Er lebt ohnehin seit Jahren wie ein Toter. Er ist ein Teilnahmsloser, ein Unterwürfiger, der die Erlösung durch einen anderen nicht verdient, weil er für nichts auf der Welt zu sterben bereit ist. Aber gut, wenn Sie es so wollen, fange ich eben wieder von vorne an.

Natürlich sprechen die vorhandenen Indizien gegen das, was ich Ihnen berichten kann, doch meine Darlegung, das Kaleidoskop meiner Erinnerung, wird Ihnen mein Handeln und dessen Notwendigkeit nun hoffentlich begreifbar machen. Sie wissen ja um die Aktivitäten der Bewegung 3. Juli, um unseren Widerstand gegenüber der verrohten Gesellschaft. Die Blockaden. Die Entführungen. Die Bombardements. Die Morde. Allerdings verstehen Sie nach wie vor nicht, dass revolutionäre Gewalt das uns einzig verbliebene, ja das einzig rechtmäßige Mittel ist, um die Gegenwart zu bezwingen. Würden Sie dies realisieren, dürfte ich diesen Vernehmungsraum als freie Frau verlassen. Sie würden mir die Hand schütteln, mich nach draußen begleiten und sich, sofern Sie sich Ihre Angst und Apathie zu überwinden trauten, uns anschließen. Leider ist Ihr Charakter dazu nicht fähig, denn wie soll er sich in einem komatösen Körper entwickeln, der so taub geworden und aus der Welt genommen ist, als litte er an der Encephalitis lethargica? Ihnen ergeht es wie Amaru, in dieser unablässig vereinnahmenden Betriebsamkeit, in der nichts notwendiger ist als die Wiederbelebung unserer Fantasie.

Bevor mir Amaru vor einigen Monaten über den Weg lief, hatten wir uns mehr als zwanzig Jahre lang nicht gesehen. Als er mir dann gegenüberstand und ich begriff, was aus ihm geworden ist, schämte ich mich für meine Naivität. Ich hatte geglaubt, er könnte mein Verbündeter sein und mit mir rächen, was es zu rächen galt. Bedauerlicherweise hatte er sich seines früheren Lebens entledigt. Selbst als wir am Morgen nach unserer Zufallsbegegnung nebeneinander aufwachten, nackt, verschwitzt und wie zu einem Körper verwachsen, dämmerte es ihm nicht, wer ich bin. Er war zu weit von sich selbst entrückt, als dass er mich noch erkannt hätte: Tika. Ich empfand Mitleid mit ihm und dachte wehmütig an die Zeit zurück, als alles noch ungeschehen war. Damals in Bolivien, bevor wir entzweigerissen wurden, weil wir Dinge bezeugen konnten, die wir nicht hätten sehen dürfen. Darauf hoffend, dass ich durch Amaru Zugriff auf seinen Vater erhalten würde, um die Welt wieder zurechtzurücken, nahm ich mich seiner an.

Amarus Zustand war wirklich desaströs. Früher war er ein Mensch der Tat, einer, der zwar langsam, aber überlegt handelte. Ein Mensch, dem das Verlangen nach Veränderung innewohnte, der über sich hinausdachte und Mitgefühl zeigte. Zuallerletzt ist er nicht mehr als ein für sich arbeitendes Tier gewesen. Ein nach Selbstoptimierung lechzendes, amorphes und einsames Wesen. Ein Gezähmter. Ein Schuldbeladener. Ein in der Masse der Gleichen aufgehender Sklave. Bis zum Schluss fügte er sich dem Rhythmus Ihrer Welt, in der er vor Jahrzehnten Zuflucht gefunden hatte. Aber ein tot geglaubtes Geschwür wucherte in ihm. Es breitete sich unaufhaltsam aus und führte dazu, dass er seine Mitmenschen mehr und mehr verabscheute. All die, die ihm glichen, die ihm beipflichteten und mochten, waren ihm fremd geworden, und ihre Anwesenheit erzeugte in ihm einen Ekel, den er sich nicht erklären konnte, da er ihre Gesellschaft und seine Zugehörigkeit eigentlich begehrte. Den Wenigen, die ihn außer mir noch aufsuchten, deren Gegenwart er nicht allzu sehr scheute, erging es wie ihm. Sie waren außerstande, seine missliche Lage nachzuvollziehen: Ein Mensch, der aufhört zu revoltieren, hört auf, Mensch zu sein.

Amaru hatte die Fähigkeit verloren, frei zu denken, zu fühlen und zu handeln. Seine Hände erschienen ihm zunehmend nutzlos, ein Anhängsel eines gelähmten Körpers. Seine Gedanken waren der allgegenwärtigen Konformität unterworfen, dem lächerlichen Versuch, das Auseinanderdriften von ihm und der Welt zu kompensieren. Sein Fühlen war zu einer bloßen Selbstbespiegelung verkommen, die den Blick auf den anderen nicht mehr zuließ. Die Freiheit, in der sich dieser Narziss wähnte, der Irrglaube, dem er sich beugte, mündete unweigerlich in der Ablehnung der anderen und im Hass gegen sich selbst. Dabei hätte Amaru es besser wissen müssen, hatte er doch bereits als junger Mann von einer alternativen Welt erfahren. Obwohl er einmal ein sehr reflektierter Mensch war, der Gegebenheiten hinterfragte, anstatt einfach zu akzeptieren, dass etwas so ist, wie es sich zeigt, schaffte er es nicht, sich seine Erfahrungen zunutze zu machen. Die Schuld muss seine Erinnerungen getilgt haben. Ihretwegen verleugnete er sein Leben, als würde es zu einem anderen gehören. Blind geworden für das, was dort draußen vor sich ging, zog er sich in sich zurück. Das Leid der anderen scherte ihn nicht, solange es ihn in seinen Geschäften nicht einschränkte. Wie sehr er seinem Vater im Endeffekt glich.

Erst kurz vor Amarus Verschwinden regte sich etwas in ihm. Als ich ihn zuletzt sah, ein paar Tage vor meiner Festnahme, sprach er begehrlich von den verbliebenen Refugien, in denen der Mensch wirklich frei sei. Er war fest davon überzeugt, dass sich allein im Traum und im Rausch, den einzigen Orten unzensierter Lust und Schöpferkraft, eine andere Welt mit harmonischen Menschen herausbilden könne. Fatalerweise hat er in seiner Wirrnis die Tatsache vernachlässigt, dass eine Zustandsveränderung ausschließlich durch die direkte Aktion zu erreichen ist. Nur das physische Eingreifen des Menschen, basierend auf einer grundlegenden Überzeugung, einer klar gezogenen Linie, an der er nicht anders kann, als zu sagen, ich handle, besitzt genügend Potenzial, um dem Gegebenen eine neue Form zu verleihen. Man schmiedet ein Eisen nicht dadurch, dass man davon spricht, sondern indem man mit einem Hammer auf ein glühendes Metall einschlägt. Amarus Gerede war nutzlos und ohne Wirkungsmacht, wie das Geschwafel der Theoretiker. Immerhin hat er wieder erkannt, wie dringlich die radikale Neuausrichtung von allem Seienden ist.

Nehmen Sie wieder Platz und rauchen Sie. Sie wirken etwas durcheinander. Wenn Sie verstehen wollen, was geschehen ist, wird es eine ganze Weile dauern. Haben Sie mich gehört? Entweder Sie gedulden sich oder Sie bringen mich in meine Zelle zurück. Wie soll ein Mensch denken, wenn Sie wie in einem Käfig auf und ab tigern? Ich bestreite keine der Taten, für die ich verantwortlich bin, jedes Detail gebe ich lückenlos preis, nur bitte setzen Sie sich endlich. Okay. Gut so. Lassen Sie uns noch einmal zum Ursprung des Unglücks zurückkehren, auf dass die Dinge endlich klarer werden. Amaru und ich.

Das erste Mal begegneten wir uns als Kinder, in den Weiten des Altiplanos, des südbolivianischen Hochlands. An der Hand seines groß gewachsenen Vaters stand er in unserer schäbigen Lehmhütte, in deren Mitte das Feuer der Kochstelle qualmte. Meine Tante Pilpintu und ich wohnten in einem mickrigen Raum, und wenn die Tage besonders kalt waren, wie es in dieser schutzlosen Landschaft nicht selten ist, holten wir die Jungtiere der Alpakaherde herein. Als Amaru sah, wie wir lebten, verzog er das Gesicht. Die Gerüche waren ihm noch so fremd und unheimlich wie unsere Sprache. Die dünne Höhenluft zwang ihn, hektisch zu atmen. Mit seinem Handrücken wischte er sich Blut von der Nase. Er war in der Neuen Welt angekommen.

Nach dem Suizid seiner Mutter hatte sich sein Vater dazu entschieden, dass Amaru nun bei ihm leben durfte. Ihm, der sich uns als Federmann vorstellte, war meine Tante, deren Vorfahren seit Jahrhunderten die Kinder der Noblen in der Sprache der Menschen unterrichteten, empfohlen worden. Während der Federmann seinen Geschäften in Potosí nachging, chauffierte einer seiner Angestellten Amaru allmorgendlich zu uns aufs Land. Der Federmann hatte es für nützlich befunden, dass sein Sohn sowohl Spanisch als auch Runasimi, das Sie in Ihrer Welt Quechua nennen, erlernte. Wie sollte er sonst merken, wenn die Menschen schlecht über ihn, ihren zukünftigen Herrn, sprechen würden?

Nachdem sich Amaru in den ersten Wochen gesträubt hatte, da ihm unser Leben primitiv und langweilig anmutete, war er ja aus Europa anderes gewohnt, begann er allmählich damit, sich darauf einzulassen. Er imitierte unsere Worte, half bei der Feldarbeit mit, trug Wasser heran und beaufsichtigte die Alpakas. Unsere Gemächlichkeit und Geduld, die er anfangs noch beklagt hatte, weil wir ihm faul und unaufrichtig vorkamen, wusste er bald so zu schätzen, dass er in unserem Rhythmus aufging. Die Annehmlichkeiten, die er unten in der Stadt genoss, wurden für ihn bedeutungsloser. Er fand Gefallen daran, wenn es ohne Elektrizität stockdunkel war, er sich in der Nacht auflöste und mit allem, was ihn umgab, verschmolz. Mit uns und den Tieren. Dem Staub. Den von Mineralien durchzogenen Bergen. An windstillen Tagen saß er allein vor der Hütte, fantasierte sich zum Mond hinauf und horchte seinem eigenen Puls nach. Das lärmende Spektakel seiner Welt erschien ihm wie eine eiserne Barriere vor dem Wesentlichen. Unser Leben sog ihn auf, denn es war seinem so gegensätzlich und frei von all den Zwängen, denen er schon als Kind unterlag.

Ich kann nicht fassen, dass er die Jahre mit Pilpintu wirklich vergessen konnte, obwohl sie ihm alles gegeben hatte. Sie war es, die ihm beibrachte, wie er sich in der Natur zu bewegen hatte, wie der Wind klang, wenn er Regen oder eine andere Botschaft barg, die ihm die Mythen unserer Vorfahren erzählte, von denen er nicht genug hören konnte. All sein Wissen um unsere Bräuche und Rituale, unsere Vorstellungen vom Kosmos und der Dualität der Dinge verdankte er allein ihr. Dank ihr entwickelte er ein Verständnis für unser auf Gegenseitigkeit beruhendes Miteinander. Er lernte, genügsam zu sein, und schätzte die anderen in ihrer Andersartigkeit. Pilpintu formte aus ihm einen echten Menschen und taufte Amaru auf seinen heutigen Namen.

Das Geld, das ihm der Federmann für uns mitgab und das meine Tante annahm, obschon sie Amaru nach einigen Monaten nicht weniger liebte als mich, half uns über die mageren Ernten hinweg. Die Erde warf in jenen Jahren nicht genug Mais und Quinoa ab, um sie auf dem Wochenmarkt in Potosí zu verkaufen, und mein Onkel hatte Pilpintu bereits Jahre zuvor verlassen müssen. Ihn und Abertausende Mineros hatten die neuen Herren in den Bergbaustädten Potosí und Oruro aus den Minen gejagt. Den Männern war, wenn sie ihre Familien satt wissen wollten, nichts anderes übrig geblieben, als in die fruchtbare Tiefebene von Chapare zu ziehen. Unweit von Cochabamba bestellte er als Cocabauer ein Stück Land, um uns über die Runden zu helfen. Präsident Paz Estenssoro und seine Partner hatten die Männer zu Kriminellen verdammt, die die steigende Nachfrage der Drogenkartelle bedienten und sie mit der heiligen Pflanze belieferten. All die Ideale, für die unser Präsident als junger Politiker gekämpft hatte, entpuppten sich als austauschbar. Er huldigte nun den neuen Göttern, den neoliberalen Ökonomen und Investoren. Er war ein Jünger der freien Welt und des sich selbst regulierenden Marktes.

Es ist schon erstaunlich, wie viele Existenzen ein Mensch im Verlauf seines Lebens annehmen, verinnerlichen und für wahrhaftig halten kann, ohne daran zu zerbrechen. Nur etwa 30 Jahre lag es damals zurück, dass Estenssoro, getragen von der Masse der Studenten und Gewerkschaften, unsere Revolution angeführt hatte. Er war es, der uns Unterdrückten einst das Wahlrecht schenkte und uns Würde verlieh, indem er die Bodenschätze und die Betriebe verstaatlichte. Nichts davon wollte er uns nun lassen. Die fremden Götter lockten mit Gewinnen, die alle Moralvorstellungen sprengten. Zuversichtlich, bald selbst zu ihnen zu gehören, gaben er und die Seinen Bolivien Mitte der 1980er-Jahre abermals zur Plünderung frei. Sie raubten unser Land. Sie zerrütteten unsere Gemeinschaft. Sie degradierten uns wieder zu Sklaven. Wir darbten vor uns hin, wohingegen andere, wie der Federmann, vom offenen Spiel profitierten, dessen Regellosigkeit und Totalität wir erst noch kennenlernen sollten. Zu Beginn misstrauten viele von uns den Versprechen der Wohltäter weniger, als wir es hätten tun sollen. Ihrer Litanei der Entwicklung. Ihren Dogmen des Wachstums. Die uns übergestülpte Welt brachte uns zunächst ja auch etwas Gutes.

Dass mein Vater damals in Potosís finsteren Schächten weitergraben durfte und wir nicht schon viel früher getrennt wurden, war allein dem Wohlwollen des Federmanns geschuldet. Als er seine Stollen besichtigte, hoch oben am kegelförmigen Cerro Rico, dem schönen und reichen Berg, der seinen rostroten Todesschatten seit Jahrhunderten über die Stadt wirft, hatten sich die Arbeiter vor den Eingängen aufzureihen. Jeden einzelnen inspizierte der Federmann penibel auf dessen Brauchbarkeit. Er prüfte, ob die Finger und Rücken zu steif waren, um die Werkzeuge zu bedienen und die Lasten zu tragen, ob die Augen entschlossen genug glänzten und sie den Glauben an frische Adern nicht verloren hatten.

Eigentlich war mein Vater mit seinen vierzig Jahren zu alt, um sich weiterhin durch den Berg zu wühlen. Der feine Staub hatte sich schon zu lange auf seine Lungen gelegt. Sein Körper war so verkrüppelt, dass er dem harten Gestein kaum noch etwas abtrotzen konnte. Aber irgendetwas hatte der Federmann an Wayra, meinem Vater, gefunden, konnte er sich doch von Anfang an seinen Namen merken. Die anderen Indios sprach der Federmann nur mit den von ihnen geförderten Mineralien an, wobei er sich meistens täuschte. Er hatte Knechte vor sich und keine Menschen. Weshalb sollte er sie zu unterscheiden lernen? Wahrscheinlich verwechselte der Federmann die Verachtung im Blick meines Vaters mit Ergebenheit und glaubte, in ihm seine eigene Gier wiederzuerkennen. Jedenfalls bot er ihm eine Anstellung in seinen Minen an, denn er wollte ihn für seine Zwecke missbrauchen.

Kein anderer kannte die Umgebung besser als Wayra. Niemand hatte größeren Einfluss auf unseren Ayllu als er. Unsere Gemeinschaft respektierte seine Ratschläge und Schlichtungen, entstammten er und meine Tante doch einer Schamanenfamilie, die von den Sapa Inka jahrhundertelang um Beistand gebeten worden war. Mein Vater praktizierte die Heiltradition des Hochlandes und beherrschte die uns verborgenen Kräfte des Waldes, womit er uns von unseren Leiden befreite. Er war ein angesehener Weiser, der sich zu einem simplen Lohnarbeiter herabgestuft hatte, weil es mich zu versorgen galt. So trat mein Vater in Federmanns Spiel ein, verbarg seine Ablehnung hinter Unterwürfigkeit, erduldete, was ein Mensch eigentlich nicht erdulden kann.

Wie Sie wissen, war meine Mutter nach meiner Geburt fortgegangen und nie wiedergekehrt, wie es der Brauch verlangt, wenn eine Frau einem Schamanen ein Kind gebiert. Somit oblag es unserem Ayllu, uns zu versorgen, aber die von den zurückliegenden Jahren der Diktatur ausgemergelten Glieder waren dazu nicht mehr in der Lage. Was

Wayra für seine Rituale und Behandlungen erhielt, Gesten der Dankbarkeit und der Bewunderung, genügte nicht, um mich als seine Nachfolgerin auszubilden und mir zugleich Zugang zu Ihrer Welt zu verschaffen. Hätte man die Mechanismen unserer Welt nicht sabotiert, wäre ich heute womöglich Heilerin und keine Revolutionärin, wobei ihr Wesenskern sowieso identisch ist.

Wie dem auch sei. Mein Vater schuftete damals als Minero, den die anderen auch deshalb schätzten, da er ihnen in den Stollen Glück brachte und mit den Apus, diesen allgewaltigen Berggottheiten, sprechen konnte. Ja, auch mit dem mächtigsten und zornigsten von ihnen, dem in der Herzkammer des Cerro Rico hausenden Tío mit seiner Raubkatzenfratze, gelang es ihm zu verhandeln. Selten ging einer aus Wayras Grabungstrupp im Dunkel verschollen oder wurde von herabfallenden Felsbrocken erschlagen. Nie kamen sie mit leeren Loren ins Abendlicht zurück. Der Federmann honorierte die Leistungen meines Vaters und schenkte ihm hin und wieder frische Cocablätter oder eine Flasche Singani, damit er nicht wie die anderen Mineros reinen Spiritus in sich hineinschüttete, vorschnell verrückt wurde oder verreckte. Mit den Almosen konnte Wayra den Tío, den es mit Opfern zu besänftigen galt und der allein darüber entschied, ob man die Mine lebend verließ, milde stimmen.

Nach ein paar Jahren, Amaru und ich waren inzwischen unzertrennlich, beförderte der Federmann meinen Vater sogar zu seinem persönlichen Übersetzer. Wir bezogen ein Haus im Stadtzentrum, trocken und an das Stromnetz angeschlossen, vor allem in Sichtweite zu meinem Freund

Amaru, der mit seinem Vater und den Bediensteten im größenwahnsinnigen Kolonialbau des früheren Statthalters lebte. Indessen ich begeistert war, Amaru nun immerzu treffen zu können, trauerte mein Vater um seine verlassene Eremitenhütte, die er nur noch einmal im Monat aufsuchte, um die unerlässlichsten Riten zu vollziehen, und der er bald für immer fernblieb.

Der Federmann vereinnahmte Wayra, als wäre er sein Besitz. Zu besonderen Anlässen, etwa dann, wenn Freunde oder Geschäftspartner zu Besuch eintrafen, bestellte uns der Federmann ein und mein Vater hatte seinen Anzug zu tragen, den ihm sein Herr für derlei Anlässe hatte maßschneidern lassen. Sonst kleidete er sich mit Stolz in der Tracht unseres Ayllus, denn allein durch die Gemeinschaft war er das, was er war, und er schämte sich, an seinen Freunden und Nachbarn vorbeizugehen, um bei den Machthabern Platz zu nehmen. Die spottenden Blicke derer, zu denen er eigentlich gehörte, quälten ihn mehr als Federmanns Erniedrigungen und das Auskratzen des Berges, wozu er als lebendiger Talisman weiterhin verpflichtet war. Amaru und ich langweilten uns zu Tode, wenn der Federmann und die anderen mit vollkommener Natürlichkeit über die unerschlossenen Märkte und ihre geplanten Raubzüge sprachen, die mein Vater lange Zeit schweigend hinnahm. Ohne zu durchblicken, was wirklich in ihm vorging, vertrieben wir uns die Zeit, indem wir uns darüber amüsierten, wie er am Tisch ungeduldig hin und her rutschte, um Luft ringend den Kragen lockerte und das Samtsakko zurechtrückte.

Wie so oft wurde an diesen Abenden maßlos getrunken und haufenweise Kokain konsumiert. Der Federmann brüstete sich dann damit, dass seine Vorfahren ein nicht auszugebendes Vermögen gemacht hätten, und er wunderte sich darüber, warum es uns Bolivianern nicht gelungen sei, zu Wohlstand zu kommen, wo doch alles offen daliege und es nur zuzugreifen gelte. Wenn er sich komplett in Rage geredet hatte, prahlte er, belegen zu können, dass sein Stammvater Nikolaus Federmann gemeinsam mit Pizarro und seinen Konquistadoren dieses Land zivilisiert habe. Er sei nach Núñez de Balboa und noch vor seinem Freund und Weggefährten Pizarro der zweite Europäer gewesen, der den Pazifik vom Isthmus von Panama aus erblickt habe. Der Federmann liebte es, im Rausch die Mühen der Eroberer nachzuspielen. Wild gestikulierend schlug er sich durch den Dschungel und überstieg die höchsten Berge. Wayra diente ihm als Lastenträger, den er auf dem beschwerlichen Weg zum Südmeer töten musste, da dieser Zweifler zur Umkehr geraten hatte. Amaru und ich hetzten meinem Vater als Bluthunde nach, und der Federmann inszenierte die Inbesitznahme des fremden Ozeans. Er stemmte sein imaginiertes Kreuz und seine Standarte in die Höhe und zeigte in Richtung Süden, wo er das Goldland vermutete.

Wahr ist, dass die Federmänner über Generationen hinweg auf unserem Kontinent wüteten. Erst verlangten sie nach Gold und Silber, dann nach Kautschuk, Öl, Zink, Zinn und Gas. Und schließlich gierten sie nach dem kostbarsten unserer Rohstoffe: Lithium. Pilpintus Warnungen zum Trotz hatte mein Vater den Federmann in die von

Horizont zu Horizont reichende weiße Wüste begleitet, in deren Untergrund das Leichtmetall lagerte. Im ausgetrockneten Salzsee, dem Salar de Uyuni, witterte der Federmann einen nie da gewesenen Reichtum. Ich erinnere mich daran, wie sie nach ihrer ersten Ausfahrt durch die lebensfeindliche Ebene dem Geländewagen entstiegen waren und der Federmann nicht aufhören konnte, vor Freude zu lachen. Er umarmte seine Bediensteten, hakte sich bei meinem Vater ein und beorderte ihn unmittelbar ans Telefon, damit er dem zuständigen Ministerium sein Angebot übersetzte. Hätten der Federmann und Estenssoros Nachfolger Sánchez de Lozada, später der wiedergewählte Exdiktator Banzer, um den sich anbahnenden Widerstand unserer Gemeinschaft gewusst, wären sie an ihrem schamfreien Lachen erstickt. Bis zu seinem Tod war Amarus Vater vom Salar besessen. Eine Art erotische Obsession.

Dieser Federmann. Was für ein seltsamer Mensch. An guten Tagen warf er den Bettlern in Potosís Gassen, die einst mit Silber gepflastert waren, einen Jahreslohn in ihre Büchsen, aber sobald sich die Kurse an den Rohstoffbörsen nicht weiter zu seinen Gunsten entwickelten, entließ er von heute auf morgen Hunderte Mineros, ohne jegliches Mitleid für sie und ihre Familien, die vor dem Ruin standen. Wayra überbrachte den anderen die Entlassungen, die es ihm verübelten, als hätte er die Entscheidung selbst getroffen. Sein Unbehagen und seine Widerworte, die er dem Federmann gegenüber zunächst vorsichtig, alsbald vehementer zum Ausdruck brachte, blieben wirkungslos. Der Federmann drohte meinem Vater ständig, er würde ihn und unsere Sippschaft auslöschen, hielte er nicht sein vorlautes Maul. Niemand Geringeres als der Innenminister sei in seinem Haus zu Gast, und wenn er wolle, könne er Wayra und uns mit einem Anruf von der Erde tilgen lassen. Der zu erwartende Gewinn war das einzige Kriterium, nach dem der Federmann seine Handlungen ausrichtete. Nur Amaru gegenüber zeigte er sich von einer menschlicheren Seite. Schließlich liebte er seinen Sohn fast genauso bedingungslos wie sich selbst und seine Besitztümer. Viel zu lange glaubte ich, dass ihm auch mein Wohl etwas bedeuten würde.

Nach der Ermordung meines Vaters, der am 3. Juli 1994, dem Tag der Sonnenfinsternis, mit abgeschnittener Zunge im Salar gefunden wurde, vom Salz, dem Wind und der Sonne zum Greis verdorrt, kümmerte sich der Federmann fürsorglich um mich. Er bezahlte den besten Anwalt der Stadt, der dafür Sorge trug, dass drei Männer aus unserem Ayllu verhaftet wurden, die Wayra seinen zunehmenden Wohlstand geneidet und seinen Lebenswandel verachtet hatten. Die drei Freunde meines Vaters beteuerten ihre Unschuld, doch der Anwalt des Federmanns konnte den gelangweilten Richter von ihrer Schuld überzeugen. Was interessierte ihn eine Bande zu Unrecht verurteilter Indios, wenn er mit den ihm zugeschobenen Bolivianos die Huren und Dealer Potosís für Monate bezahlen konnte. Die entscheidende Aussage machte der Federmann höchstpersönlich. Er war es, der die Angeklagten aus dem Zeugenstand heraus belastete und sie anschrie, dass sie meinem Vater, seinem ehrlichsten und treusten Mitarbeiter, wochenlang nachgestellt und nur auf eine günstige Gelegenheit gewartet hätten. Immerfort betonte er, was für ein anständiger Mensch mein Vater gewesen sei, ein aufrichtiger, von Nächstenliebe erfüllter Christ, dazu entschlossen, alles für seine geliebte Tochter zu tun, die sie, von Habgier und Eifersucht getrieben, zur Waise gemacht hätten.

Tatsächlich hatten sich die Beschuldigten und Wayra in den Wochen zuvor auf offener Straße gestritten. Das bestätigten neben dem Federmann auch mehrere seiner Angestellten. Aber das, was die drei mit meinem Vater geplant hatten, über dessen Handhabung sie uneins waren, und was der Federmann allein nicht herausfinden konnte, weil er zwar uns, jedoch nicht unsere Sprache beherrschte, wagten sie nicht auszusprechen. Sie wollten ihr Urteil nicht selbst besiegeln. Für den Richter jedenfalls zeigte sich der Fall eindeutig. Die Mineros hatten Wayra nicht bloß in seiner Lache gefunden, nein, sie waren es, die ihm die Zunge herausgeschnitten hatten. Das Blut an ihren Händen und auf ihrer Kleidung bewies die Wahrheit. Ihr Pflichtverteidiger, ein junger Mann, der frisch von der Universität in Sucre kam und dem die für einen Freispruch nötigen Beziehungen in Potosí fehlten, beharrte in seinem Plädoyer darauf, dass die am Tatort hinterlassenen Reifenspuren nicht mit dem Wagen der Beschuldigten übereinstimmten und neben einem handfesten Motiv auch die Tatwaffe fehlte. Der Richter würgte ihn ab und verwies auf die Hinterlistigkeit und die Verschwiegenheit der alkoholsüchtigen Indios, die ihre Komplizen nicht nennen wollten.

Zwei der Verurteilten starben später in ihren Zellen.

Totgeschlagen von Mithäftlingen. Mallki, der jüngste von ihnen, zäh und stark genug, um die Willkür in der Gefängnisstadt in La Paz zu überstehen, wurde nach fast zwanzig Jahren freigelassen. Durch ihn erfuhr ich später von einer anderen Wahrheit, aber damals verfluchte ich diese Männer, die mir alles genommen hatten.

Auf Federmanns Befehl hin wurde Wayra rasch eingeäschert und auf dem Friedhof in Potosí beigesetzt. Von Wut und Schmerz getrübt, erlebte ich die Bestattung nur verschwommen. Umnachtendes Sonnenlicht. Trompeten und Posaunen. Salutsalven. Eine markdurchdringende Grabrede. Augenwischerei. Amaru hielt meine Hand und litt mit mir, als trüge er selbst die Schuld an alledem.

Die ganze Sache hätte mich ohne Federmanns Obhut sicherlich vernichtet. Es existierte ja kein Ort für mich. Nirgendwo. Pilpintu hüllte sich in ihr Trauergewand und bereitete sich auf ihr bevorstehendes Dasein als mittellose Schamanin vor. Notgedrungen willigte sie in Federmanns Vorschlag ein. Er schickte mich mit Amaru, der gefleht hatte, mit mir gehen zu dürfen und dafür in einen Hungerstreik getreten war, auf das deutsche Gymnasium nach La Paz. Der Federmann überschrieb mir sogar ein kleines Vermögen. Genug, um später studieren und nach Europa kommen zu können. Ein wertloses Blutgeld. Hätte ich früher durchschaut, was in der Wüste vorgefallen war, säße ich heute nicht hier, sondern in einer bolivianischen Zelle, während man mich am Fuße des Cerro Rico als Heilige verehren würde. Doch mit der Weitsicht einer Jugendlichen fügte ich mich Federmanns Fürsorge, selig, mit Amaru sein zu dürfen, und verließ meine Heimat. Gerade alt genug, um uns im Ansatz innezuwerden, was es bedeutet, einen Menschen zu begehren, begannen wir ein neues Leben.

Erst im Nachhinein habe ich begriffen, wie die Geschehnisse in Potosí mein Leben bestimmt haben. Ohne sie wäre ich gewiss nicht die, die ich heute bin. Ich hätte weder im Wasserkrieg in Cochabamba noch in La Paz für unser Gas und das Lithium gekämpft. Wohl kaum hätte ich mich dem Movimiento al Socialismo angeschlossen oder wäre nach Europa gegangen, um den Wirt des Virus, der Zelle um Zelle zu befallen drohte, zu zerstören. Das ist grundsätzlich das Hinterlistige an dieser Welt und ihren Ideen. Sie verbreiten sich durch Kontamination. Die Ausbreitung unserer Ideen erfolgt durch Widerhall. Aber egal. Wichtig ist allein, dass Sie Folgendes verinnerlichen: Die periodischen Katastrophen, die uns in unserem Leben heimsuchen, sind es, die den Übergang in eine neue Epoche ermöglichen. Der Tod meines Vaters war mein Pachakuti, meine Zeitenwende.

Können Sie mir auch eine Zigarette drehen? Ich werde langsam müde. Seit wie vielen Stunden sitzen wir schon wieder hier? Und das Feuerzeug? Jetzt geben Sie es her. Ich werde Sie bestimmt nicht in Brand stecken. Wo waren wir stehen geblieben? Helfen Sie mir auf die Sprünge. Ach ja. Die Schuld. Die Rache. Das Zergehen der Welt.

Als ich nach Jahren verstanden hatte, dass ich allein mit der Auslöschung des Federmanns den Untergang meiner Welt nicht verhindern würde, erweiterte ich meinen Fokus. Ich durfte nicht zulassen, dass diejenigen, die auch hierzulande nach einem anderen Leben verlangten und die mit ihrem Tun auf meine Welt Einfluss hatten, sich länger den falschen Götzen unterwerfen mussten, da ihnen sonst niemand eine lebenswerte Zukunft eröffnete. Daher schloss ich mich denjenigen an, die man als Utopisten und Terroristen beschimpfte. Wir vernetzten und organisierten uns, formten aus unseren verwaisten Körpern ein sinnliches Ganzes. Wir verständigten uns auf eine gemeinsame Sprache, in der wir ein gutes Leben ausformulierten, für das wir demonstrierten. Aber die Schaltzentrale der Maschinerie nahm davon keinerlei Notiz. Uns blieb nichts anderes, als unsere Aktionen zu intensivieren und Europa zu überfallen, galt es doch zu verhindern, dass sich Dämonen diesen Kontinent ganz und gar einverleiben würden. Dämonen, die sich für Götter hielten und die neben Rohstoffen alles Fremde und Prekäre fressen wollten. Hier und allerorten.

Die Zeit einzugreifen war nicht nur reif, sie war überfällig, denn die Katastrophe lag nicht vor uns, sie ereignete sich bereits. Auch nachdem die Finanzkrise und das Virus über sie gekommen waren, die Märkte fast kollabierten, die Mehrheit verarmte und sich beargwöhnte, predigten sie weiterhin ihren Aberglauben, beschworen ihre trügerischen Heilmittel und ignorierten, was sich überall anbahnte. Die Zurückgelassenen und Gescheiterten, die an den Rand Gedrängten und Nutzlosen hatten unterdessen gerochen, dass ihre Welt faulte. Allerdings fanden die meisten der Aufbegehrenden, die die global gewordene Welt nicht mehr überblickten und sich in ihrer Verbitterung und ihrer Orientierungslosigkeit nach der alten Zeit der Ordnung sehnten, im neonationalen Geschrei Halt. Sie wandten sich gegen alles Fremde und Neue und dabei übersahen sie, dass die anderen, wie sie selbst, die Leidtragenden einer menschenfeindlichen Ordnung waren, und sie, ausgenommen die hetzerischen Brandstifter, allesamt ein anderes Leben verdienten. Wir mussten schleunigst handeln, anderenfalls hätten wir unsere Menschenwürde verwirkt.

Noch vor sechs Monaten hätte man es für unmöglich gehalten, dass Europa im Chaos versinken würde. Alles ging Schlag auf Schlag. Unsere ersten Angriffe richteten wir gegen die Machtzentren, weil sich unser Feind nicht mehr konkret körperlich manifestierte. Er steckte vielmehr in den Strukturen selbst. Berlin, Madrid, London und Rom lagen vier Tage ohne Strom brach. In Frankreich gelang es unseren verbündeten Kommunen, das gesamte Schienennetz für eine Woche zu blockieren. Die Häfen in Rotterdam, Piräus und Hamburg hielten wir einen ganzen Monat besetzt. Sieben Mal sabotierten wir die aus dem Osten kommenden Gasleitungen. Wir kappten die Informationskabel über den Atlantik. Wir steckten die Rechenzentren in Brand. Wir verbarrikadierten uns in der Zentralbank. Unsere Rauchbombenanschläge auf die Parlamente waren als symbolischer Akt eine letzte Warnung, die man nicht ernst nahm. Diese Tatenlosigkeit hat uns zum Morden gezwungen.

Nennen Sie uns, wie Sie wollen. Geistesgestörte. Idealisten. Radikale Humanisten. Linke Populisten. Wir scheren uns nicht darum. Wir sind frei von jedweder Ideologie. Was uns seit jeher antreibt, ist das Verlangen nach einem guten Leben. Uns auszurotten ist nicht mehr denkbar, wir bilden bald die Mehrheit. Mit jedem Gefangenen, jedem Verurteilten und jedem Toten werden sich uns zehn weitere anschließen. Wissen Sie eigentlich, wie sich die erkaltete Stirn eines Märtyrers anfühlt? Haben Ihre Lippen jemals einen Gefallenen berührt, seine erstarrten Muskeln und Gelenke liebkost? Die Augenlider. Die Finger. Die violetten Totenflecken. Alles steif geworden. Für immer.

Was war das eben? Na, diese Stimme! Wir sind doch nur zu zweit im Raum. Also bitte, Sie wissen ganz genau, wovon ich spreche. Lassen Sie das sein. Was? Ich soll mich entspannen und zu mir kommen? Kommen Sie zu sich.

Sie und Ihresgleichen vegetieren im Dauerzustand des Erduldens, richten Ihr Dasein auf eine Zukunft aus, in der Sie begüterter sein werden als der nebenan. Allein der Tod und die Bedeutungslosigkeit ängstigen derlei Existenzen noch mehr als der Verlust ihres Wohlstands und ihrer Privilegien. Sie wundern sich, was uns dazu angestachelt hat, einen ganzen Kontinent zerschlagen zu wollen, weil Sie nicht akzeptieren können, dass wir das Produkt Ihrer Handlungen sind. Ach, ich verschwende meine Zeit. Sie und Ihresgleichen sind nekrophil. Sie begehren einen verwesenden Leichnam, der nicht wiederzubeleben ist.

Ich habe es Ihnen in den vergangenen Wochen schon zigmal gesagt: Alles, was Sie kennen, oszilliert zwischen Beherrschung und Unterwerfung. Ihr Denken basiert auf Konkurrenz. Sie sind isoliert und vereinsamt. Für uns hingegen ist ein Ich ohne Du, ein Ihr ohne Uns nicht vorstellbar. Uns durchdringt ein natürliches Bedürfnis nach Kooperation. Sie aber fürchten sich vor der wirklichen Freiheit, die allein durch die Fortführung des Selbst im anderen erlebbar wird, und suhlen sich im geeichten Handeln, im gleichgeschalteten Fühlen. Was Sie als frei bezeichnen, ist eine Anhäufung von Zwängen, die in dieser grenzenlosen Welt entstehen, im ewigen Drang zu tun, der letztlich nur Ausdruck einer Reglosigkeit ist, ein Ablenkungsmanöver für ein schamfreies sich Fügen in einen angeblich unabwendbaren Zustand. Nie zuvor hatten die Ökonomen und Demagogen eine bessere Idee, um uns Menschen zu unterwerfen, als durch die Vergöttlichung der individuellen Freiheit.

Verflucht noch mal! Woher zum Teufel haben Sie diese Aufzeichnungen? Wo sind die Lautsprecher versteckt? Es ist eindeutig seine Stimme, die aus der verglasten Wand schallt. Was er sagt? Er redet mir ein, dass es sich nicht lohnt, Sie länger zu belehren, weil Sie all das, was ich Ihnen vorwerfe, längst wissen müssten und ich lieber mit ihm fortgehen soll.

Okay, okay. Ganz ruhig, Tika. Es wird kein Morgen geben, ohne dem Gestern die Maske vom Gesicht zu reißen. Hautschicht für Hautschicht. Die Faszien. Die Muskeln. Die Sehnen und das Knochengerüst. Bloß eines noch, dann ist es genug. Öffnen Sie sich für das, was uns bevorsteht. Lassen Sie uns das uns Entzogene, das Unausgesprochene, das Sie für unsagbar halten, endlich artikulieren. Sie brauchen keine Angst zu haben. Allein der Widerstand, der sich unseren Prinzipien verschrieben hat, vermag die Welt zu einen und eine Zukunft zu formen, in der wir einander als gleichwertige Menschen begegnen. Durch unseren Aufstand, der sich für Sie bisher zerstörerisch gezeigt hat, wird die Welt gesunden.

Und jetzt stellen Sie diese Aufnahmen ab! Sofort! Tun Sie nicht so, als ob nichts wäre. Wollen Sie mich verwirren oder was bezwecken Sie damit? Sie hören doch, was er mich fragt. Er ruft meinen Namen. Tika. Immerzu. Und er will wissen, ob ich mich daran erinnere, wie wir damals in La Paz erkannten, dass wir einander nicht länger bedürfen.

Herr Kommissar, mir wird schwindelig. Bitte machen Sie das endlich aus. Ich werde es gut sein lassen. Versprochen. Denn solange Sie sich nicht bewusst machen, dass der einzig wahre Ausdruck von Widerstand eben der des eigenen Blutvergießens ist, werden Sie niemals auch nur im Ansatz verspüren können, welch Lebenssinn stiftendes Glücksgefühl ein Mensch in jenem Moment empfindet, wenn er sich dazu entscheidet, endlich ein Revolutionär zu sein.

Hey! Was wollen Sie von mir? Verschwinden Sie. Nehmen Sie Ihre Finger von mir weg. Ich habe gesagt, Sie sollen mich loslassen! AMARU!«

KAPITEL 3

La Paz.
16°30'24.3"S. 68°07'43.7"W.
3640 Meter über dem Meeresspiegel.
11 Grad Celsius.

*

Ruhelos streunte sein Blick durch die steilen Straßen von La Paz. Amaru keuchte, rang nach Luft und stützte sich auf dem Sims des geöffneten Hotelfensters ab. Sein Stoffwechsel verweigerte sich. Aus Amarus Nase triefte Blut und weil sich die Ärmel seines Mantels nicht weiter vollsaugen konnten, fielen die Tropfen fünfzehn Etagen in die Tiefe. Sein ganzer Körper litt, als atmete er zum ersten Mal in seinem Leben den sauerstoffarmen Andenwind, der an diesem wolkenlosen Nachmittag durch den Talkessel fegte. Glasfassaden ragten in den Himmel, inmitten eines endlosen Häusermeeres. An den Steilhängen der Schlucht stapelten sich rote Ziegelsteinbauten hinauf und verloren sich dort auf einem Hochplateau. Mehrere Seilbahnen verbanden die Welten miteinander. Die Gondeln glitten träge über die Stadt. In der Ferne posierten eingeschneite Gipfel.

Amaru war allein in diese ihm fremde Welt aufgebrochen, mit dem Ziel, Tika zu finden. Sein Albtraum hatte sein Gedächtnis verwüstet und stellte zugleich fast alles dar, was ihm von seiner Welt geblieben war. Hartnäckig bemühte er sich, die zurückliegenden Tage zu rekonstruieren. Dutzende Male hatte er es schon versucht. Die demolierte Wohnung. Der Würgegriff des Greises. Das an ihn adressierte Paket. Die lodernde Stadt. Aber was war zuvor geschehen und wie war er überhaupt hierhergekommen? Amarus Schädel dröhnte, und der Schmerz gebar eine entstellte Erinnerung, die allmählich etwas deutlicher wurde.

»Bartolomé!«, brach es aus ihm heraus. Zumindest sein Kurzzeitgedächtnis funktionierte wieder. Dieser geschwätzige Missionar, der von Askese gesprochen hatte, anstatt sie zu praktizieren, war nach Amarus Nachtflug, den er wie betäubt im Halbschlaf zugebracht hatte, in der Ankunftshalle des Flughafens aus dem Nichts aufgetaucht. Der junge Spanier hatte sich Amaru aufgedrängt und gefragt, wohin er zu gehen beabsichtigte, und sogleich vorgeschlagen, dass sie sich ein Taxi ins Stadtzentrum teilen könnten. In seinem deliranten Zustand war Amaru mit ihm mitgegangen.

»Dieser Gin ...!«, klagte Amaru und rieb sich über seine geschwollenen Tränensäcke. In bedächtigen Zügen versuchte er das Geschehene zu sich zu holen und tatsächlich wurde die Rückschau mit jeder weiteren Lungendehnung klarer.

Bartolomé war mit ihm zur Abtei San Pedro gefahren, die unweit der von Tauben bevölkerten Plaza Murillo gleich hinter dem Präsidentenpalast lag. Dort angekommen, hatte Bartolomé darauf bestanden, Amaru das elende Leben der Bolivianer, von dem er sie zu erlösen gedachte, zu zeigen. Vom überhasteten Zurücklassen seiner Welt noch immer verwirrt und nicht bei sich hatte Amaru vorschnell eingewilligt, und so waren sie einen ganzen Tag lang durch La Paz gegangen. Bartolomé kannte die Stadt gut genug, um sich dem gemächlichen Tempo ihrer Bewohner anzupassen und Amaru an jedem Ort, den sie passierten, gleich einem Fremdenführer zu unterrichten. Ihm hingegen war alles neu erschienen. Das unaufhörliche Gerede seines Begleiters und die lärmende Großstadt hatten seine Sinne überreizt. Eindruck um Eindruck hatte sich an ihm vorübergeschoben, wie der chaotische Verkehr in den vollgestopften Straßen.

Amaru lehnte sich aus dem Fenster und schielte entlang der Avenida 6 de Agosto auf die Hochhäuser in der Zona Centro. Dort hinten türmte sich der Wolkenkratzer der Banco Central de Bolivia in den Himmel. Weiter vorne lagen das Museo Nacional de Arte und die Universidad Mayor de San Andrés. Ein kurzer Blick in die entgegengesetzte Richtung genügte und Amaru erkannte die Botschaftsbauten und die modernen Hotels wieder. Überall war er mit Bartolomé umhergegangen. Konnte dies alles wahr sein? Hatte er nicht bloß geträumt? Amaru roch den Alkohol, den er ausdünstete, schloss die Augen und konzentrierte sich. »Ja, doch. So war es!«, versicherte er sich nach einer Weile und überließ sich dem Strom seiner Gedanken.

Bartolomés euphorische Touristenführerstimme hatte sich in einer Einkaufsstraße abrupt verdunkelt, woraufhin er eine andere Richtung eingeschlagen und Amaru die eigentlichen Menschen dieser Stadt gezeigt hatte. Die

Fallengelassenen. Die Unbrauchbaren. Die gottverlassenen Drogensüchtigen, die am Ufer des in einem betonierten Bett gezähmten Flusses Klebstoff schnüffelten und gepanschte Paste rauchten. Die schmuddeligen Kinder, deren Füße so schwarz waren wie die polierten Lederschuhe ihrer Zeitung lesenden Kunden. Einen ganzen Straßenzug hatten sich die Titelseiten aneinandergereiht. Rundherum Bettler. Hungernde. Verwahrloste Tiere. Müll und Elend. Das Dasein dieser Menschen war fürchterlich, aber was ging es ihn an? Waren sie nicht dafür verantwortlich, ihr Leben zu ändern? Allein der Anblick der Süchtigen hatte Amaru ein wenig berührt, denn auch sie waren genötigt gewesen, über ihre blutversifften Nasen zu wischen. Unfähig, mit seinen Mitmenschen zu fühlen, hatte er Bartolomé zum Verlassen dieses trostlosen Ortes gedrängt.

»Sieh es dir an, Amaru, das ist das Ergebnis des guten Lebens, an das sie glaubten«, gab er Bartolomé wie von selbst wieder. Amarus Magensäure stieg die Speiseröhre hoch, als er sich seine Visage vergegenwärtigte. Nur mit Mühe gelang es ihm, die Überreste des Gins bei sich zu behalten und sie nicht auf die Straße zu spucken. Indem er über seinen Bauch strich, konnte er sein Magengären etwas beruhigen und weiter in das Zurückliegende eintauchen.

Am Abend, als die beiden von ihrem strapaziösen Marsch ermüdet waren, hatte ihn Bartolomé in das vornehme Vergnügungsviertel Sopocachi zurückgeführt, um sich mit ihm in einer der Bars zu betrinken. EL DOLOR oder EL DÓLAR? Amaru wusste es nicht mehr genau. Jedenfalls waren sie stundenlang am Tresen versackt. Unermüdlich hatte Bartolomé in einem sich selbst beweihräuchernden Monolog von sich und seinem Leben fabuliert, konfus und widersprüchlich. Die Ölgeschäfte seiner Familie im Amazonas. Sein Studium der Ökonomie und dann die Hinwendung zu seiner Berufung, der Theologie.

»Auf den ersten Blick konträre und doch artverwandte Disziplinen, die sich in ihren Absichten nicht wesentlich unterscheiden«, wiederholte ihn Amaru im Stillen, weil er sich vom Wiederklang seiner Stimme ekelte. Aber Bartolomés Stimme war mächtiger als Amarus Verlangen, sie zu unterdrücken, und sie durchfuhr ihn. Amaru hämmerte seine Stirn gegen die Fensterscheibe, womit er den anderen zu vertreiben hoffte. Unglücklicherweise verstärkte er seine Anwesenheit dadurch.

»Der Glaube an einen Mythos setzt hier wie dort alles in Gang. All die Märtyrer, die zu Tausenden ihr Leben auf diesem Kontinent opferten, wollten den Indios nur nahebringen, was Liebe und Demut bedeuten, und sie zu Menschen formen. Was ist verwerflich daran, sich die Mühen mit Gold entlohnen zu lassen? Sollten sie etwa das Feld pflügen, wie unterbemittelte Bauern, wenn ihre Mythen denen der Indios überlegen waren? Mit der Zeit wurden die Heiligtümer der Indios als Berge, Seen und Bäume entlarvt. Entseelt. Leer. Stumm. Die Ungläubigen erkannten, dass ihr Weltschöpfer unser Gott war und ihre Ökonomie des Miteinanders der menschlichen Natur widersprach. Sie konnten sich unserer Liturgie nicht entziehen. Alles erschien ihnen wie ein großer Zauber. Der Weihrauch. Die Gesänge. Die Ornamente. Dabei gaben manche von ihnen nur vor, unserem Herrn zu dienen, und verehren bis heute ihre heidnischen Götter und Helden, die sie ihm Stich gelassen haben.«

Bartolomés Worte schallten unter Amarus Schädeldecke. Sein Schwadronieren fand kein Ende. Er klagte über Utopisten in Europa, zum Scheitern Verurteilte, die beabsichtigten, aufzustehen, Verantwortung zu übernehmen und Ökonomie und Menschlichkeit zu verbinden. Die Alte Welt, weissagten sie, sei dem Untergang geweiht. Verdorben und verbraucht. Unfähig, Menschen zu erschaffen, die nach edleren Zielen streben. Für ihn sei es an der Zeit gewesen, diesen Ort zu verlassen und dafür Sorge zu tragen, dass alles bleiben würde, wie es ist. Nur das Wort Gottes und nicht einfache Menschen könnten bis zur Grenze der Vernunft vordringen und eine Zukunft eröffnen.

Amaru konnte sich nicht länger zurückhalten. Er rannte ins Badezimmer und erbrach Gin und Gallensaft. Nachdem er sich seinen Mund gesäubert hatte, streckte er seine Zunge heraus und betrachtete seinen geröteten Rachen und die schleimigen Ablagerungen auf seiner Zunge. Der Abend musste lang und maßlos gewesen sein. »Was ist noch geschehen?«, befragte er sich selbst.

Die dröhnende Musik. Die Dystopien aus Europa. Bartolomés vulgäre Aufreißergeschichten. Was scherte es ihn? Während dieses Großmaul pausenlos gefaselt hatte, war Amaru damit beschäftigt gewesen, nach Tika Ausschau zu halten. In jeder weiblichen Stimme hatte er ihren Klang vermutet, in jedes Frauengesicht ihr Abbild modelliert. Keine von ihnen hatte seiner Traumgestalt geähnelt und ihn so verlangend wie sie angesehen. Fast lüstern, im Angesicht des Todes. Amaru war den Einheimischen nicht als Reisender aufgefallen. Diejenigen, die ihn berauscht angesprochen hatten, wunderten sich nur darüber, dass er nicht nur Spanisch verstand, sondern auch den gelegentlich in Quechua und Aymara fluchenden Kellnern folgen konnte. Amaru hatte penetrant nachgebohrt. Doch die Kellner und die Besoffenen hatten nichts Nützliches von sich gegeben, was er zu Tika in Bezug hätte setzen können.

»Killa wichinqa. Chaski kallpachkan qollqeyoq runa. Der Mond wird untergehen. Der Bote läuft dorthin, Geld besitzender Mann. Mira, la diferencia son las hojas. Quieres cocaína?«, hallte es wild durcheinander.

Noch eine Gedächtnislücke begann sich zu schließen. Kokain. Dieses weiße, bittere Pulver, das er von Bartolomés Handrücken geschnupft hatte. Amarus Nasenscheidewand war aufgeschürft und er spülte sie mit kaltem Wasser ab. Dann strauchelte er zurück ans Fenster und atmete in gleichmäßigen Zügen. Nach und nach setzten sich die aufflackernden Fragmente zusammen und der Rest des Abends fiel ihm zu.

Irgendwann, als er kaum noch bei sich war und nichts mehr hinunterwürgen konnte, hatte er sich, ohne Aufsehen zu erregen, davonmachen wollen. Doch Bartolomé, der für ihn und die Damen, die sich eng an ihn schmiegten, permanent nachschenken ließ, hatte sich genau in jenem Moment zu Amaru umgedreht, seine Errungenschaften vorgestellt und ihn gefragt, welche von beiden er bevorzuge. Selbstverständlich habe er die freie Wahl. Amaru musste auf diese Schamlosigkeit wohl angemessen geantwortet haben, etwas, das ihm entfallen war, aber das Bartolomé dazu bewogen hatte, ihn zu begleiten und zum Abschied durch die Bar zu rufen, dass sie sich ihre Gesichter gut merken sollten, schließlich liege noch Großes vor ihnen. Gemeinsam würden sie die Welt zu ihren Gunsten ordnen. Daraufhin waren sie in die Nacht hinausgetreten. Durch die Straßen torkelnd hatte Bartolomé geprahlt, dass er willige und günstige Frauen kenne, sogar die Nachfahrin einer Inkahure, zumindest würde sie das von sich behaupten. Irgendwie hatte Amaru weniger verachtend, als er es in jenem Moment empfunden haben musste, abgelehnt und wahrscheinlich in seiner Betrunkenheit eine geeignete Ausrede gefunden. Er war sich nicht ganz sicher.

Immerhin wusste er nun wieder, dass es ihm gelungen war, sich an einer unübersichtlichen Kreuzung von Bartolomé loszueisen und in das nächstbeste Hotel zu flüchten. El SUEÑO. Die Neonreklame leuchtete vor seinem inneren Auge. Amaru wurde erneut übel, denn er erinnerte sich auch daran, wie ihn das Zimmermädchen zu seinem Raum begleitet hatte und er nicht aufhören konnte, sie anzustarren und an sie heranzurücken. Wie besessen hatte er in ihrem Gesicht nach Tikas Symmetrie gesucht. Erst als sie von seinen Blicken in Bedrängnis geraten war und gedroht hatte, um Hilfe zu schreien, hatte er davon abgelassen und seine Aufdringlichkeit damit gerechtfertigt, dass er auf der Suche nach einer Frau sei, die ihm im Traum erschienen war, und er nicht die geringste Idee habe, wo er mit der Suche nach ihr beginnen könne. Letztendlich hatte ihm das

Zimmermädchen geraten, am Markt der Zauberei, in der Calle de las Brujas, gleich hinter der Basílica de San Francisco, bei den Heilern, Hellsehern und Händlern nach ihr zu fragen. Nach einem traumlosen Tiefschlaf war er dann am Morgen in seinem Hotelzimmer zu sich gekommen, zusammengekauert auf einem der Sessel. Seitdem stand er am Fenster und sein Blick irrte durch die Straßen.

War er wirklich eines Traumes wegen nach La Paz geflogen? Amaru schaute an sich herab und dann hinaus auf die lärmende Stadt, wodurch er sich vergewisserte, dass er diese waghalsige Entscheidung tatsächlich getroffen hatte. Bevor ihn die Vernunft übermannen und dazu bewegen würde, umzukehren, raffte er sich auf. »Puta mierda!«, fluchte er. Er musste es zumindest versuchen.

Im Gedränge zwischen den Häuserschluchten fiel es Amaru schwer, sich zu orientieren. Hatte er diese Abzweigung nicht gestern schon einmal genommen? Oder war es die nachfolgende? Dazu dieser Schwindel und sein Nasenbluten. Ständig stolperte er. Amaru schämte sich, da er glaubte, die anderen hielten ihn für einen der Süchtigen, die er tags zuvor am eng bebauten Ufer des Río Choqueyapu gesehen hatte. Er presste sein Gesicht in seine Armbeuge, sodass nur noch Augen und Stirn sichtbar waren, und fragte sich von Fremdem zu Fremdem, bis er die Basílica vor sich sah. Ein beiges Monument des Andenbarocks. Fabelwesen, Pflanzen und Kruzifixe überlagerten sich auf den Mauern. Touristen und Gläubige reihten sich auf dem weitläufigen Vorplatz auf, um die heilige Stätte zu betreten.

Amaru würdigte den Bau nur eines beiläufigen Blickes. Er hatte für religiöse Fantastereien nichts übrig.

Dort hinten musste es sein. Ein letzter Anstieg und Amaru bog in die über und über mit Menschen gesäumte Straße ein, in der sich der Zaubermarkt erstreckte. An den sich aneinanderreihenden Ständen hingen getrocknete Tierföten, Kräuter und Pulver für missliche Lebenslagen, Schnitzereien, Stoffe und allerlei Ramsch. Andauernd zerrte jemand an Amarus Ärmeln, um seinen Laden zeigen zu dürfen. Gerade als er einen der vermeintlichen Hellseher, die mit Münzen, Spielkarten oder Blättern am Bordstein hantierten, ins Auge gefasst hatte, drückte ihn die Masse vorbei. Dagegen anzukämpfen war aussichtslos und daher fügte er sich dem Strom der Suchenden, der ihn vor einem Holzverschlag auswarf.

Die vor ihm stehende Händlerin reichte Amaru kaum bis zur Brust. Ihr in die Jahre gekommener Körper wirkte durch die übereinander gezogenen Faltenröcke gedrungen. Sie war, wie die meisten der Frauen, die sich auf dem Markt tummelten, in der bunten Tracht einer Chola gekleidet. Auf ihrem um den Hals geworfenen Fransenschal lagen zwei Zöpfe. Ihr Bowlerhut schien ihren schwarzen Haaransatz nur zu touchieren, so lose saß er auf ihrem Kopf.

»Wonach suchst du?«, fragte die Händlerin und lehnte sich etwas nach vorne.

Einen Moment lang zögerte Amaru, ob er ihr seinen Traum schildern und nach Tika fragen sollte, aber sein Nasenbluten brach wieder aus und so zuckte er nur mit den Schultern, nutzte einen Ärmel zum Stillen, und behauptete, dass er selbst nicht genau wüsste, wonach er suchte.

»Bei mir findest du Rat, wenn du fühlst, was dir fehlt. Ich bin nicht wie die anderen. Von uns sind nur noch wenige geblieben. Alles ist Spektakel geworden!«, schimpfte die Händlerin und spuckte trocken auf den Boden, wobei ihre goldenen Schneidezähne glänzten. Mit einem wütenden Blick schaute sie hinüber zum benachbarten Stand, wo sich ein Pulk gebildet hatte.

Eine Frau beugte sich über die schmerzende Bauchdecke eines auf dem Boden liegenden Kranken. Ein kurzes Stirnrunzeln und schon saugte sie daran und spuckte Stein um Stein aus, die sie aus dem Leib ihres Kunden gezogen haben wollte. Zuletzt verabreichte sie ihm einige Blätter und der Geheilte stand auf. Er pries seine Genesung, fiel der Heilerin unter Tränen um den Hals und belohnte ihre auf Bezahlung wartenden Handflächen. Der nächste Kunde nahm Platz und offenbarte sein Leid.

Je länger die Händlerin das Getue beobachtete, desto stärker quollen ihre milchigen Augen hervor. »Scharlatane!«, geiferte sie. »Die letzten Kallawaya, Menschen wie ich, die die Kräfte der Pflanzen, Tiere und Steine kennen und sie miteinander verbinden können, weil wir gemeinsam das Wissen unserer Ahnen bewahren, gehören bald der Vergangenheit an. Kaum eine hier versteht noch unsere Geheimsprache, die auf dem ausgestorbenen Puquina beruht. Früher konnten wir Kallawaya uns hier noch untereinander austauschen, um unsere Kenntnisse zu teilen. Wir kannten die Sorgen und Ängste jeder einzelnen Familie. Ihre Plagen blieben über Generationen hinweg unser Geheimnis und wir hüteten es mit der gleichen Sorgfalt, mit der wir für sie die Rezepturen mischten. Die Brandopfer, die wir ihnen zubereiteten, damit sie Pachamama, unserer Mutter Erde, die alles ist, um Hilfe bitten konnten, waren genauso eigen wie die Laster der Menschen. Wenn einer nicht bezahlen konnte, dann brachte er es eben ein anderes Mal oder er half uns, wenn wir seine Unterstützung brauchten.

Heute nennt man diesen Ort den Markt des Zaubers und der Hexerei, obwohl wir, wenn überhaupt, nur bescheidene Heilerinnen sind, mit begrenzter Wirkungskraft. Du findest hier bloß noch Betrüger und Diebe, die für ihre Schwindeleien ein Vermögen verlangen. Seit Jahrzehnten überschwemmen uns die nichts sehenden Leser und die jungen Potosínas. Sie missachten die alten Sitten. Sie schüren Gier und Neid und sind einander nicht verbunden. Sie verscherbeln Plunder und erheben ihn zum Wunder. Ihre armseligen Lebensumstände haben sie dazu gezwungen, gegen Grundlegendes zu verstoßen, und so haben sie sich den Dingen gefügt. Was ist ihnen auch geblieben, wo die Minen in Potosí schon lange nicht mehr genug hergeben, um den Hunger ihrer Kinder zu stillen. Die Potosínas können von Glück reden, dass die Menschen auf das Reißerische anspringen. Ihre Heilung versprechenden Lügen und ihre auf Zuckerguss gedruckten Wohlstandswünsche, die die Potosínas ihren Opfergaben hinzufügen, verführen uns Bolivianer. Wir, die es besser wissen sollten, folgen wieder Illusionen, als hinge es nicht schon immer von uns ab, wie das Leben verlaufen wird, sondern als wäre es allein der Wille Pachamamas oder der des Marktes.«

Amaru horchte auf. »Potosí, die Schatzkammer der Welt, den Königen dient sie zum Neide«, gedachte er der Münzen in seinen Manteltaschen.

Die Kallawaya schenkte seinen Worten keine Beachtung und forderte ihn auf, sich umzusehen. Die Waren, die die anderen in ihren Geschäften und an ihren überladenen Metallständen anboten, glichen einander. Allein die windschiefe Hütte, vor der er stand, zeugte von einer anderen Zeit.

»Diese Gaunerinnen schmücken sich mit fremden Federn und machen den Hilfesuchenden weis, sie seien gute Brujas. Keine von ihnen hat es verdient, so genannt zu werden. Eine wahre Bruja erkennst du an ihrem Gang, der fast schwebend und lautlos ist. Sie kreuzen aus heiterem Himmel auf, und bis du sie entdeckt hast, sind sie längst fort. Sie sprechen wenig und wenn sie es tun, sind ihre Worte wohlüberlegt und zielgerichtet. Nur wenn sie es auf dich abgesehen haben und vorgeben, dir helfen zu wollen, verwickeln sie dich in ein verwirrendes Gespräch und reden immerzu. Sie können die Stimmen von Freunden und Geliebten nachahmen und deine Träume und Ängste Gestalt annehmen lassen. Sie täuschen. Sie verführen. Sie hintergehen. Ihre Flüche und Verwünschungen sind stark genug, um einen Menschen zu töten. Die Essenzen, die sie aus geheimen Zutaten kochen und die sie nur für sich selbst verwenden, tragen keinen Namen. Nichts liegt ihnen ferner, als andere in ihr Wissen einzuweihen.

Die Brujas unterscheiden sich von uns Kallawaya vor allem durch ihre Bösartigkeit. Ihre Herren, die Saxra, sind niederträchtige Geister, denen das Leid der Menschen Freude bereitet. Daraus speisen sie ihre Energie. Ihnen ist es möglich, sich in einen Windstoß zu verwandeln, der in sein Opfer eindringt und schreckliche Qualen verursacht. Langweilt der Schmerz des Befallenen die Saxra, ziehen sie sich an einen verlassenen Ort zurück und warten auf den nächsten Unschuldigen. Außer den Brujas sucht niemand ihre Höhlen und Erdlöcher freiwillig auf. Weil die Saxra ohne die Menschen nicht sein können und ihnen die Brujas immerfort neue Opfer heranschaffen, danken sie ihnen, indem sie ihre Zauber mit ihnen teilen. Aber selbst sie kennen nicht all jene Geheimnisse, die den mächtigen Einsiedlern, den auserwählten Schamanen, Gewissheit sind.«

Die Händlerin unterbrach sich selbst und bediente eine herangetretene Kundin. Ihr Wortwechsel war karg und auf das Notwendigste reduziert. Ein Bündel Baumrinde wechselte die Besitzerin. Während die Händlerin das Wechselgeld zählte, wovon einige Scheine auf den Boden flatterten, war die Käuferin so blitzartig, wie die Menge sie freigegeben hatte, wieder in ihr aufgegangen. Unruhig klaubte die Händlerin die Scheine auf, schob sie unter ihren Hut und rückte ihn zurecht. Ihre Hände schlotterten.

»Sie hören es, wenn wir über sie sprechen und die Wahrheit sagen«, wisperte sie und fuhr geschäftig tuend fort, »wenn du der Calle Sagarnaga bis zum Kreisel an der Plaza Gran Poder folgst, dann den Hang hinaufgehst und erst die dritte Gasse nach rechts und danach die zweite links abbiegst, triffst du auf ein verfallenes Haus. An manchen

Tagen sitzt ein Cocaleser davor, der dir vielleicht weiterhelfen kann. Seit vielen Jahren sprechen die Blätter zu ihm. Er ist keiner von denen, wie du sie hier finden wirst. Er ist ein echter Yatiri. Sollte er dich auserwählen, nennt er dir Antworten auf Fragen, die du nicht kennst.«

Amaru wunderte sich zwar über die sonderbaren Geschichten, die ihm die Händlerin erzählt hatte, aber da er keine Ahnung hatte, was er sonst tun sollte, um Tika aufzustöbern, wollte er sich geradewegs ins Getümmel hineinschieben und ihrer Empfehlung folgen.

»Warte!«, rief die Händlerin und packte ihn an seinem Handgelenk. Rasch streute sie einen Kräuterkreis auf ein ausgebreitetes Tuch, zupfte Wolle von einem Vlies und füllte ihn damit aus. Unter ihrem gebauschten Rock zog sie eine Sichel hervor, mit der sie erst eine Wurzel und dann etwas Harz zu schaben begann. Ein scharfer Dunst stieg auf, der ihr Tränen in die Augen trieb und dessen Quelle sie unter Erde begrub. Darauf bettete sie einen verdorrten Alpakafötus und öffnete ihm die Lider. Abschließend zupfte sie Amaru einige Haare aus, kokelte sie an und pustete die Rauchwirbel über das Ungeborene. Das zusammengewickelte Bündel steckte sie in eine seiner Taschen. »Du wirst dieses K'oa noch gebrauchen können. Wenn es so weit ist, dann zündest du es an und verschwindest! Hast du mich verstanden? Gut. Und nun geh!«, kommandierte die Händlerin forsch und drückte Amaru in den Menschenfluss zurück.

Nach ein paar Schritten drehte er sich nochmals um. Die Hütte der Kallawaya war verschwunden. Das Betrügerische, das diesen Ort umgab, beschleunigte Amarus Tempo. Er drängelte und quetschte sich in jede sich ihm bietende Lücke hinein, bis er die besagte Straße erreichte. Erleichtert, sich nun wieder frei bewegen zu können, ging er den Aufstieg zu schnell an, sodass er an einer Hauswand Halt suchen musste, um nicht zusammenzusacken. Deshalb bemerkte er die menschenleere Gasse, der er zu folgen hatte und an der er beinahe vorbeigegangen wäre. Schmerzverzerrt stieß er sich von der Wand ab und bog ein.

Kläffende Hunde kreuzten seinen Weg. An ihrer mit Narben übersäten Haut baumelten letzte Fellfetzen. Amaru beeilte sich, bevor sie ihm die Strapazen anmerken konnten. Ihm war wieder eingefallen, dass ihn Bartolomé vor diesen herrenlosen Tieren gewarnt hatte, die jedes Zögern als Schwäche wittern und in verlassenen Gegenden auch Menschen anfallen würden. »Die zweite Biegung nach links«, sammelte er sich und hechelte um Höhenluft. Ihm schwindelte vor Anstrengung und er fühlte, wie ihm die Farbe aus dem Gesicht wich. Sein Sehfeld flackerte bereits, als er die von der Kallawaya beschriebene Ruine ausmachte.

Das Dach war eingestürzt. Die Fenster der bröckelnden Fassade vernagelt. Auf dem Treppenabsatz hockte ein Mann. Sein Gesicht war von der Zeit so gezeichnet wie die Ruine hinter ihm. Sein Anzug war abgewetzt. Sein Hut hatte jegliche Spannkraft eingebüßt und war verrutscht. Dabei strahlte dieser Herr nichts Ärmliches oder Bemitleidenswertes aus, sondern Bescheidenheit. Geduldig rührte er mit einer Hand in einem mit Blättern gefüllten Beutel. Ein paar Meter von ihm entfernt wartete seine Kundschaft.

Kaum hatte sich Amaru eingereiht, fixierte ihn der Cocaleser. Sein Blick, der warm war und Amaru in einen seltsam wohligen Schleier des Vertrauens hüllte, hielt an Amarus Händen inne und musterte sie. Dann betrachtete er die aufgewühlten Gesichter der Übrigen. Mit einem Nicken bat er jemanden zu sich. Die anderen wichen ein paar Schritte zurück und schoben Amaru von hinten sanft nach vorne, da begriff er, dass er es war, den der Yatiri eingeladen hatte.

»Nimm Platz, mein Freund. Mein Name ist Wamanyana und wenn du meine Mühen für nützlich befindest, kostet dich das zwanzig Bolivianos«, sagte der alte Mann höflich.

Amaru rückte sich auf dem Schemel, der vor dem Yatiri stand, gerade, stellte sich seinerseits kurz vor und zückte sein Geldbündel.

»Wofür willst du mich jetzt schon bezahlen? Lass uns doch zunächst sehen, was dir Kukamama durch die Blätter mitteilen wird«, bot ihm Wamanyana an und er nahm eine Handvoll Cocablätter heraus. Die größten von ihnen sortierte er aus und stapelte sie sorgsam übereinander. Die verbliebenen, die er für passend befand, schüttelte er in seinen gefalteten Händen und warf sie auf den Boden. Lange besah er das vor sich Liegende, aber das, was sich ihm zeigte, stimmte ihn nicht zufrieden. Wieder und wieder klaubte er die Blätter auf, durchmischte sie und streute sie auf den Asphalt. Seine Miene wurde zweifelnder. Immer fahriger sammelte er die Blätter ein. Die Wucht, mit der er sie vor Amarus Füße warf, steigerte sich mit jedem weiteren Versuch. Sich über sein faltiges Gesicht scheuernd wandte er sich um, wie einer, der etwas zu verbergen hat, und als er sich sicher glaubte, dass ihm die anderen für einen Moment keine Beachtung schenkten, stopfte er sich die Blätter in seine Wangentaschen.

»Was hast du gesehen?«, fragte Amaru vorsichtig, denn der Unmut seines Gegenübers verunsicherte ihn. Er hatte nicht beabsichtigt, den Yatiri, der wohl doppelt so alt sein musste wie er selbst und der ihn, Amaru, aus der Menge erwählt hatte, um ihm einen Dienst zu erweisen, zu verärgern.

Wamanyana rieb mit seinen Daumen über seine Fingerkuppen und schien zu hadern. Schließlich riss er frische Blätter aus seinem Beutel und reichte sie Amaru. »Wirf du sie!«, befahl der Leser, und als Amaru seiner Anweisung nachgekommen war, stöhnte Wamanyana erschrocken. »Es ist genug für heute! Die Blätter und ich sind ausgezehrt. Kommt an einem anderen Tag wieder!«, rief er gerade laut genug, damit es die Wartenden hören konnten. Sie gingen murrend auseinander, und Amaru wollte aufstehen, um sich ihnen anzuschließen.

»Du nicht! Zeig mir deine Handflächen!«, forderte ihn der Yatiri auf. Ungläubig fuhr er über Amarus Einkerbungen, die sich geradlinig von Handseite zur Handseite ausdehnten, gleich einem Fluss, der keiner Windungen bedarf, weil er entschlossen genug ist, sich seinen Weg zu bahnen. Der Cocaleser träufelte etwas Spucke darauf und drehte die Hände so, dass der Speichel dem Flussbett folgte. Mit seinen Nägeln kratzte er über die Linien, bis er akzeptierte, was ihm die Blätter verkündet hatten. »Warum bist du zu mir gekommen? Wer hat dich geschickt?«, flüsterte er vorwurfsvoll, als hätte ihm Amaru eine Bürde aufgeladen.

»Niemand hat mich geschickt! Im Gegenteil. Ich wurde gerufen.« Sogleich berichtete Amaru dem Yatiri, was ihm widerfahren war, jedes Detail seines Traumes, an das er zurückdenken konnte. Auch davon, dass alle vorherigen Ereignisse ausgelöscht waren und dass ihn weder seine ramponierte Wohnung noch die in Trümmern liegende Stadt im Geringsten geschert hatten. Und um ehrlich zu sein, gestand Amaru, habe er beim Anblick der Zerstörung kein Bedauern oder Furcht, sondern Lust empfunden. Eine fast sexuelle Erregung.

Nachdem er seinen Traum und den daraus folgenden Entschluss rekapituliert hatte, wurde ihm abermals die Irrsinnigkeit dieser Entscheidung bewusst. Er hätte einfach abwarten oder bei einem Nachbarn klingeln können. Irgendeiner hätte ihn bestimmt erkannt. Stattdessen quälte er sich nun durch La Paz, mehr als einen Ozean von sich und seiner ihm verloren gegangenen Welt entfernt, an so viel konnte er sich zumindest erinnern. Sollte er nicht besser die nächste Maschine besteigen und umkehren? Allein der Gedanke an Tika, deren Antlitz unvermindert vor ihm stand, bekräftige ihn zu bleiben. »Jetzt bin ich hier, um sie zu finden. Bin ich verrückt geworden oder was geht mit mir vor? Sag mir, was das alles zu bedeuten hat!«, jammerte Amaru.

»Es war vernünftig von dir, dass du deinem Traum gefolgt bist. Du musstest hierherkommen!«, milderte der Yatiri Amarus Zerfahrenheit. »Hör gut zu, was ich dir jetzt sagen werde. Deine Entscheidung war nicht selbstlos. Die Blätter haben es eindeutig gezeigt. Eine Opferschuld lastet auf dir. Dein Traum ist Ausdruck eines Defizits. Das Verhältnis von Geben und Nehmen ist aus dem Gleichgewicht geraten. Nichts ist unverzeihlicher als sich dem natürlichsten aller Gesetze, dem Prinzip der Gegenseitigkeit zu widersetzen. In allem Existierenden ruhen polare Gegensätze, die als sich ergänzende Bruchstücke das Ganze ergeben. Die zwischen ihnen bestehende Spannung, die auf der Anwesenheit und dem gegensätzlich geladenen Zustand des jeweils anderen beruht, ist die Voraussetzung für ihr Dasein und ihre Einheit. Die Verschiedenheit, ohne die nichts sein kann, ist das Wesentliche aller Beziehungen. In dir und mir, in uns allen, gedeihen unterschiedliche Selbst gleichzeitig, die miteinander konkurrieren und im schlimmsten Fall, so wie in deinem, zu Feinden werden. In dir, Amaru, findet ein radikaler Umsturz der bisher gültigen Kräfteverhältnisse statt. Deshalb bist du hier!«

Amaru versuchte Wamanyana zu verstehen, aber ehe er das Gehörte wirklich durchdenken konnte, um daraufhin all das Unklare zu hinterfragen, fuhr der Cocaleser fest überzeugt fort: »Wer die grundlegendsten Regeln befolgt, die wir Menschen vom zyklischen Kreislauf des Seins ableiteten und die uns selbst und die Gemeinschaft seit jeher zusammenhalten, wird nie wie du empfinden müssen. Du hast es in deinem Traum ja selbst entschlüsselt: Ama qhilla. Ama llulla. Ama suwa. Ich weiß nicht, was du versäumt und welche dieser Regeln du missachtet hast, aber wenn du Tika findest oder ihre Versinnbildlichung demaskierst, wirst du die auf dir lastende Schuld begleichen und zu dir kommen. Öffne dich, Amaru, und lasse dich auf das Unwahrscheinliche ein.«

»Ich weiß von keiner Schuld!«, fiel ihm Amaru ins Wort. »Wie soll ich da etwas tilgen? Hast du mir nicht richtig zugehört? Alles, was war, ist mir abhandengekommen. Ich bin ein aus der Welt Gefallener!«

Wamanyana atmete in Geduld beschwörenden Zügen. Gleichmäßig hob und senkte sich sein Brustkorb. Nebenbei bröselte er Pflanzenasche in seinen Mund, um die Alkaloide aus den Cocablättern zu lösen. Das Aufeinandertreffen mit Amaru und das ihnen Bevorstehende hatten ihn aus der Fassung gebracht. »Was war das für ein Jaguar, der dir im Dschungel zu Hilfe kam?«, fragte der Cocaleser nachdrücklich, und Amaru schilderte ihm, was er in der Finsternis gesehen hatte.

Wamanyana wartete, trotz seiner steigenden Aufregung ab, bis Amaru sein Gesicht aus seinen Handflächen hob, in denen er sich besonnen hatte. Daraufhin begann der Yatiri zügig zu sprechen. »Unsere Ahnen, die für dich und deine Welt bedeutungslos geworden sind, fürchteten die Magie des Dschungels und den nachtschwarzen Uturuncu, den Herrscher über die Welt jenseits der Vernunft, verkörperte er doch das Unzivilisierte und die Rebellion. Eine ursprüngliche Kraft umgab ihn, der immerzu darauf lauerte, endlich die Gestirne verschlingen zu können. Der Uturuncu war unseren Ahnen die absolute Verkörperung der Bedrohung, denn er galt, wie du, Amaru, die Schlange, als Bote des Pachakuti.

Allein den Schamanen des Waldes gehorchte er. Nur sie verstanden seine Sprache und vermochten mit seiner Launenhaftigkeit umzugehen. Den Mächtigsten von ihnen, die die Fähigkeit besaßen, sich in alles Seiende verwandeln zu können, darin aufzugehen und das Erfahrene mit in unsere Welt zu nehmen, um zu heilen, war der Uturuncu ein treuer Begleiter. Er schützte sie vor fremden Göttern, jagte für sie und schleppte ihnen in seinem Maul die Opfergaben heran, die sie für ihre Rituale brauchten. Im Gegenzug gaben sie ihm von ihren Tränken, die die Schamanen aus den nur ihnen vertrauten Pflanzen brauten, um auf die andere Seite zu gelangen. Um den Jaguar zu besänftigen, ließen sie ihn ihr Gebräu aus ihren Handflächen schlecken. Die Schamanen mussten sorgfältig dosieren, denn wenn das Maß nicht stimmte, wurde der Jaguar widerständig, wie es seiner Natur entsprach. Er drohte dann zu verzehren, wonach er ursprünglich hungerte, obwohl er damit auch sich selbst und seinen Lebensraum vertilgt hätte. Umawa, diesen geheimnisvollen Ort, immergrün und schöpferisch, zugleich todbringend, betraten die Menschen damals wie heute selten und nur mit großer Angst. Wer es riskierte, der tat es nur deshalb, weil ihm nichts anderes blieb. Die Vielzahl der dort Verstorbenen ließ die Namen derer, die lebend zurückkehrten, verblassen.

Heutzutage behaupten einige, dass nur ein einziger Schamane in den Tiefen Umawas die Jahrhunderte überdauert habe und dass es selbst für die Verstörten, die den Mächtigsten von allen damals mit ihren eigenen Augen gesehen haben wollen, nicht erklärbar war, wie ihm die Flucht vor den Eroberern gelingen konnte. Niemand weiß, ob diese Geschichten mehr sind als ein fantastisches Hoffen, aber der Einzigverbliebene soll sich vor ihren Augen mit einem Uturuncu vereint haben und mit ihm, als zweiköpfiges Wesen, verschwunden sein. Hinein in die verborgensten Regionen des Waldes, um dort auf die Ankunft des Auserwählten zu warten. So wie es auf der goldenen Scheibe im Qurikancha, dem heiligsten aller Tempel in der einstigen Hauptstadt Qusqu, prophezeit wurde. Mehr kann ich dir davon nicht erzählen, denn die Kraft der Schamanen, die zwischen den Lebenden und den Toten wandeln können und die von der Natur auserwählt sind, erfassen wir nicht mit Worten. Wer es wagt, über die Mächtigen zu sprechen oder von ihnen zu träumen, begibt sich in große Gefahr!«

Amaru wurde den Dingen, die ihm Wamanyana zu vermitteln versucht hatte, nicht gewahr. Die seine Adern und Organe durchströmenden roten Blutkörperchen waren noch zu wenige, um den Sauerstoffmangel auszugleichen. Sein Körper minderte seine Aufnahmefähigkeit. Aber Amaru verstand zumindest, dass er einen vor sich hatte, der ihm womöglich weiterhelfen konnte, und so grub er den Wollring aus seiner Tasche und übergab ihn dem Yatiri. »Kannst du mir sagen, wofür diese Knoten und Farben stehen?«

Wamanyana schnellte mit dem Rücken gegen die Fassade. »Wo hast du diesen Khipu gestohlen? Wer bist du, Fremder?«

»Man hat ihn mir gebracht. Genauso wie dieses Silber«, schwor Amaru mit erhobener Hand und er leerte mit der anderen die Münzen aus.

Misstrauisch betrachtete der Cocaleser die in das Silber eingestanzte Prägung. Er roch daran und schob sich eine der Münze zwischen die Zähne, um ihre Echtheit zu prüfen. Dann wandte er sich den in seinen Händen baumelnden Fäden zu und betastete sie, als läse ein Blinder. Unentschlossen gab er den Khipu zurück. »Nur ein Khipukamayuq versteht sich darauf, die alte Knotenschrift zu entziffern. Ich bin nur ein Yatiri. Zu mehr, als Kukamamas Worte zu übersetzen, bin ich nicht fähig. Das höhere Wissen ist uns einfachen Sehern verborgen, weil wir uns mit dem Leben der gewöhnlichen Menschen befassen. Was wir tun, ist nicht von minderem Wert, aber wir wurden nicht geschaffen, um uns solchen Wundern zu widmen. Ein Freund von mir, der in meinem früheren Leben meinem Ayllu angehörte und der nicht weit von mir und meiner Frau Pilpintu bei Potosí wohnte, hatte sich lange bemüht, mich in der Knotenkunst zu unterrichten. Die Fingerfertigkeit, mit der er die Fäden ineinanderschlang, und die sie zusammenhaltende Systematik ist mir allerdings unverständlich geblieben. Vermutlich symbolisieren die weißen Schnüre die alten Silbervorkommen oder die Salzwüsten im Süden.«

»Gut, dann fahre ich jetzt dorthin. Kannst du mir die Lage genauer beschreiben?«, drängte Amaru und stand auf.

Der Cocaleser verneinte mit einem kategorischen Kopfschütteln. Alles in ihm schien sich zu sträuben. »Bleib bei mir, Amaru, und lass uns an einem anderen Ort weitersprechen. Es gibt noch viel mehr, von dem du erfahren musst.«

Der Yatiri lotste Amaru durch die Gassen und sie stiegen einen Treppenpfad hinauf, der durch das Gewirr der Ziegelsteinbauten zum Rand des Talkessels führte. Die unregelmäßigen Stufen scherten Wamanyana nicht und auf halbem Weg pausierte er nur deshalb, weil Amaru seinem Schritt nicht folgen konnte. Da die Ärmel seines Mantels steif von getrocknetem Blut waren, nahmen sie das Blut, das ihm erneut aus der Nase lief, nicht mehr auf, und er verschmierte es sich im Gesicht. Als Wamanyana bemerkte, wie sich Amaru plagte, kramte er das Coca hervor. Während der Yatiri die Blätter präparierte und die unbrauchbaren von den gesunden trennte, sank Amaru auf einer Stufe nieder. Unzählige Menschen trieben an ihm vorüber. Amaru war nichts als ein Hindernis, das sie zu einem Umweg zwang, und er wunderte sich umso mehr, weswegen der Cocaleser ihn aus der Schar der Gleichen erwählt hatte.

»Nimm die Blätter in den Mund, gib etwas Asche und Speichel hinzu, und dir wird es besser gehen!«, garantierte Wamanyana, und Amaru tat es ihm gleich. Gemeinsam ließen sie die Blätter ihre Wirkung entfalten.

»Dahinten in Richtung Osten siehst du den vereisten Gipfelkamm des Illimani. Er ist ein mächtiger Apu, dessen höchsten Punkt niemand von uns betreten darf. An seiner Rückwand fällt er fast senkrecht ab und geht dann, nach einem Tagesmarsch, in dicht bewachsene Abhänge über, die bis zur fruchtbaren Tiefebene um Cochabamba reichen. Ich lebte dort viele Jahre als Cocalero, bevor ich in Richtung Norden nach Coroico gezogen bin«, sagte Wamanyana und schwenkte seinen Zeigefinger von ein Uhr auf neun Uhr. Amaru folgte seiner Handbewegung.

»Nördlich des Illimani liegt der Mururata, der es einst gewagt hatte, den Illimani überragen zu wollen, und von ihm enthauptet wurde. Wenn du dieses Bergmassiv überquerst, gelangst du in mein Dorf. Seit vielen Jahren baue ich dort Coca an, gemeinsam mit den Afrobolivianern, deren Vorfahren, wie ich Jahrhunderte später, aus den sie erstickenden Bergbaustädten geflohen waren, um sich in den tropischen Yungas vor den neuen Göttern zu verstecken. Von ihnen lernte ich zu erhören, was Kukamama uns preisgibt. Niemandem offenbaren sich die Blätter unverblümter als den Yatiris aus dieser Region. Hinter uns, auf dem staubigen Plateau, dem Altiplano, erstreckt sich die Armenstadt El Alto, die ich dir morgen zeigen werde. Verlässt du dieses Gebiet über die Straße nach Nordwesten, dann erreichst du den Lago Titicaca, den wir in unserer Sprache Titiqaqa qucha nennen. Dort, wo du die Geburt unserer Urahnen Manqu Qhapaq und Mama Uqllu im Traum gesehen hast, bündeln sich die urtümlichsten Kräfte.« Wamanyana deutete auf etwa sieben Uhr, hin zur sich senkenden Sonne. Dann setzte er sich neben Amaru und schaute gedankenverloren in den südlichen Horizont.

Amaru spürte, dass etwas in ihm vorging. Etwas, was ihn verschlang. Lange starrte er in die Ferne, als ob er sich entglitten wäre, um sich andernorts wiederzufinden. Indem Amaru seine Hand auf die Schulter des Yatiris legte und fragte, was er im Süden zu finden wünschte, kehrte er wieder.

»Im Süden? Ach ja. Du gelangst nach Oruro und Potosí, später in die weißen Salzwüsten. Dorthin wirst du ohne mich gehen und jemanden aufsuchen, der dich weiterführen kann«, schloss Wamanyana wehmütig. »Aber jetzt komm, Amaru, lass uns nach dem Abendessen davon sprechen. Zunächst helfe ich dir, dich in dieser Höhe vernünftig bewegen zu können. Du hast noch einen weiten Weg vor dir.« Sogleich machte er sich wieder auf.

Amaru hatte sich in der Zwischenzeit ein wenig erholt. In seiner Wange breitete sich eine wohlige Taubheit aus, die seinen ganzen Körper einhüllte. Obwohl ihm der Aufstieg nun leichter fiel und er in tieferen Zügen atmete, konnte er nicht nachvollziehen, weshalb es Wamanyana bevorzugte, zu Fuß zu gehen, wo doch das Seilbahnnetz den gesamten Graben von La Paz überspannte. Knapp über den Satellitenschüsseln und den blechernen Wassertanks, die auf den Flachdächern der Häuser aufgesetzt waren, fuhren die Gondeln entlang der Steilhänge nach oben. Mit jedem Höhenmeter wurden die Behausungen provisorischer, die Luft unbrauchbarer. Ohne die durch die Blätter freigesetzten Kräfte wäre Amaru längst kollabiert. So aber konnte er nicht nur mit Wamanyana Schritt halten, sondern ging bald einige Meter voraus.

»Warte, Amaru! Hier, im Haus eines Bekannten, werden wir bleiben. Ich will nur schnell etwas besorgen«, rief Wamanyana und er verwies Amaru auf eine unscheinbare Metalltür. Der Cocaleser tauchte in das dichte Treiben derer, die nach getaner Arbeit nach El Alto zurückkehrten, ein.

Amaru kaute ungeduldig und überdachte die Worte Wamanyanas. Die auf ihm lastende Opferschuld. Das sich in ihm vollziehende Pachakuti. Der den Mond verschlingen wollende Uturuncu. Was auch immer dies alles zu bedeuten hatte, Amaru glaubte allmählich, dass es zumindest einen Grund gab, weshalb er hierhergekommen war, und dass die Entscheidung, seine Welt zu verlassen, vielleicht weniger an Wahnsinn grenzte, als er bisher befürchtet hatte.

Die über dem Altiplano untergehende Sonne spiegelte sich auf den Glasfassaden im Stadtzentrum wider und ihre letzten Strahlen tönten die Gletscher und Schneefelder des Illimanis bronzefarben. Der an Amaru vorbeiziehende Menschenstrom versiegte und die Dunkelheit brach herein. Im Talkessel sprangen die Laternen an. Eine orange Lichtflut schwappte von Stadtviertel zu Stadtviertel. Der Verkehrslärm drang nur gedämpft und beinahe beruhigend herauf. Die Venus ging am Himmel auf, gefolgt vom Kreuz des Südens und im Nu schienen Myriaden von Sternen.

Amaru knöpfte seinen Mantel zu und stellte den Kragen hoch. »La Paz!«, huschte es aus seinem Mund. Ja, er hatte es wirklich getan. Ihm war kurzzeitig egal, wie sein vorheriges Leben ausgesehen haben mochte, in jenem Moment war Amaru glücklich, seinem Traum nachgegangen zu sein.

Eine Windböe fegte vorbei und mit ihr trat Wamanyana voll beladen heran. Mit einem seiner Ellenbogen drückte er die Tür auf. Der Yatiri legte seine Einkäufe ab und schürte im Ofen geschickt Feuer.

Amaru schaute sich in der spärlichen Behausung um. Die Wände waren unverputzt und niedrig. Zwischen den Fugen pfiff der Wind herein. Zwei Strohmatten lagen auf dem Boden, in einer Ecke etwas Gerümpel, in einer anderen eine Waschwanne. In der Raummitte standen ein wackliger Tisch mit einem Radio und zwei Stühle. Amaru nahm Platz und beobachtete den Yatiri, wie er eine Suppe kochte und nebenbei vor sich her redete.

»In den Cocablättern steckt ein lustvoller Geist, der Gesundheit und Freude stiftet. Die ersten Menschen bekamen die Pflanze von den Göttern geschenkt, um den Kontakt zwischen den Sphären aufrechtzuerhalten. Eigentlich war es ausschließlich erlaubt, die Blätter für die Rituale zu verwenden, aber da sie reich an Vitaminen, Eisen und Phosphor sind, sie uns gegen die Höhenluft und bei der harten Arbeit helfen, nutzen wir sie alltäglich. Ich finde nichts Verwerfliches daran, solange die heilige Pflanze nicht missbraucht wird, denn für ein gutes Leben ist der Austausch mit der Natur notwendig.«

Die vom Ofen ausstrahlende Wärme genügte inzwischen, sodass Amaru seinen Mantel ablegte. Beiläufig schaltete er das Radio ein und drehte am Frequenzrad, bis er zwischen dem Rauschen an einem melancholischen Gitarrenspiel festhielt. Dieser Rhythmus. Dieses Zupfen. Tragödien derartig darzustellen vermochte nur ein einziger Mensch auf dieser Welt. Atahualpa Yupanqui. In Amarus Gehirn blitzte seine verwüstete Wohnung auf. Die aus den Regalen geworfenen Bücher, die zerbrochenen Schallplatten. Recital de guitarra. Darunter das Abbild Yupanquis. Seine elegant nach hinten gekämmten Haare. Die zur Seite ausweichenden Augen, voller Traurigkeit. Amaru stellte das Radio lauter und horchte. Danza de la Paloma enamorada. Vor ihm eröffnete sich die Szenerie. Eine verliebte Taube, die im Abendlicht rastlos nach ihrem Begleiter suchte. Amaru kannte jeden Ton dieser Melodie, die ohne

Sprache auskam und ihn trotz ihrer Tragik mit Hoffnung füllte. Ermutigt lehnte er sich zurück, fiel ihm doch endlich etwas aus seiner Welt zu.

Wamanyana war dies nicht entgangen. Er sah lange zu Amaru hinüber und als dieser seine Augen wieder geöffnet und sich ein entspanntes Schmunzeln über sein Gesicht gelegt hatte, servierte ihm Wamanyana das Essen.

Amaru löffelte zaghaft wie ein Fastenbrecher. Die Cocablätter hatten seine Magennerven betäubt und seinen Hunger vertrieben. Dennoch fühlte er sich wach und lebendig wie seit Tagen nicht mehr.

Der Yatiri setzte sich ihm gegenüber, goss aus einer Flasche zwei Gläser voll und wartete ab, bis Amaru den Teller von sich geschoben hatte. Dann begann er im gemächlichen Takt Atahualpas zu sprechen. »Eigentlich planten die Spanier, aus ihren Reben Wein zu gewinnen, aber der Altiplano erwies sich als ungeeignet. Deshalb destillierten sie die Trauben. Mit ihrem Weinbrand berauschten sie sich und machten die Sklaven gefügig. Immerhin haben sie uns den Singani überlassen. Salud!«

Beide kippten den Schnaps in einem Zug hinunter. Amaru mochte den milden Traubengeschmack, der wie eine Jugenderinnerung an seinem Gaumen kleben blieb.

»Es ist lange her, Amaru, dass ich jemandem von mir erzählt habe. Immerzu betätige ich mich als Zuhörer und Ratgeber für die anderen und bin selbst verstummt. Wir Menschen wurden nicht geschaffen, um zu schweigen und unsere Lasten allein zu tragen. Das Teilen ist seit Anbeginn ein grundlegender Aspekt unserer Existenz. Aber das selbstsüchtige Verlangen, diese bedauerliche Angewohnheit, andauernd über sich zu sprechen, so wie es die Menschen heute tun, nützt den meisten allein dazu, um den anderen und sich selbst vorzugaukeln, dass das eigene Leben sinnhafter ist, als es der Wirklichkeit entspricht. Das Zuhören wird allseits unterschätzt, dabei geht diese selten gewordene Fähigkeit dem Sprechen voraus. Durch deine Bereitschaft, still zu sein, ermöglichst du mir, sprechend zu mir zu kommen.«

Amaru stimmte ihm wortlos bei, und der Yatiri fühlte sich dazu eingeladen fortzufahren. »Seit jeher lastete auf meiner Familie eine Schuld, die sich durch das kosmische Prinzip der Gegenseitigkeit nicht tilgen ließ. Diese Schuld, die die Eroberer in unsere Welt brachten, die uns fortan geißelte und uns auf ewig zu niederen Menschen verdammte, die allein zwischen Tod und Unterwerfung wählen können, ist neben dem Tod die einzige Konstante in unserem Leben. Ein unerfüllbares Versprechen.

Mein Vater arbeitete einst als Kohleschaufler auf den Dampflokomotiven, die zwischen Antofagasta und La Paz verkehrten. Er verausgabte sich für einen Oligarchen vor der glühenden Feuerbüchse und sorgte dafür, dass die Rohstoffe aus dem Hochland an die pazifischen Häfen gelangten, um in die Welt verschifft zu werden. Wenn der Güterzug alle paar Wochen in unserem Dorf stoppte, um Proviant zu laden und Wasser für den Kessel nachzutanken, bettelte ich meinen Vater immerzu an, ihn einmal begleiten zu dürfen. Ich wollte mehr von der Welt sehen als die Einöde, die meine Heimat in Río Mulato umgab. Jahrelang fügte ich mich meinem Vater, obwohl ich inzwischen mehr von den Zügen verstand als er, und ließ ihn davonfahren. Doch als ich alt genug war, um zu begreifen, dass es die Entscheidung zu treffen galt, ob ich mich mit der Abgelegenheit und der Bedeutungslosigkeit meines Lebens abfinden würde oder ob es für mich noch mehr geben könnte, begann ich meinem Vater zu widersprechen. Ich drohte ihm, fortzulaufen und nie wiederzukehren, wenn er mich nicht endlich mitnehmen würde. Meinen Vorschlag, mich auf einen der Güterwaggons zu legen, lehnte er entschieden ab. Auch den Führerstand befand er für zu gefährlich. Die Brandnarben an seinem Hals und seinen Armen zeugten davon. Aber da ich nicht nachgab, meine Mutter mir beistand und meinen Vater beschwor, erflehte er eines Tages von seinem mitreisenden Herrn, dass ich im samtgepolsterten Passagierwagen unterkommen durfte.

Trunken vor Euphorie betrat ich das Reiseabteil. Endlich sollte ich den großen Ozean sehen. Die Lok setzte sich in Bewegung. Schwarzer Rauch und Dampf stiegen aus dem Schornstein und verfinsterten die Umgebung. Nachdem sich die Schwaden gelegt hatten, bemerkte ich, dass im Waggon nur ein einziger Gast saß und seine Zeitung durchblätterte. Nachdenkend und von meiner Anwesenheit ungestört, zwirbelte er an seinem Schnurrbart, während der Zug über die menschenleeren Höhenpässe ratterte. Die Haut dieses Mannes schimmerte so weiß, wie ich es noch nie zuvor an einem Menschen gesehen hatte. Eine edle, fast göttliche Färbung. Als ich nach einigen Stunden nicht länger konnte und ihn, der strikten Anweisung meines Vaters entgegen, fragte, wo er herkomme, lachte er laut auf. Die Heimat des modernen Menschen, sagte er, befinde sich dort, wo der freie Markt sei, nämlich überall. Ich gestand ihm, nicht zu wissen, wo dies sein könnte, aber dorthin wolle, da ich in meiner ereignislosen Welt sonst einginge.

Der in einen federweichen Anzug gekleidete Mann behauptete daraufhin, dass er der Abkömmling eines deutschen Konquistadoren sei, und wie all seine Vorfahren beabsichtige auch er, uns unterentwickelten Menschen durch sein Handeln Würde zu verleihen und uns von der Armut und der Trostlosigkeit zu befreien. Es hänge vom Willen jedes Einzelnen ab, die sich ihm darbietenden Möglichkeiten zu ergreifen, versicherte er mir, und nur der, der die Konkurrenz und den Wettbewerb als die der Natur eigensten Prinzipien begreife, vermöge in den Genuss zu kommen, als freier Mensch zu leben. Was er offenbarte, war mir vollkommen fremd und klang so wunderlich und schön, dass ich nicht aufhören konnte nachzuhaken. Ein freier Mensch! Da er sich an meiner Faszination für das, was er den entfesselten Markt nannte, erfreute, fragte er mich, ob ich nicht in einer seiner Zinnminen in Potosí arbeiten wolle. So kam es, dass ich meine Heimat verließ und am Cerro Rico ein neues Leben anfing. Ich bezog eine seiner Baracken und diente meinem Herrn als ein fortan in seiner Schuld stehender Sklave, der trotz der Strapazen beseligt war, etwas anderes wahrnehmen zu dürfen als das ewig gleiche Rauschen des Windes. Kaum hatte ich erste Freundschaften geschlossen und Gefallen am Stadtleben gefunden, bahnte sich abermals der Umsturz meiner Welt an.

Die seit Generationen unterdrückten Massen, die nichts anderes kannten, als sich zu unterwerfen, berauschten sich an den Idealen der Freiheit und der Gleichheit. Sie schälten ihre aus Angst und Gewohnheit erwachsene Zurückhaltung von sich und waren bald losgelöst genug, um das Bestehende umstürzen zu wollen, auf Leben und Tod. Hunderttausende besetzten die Straßen, um die Revolte zu tragen. Sie folgten dem Ruf der Gerechtigkeit, widersetzten sich mit Sicheln, Steinen und ihren bloßen Händen dem Militär, das den Oligarchen den Treueid geleistet hatte. Auch mein Vater war Teil des bewaffneten Volkes und blockierte mit den anderen Kohleschauflern über Wochen hinweg die Gleise. Sie alle verhalfen unserem Wortführer Paz Estenssoro zu seiner rechtmäßigen Präsidentschaft. Er war es, der die Macht der Zinnbarone und der Großgrundbesitzer für beendet erklärte und ein besseres Leben für uns alle auslobte. Ein Leben, in dem das Land denjenigen gehören sollte, die es bewirtschafteten. Er gestand uns Dinge zu, die wir uns selbst im Traum nicht zu fantasieren trauten. Die Verstaatlichung unserer Ressourcen. Das Wahlrecht. Bildung und Gesundheit. Aus Indios wurden Menschen.

Obwohl ich damals, es muss 1952 oder 1953 gewesen sein, verzeihe mir, Amaru, mein Gedächtnis ist löchrig, zu jung war, um zu erfassen, was vor sich ging, schäme ich mich heute noch meiner Teilnahmslosigkeit wegen. Wie aussichtslos und unveränderbar die Situation auch sein mag: Nichts ist unverzeihlicher als eine aus Selbstbezogenheit oder Mutlosigkeit resultierende Passivität. Wie dem auch sei, Amaru, mein Herr war jedenfalls fort, und für mich begann ein blühendes Jahrzehnt. Ich wuchs zu einem Mann heran, der sich durch seine Arbeit selbst versorgen konnte, und traf auf die schönste Frau Potosís, die zu meiner Frau wurde. Pilpintu. Dir zu beschreiben, was wir füreinander empfanden, würde unserer Liebe nicht gerecht werden. Es reicht, wenn du verstehst, dass wir erst in jenen Jahren, durch die Anwesenheit des jeweils anderen, zu vollständigen Menschen heranreiften.

Nach einigen Jahren voll Zweisamkeit und Frieden putschten die antikommunistischen Generäle und sie zogen die in der Revolution errungenen Reformen zurück. Sie deklassierten uns zu Knechten und begannen eine Hetzjagd, um diejenigen zu tilgen, die an eine andere Welt glaubten. Mein Vater war einer von jenen. Für ihn war es unannehmbar, sich die gerade erst fühlbar gewordene Befreiung kampflos rauben zu lassen, und so schloss er sich, als einer von wenigen, den aus Kuba eingeschleusten Guerilleros an. Doch ihr Wille allein genügte nicht, um die fehlenden Voraussetzungen für eine Revolution aufzuwiegen. Die Jahrhunderte der Erniedrigung hatten sich im Bewusstsein der Bauern und der schlichten Arbeiter verfestigt und ein nochmaliges Aufbegehren verhindert. Der desillusionierten Mehrheit fehlte es an Standhaftigkeit, an Vertrauen in sich selbst und in ihre Träume. Sie wollte nicht einsehen, dass das Blutvergießen, auch das eigene, notwendig war, um die Unterdrücker dauerhaft zu vertreiben. Die Zweifler sollten recht behalten. Die Aufständischen wurden zwischen Santa Cruz und Sucre innerhalb weniger

Monate aufgerieben. Guevara geriet in Gefangenschaft und war den Schergen ausgeliefert. Seine Hinrichtung erfolgte durch die Hände eines bolivianischen Feldwebels, der sich dazu freiwillig gemeldet hatte. Die Ideen von Gleichheit und Gerechtigkeit verschwanden abermals hinter unserem Vorstellungshorizont.

Mein Vater allerdings blieb Guerillero. Das Verlangen nach diesem für uns Teilnahmslosen nicht nachvollziehbaren Glücksgefühl, das ein Mensch verspüren muss, wenn er sich dazu entschließt, Widerstand zu leisten, ließ ihn nicht mehr los. Er und die meisten seiner Verbündeten starben beim Versuch, General Banzer zu stürzen, der die Macht an sich gerissen hatte. Nicht die Kugeln des neoliberalen Diktators, sondern ein Schlangenbiss hatte dem vom Hunger geschwächten Körper meines Vaters in seinem Versteck ein Ende bereitet. Immerhin war er nicht dem Sicherheitsapparat und seinen deutschen Henkern in die Hände gefallen, die das Todeshandwerk maßloser und lustvoller betrieben als die Natur selbst. Sein Tod war mir damals Zeichen genug, dass sich das Aufbegehren gegen die Mächtigen nicht lohnt. Am Tag seines Begräbnisses gebar meine Frau unseren einzigen Sohn. Antawara, der kupferrote Stern. Ein groß gewachsener, unablässig strahlender Junge. Schon als Kind begleitete er mich zum Eingang der Mine, bis er kräftig genug war, um sich mir beim Graben anzuschließen.«

Wamanyanas brüchig gewordene Stimme verstummte. Er schenkte Singani nach, verschüttete etwas davon absichtlich über den Fußboden, wie er sagte, um Pachamama und den Toten seinen Respekt zu zollen, und stemmte dann sein Glas in die Höhe, als gälte es eine Grabrede zu halten. »Als ich zuletzt einen Los Paralles trank, hatte ich zuvor den zerfetzten Leichnam meines Sohnes identifiziert«, wimmerte er und schluckte den Weinbrand hinunter. Seine Stimmlippen schwangen monoton, wie die eines Hypnotisierten. »Hätten wir unseren Ayllu nicht verlassen müssen, um uns in Chapare als Cocabauern zu verdingen, wäre Antawara noch am Leben. Wir würden heute gemeinsam all den Widrigkeiten trotzen, durch die engen Adern des Berges kriechen und dem Cerro Rico seine Kostbarkeiten entreißen. Ich aber überzeugte meine Frau damals davon, dass es das Beste sei, sich dem Naturgesetz des Marktes zu fügen, und gab ihr, die mir vehement widersprach und mich aus Gram als einen von ihnen verspottete, als einen der Gemeinschaft entglittenen Söldner, der seine Herkunft verleugne und sich ihnen unterwerfe, das Versprechen, mich gut um Antawara und mich zu sorgen. Seit unserem Abschied trage ich eine unvergängliche Schuld mit mir. Was ich auch tue, ich kann sie nicht loswerden.

Über vierzig Jahre ist es nun her, du musst noch ein Kind gewesen sein, als Antawara und ich aus Potosí fortgingen. Die erneute Privatisierung des Bergbaus, die unsere Präsidenten General García Meza und später der zum Jünger des freien Handels konvertierte Paz Estenssoro in den 1980er-Jahren vorantrieben, zwangen mich zu dieser Entscheidung. Wir bauten uns im Tiefland eine Hütte, hielten ein wenig Vieh und bepflanzten fast fünf Ar Land. Der fruchtbare Boden und das tropische Klima brachten uns anfangs gleich mehrere Ernten im Jahr ein. Die für uns ungewohnte Arbeit schmeckte hart und bitter, wie die Blätter, die wir pflückten. Zum Kauen und zum Lesen waren sie unbrauchbar. Ihr hoher Alkaloidgehalt befriedigte allein die Kartelle, die wir über Zwischenhändler belieferten und die sich mit der Regierung verbündet hatten. Zunächst scherten wir uns nicht darum, was sie mit den Blättern anstellten. Wir waren begeistert, dass wir Monat für Monat genug Geld einnahmen, um es an unseren Ayllu schicken zu können. Einige Jahre zogen so dahin und wir arrangierten uns mit der Abwesenheit von unserer Heimat, die, so wie es der Herr im Güterzug prophezeit hatte, nicht an einen Ort gebunden war.

Antawara hatte sich inzwischen zu einem selbstständig denkenden Mann entwickelt, der sich seine eigenen Wege ebnete und immer weniger auf das Wort seines Vaters gab. Er fing an, andere Götter anzubeten als die, die wir in unserem Ayllu verehrten. Er wurde zu einem zornigen Menschen, zu einem, der mehr wollte, als nur zu überleben. Mit jeder weiteren Ernte schwor ich mir entschiedener, dass es die letzte sein sollte, ehe wir zurückkehren würden, um wieder bei unseren Lieben zu sein. Aber es war bereits zu spät.

Eines Nachmittags, ich war gerade damit beschäftigt, die Cocasträucher mit dem Urin der Schweine zu düngen, schlug mir Antawara die Kannen aus der Hand. Er schrie mich an, ob ich eigentlich wisse, zu welchem Preis man die Blätter handle und ob ich zu alt oder zu feige sei, um zu erkennen, dass sich die erschöpfende Arbeit auf den Feldern nicht mehr lohne. Wieso sollten wir uns die Finger wund pflücken und fernab unserer Familie vegetieren, wenn wir mit einer einzigen Wagenfuhre einen ganzen Jahreslohn verdienen könnten? Meine Warnungen und Bitten schlug er verächtlich aus. Antawara wollte mir nicht glauben, dass wir wertlose Figuren auf dem Spielfeld der Mächtigen waren, die uns nach Belieben opfern würden. Ich hatte gehofft, dass ich meinen Appellen Nachdruck verleihen könnte, wenn ich die Aufforderung, mit ihm zu gehen, mit Schweigen ahndete. Doch das Verstummen eines Vaters wog nichts gegenüber dem schreienden Profit. So wandelte sich mein Sohn von einem genügsamen Bauern zu einem gewinnsüchtigen Händler und wie ich bald erfahren sollte, zum Eigentümer eines Labors, in dem er im Dickicht des Dschungels die heiligen Blätter in giftiges Kokain verwandelte.«

Amaru sah das improvisierte Laboratorium vor sich. Ein paar Balken stützten das Schatten spendende Palmwedeldach. Auf dem holzbeplankten Boden lagen die getrockneten Cocablätter, die Antawara mit einer Machete zerkleinerte. Im richtigen Verhältnis mischte er Zement unter und besprenkelte das Ganze mit Dünger. Schaufel für Schaufel beförderten er und seine Helfer das Gemisch in eine Tonne und gossen Benzin darüber. Mit ihren Händen vermengten sie den Pflanzenbrei, um ihn dann ziehen zu lassen. Langsam begann sich das Alkaloid aus den Blättern zu lösen, wie die Haut von ihren geschundenen Händen. Nach einiger Zeit schütteten sie frisches Flusswasser und Schwefelsäure hinzu, ließen sie einwirken und gossen das Benzin ab. Der ätzende Gestank war kaum zu ertragen und Amaru wölbte eine Hand über seinen Mund und seine Nase. Die zurückbleibende Masse erhitzten sie und mischten Natriumcarbonat bei, bis sich erste Klumpen bildeten. In einem Tuch wrangen sie ihre Ausbeute aus und begutachteten die Paste. Noch etwas Aceton. Hitze. Säure. Kristallisation. Als Amaru das konsumfertige Kokain vor sich hatte, gierte er danach, das Pulver zu schnupfen und es in seinem Rachen zu schmecken. Fieberhaft betastete er mit seiner Zunge den Innenraum seines Mundes. Er fühlte, wie sein Körper das Kokain metabolisierte, sodass sein Blutzuckerspiegel anstieg und er aufgedrehter und konzentrierter wurde. Erst als Wamanyana mit der Offenbarung seiner Schuld fortfuhr, ebbte der Rausch ab und Amarus Zustand normalisierte sich wieder.

»Mein Sohn hatte nicht mit dem skrupellosen Wesen des Marktes gerechnet. Auf Geheiß der Fremden stigmatisierte Präsident Paz Estenssoro uns Cocaleros als Terroristen, obwohl wir uns nichts weiter vorzuwerfen hatten, als den von ihnen ausgerufenen Marktgesetzen gefolgt zu sein. In Wahrheit fürchtete er weniger die drohenden Sanktionen seiner Kreditgeber als vielmehr die anwachsende Kraft der Cocabauerngewerkschaft, die sich mit den dubiosen Machenschaften nicht abfinden wollte. In ihrem Krieg gegen das Coca gaben unsere Regierung und ihre Verbündeten jegliche Moral auf. Wer es wagte, sich gegen die Geschäfte der Eliten aufzulehnen, wurde ermordet oder verschwand spurlos. Bauer um Bauer wurde im Blutrausch ihrer Söldner auf den Feldern hingemetzelt. Nach dem Massaker an den Cocaleros in Villa Tunari suchte mich Antawara ein letztes Mal auf. Er war dem Maschinengewehrhagel entkommen. Als ich ihn wiedersah, zerlumpt und eingefallen, glaubte ich, er sei zu einem Süchtigen verkommen. Hätte ich damals nur gewusst, dass er seine Geschäfte allein deshalb betrieb, um die Gewerkschaft zu unterstützen, wäre ich mit ihm fortgegangen, anstatt ihn abzuweisen. Meine Sittlichkeit und mein Stolz standen uns im Weg.

Ein paar Tage später stöberte ihn eine Todesschwadron in seinem Haus in Santa Cruz auf. Seinen von Kugeln durchlöcherten Leichnam stellten sie auf einem unserer Felder zur Schau. Unsere gesamte Ernte und unsere Ersparnisse händigte ich den Mördern aus, um Antawaras Körper an mich nehmen zu dürfen und ihn unter die Erde zu bringen. Nach seiner Bestattung war es für mich unvorstellbar, mein Dorf aufzusuchen, denn wie soll ein Vater, der tatenlos geblieben ist, ohne seinen Sohn zur Mutter zurückkehren? Ich bin mir nicht sicher, an welchem Wendepunkt ich das in Gang Gesetzte hätte verhindern können. Würden wir die entscheidenden Momente des Übergangs eindeutig erkennen, gelänge es uns vielleicht, sie zu unterbinden oder sie bewusst zu ergreifen. Aber die menschliche Fähigkeit, Schreckliches zu ertragen, die unserer Neigung zur Hoffnung geschuldet ist, macht uns fügsam. Das Leben erduldend warten wir darauf, dass der nächste Tag besser sein wird als der gestrige. Wir gaukeln uns eine unbeschwerte Zukunft vor, die nicht eintreten wird, wenn wir sie nicht selbst herbeiführen. Wäre ich rechtzeitig zu einem handelnden Menschen geworden, würde mir nun Antawara gegenübersitzen und mir aufmerksam lauschen, so wie er es immer getan hat, wenn sein Vater von den alten Zeiten schwatzte.«

Amaru schleuderte das Radio vom Tisch und das Gitarrenspiel verstummte. »Aber du hast es doch selbst gesagt: Eine Schuld ist nur ein Versprechen, das sich nicht immer einlösen lässt. Auch deine Schuld ist tilgbar, Wamanyana! Weshalb befreien wir uns nicht davon?«, sprudelte es aus ihm heraus.

»So einfach ist es nicht. Alles wäre ungeschehen, hätte ich nicht diesen Herrn im Zug angesprochen und seinen Mythen Glauben geschenkt. Wie oft bot sich mir in all den Jahren die Gelegenheit, sein überhebliches Gesicht mit meinem Meißel zu teilen? Dieser Federmann. An guten Tagen warf er seinen Gewinn vor unsere Füße und amüsierte sich darüber, dass wir seine Almosen aufsammelten. Anderntags drohte er, ausgebrannte Heizer in die Feuerbüchse werfen zu lassen, schaufelten sie nicht schneller Kohle hinein, um die Verspätungen der Züge auszugleichen, oder er ließ die Ausgänge der Minen versperren, damit wir …«

Etwas durchstieß Amarus Trommelfell, sodass sich Wamanyanas Lippen fortan lautlos bewegten. F. E. D. E. R. M. A. N. N.! Buchstabe für Buchstabe bohrte sich von Schläfe zu Schläfe, höhlte sein Gehirn aus, und Amaru presste seine Finger auf seinen vibrierenden Schädelknochen. »Der Federmann«, würgte er heraus. Vor ihm entfaltete sich der gefiederte Priester aus seinem Traum und er gab das Zeichen für Tikas Opferung. Aber tief in Amaru protestierte etwas gegen diese Zuordnung. Die aufgeschlagenen Flügel des Kondors verschwammen konturlos mit der Salzwüste. Himmel und Erde waren nicht länger verortbar. Der Horizont löste sich in einem grenzenlosen Raum auf. Don Federmann. Whiteout.

»Amaru!«

»Was ist mit dir? Wach auf!«, drang es in seine Ohren. Dann stieg ihm der süßlich riechende Rauch des Palo Santo in die Nase und vertrieb das Quälende. Amaru kam zu sich, und Wamanyana legte ein paar kokelnde Holzspäne beiseite und half Amaru vom Boden hoch. Der Yatiri schenkte beider Gläser bis zum Rand mit Schnaps voll und leerte sie direkt nacheinander.

»Ich dachte, ich würde mich an etwas erinnern«, seufzte Amaru benommen. Eine Gänsehaut hatte sich auf seinem Körper ausgebreitet. Seine Zehen und Fingerspitzen kribbelten. Der Federmann. Wie eine offene Wunde befühlte Amaru den Namen in seinem Mund. Er konnte ihn nicht aussprechen, ohne dass das Durchbohren seines Gehirns einsetzte, und gleichzeitig war es ihm unmöglich, davon abzulassen.

Als er ihn wieder zu formen probierte, schloss ihm Wamanyana mit der Hand den Mund. »Reize es nicht aus! Was auch immer dieser Name für dich bedeuten mag, lass ihn leise in dir wirken und ordne ihm dann seinen ihm gebührenden Platz zu.« Sogleich zog der Yatiri seine Hand zurück, hatte er doch ihm, Amaru, das Wort verboten. Eiligst leitete er zu den wesentlichen Dingen über, um seine Verfehlung vergessen zu machen. »Verzeihe mir, Amaru. Ich bin ein alter Mann, der nicht mehr ganz bei Sinnen ist und oft ausschweift. Wenn du willst, erzähle ich dir nun von dir, bergen doch deine Hände allein Größeres, als ich in meinem ganzen Leben hervorgebracht habe.«

Amaru schlüpfte in seinen Mantel und schwankte ins Freie. In der klirrenden Kälte suchte er nach tröstlichen Worten, die Wamanyanas Schuldgefühle hätten lindern können. Wie gravierend konnte seine eigene Opferschuld schon sein, wenn er sie nicht einmal benennen konnte? Den Yatiri hingegen plagten die Erinnerungen seit Jahrzehnten. Tag und Nacht. Unaufhörlich.

»Sorge dich nicht um mich. Mein Leben lang habe ich es versäumt, mich dem Bestehenden entgegenzustellen und das noch nicht Gewesene zu erwägen. Mein Zögern und meine Duldsamkeit waren Auslöser für Antawaras Tod. Es existiert also eine Schuld, die noch größer ist als diejenige, die uns die fremden Herren aufzwangen. Es ist die Tatenlosigkeit. Ein Mensch, der den Glauben an das Unwahrscheinliche aufgibt, ist ein verlorener Mensch. Ich habe mich damit abgefunden, dass ich mein Dasein vergeudet habe. Du aber bist verwegen genug, um dich und die Welt in eine neue Form zu gießen«, versuchte der neben ihn getretene Yatiri Amarus Mitgefühl zu schmälern.

»Weshalb sollte mir gelingen, worum du dich dein Leben lang bemüht hast?«

»Weil du die Linien eines auserwählten Chaski trägst,

der die erlösende Botschaft überbringt. Vielleicht bist du sogar ihr Inhalt.« Wamanyana zog Amarus zu Fäusten geballten Hände aus seinen Manteltaschen und öffnete sie. »Die Chaski waren ausdauernde Läufer, derer es in Tawantinsuyu Tausende gab. Allesamt genossen sie ein hohes Ansehen, und wer sich einem von ihnen in den Weg stellte, wurde mit einem qualvollen Tod bestraft, weil er sich nicht nur am anderen, sondern zugleich an der gesamten Gemeinschaft versündigt hatte. Näherte sich einer der Boten auf seinem Weg einem Tambo, um in einer dieser Herbergen zu rasten, blies er aus der Ferne in sein am Gürtel hängendes Pututu. Der Trompetenklang, der aus dem Gehäuse der Flügelschnecke tönte, signalisierte dem dort wartenden Chaski den bevorstehenden Aufbruch. Im Laufen wurden die Worte einander zugeflüstert oder der Khipu überreicht, sodass eine Kunde in wenigen Tagen das gesamte Reich durchqueren konnte. Diejenigen Chaski aber, die das Fühlen und das Denken geradlinig bündelten, waren dem Sonnensohn persönlich unterstellt. Sie galten als seine fortgeführten Schallwellen, als Heilige.«

Wamanyana zeichnete über Amarus Linien, der diesen nutzlosen Einkerbungen bisher keine besondere Beachtung geschenkt hatte. »Früher wurden die Handflächen der Neugeborenen sorgsam geprüft. Trug eines von ihnen Furchen wie du, wurde es unverzüglich nach Qusqu geschafft. Am Hof des Sapa Inka schulten die Priester die Kinder für ihr künftiges Leben als Privatboten. Man lehrte sie das Wissen der Natur, die Kunst des Krieges und der Überzeugung und erzog sie zu vollkommener Loyalität. Allein ihnen war es bestimmt, bis an die Grenzen des Reiches zu gehen und in die widersinnige Welt vorzudringen, um die Leiden und Visionen des Sapa Inka den Schamanen zu überbringen oder um einer seiner Geliebten zu schmeicheln. Die Worte, die ihnen der Herrscher persönlich anvertraute, waren so bedeutungsvoll, dass sich diese furchtlosen Boten angesichts einer Gefangennahme lieber die Zunge abbissen, anstatt unter der Folter ihrer Feinde etwas zu verraten. Kehrte ein Chaski mit dem Rat des Schamanen oder Liebenswürdigkeiten wieder, dann musste ganz Qusqu schweigen, bis er seine Lippen an das Ohr des Sapa Inka gelegt hatte.«

»Ach, was könnte ich schon mitteilen? Und wem überhaupt? In mir ist nichts, das ein anderer erwartet.« Amarus Gedanken kreiselten. Was wollte der Yatiri von ihm? Handlinien hin oder her. Er war erloschen und ganz sicher nicht zu Höherem bestimmt.

»Was du tot glaubst, wird wiederbelebt. Du weißt um all das, von dem ich spreche. Es verbirgt sich in dir, nur fürchtet es sich noch hervorzukommen. Achte sorgsam darauf, was du sagst. Wenn du lernst, dir genauer zuzuhören, findest du, wonach du suchst. Du allein bist dazu imstande, die in dir verborgene Botschaft zu erkennen. Aber genug für heute. Ich bin müde und dir geht es nicht anders. Ich wäre dir dankbar, wenn du mich morgen ein Stück begleiten würdest. Danach suchen wir dir einen Fahrer, der dich in den Süden bringen wird.« Wamanyana schritt durch die Tür, doch bevor er das Licht löschte und sich auf seiner Matte schlafen legte, lugte er nochmals heraus und warnte

Amaru fürsorglich, als spräche er zu einem Sohn. »Bleib nicht zu lange da draußen sitzen. Die mondlosen Nächte kündigen Unheilvolles an und selbst hier in Bolivien sind sich die Menschen wieder selbst der Nächste.«

Amaru weilte noch einen Moment im heulenden Wind, der seine Schwermut linderte. Dann befolgte er den Rat des Yatiris und vergrub sich unter den Decken, die er ihm zurechtgelegt hatte. Seine Schilderungen und Vermutungen wogten über Amaru wie ein frei schwebendes Mobile. Je länger es auf ihn einwirkte, desto zügelloser flatterten die einzelnen Bestandteile. Allmählich reflektierten sie sein Unterbewusstsein und brachten ihn zum Träumen.

Amaru stapfte über das sandige Flussufer zum Lager der Konquistadoren. Diesmal war er kein Fremdkörper, der sich anzuschleichen hatte, sondern einer von ihnen. Während die Seinen die mit Goldstaub verzierten Lider des Gefangenen abschnitten, wartete Amaru darauf, dass der Uturuncu sie attackieren würde, denn er erinnerte sich nun wieder des Hergangs seines Traumes. Den Anblick des berstenden Priesterschädels wollte er sich ersparen und sich stattdessen allein auf ihren Anführer konzentrieren. Amaru spannte unter seiner Rüstung jeden Muskel an. Er war sprungbereit, um gemeinsam mit dem Jaguar über ihn herzufallen. Doch als einer der Konquistadoren auf ihn zukam und die Hautfetzen in seine zum Kampf gespreizten Hände legte, erschlaffte sein Körper und er verstand, dass ihm der zweiköpfige Schatten nicht beistehen würde. Er war allein und nur auf sich gestellt.

Der Anführer kicherte aufgeregt, seines Spürsinns und

Amarus Erschrockenheit wegen, und er erteilte den Befehl, ihn zu ergreifen. Ein Schwertknauf rumste gegen Amarus Stirn und zwang ihn zu Boden. Jemand schloss seine Augen und bedeckte sie mit den Goldlidern. Amaru gehorchte einer beschwörenden Stimme, derer er sich nicht entziehen konnte, weil sie so tief in ihn eindrang und widerhallte, dass er sie fast für seine eigene hielt.

»Vergiss nicht, wer du bist, du Narr! Ein Sohn Europas, geschaffen, um diese ungerechte Welt zu ordnen. Und jetzt töte diesen wertlosen Indio, ehe ich dich töte, Don Federmann!«

Amaru erwachte. Sonnenstrahlen drangen durch die Lamellen der Fensterläden. Seine Haut war klebrig. An seinem Haaransatz spannte eine Beule. Er musste im Schlaf geschwitzt und sich den Kopf gestoßen haben, redete er sich ein. Nur ein Traum. Nicht mehr.

Wamanyana goss aus einem Kessel heißes Wasser in die Blechwanne und wusch die blutschweren Ärmel von Amarus Mantel aus. Dann brühte er eine Kanne Cocatee auf. Obwohl er ihm mit dem Rücken zugewandt stand, hatte Wamanyana bemerkt, dass Amaru hochgeschreckt war. »Du bist ihm begegnet, nicht wahr?«, fragte der Yatiri und hängte den Mantel neben das Ofenrohr.

»Keine Ahnung, von wem ich geträumt habe. Dieser Federmann. Er ist mir vertraut, aber woher?«, grübelte Amaru. Der Yatiri drehte sich zu ihm und sein zustimmender Blick erinnerte Amaru daran, dass er Federmann ohne Hemmungen ausgesprochen hatte. »Federmann!«, wiederholte er leichtzüngig. »Er steht vor mir wie eine zersplitterte Spiegelgestalt, aber mir fehlen die Scherben, die ihn vervollständigen könnten. Deine Erzählungen haben sich wohl in meinen Traum hineingeschnitten. Weißt du eigentlich, Wamanyana, was mit dem Federmann passiert ist, nachdem ihr weggezogen seid?«

»Der Federmann, den ich kannte, ist als Greis zum Sterben nach Europa zurückgekehrt. Später bezog wohl sein Sohn das Haus des Statthalters und führte die Dynastie fort. Mehr kann ich dir nicht sagen, denn seit Antawaras Tod habe ich jede Bindung nach Potosí verloren.«

Amaru bedauerte sein neugieriges Nachstochern, hatte er die Wunde des anderen doch erneut offengelegt. Es war an der Zeit, dem Yatiri etwas zurückzugeben. Er schaufelte sich aus den Decken frei, schlürfte hastig einige Tassen des vitalisierenden Tees und nahm seinen Mantel von der Wand. Als ihn Wamanyana fragte, ob er sich entschieden habe und ihn begleiten wolle oder ob er direkt aufbrechen müsse, um sich auf die Suche nach Tika zu begeben, bat Amaru darum, mit ihm gehen zu dürfen.

Der Yatiri schnürte, über Amarus Entscheidung sichtlich erleichtert, etwas Proviant in einem Schal zusammen, und so stiegen sie die restlichen Stufen nach El Alto hinauf.

Die Innenstadt von La Paz wirkte von dort oben aus streng organisiert, verglichen mit dem, was sich Amaru in El Alto zeigte. Die planlos und notdürftig hochgezogenen Häuser reichten bis zum Horizont des Plateaus. Der Wind war um Welten staubiger und brachialer als im abgeschirmten Talkessel, die Morgensonne noch brennender. Der aufgewirbelte Dreck nahm Amaru die Sicht und nur wenn er im Windschatten des Yatiris ging, gelang es ihm, die Straßenbilder des Molochs halbwegs zu ordnen. »Überall Indios!«, stellte Amaru mit Erstaunen fest.

Die Stadt der Schlafenden, wie sie Wamanyana immerzu nannte, weil dort, wie er sagte, das einfache Volk nachts hauste und tagsüber unten in La Paz seinen Lohn erarbeitete, war aufgewacht. Zu fast jeder Kreuzung wusste Wamanyana etwas mitzuteilen und von nicht wenigen grüßte man ihn. Nach einigen Häuserblocks hielt er unversehens an und fuhr mit seinen Händen über faustgroße Löcher in einer der Backsteinmauern. »In diesem Haus durchfuhr ein Querschläger die Stirn eines Kindes. Dort drüben streckten sie zwei Frauen nieder, die auf dem Weg zu Verwandten waren. In der Fabrik gegenüber starben Dutzende, beim Versuch sie zu besetzen«, klagte der Yatiri und er gedachte vergangener Zeiten.

Auch Amaru strich behutsam über die Einschusslöcher. Ein verblichenes Rot. Unter seinen Fingern zerbröselten die Steine. »Was ist hier geschehen?«

»Die Wiedergeburt des Totgeglaubten, Amaru. Ich war damals schon zu alt, um noch einzugreifen, und hatte ohnehin eingesehen, dass ich nicht zum Revolutionär geboren wurde, aber die Tapferen und die Verzweifelten, die sich mit dem Zustand der Welt nicht mehr abfinden konnten, lehnten sich wieder auf. Nachdem unsere Regierung erst das Wasser und dann unser Gas an die Investoren veräußern wollte, waren genügend Bolivianer dazu bereit, für ein gutes Leben zu sterben. In El Alto nahm alles seinen

Anfang und weitete sich von dort über das ganze Land aus. Departamento für Departamento geriet in Aufruhr. Unser Volk, angeführt von Hermano Evo, diesem schlagfertigen Cocabauern, hatte gemeinsam die Entscheidung getroffen, über sich selbst bestimmen zu wollen. Die friedlichen Proteste wurden von der Regierung und ihren Geldgebern mit Kugeln beantwortet. Etwas anderes kam ihnen nicht in den Sinn. Dem widerständigen Volk hingegen stand der Sinn nach Revolution.

Zwei Jahre später war das für unmöglich Gehaltene Wirklichkeit geworden. Wir waren dazu bereit, die Zukunft anzugehen. Mit ihm. Hermano Evo. Er stand unserer Bewegung als unser Präsident vor, allen Widerständen und Verleumdungen zum Trotz. Fast vierzehn Jahre lang. Die Umwälzung verlangte eben nach etwas Zeit. Wie sollte es auch anders funktionieren? Die althergebrachten Revolutionen haben ausgedient, denn die Gegenwart verändert sich nicht innerhalb eines Tages oder weniger Wochen zum Guten. Es dauert Jahrzehnte, wenn nicht Jahrhunderte, bis ein neuer Mensch geschaffen wird. Ein Mensch, der sich nicht selbst genügt und der sich, anstatt mit dem besten, mit einem guten Leben zufriedengibt. Einer, der jeden anderen als seinen Verbündeten betrachtet und der als das natürlichste aller Verlangen das Gemeinsame verspürt.«

Amarus Brust verengte sich und er empfand Ehrfurcht vor denjenigen, die einst willig waren, ihr Leben zu opfern. Er überlegte, was einen Menschen dazu bewegen konnte, sich selbst für ein höheres Ziel aufzugeben, aber der Yatiri mahnte zur Eile.

»Lass uns weitergehen, die Welt war nicht veränderbar. Alles ist wie seit jeher. Jetzt hängt es von dir ab.«

Immer wieder drehte sich Amaru im Davongehen um und duckte sich weg. Ihm war, als würde er die Salven von damals hören. Das Klimpern der Patronenhülsen. Das Schreien. Die Sirenen. Das Weinen um die Toten. Ein schlechtes Gewissen beschlich ihn, wie einen Feigling, der es unterlassen hatte, Hilfe zu leisten. Amaru rempelte sich den Weg durch die Passanten frei und Schritt für Schritt klang der Lärm ab. Als der Yatiri erneut stehen blieb, lief Amaru auf ihn auf und das aus der Vergangenheit reichende Echo versiegte restlos. Amaru pulte in seinen Ohren. Dieses Sammelsurium von Geräuschen, beruhigte er sich, hatte wohl der Wind zusammengetragen.

Wamanyana näherte sich derweil einem bewachten Eingangstor, das in eine mit Stacheldraht aufgestockte Mauer eingebettet war. »Hier ist sie, die Stadt der Schuldigen. Sie reicht bis ans Ende der Straße dort vorne und fünf Blocks in diese Richtung«, deutete er die Begrenzungen des Gefängnisses an. »Die Insassen sind sich selbst überlassen und viele von ihnen hausen hier mit ihren Familien. Die Aufseher schauen nur hin und wieder nach dem Rechten und wenn sie es tun, dann sorgen sie meistens für Ärger. Bleib also nah bei mir.«

Im Wärterhaus erhoben sich zwei Uniformierte und begrüßten Wamanyana. Sie wechselten ein paar Höflichkeiten und dem Yatiri und Amaru wurde Zutritt gewährt, ohne dafür wie die anderen Besucher Schmiergeld bezahlen zu müssen.

Im Schatten eines mit Wellblech überdachten Platzes rauften Kinder. Ihre Mütter scheuchten sie in einen Verhau zurück. Ringsherum boten Verkäufer ihre Waren an, wobei sie sämtliche Herumtreiber und Bettler argwöhnisch beobachteten. Wamanyana bog in eine Seitengasse ein, schmal und düster. Die kärglichen Häuser waren noch provisorischer zusammengeflickt als im übrigen El Alto. Es stank nach Fäkalien und verbranntem Müll. Zwielichtige Gestalten huschten umher, mit Haut bespannte Skelette. Wamanyana schleuste Amaru durch das Gewimmel und nach einigen Abzweigungen klopfte er gegen eine Tür.

»Der Mann, der hier wohnt, war lange genug eingeschlossen, um die Außenwelt zu fürchten. Er könnte längst in sein Dorf zurückkehren, schließlich hat er seine Strafe abgesessen. Aber er kommt immer wieder hierher. Ich glaube, er hofft auf Genugtuung. Nach wie vor ist er davon überzeugt, dass man ihn als jungen Mann zu Unrecht wegen eines Mordes verurteilt hat. Wenn ich nach La Paz komme, besuche ich ihn gelegentlich. Mich schert es nicht, was man ihm nachsagt. Auch wenn er vorgibt, ein anderer zu sein und seine Schuld leugnet, verdient er es, sich freisprechen zu dürfen. Mallki hatte es schwer genug in seinem Leben«, flüsterte Wamanyana, denn im oberen Stockwerk rumpelte es bereits. Ein muskulöser und volltätowierter Mann stampfte die Treppe hinunter.

Sogleich begann die Luft vor Amaru zu flirren und sein Umfeld zerlief in Schlieren. Sein Gegenüber waberte vor ihm und reichte ihm die Hand. Mehrmals griff Amaru ins

Leere, bis Mallki seine Finger quetschte. Das Krachen der Gelenkkapseln donnerte durchs Amarus Körper.

»Warte hier auf mich und rede mit niemandem. Du weißt nie, mit wem du es hier zu tun hast. Ich werde bald zurück sein«, schwirrte es um ihn. Der Yatiri verriegelte die Tür, und Amaru, dessen Blick zwischen den Welten stand, eingeschränkt und vage, glaubte zu sehen und zu fühlen, was dahinter geschah.

Wamanyana richtete sich auf ein paar Holzscheiten ein. Die immer gleichen Lügen Mallkis erwartend, schob er sich einige Cocablätter in den Mund und hörte zu. Die abgeschnittene Zunge eines Freundes im Salar. Der korrupte Schauprozess. Der Schuldspruch wegen der Ermordung eines Menschen, mit dem er in Wirklichkeit so verbunden war, dass sie gemeinsam planten, einen anderen Mann zu töten. Einen, der es verdient hatte. Mallki hatte Wamanyana in all den Jahren niemals den Namen seines Opfers genannt, und für den Yatiri war er auch nicht weiter von Bedeutung gewesen. Schon allzu oft hatten sich Mallkis Aussagen widersprochen. Einmal schwor er, er habe den Blut spuckenden Leichnam in der Salzwüste gefunden. Ein anderes Mal behauptete er, er habe die Tat vorhergesehen. Diesmal aber blieben seine Unschuldsbeteuerungen aus. Er strotzte vor Lebenslust. Seine sonst fahlen Augen glänzten wie die eines Erlösten. Überhastet begann er, Wamanyana von Pilpintu zu erzählen und wie es ihr in seiner Abwesenheit ergangen war. Sein Schwärmen und seine Zuneigung bezeugten seine Aufrichtigkeit. Während Wamanyana unter Tränen alles über seine Liebste erfragte, verloren sich ihre Worte in einem unverständlichen Gemurmel und ihre Gesichter lösten sich auf.

Amaru schüttelte sich, wodurch er sich von seiner sonderbaren Vision befreite. Seine Umgebung wurde wieder schärfer. »Diese elende Höhenluft bringt mich noch um!«, schnauzte er und rümpfte die Nase. Bitter riechender Qualm umwehte ihn. Überall hockten sie und rauchten schmutzige Kokainpaste. Für einen Moment erlebte er die Übelkeit der Süchtigen, die ihrem Enthusiasmus vorausging, und er schluckte den aus seinem Magen aufsteigenden Schaum hinunter. Ihm leuchtete nicht ein, weshalb der Yatiri ihn darum gebeten hatte mitzukommen. Etwa, um diesem Gesindel beim Verrecken zuzusehen? Wahrscheinlich hatte sich Wamanyana nach Gesellschaft gesehnt oder die Haftanstalt war ihm nicht geheuer, dämmerte es Amaru. Er war dabei, seine Augen zu schließen, um bei sich zu bleiben, als zwei Wärter um die Ecke kamen und sich von den Inhaftierten Geld zustecken ließen. Wer ihnen nichts zu geben hatte, aus dem prügelten sie das Versprechen heraus, bis zu ihrer Rückkehr etwas herbeizuschaffen.

»Hey du! Wie viel ist dir dein Leben wert?«, pöbelte einer der Aufseher und tippte mit seinem Schlagstock gegen Amarus Kinn.

»Señores, diesen hier nicht! Er ist ein Freund des Yatiris!«, funkte ein Junkie dazwischen und schob den Knüppel zur Seite.

»Ach ja, der Yatiri! Und wo ist er, wenn man fragen darf?«, brüllten die Wärter den abgemagerten Mann an. Ohne Umschweife hagelten ihre Fäuste in sein Gesicht.

Die Haut über seinem Jochbein platzte auf und er zeigte auf Mallkis Eingang. Die Aufseher tuschelten miteinander, ehe sie ihm mit ihren Ellenbogen zwei Schläge in die Rippen versetzten. »Bestell Wamanyana die besten Grüße. Wenn er will, kann er später auf einen Singani bei uns einkehren. Und nun verschwindet, bevor wir es uns anders überlegen, dreckige Indios!«

Die Aufseher nahmen ihr nächstes Opfer in die Mangel, und der Blutende richtete sich an Amaru. »Dafür schuldest du mir etwas!«, sagte er mit schmerzverzerrter Miene und wühlte aus seiner Hosentasche ein zusammengeknülltes Päckchen hervor. »Wie viel möchtest du haben? Fünfundzwanzig oder fünfzig? Die Paste kommt aus Chapare, ist also jeden Boliviano wert!«

Amaru wusste nicht, was er antworten sollte, aber da der andere ihm geholfen hatte, drückte er ihm einhundert Bolivianos in die Hand und steckte im Gegenzug die Ware ein.

»Probier's doch mal. Die kommen erst in ein paar Tagen wieder. Hier bitte!«

Beiläufig zog Amaru an einer selbst gedrehten Zigarette und blies den betäubenden Rauch aus. Seine Aufmerksamkeit hatte sich längst auf etwas anderes verlagert. In einem Bretterverschlag schräg gegenüber flimmerte ein Fernseher. Der Verkäufer glotzte gelangweilt auf den Bildschirm und rückte nebenher das spärliche Sortiment seines Krämerladens zurecht. Amaru kniff die Augen zusammen und fokussierte von Neuem. »Das kann nicht sein!« Er trat näher heran, sodass er sie berühren konnte. »Tika!«, hauchte er.

Sie stand auf einer Bühne, neben einem Pult und applaudierte. Ihr Haar war länger, als sie es in seinem Traum getragen hatte, und reichte ihr bis zu den Schultern. Ihre Augen strahlten voller Zuversicht. Sie konnte ihre Zuneigung für den Redner nicht verbergen und lächelte.

Amaru legte seine Finger auf ihren Mund und zeichnete ihn nach: die geschmeidige Unterlippe, dann entlang der Oberlippe bis zum Amorbogen und der vertikalen Rinne darüber. Dabei kitzelte es an seinem Mund, als ob Tika ihn berühren würde. Sein Körper geriet davon in Fahrt. Dopamin. Adrenalin. Cortisol. Oxytocin. Ein unkontrollierbares Durcheinander sprudelte in ihm. »Wer ist diese Frau? Kennst du sie?«, erkundigte sich Amaru beim Verkäufer, aber er ignorierte ihn. Amaru riss an seinem Kragen, um sich Gehör zu verschaffen. »Na los, sag schon! Wer ist sie?«

»Hey! Was willst du von mir? Was weiß ich. Gesichter kommen und gehen, wie Revolutionen. Vielleicht irgendeine aus der Bewegung. Und jetzt nimm deine verfluchten Pfoten von mir oder ich steche dich ab!«

Amaru schubste ihn weg und liebkoste noch einmal Tikas symmetrisches Gesicht. »Wie entschlossen und schön sie ist!«

»Das dürfte sich inzwischen geändert haben. Das war kurz nach dem Putsch. Die ist bestimmt tot. Wie die meisten, die an Hermano Evo geglaubt haben«, höhnte der Verkäufer.

Eine besonnene Stimme kratzte aus den Lautsprechern. Expräsident Morales. Er propagierte die Demokratie der Völker und verfluchte die Macht der Konzerne. Sachlich und frei von Pathos oder großen Gesten, weil die Dinge, die er sagte, von selbst überzeugten.

»Los, mach lauter!«, forderte Amaru energisch, in der Hoffnung, auch Tika würde zu Wort kommen.

»Sie unterstellen uns Wahlbetrug und bleiben jeden Beweis schuldig. Durchtriebenheit. Falschmeldungen. Verrat. Demütigungen und Gewalt. Sie zeigen ihr wahres Gesicht. Alles, was das Regime tut, ist illegal. Die Polizei und das Militär folgen dem Kommando der neoliberalen Evangelikalen, der konservativen Eliten aus Santa Cruz und Beni und ihren ausländischen Unterstützern. Mit der Bibel in der Hand sind sie in den Regierungssitz eingedrungen. Der Teufel wird vertrieben, haben sie geschrien. Gott kehrt zurück und mit ihm die Demokratie. Sie sind die Teufel, nicht wir. Sie radieren aus, was wir vollbracht haben. Sie negieren unsere Errungenschaften und verbrennen unsere Symbole. Sie nennen uns Wilde. Sie spucken auf uns. Sie verachten uns. Sie schlagen und töten uns. Gedenkt der Massaker in Sacaba und Senkata und all der Toten. Niemand wird dafür belangt.

Verbündete werden zu Feinden erklärt. Feinde werden hofiert. Sie krempeln unsere Welt um, zu Herrschern und Sklaven, Übermenschen und Minderwertigen. Sie sprechen von Gerechtigkeit und üben Rache. Sie verscherbeln unsere Rohstoffe. Was wir getan haben, gilt ihnen als unverzeihlich: das Streben nach einem selbstbestimmten Bolivien, wir als Eigentümer über unsere Ressourcen. Aber so sagen sie es nicht. Niemals werden sie die Wahrheit zugeben, ihr Morden und unsere Enteignung. Die Antwort auf die Frage, was sie insgeheim antreibt, ist so simpel. Das Lithium. Wir können das nicht widerstandslos hinnehmen. Selbst wenn es uns das Leben kostet. Wir kontern den Staatsstreich und ...«

Amaru hörte dem Redner nicht mehr richtig zu. Die Kamera hatte an Morales herangezoomt und es bei dieser Einstellung belassen. Tika war somit aus dem Bild gerückt. »Tika! Hundertprozentig!«, triumphierte Amaru. Sie war also nicht bloß eine Traumgestalt, sondern existent. Was ihn mit dieser Frau verband, musste einen tieferen Sinn haben. Amaru polterte gegen Mallkis Tür, um Wamanyana mitzuteilen, was geschehen war.

Der Yatiri kam umgehend heraus, wie benebelt. Sein Mund stand offen. Seine Augen waren glasig. Beinahe wäre er über seine eigenen Füße gestolpert. »Amaru! Der, der das Gute bringt!« Mehr brachte er nicht hervor. Das Zuhören hatte ihn wohl zu viel Kraft gekostet.

Amaru unterdrückte sein Mitteilungsbedürfnis und stützte ihn bis zur nächstgelegenen Seilbahnstation, von wo aus sie mit einer der Gondeln ins Tal trudelten.

Wamanyana schaute still und sehnsuchtsvoll nach Süden. »Potosí!«, entfuhr es ihm auf halber Strecke. Er tätschelte über die Glasscheibe, und Amaru leuchtete nun ein, weshalb der Yatiri den freien Blick auf seine Vergangenheit, der sich aus der Luft darbot, für gewöhnlich vermied.

Als sie das Stadtzentrum erreicht hatten, wirkte der Yatiri etwas gefasster und sie hetzten quer durch La Paz, in Richtung Mercado de Villa Fátima. Unweit der Plaza del Maestro passierten sie das Rotlichtviertel. Sogar am frühen Nachmittag standen die Männer Schlange, vor allem bei den jungen Mädchen. Amaru stellte seinen Kragen auf. Die Tortur der Huren juckte ihn nicht, er befürchtete, zwischen den fickrigen Freiern könnte ihm Bartolomé begegnen und ihn zu überreden versuchen, sich zu vergnügen. Wie ein Verfolgter drehte sich Amaru fortlaufend um und erst beim Anblick der Markthalle des Cocagroßmarktes, einem blassgrünen Bau gleich Blättern von minderer Qualität, fühlte er sich sicherer. Vor dem Eingangstor parkten Hunderte Busse und Pick-up-Trucks. Säckeweise wurde die Ware verladen. Es liefen so viele Menschen umher, dass kein einzelnes Gesicht zu fassen war.

Der Yatiri verhandelte im Wirrwarr mit einem »Potosí« rufenden Fahrer und erklärte ihm, an welcher Abzweigung er Amaru absetzen sollte. »Es ist so weit, Amaru. Er nimmt dich mit. Sprich mit meinem alten Freund Chaupi, dem Knotenleser mit den Tugenden des Kondors. Er wird dir deinen Khipu entschlüsseln. Sag ihm nichts von dir und mir, denn nur so wirst du erfahren, ob er meine Vermutungen bestätigen kann. Wenn dem so ist, wird er dich zur Schamanin führen, die außerhalb der Gemeinde lebt. Bring ihr, die man nach den Schmetterlingen benannte, die ihr seit ihrer Kindheit immerzu folgen, dies als Geschenk von dir.« Wamanyana steckte Amaru den Beutel mit seinen Cocablättern in die Tasche und überreichte ihm den zusammengewickelten Schal, den er am Morgen bepackt und unter seinem Sakko aufbewahrt hatte. »Sie wird ihn dir zubereiten und vielleicht genügt die Kraft des San Pedro, um dich und Tika zusammenzuführen. Solltest du sie finden, dann komm in mein Dorf und verrate mir, ob und wie du dein Ungleichgewicht ausgeglichen hast. Gib acht auf dich!«

Amaru umarmte den Yatiri, der ihn festhielt, als verabschiedete er einen, der nie wiederkehren wird. Seine Trauer blieb Amaru nicht verborgen und doch löste er sich von ihm und bestieg das Taxi.

Wamanyana sah ihn deprimiert an. Er prustete und schien um Worte zu ringen, schließlich sprach er eine Warnung aus. »Mein Freund, eines noch, bevor du fortgehst. Diese Brücke, von der du träumtest, die aus Menschenhaar geflochten war und die der Uturuncu scheute, weil er die Beschaffenheit des dahinterliegenden Lichts erkannt hatte, führt nur in eine Richtung: nach Upamarca, dem Land der Toten. Wenn du diese Schwelle überschreitest, wirst du nicht mehr zurückkommen. Sei wachsam und wäge genau ab, wie weit du für Tika gehen willst.« Wamanyanas Stimme bebte, als stünde er selbst vor der Pforte ins Totenreich.

Amaru lächelte zuversichtlich. Er glaubte, verstanden zu haben, was der Yatiri ihm hatte sagen wollen. Nur bis an die Grenze des Unwahrscheinlichen durfte er vordringen, weiter nicht. In jenem Moment, als sich das Taxi mit einem Hupen in Bewegung setzte und Amaru seinen Blick nach vorne wandte, holte ihn etwas aus seiner Welt ein. Es war die wiedererweckte Lust, unentwegt in Bewegung zu sein.

KAPITEL 4

Jenseits des Vergessens

*

Amaru, du umhergeisternde Amnesie, ich helfe dir auf die Sprünge. Erinnere dich an die Nacht zurück, in der du entschieden hast, dass wir einander nicht mehr bedürfen, weil wir uns um Größeres sorgen müssen als um unser eigenes Leben. Amaru und Tika. Jeder für sich. Das Wesentliche zu erkennen bedarf keiner besonderen Gabe, sein Handeln danach auszurichten hingegen schon. Du bist von mir gegangen, den fliehenden Federmann stützend, ohne dich umzusehen. Wärst du geblieben, hätte ich mich an dir zerquält. Zweisamkeit statt Vielsamkeit. Ich hätte mein Leben für einen Todgeweihten vergeudet, wie du es für deinen Vater getan hast, und nie erfahren dürfen, was es bedeutet, Revolutionärin zu sein. Befreit von Angst, Trägheit und Schuld. Ein euphorisches Taumeln, das die Müdigkeit und den Hunger neutralisiert. Zugleich diese ungetrübte Klarheit. Das Durchdringen der Welt und ihrer Grenzen. Deiner Grenzen. Aller Grenzen. Du fühlst. Du denkst. Du handelst. Das ist der Zauber des revolutionären Seins. Was kann es Erstrebenswerteres geben?

Hinter uns lagen die unbeschwerten Jugendjahre in La Paz. Du und ich, die sich genug waren. Das Haus unserer

Ziehmutter, die dir näherstand als mir und dich deiner Traurigkeit wegen, die du seit den Ereignissen in Potosí ausstrahltest, stets bevorzugte, war ein gepflegter und wohlbehüteter Ort. Unser Anwesen war eleganter als die Häuser der Nachbarn und bot genug Platz, um uns darin zu verlieren. Im Garten dufteten die Sträucher mit den dreifarbigen Blüten der Qantuta, die unsere Ziehmutter aus ihrem Heimatdorf in den Yungas mitgebracht hatte. Ein balsamisches Aroma. In Rot. Gelb. Grün. Wenn sie die Pflanzen bewässerte, flatterten Kolibris um ihren Kopf, und wir hörten mit an, wie sie die Schönheit der Inkablumen besang.

Jeden Morgen begleitete uns die Gouvernante, wie wir die strenge und doch liebevolle Witwe bald nannten, in das Colegio Alemán Mariscal Braun, das weit im Süden in Achumani lag. Dort, wo die Häuser und die Steilwände des Talkessels niedriger waren und die Luft weniger dünn als in den übrigen Stadtteilen von La Paz. Weißt du noch, wie sie uns am Schuleingang vor dem Gemälde des Großmarschalls Braun, dem treuen Gefährten von Sucre, Bolívar und Santa Cruz, tagtäglich Geschichten über die Revolutionäre erzählte? Du hingst an ihren Lippen und schlugst mit den Helden vergangene und zukünftige Schlachten. Nie warst du schöner als in jenen Momenten, in denen du in dich versunken fantasiertest und dir Utopisches ersannst.

Unsere Wahrnehmung und unser Denken unterschieden uns von den meisten Menschen, die uns umgaben. Notgedrungen arrangierten wir uns mit unseren Mitschülern, von denen nur wenige unsere Freunde wurden, unseren Lehrern und dem Unsinn, den wir von ihnen lernen sollten. Die

Privatisierung. Die Konkurrenz. Die Selbstverwirklichung. Unsere Erlösung. Allesamt bejubelten sie den neoliberalen Präsidenten Sánchez de Lozada, den reichsten Mann Boliviens und engen Freund deines Vaters, und später den wiederauferstandenen Exdiktator Banzer, wohingegen unser Wissen und unsere Bräuche, die wir selbstbewusst pflegten, ihre Verachtung weckten. Dem Nachwuchs der Diplomaten, der Industriellen und der Funktionäre galten wir als verträumte und rückschrittliche Menschen, die jenseits des Mondes lebten und die Zukunft verwünschten. Wir scherten uns nicht darum, denn wir wussten, dass unsere Sitten nicht der Vergangenheit angehörten, sondern einen Wert über die Gegenwart hinaus haben würden.

Allzu oft beschimpften mich die anderen als wertlose Indiohure und unterstellten mir, ich hätte sie mit Flüchen und Zaubereien belegt, um ihnen das Leben zu erschweren. Du aber standest mir zur Seite und wusstest die Verschiedenheit von uns Menschen zu würdigen, anstatt dich davor zu fürchten. Uns vereinte mehr als ein freundschaftliches Band und unsere Kindheit in Potosí. Vertrauen. Erfahrung. Erkenntnis. Begehren. Meine Hand in deiner Hand. Ohne dich wäre ich in jenen Jahren verloren gewesen. Du und ich, wir ertrugen die Welt, weil wir des anderen sicher waren, zu einem gemeinsam denkenden Geist verschmolzen.

Wir waren fast ununterbrochen zusammen, nur in den Sommer- und Winterferien fuhr ich für ein paar Wochen zu Pilpintu, um mich um das Grab meines Vaters zu kümmern und meiner Tante, die ihrem Leben als einsiedlerische Schamanin nachging, eine Freude zu bereiten. Du wolltest nie wieder einen Fuß nach Potosí setzen. Die Welt im Schatten des Cerro Rico kam dir fahl und verbraucht vor. La Paz war voller Leben, Potosí bloß Dreck und Wind. Der Federmann duldete deine zunehmende Selbstbestimmtheit, den Starrsinn eines Jugendlichen. Die Geschenke, die er dir persönlich vorbeibrachte, lagertest du im Keller ein. Das Geld stapeltest du in deinem Kleiderschrank. Nichts davon wolltest du haben. Wenn wir uns nach meiner Rückkehr wiedersahen, wirktest du niedergeschlagen und verdrossen. Dein Gesicht war eingefallen und bleich, so wie am ersten Tag, als du die Neue Welt betreten hattest. Deine hypersensible Haut verweigerte sich meinen Berührungen. Dein Gebaren, dein Sprechen, von Selbstzweifeln gehemmt. Es dauerte meist Wochen, bis du dich wieder in jenen zurückverwandelt hattest, den ich liebte. Umsichtig, optimistisch und zur Empathie fähig.

So rannen die Jahre dahin und als wir unsere Schuluniformen abgelegt und uns an der Universität eingeschrieben hatten, bezogen wir unsere eigene Wohnung im mondänen Sopocachi. Etwas anderes kam für dich nicht infrage. Was könne es Besseres geben, sagtest du damals, als das Vermögen deines Vaters zu verprassen. Von der breiten Fensterfront aus überblickten wir die halbe Stadt. Auch die vier Gipfel des Illimani und die Ränder der Armenviertel in El Alto waren zu sehen. Wir aber richteten unsere Aufmerksamkeit fortan auf uns und unsere neu gewonnene Freiheit.

Das Leben in der vornehmsten Gegend von La Paz isolierte uns von der Wirklichkeit. Wir zelebrierten unser Erwachsensein und plusterten unseren Hedonismus zur maximalen Unabhängigkeit auf. Ein freiwilliger Kontrollverlust und somit nicht mehr als ein erbärmlicher Ausdruck von Widerstand. Widerstand gegen unsere Verantwortlichkeit. Erschöpfend und sinnlos. Nacht für Nacht streiften wir durch die Stadt, unsere Vorlieben waren bald bei sämtlichen Kellnern in den Bars und Klubs rund um den Zaubermarkt bekannt. In unserer Egozentrik verloren wir den Blick für das Essenzielle, die Verbindung zwischen uns und unseren Mitmenschen. Noch immer verachteten wir die Idee des entfesselten Marktes, das Gegeneinander, und doch begannen wir uns damit abzufinden, dass unser Einfluss begrenzt war, so wie es die meisten Menschen im Verlauf ihres Lebens tun. Indessen die Welt um uns herum außer Kontrolle geriet, verspannen wir uns in einem seidenen Kokon und seiner betäubenden Geborgenheit. In Rausch und Wohlstand. Du noch mehr als ich.

Ich kann heute nur mutmaßen, wie sehr dich die Treffen und Telefonate mit deinem Vater, deren du dich trotz all deiner Ausreden und Aufschübe nicht gänzlich entziehen konntest, beeinflussten. Jedenfalls sprachst du immer häufiger davon, dass es an der Zeit sei, die Dinge realistischer zu betrachten und sich einzugestehen, dass das Leben, wie wir es bisher gekannt und für gut befunden hatten, dem modernen Menschen nicht mehr genüge und daher unlebbar sei. Du hieltest es für notwendig, mit der Zeit zu gehen, und fingst an, mit ihr von mir fortzueilen.

Allein meinen Besuchen in Potosí verdankte ich es, rechtzeitig zur Besinnung gekommen zu sein. Ich hatte fast vergessen, was es bedeutete, wenn die Ernte nicht genug abwarf, die Dürre die Tiere zu Gerippen verdorren ließ und die Staub-

lunge die Menschen dahinraffte. Die Minen. Die Sklaven. Die Mineralien fressenden Götter. Alles war wie seit jeher. Nichts davon drang noch zu dir hindurch. Das Erlebte hat dich viel zu jung hart werden lassen. Dein Gemüt erkaltete. Deine Gesichtszüge zementierten sich. Derweil ich die Konfrontation auf der Straße und in den Hörsälen suchte, da ich erkannt hatte, dass wir uns verschwendeten und die Welt unser Eingreifen benötigte, fandest du Zuspruch bei den alten Geistern. Du lasest die Schriften der Philosophen und der Ökonomen. Theoretischer Firlefanz. Nichts weiter.

Amaru, wie oft habe ich es dir gesagt? Ohne unser Zutun wird sich diese Welt nicht verändern. Zumindest nicht zum Guten. Meine Appelle, die du immer häufiger belächeltest, waren wertlos, denn noch größeren Trost als die Aussicht darauf, deinem und meinem Leben so etwas wie Sinn zu verleihen, indem wir unsere Privilegien für die gute Sache nutzen würden, versprachen dir die Nacht und die Narkose. Du entdecktest die schmerzlindernde und euphorisierende Wirkung von Kokain und missbrauchtest den heiligen San Pedro. An jeder Straßenecke konntest du dein Verlangen stillen. Eine Weltflucht, die ich erst übersah und dann zu lange duldete. Dein Fortgehen von uns, vor allem von dir. Jeden Tag, an dem ich miterleben musste, wie du dein Wesen weiter ruiniertest und sich das Schöne und Widerspenstige an dir nach und nach zersetzte, litt ich, als wäre ich es, die sich dort auflöste. Dein Vater machte alles noch schlimmer. Er muss es dir wieder eingeredet haben, das Konzentrieren auf dich und deine Bedürfnisse. Dir war es nicht vergönnt, das von der Wiege Anerzogene abzulegen. Ich habe dich beschworen, dir ge-

droht, dich zu verlassen, und dich gleich darauf angefleht, bei mir zu bleiben.

Es tut mir leid, Amaru. Ich träumte davon, dein Heilsversprechen zu sein. Wie vermessen ein Mensch sein kann. Viel zu spät habe ich entschleiert, dass dein Konsum, dein Abschweifen von der Welt, ein Versuch war, der Einsamkeit zu entgehen und die Vergangenheit zu überwinden. Deine Schuld. Deine Verletzlichkeit. Deine Zweifel. Dein Selbstwertgefühl war damals so gering, dass du nicht wahrhaben wolltest, ein liebenswerter Mensch zu sein. Ich habe dich geliebt. Ungeachtet deiner Ungenügsamkeit. Des Schweigens. Des Verdrängens. Des Verharrens. Du warst süchtig danach, gemocht zu werden, und ich bemühte mich, diese Sucht zu bedienen, wo ich konnte. Heimlich hast du deine Manie mit anderen befriedigt. Dutzende Male. Unmöglich auszublenden. Dein dich mir Versagen. Dein nächtliches Fernbleiben und die notorischen Lügen. Natürlicherweise ist jeder Mensch irgendwann von einem Körper oder einem Geist gesättigt, sodass die Begierde schwindet. Doch du begehrtest allein deshalb all diese Frauen, weil du zunehmend unfähig wurdest, dich zu entscheiden. In einer Welt, frei jedweder Verlässlichkeit, einer Welt des endlosen Könnens.

Lange hoffte ich, dass wir beide unsere Verschiedenheit als etwas Schöpferisches begreifen würden. Was für eine verheerende Fehleinschätzung. Du warst und bist nicht dazu fähig, dich deinem Gegenüber zu öffnen. Du verkennst die ihm innewohnende Kraft, dich näher zu dir zu führen. Ich verstehe nun, was es bedeutet, wenn sich zwei Menschen unfreiwillig entgleiten. Die Ohnmacht, die es zu verkraften gilt.

Die Phantasmagorie der Beständigkeit. Ich verspüre keinen Groll gegen dich, eher Dankbarkeit.

Damals habe ich Tage und Nächte wach gelegen, wochenlang nach einer Antwort gesucht. Was ist mit ihm geschehen? Was treibt ihn um? Heute, wo mir klar ist, woher dein Schmerz rührt, bedauere ich mein Trösten und mein Aufmuntern. Es wäre so einfach gewesen, dich zu heilen. Ach Amaru, warum hast du dich mir nicht anvertraut? Ich wäre dir zur Hand gegangen. Wir hätten die Welt und dich schon früher von ihm befreit. In meinem Kopf kreist dieses bolivianische Sprichwort: ›Es ist nicht leicht, den Verlauf von Flüssen und Bergen zu verändern, unsagbar schwer, gleiches mit der Natur des Menschen zu tun, und undenkbar mit dem Wesen eines Federmanns.‹ Bei dir hätte es uns gelingen können, aber so ist alles anders gekommen. Wahrscheinlich hätte ich es ohnehin nicht länger ertragen, einen allein auf sich ausgerichteten Menschen an meiner Seite zu haben. Einen, der sich und seine Möglichkeiten vertut, weil er sich unterschätzt. Der sich in Kritik ersäuft, ohne sich gegen die eigentliche Sache zu richten. Ein Phlegmatiker, der bloß erduldet und auf Besserung hofft.

Nimm dir ein Beispiel an mir und vergegenwärtige dir meinen Erwachungsmoment. Es war kurz nach Neujahr, zur Jahrtausendwende. Du und ich saßen auf der mit Tauben besetzten Plaza Murillo gegenüber dem Präsidentenpalast. Wir beobachteten die Vögel, die auf der Suche nach ihren Begleitern über den Platz flatterten. Erstmals las ich dir von Arguedas vor, in der Zuversicht, er würde in dir wieder zum Leben erwecken, was du allmählich verlorst: ›El individua-

lismo agresivo no es el que va a impulsar bien a la humanidad sino que la va a destruir.‹ Tatsächlich dachte ich, die Einsicht in deinem Blick erkannt zu haben, dass der aggressive Individualismus die Menschheit nicht voranbringt, sondern zerstört. Die Rückbesinnung darauf, dass die Gemeinschaft das wahre Fundament unserer Existenz ist. Als uns dann ein Zeitungsjunge unterbrach und uns eine Titelseite vor Augen hielt, die die Unruhen in Cochabamba schlagzeilte, klappten wir das Buch zu. Du wusstest genau, dass es aussichtslos sein würde, den in mir keimenden Drang zu bändigen. Meine Hände, zu Fäusten versteinert. Mein Wutschrei, greller und wachrüttelnder als hundert Amazonen.

Auf dem Weg nach Cochabamba kauertest du auf dem Beifahrersitz unseres Mietwagens. Dein Körper war fest in die Lehne gepresst, als ob sich die Gravitationskraft mit jedem zurückgelegten Kilometer potenzierte, denn du warst über das Vorhaben des Federmanns informiert, lange zuvor. Unser Präsident und die Seinen hatten auf unseren Schuldenerlass und neue Kredite im Tausch gegen unser Wasser vertraut. Alle Quellen, Flüsse und Seen sollten künftig durch die Hände von wenigen fließen, bevor wir sie nutzen durften. Sogar das Aufsammeln des Regens wollten sie uns untersagen. Effizienzsteigerung. Monopolisierung. Für vierzig Jahre. Der Preis explodierte, wie es das Konsortium deines Vaters prognostiziert hatte. Der Unmut der Menschen ließ sich jedoch nicht vorhersagen.

Im Morgengrauen des 11. Januars riegelten wir Cochabamba zu Tausenden ab. Der aschfahle Staubwind aus dem Altiplano fegte über uns hinweg. Die den Mond ver-

drängende Sonne brillierte auf den Straßen im zerbrochenen Glas. Auf die über der Stadt thronende Statue des Erlösers Jesu Christi schneite es Ruß. Der Wasserkrieg war ausgebrochen, und wir, die Bestohlenen, waren endlich frei von Angst. Steine gegen Maschinengewehre. Bürger gegen das Militär. Drei Mal sauste eine Kugel an meinem Schädel vorbei und zerschlug den hinter mir. Amaru, wo warst du, als die Wucht der Projektile in meinen Ohren knallte, Knochensplitter und Hirn mein Gesicht sprenkelten? Ich habe deine Angst nicht verurteilt. Im Gegenteil, ich konnte sogar Verständnis dafür aufbringen. In jenen Tagen war ich dir für deine Fürsorge dankbar, die du mir allabendlich, wenn ich abgekämpft in unser Hotelzimmer zurückkam, das du nicht zu verlassen wagtest, schenktest. Niemals habe ich dich mehr fürchten sehen als in Cochabamba. Meinetwegen. Unseretwegen. Ein weinender Federmann. Ein befremdlicher und gleichzeitig erfreulicher Anblick. Abermals keimte in mir die Zuversicht, dass du zu uns zurückfinden würdest, denn obwohl alles in deinem Körper zu fliehen verlangte, hast du es erduldet. Dein Bitten, nicht mehr fortzugehen, und deine Warnungen musste ich trotzdem ausschlagen. Der Mensch ist bekanntlich zum Handeln verpflichtet.

Im Februar kamen uns dann die im Aufstand erprobten Cocaleros zu Hilfe. Mit in Essig getränkten Tüchern, eng um Mund und Nase gewickelt, stolzierten wir durch die Wolken aus Tränengas. Und du? Du flehtest mich an, ich möge mit dir kommen, und suchtest Zuflucht in deinem Konsulat. Amaru, wie hätte ich dir folgen können? Der Wendepunkt stand unmittelbar bevor. Massenproteste. Straßenschlach-

ten. Generalstreiks. Hermano Evo und wir obsiegten. Das Konsortium deines Vaters löste sich auf.

Eine Woche später fuhren wir beide nach La Paz zurück. Kaum hatte ich meinen Mantel in unserer Wohnung abgelegt, um meine Wunden neu zu bandagieren, warst du im Nebenzimmer verschwunden und riefst deinen Vater an. Ich höre noch heute das Brüllen deiner heiseren Stimme. Ein Konglomerat aus Scham und Panik. Aufhören. Aufhören! Die meisten Investoren waren längst aus Bolivien geflohen. Nicht der Federmann. Er harrte aus, oben in Potosí, wo ihm die Luft noch unbrauchbarer erschienen sein muss als zuvor. Er konnte nicht gehen angesichts der irrwitzigen Gewinne, die er sich versprochen hatte. Und natürlich träumte er weiterhin vom Salar. Der weißen Wüste. Seinem Triumph. Der Federmann sollte sich verkalkulieren.

Drei Jahre vergingen. Drei Jahre des Wartens und der Unwägbarkeit. Amaru und Tika. Tika. Amaru. Zwei Menschen, die sich lange vervollständigt hatten, brachen endgültig auseinander. Was war aus uns geworden? Du richtetest dich in deiner Welt ein, im Dasein eines Resignierenden, eines sich ergebenden Menschen, und ich mich in meiner. Unsere Wohnung war mir fremd geworden und ich kehrte nur dorthin zurück, wenn ich von der Straße aus gesehen hatte, dass die Lichter erloschen und du sicher fort warst. Wenn wir uns hin und wieder zufällig begegneten, faseltest du dieses und ich rechtfertigte jenes, als ob wir nicht länger die gleiche Sprache sprachen. Und doch, während ich mit den anderen Revolutionären zusammensaß und wir unsere nächsten Aktionen planten, habe ich oft an dich gedacht. Daran, wie uns Wamanyana als

Kindern die Angst vor der Dunkelheit genommen hatte. An all die Jahre der Komplizenschaft. An das Ineinandergehen unserer Körper. An unsere Zukunft. Die Unsicherheit, die jeder Mensch fühlt, der sich dazu bereit erklärt, sein Leben für etwas Größeres zu opfern, wandelte sich dann in Vorfreude.

Als wir vom nächsten Vorhaben deines Vaters und unseres Präsidenten erfuhren, sich die Gasfelder im Süden bei Tarija anzueignen und unser Eigentum an die chilenische Küste zu leiten, um es von dort zu verschiffen, formierte sich das Volk über den Dächern von La Paz. Ein Windstoß aus El Alto, der sich zum Sturm aufbäumte. Die Stadt der Schlafenden, der Arbeiter, der einfachen Menschen, mein Zufluchtsort jenseits des Talkessels und dir, war erwacht, ein radikaler Umsturz unvermeidbar. Unserem zunächst friedlichen Protest, angeführt von Hermano Evo, stellte die Regierung ihre Scharfschützen gegenüber. Dutzende von uns wurden hingerichtet. Zerpflückte Leiber. Niedergewalzte Knochen und Gedärme. Anstatt sich wegzuducken, entlud sich der über Generationen aufgestaute Volkszorn. Alte Cholas mit Knüppeln. Jugendliche mit Baseballcaps und Macheten. Mineros mit Dynamit in ihren Händen. Studenten. Bettler. Künstler. Verstoßene. Das uns Einende war die Einsicht, dass es allein an uns lag, ob die Welt ihren gewohnten Gang für immer fortführen würde. Unser Aufstand war der Moment der Entfesselung, die Reanimation unseres kollektiven Wesens. Die organische Verkettung unserer Sehnsüchte. Ein Akt der Poesie. Die Parteizentralen der Neoliberalen, die Zollbehörde und die Rathäuser gingen in Flammen auf. Die ganze Stadt glühte in einem gelbroten Freudentaumel.

Vom Balkon unserer Wohnung aus musst du herabgeblickt haben. Erstaunt, mit offenem Mund. Deine Unfähigkeit, auf unserer Seite einzugreifen, basierte auf einer Fehlbildung deines Charakters, auf der aus deiner Wohlhabenheit gewachsenen Angst, womöglich etwas zu verlieren. Du Kleingeist hast die Logik der Ausbeutung außer Acht gelassen. Die wahre Grundlage eures Reichtums und eurer Entwicklung.

Zwischen Hunderttausenden marschierte ich zum Regierungssitz. Wir schwenkten die bolivianische Flagge und die Wiphala, das Banner der Völker Tawantinsuyus. Während wir unser Land zurückeroberten, bereiteten dein Vater, unser Präsident und seine Clique ihre Flucht vor. Der Federmann hatte eingesehen, dass er gegen den Andensturm, der aus einer anderen Richtung blies als die Jahrhunderte zuvor, machtlos war.

Unsere letzte Begegnung, eine beschämende Maskerade. Du hattest das Licht in der Wohnung bereits gelöscht, gewillt dich davonzuschleichen. Der Federmann wartete unten im Wagen auf dich. Hätte ich gewusst, dass du da warst, ich wäre nicht heimgekommen, um uns beiden die Erniedrigung zu ersparen. Wie du dann im Flur vor mir standst, die Hände hinter dem Rücken gekreuzt, dein Gesicht zu Boden gerichtet wie ein Beichtender. Einige Augenblicke genügten dir, um dich deines bisherigen Lebens vollends zu entledigen. Wir bedürfen einander nicht länger, heucheltest du. Ich, kurz vor dem Koller, und du obrigkeitshörig versteift. Tika. Amaru. Künftig zwei alleinstehende Wesen. Ich hätte widersprechen können, dass wir uns nie dringender brauchten und dass wir uns lieben. Aber wozu? Eine abschließende Umarmung für mehr als zwanzig Jahre, dann bist du mit dem Federmann nach Europa entronnen. Das Wasser. Das Gas. Der Salar und sein Lithium. Die Zukunft aller Zukünfte. Alles unser, so wähnten wir.

Amaru, bis hierhin kennst du mein Leben. Zumindest solltest du das. Ich habe mich oft gefragt, wie lange es wohl gedauert hat, ehe du mich vergessen hast, und ob es dir jemals ein Anliegen war, zu erfahren, was aus mir geworden ist. Kein einziger Brief von dir. Über Jahre hinweg. Es wäre gelogen, zu behaupten, ich hätte mich nicht nach dir gesehnt. Ich konnte dich nicht einfach abstreifen. Um mich unabhängig von dir zu fühlen und den Abschiedsschmerz zu überlisten, verätzte ich mich. Ich verbrannte mich. Ich ritzte meine Haut mit Rasierklingen auf. Erst in den Armen der Revolution fand ich Linderung.

Das Unwahrscheinlichste wurde Wirklichkeit. Zwei Jahre nach deiner Flucht gelang uns die Machtergreifung über den Stimmzettel. Die Rohstoffe und die Betriebe wurden in unsere Hände überführt. Euresgleichen bezeichnete unser Vorgehen als Enteignung. Wir nannten es die Befreiung von den Neokolonialisten. Die Wiederaneignung unseres Lebens. Eines guten Lebens für alle. Über vierzehn Jahre lang ließen Präsident Evo und wir unsere Vision Realität werden. Wir waren nicht länger minderwertige Indios, wir erhoben uns zu gleichwertigen Menschen. Der Federmann muss getobt haben. Bolivien war endlich souverän und der Großteil der übrigen Welt quengelte wie ein bockiges Kind, das sich seines Spielzeugs beraubt sah. Diesen Verlust konntet ihr keines-

falls hinnehmen. Ihr begannt mit Verleumdungen, Sabotagen und Blockaden, um euch das Entrissene zurückzuholen. Gemeinsam mit jenen Kräften in unserem Land, die sich nach den alten Zuständen sehnten, triebt ihr eure Invasion voran. Stiller und weniger blutig als in den Jahrhunderten zuvor.

Vor ein paar Jahren dann erblickte ich dich auf den Titelblättern, deine Hand in der unseres Präsidenten, zur Besiegelung eures Vertrages. Es überrollte mich mit der Wucht eines Güterzuges. Unsere Regierung hatte euch eure Lügen abgekauft. Partner und keine Patrone. Nie wieder würde sich die Geschichte wiederholen. Nie wieder Potosí. Nicht mit dem Lithium. Eure Technologien und eure Investitionen stünden in unserem Dienst. Fest versprochen. Ohne Zweifel, du warst es wirklich. Deine Gesichtszüge erwachsener und selbstgewisser. Dein Haar schütterer, die Stirn höher. Amaru Federmann, der baldige Herr des Salars.

Ich fuhr unverzüglich in die Salzwüste, um die Menschen vor dir zu warnen. Aber längst war etwas Unaufhaltbares entfacht. Auf dem Rückweg nach La Paz stoppte ich in Potosí. Ich fragte Pilpintu, was zu tun sei. Ihrer Weisung gemäß begab ich mich zur Ruhestätte meines Vaters, und zwischen den steinernen Kreuzen, von Sträuchern überwuchert, und den Schiebegräbern, die sich bis zum Himmel türmten und den Friedhof der Mineros in Schatten hüllten, traf ich auf ihn: Mallki, den Mörder meines Vaters. Er war aus dem Gefängnis entlassen worden und wartete auf mich. Von ihm erfuhr ich, was sich einst zugetragen hatte. Ein Widerspruch. Wayras zuckende Zunge im Salar. Der Federmann. Das Blut an euren Händen.

Ich hatte mich getäuscht, Amaru. Zu glauben, dass an den unbedeutenden Rändern der Welt unsere Neugeburt gelingen könnte, war absurd. Es war an der Zeit, Bolivien zu verlassen und nach Europa zu kommen, um dort das Übel zu vernichten. Doch nachdem ich mein Racheverlangen soweit kontrollieren konnte, um zu erkennen, dass der Federmann nur exemplarisch für Tausende andere stand und sie versinnbildlichte, Tausende auf allen Kontinenten, die sich einer algorithmischen Logik ergeben hatten, vergrößerte ich meinen Denkradius. Nichts Geringeres als der Umsturz eurer Welt kam mir in den Sinn, denn nichts könnte den Federmann mehr strafen, so malte ich es mir aus, als die Befreiung aller mit ansehen zu müssen, bevor ich ihn eigenhändig in die Unterwelt befördern würde.

Ich suchte und fand rasch Verbündete. In Griechenland. Spanien. Schweden. Ungarn und Deutschland. In allen Winkeln Europas formierte sich unsere Armee zur Bewegung 3. Juli. Unser revolutionärer Krieg, den wir euch seither erklärt haben, ist ein gerechter Krieg, denn allein die revolutionäre Gewalt vermag eure Gewalt zu brechen. Euer Kontinent riecht nicht unseretwegen nach Feuer und Blut.

Ich habe anfangs oft mit mir gerungen, ob ich dich aufsuchen und dich für unsere Sache gewinnen sollte. Wir beide. Symbiotisch. Wie früher. Eine Illusion, die mir Kraft schenkte, bis du unverhofft an mir vorübergingst, in deinen schwarzen Jaguarmantel gehüllt, um dich vor dem Berliner Schneegestöber zu schützen. Hast du etwa vergessen, wie der Federmann einst mit dir ins Tiefland aufgebrochen war, um den Uturuncu zu töten?

Drei Tage seid ihr den Spuren des Jaguars nachgeschlichen, hinein in den Regenwald, diesen dir Angst einflößenden Teufelsgarten. Nebelbegraben. Bedrohlich. Von Bestien bewohnt. Eurem Führer Yaku hatte der Federmann zehntausend Bolivianos dafür bezahlt, dass er euch in das Revier des Zweiköpfigen brachte. Der Federmann hatte von den alten Mythen gehört und er wollte seinen Untertanen in Potosí mit einer Trophäe seine Macht demonstrieren.

Je weiter ihr euch von der vernünftigen Welt fortbewegtet, mit Macheten das Unterholz durchschlagend, umso rebellischer wurde dein Körper. Die feuchtwarme, viskose Luft ließ sich nicht mehr einatmen. Bei jedem Schritt krampften deine Lungenflügel qualvoller. Du warst ein Mensch des Hochlands, der an diesem Ort der Üppigkeit und der Wirrnis nichts zu suchen hatte. Zum Beklagen fehlte es dir an Kraft und an Entschlossenheit. An einem Wasserfall errichtete Yaku euren Hochsitz und du schautest, auf dem Rücken liegend, in die Baumkronen auf, hörtest das Orchester des Waldes erklingen, sein ätherisches Spiel, und eine merkwürdige Ausgeglichenheit breitete sich in dir aus, während der Federmann und Yaku auf das Erscheinen des Uturuncus lauerten. Viermal bat Yaku deinen Vater, dessen Zeigefinger fiebrig am Abzug zuckte, weil er im Halbdunkel etwas auszumachen geglaubt hatte, um Geduld. Vom Himmel ergoss sich ein tumultuarischer Schauer. Die Welt verschwamm. Die anderen wischten über ihre triefenden Gesichter, die Gewehre im Anschlag.

Du aber wurdest eins mit dem sich euch langsam nähernden Uturuncu. Du fühltest den weichen Morast an seinen

Pfoten, die über sein Fell streichenden Blätter und Äste. Dein Geruchssinn verfeinerte sich. Du wittertest jeden Luftstrom, als verfügtest du über ein Jacobson-Organ in deiner Nasenhöhle. Jedes Geräusch, jedes noch so ferne Zischen und Rascheln nahmst du wahr, denn dein Hörvermögen hatte sich dem seinen angeglichen. Nach Stunden endlich eine alles an sich bindende Bewegung. Eine bezwingende Präsenz. Ursprünglich. Kraftvoll. Du warst bei ihm, du warst er und dachtest in jenem Moment an mich, als das aus dem Nichts ausbrechende Donnern den Schädel des Tieres entzweite und es dich durchfuhr, als wärst du getroffen.

Der Federmann sprang vom Hochsitz herab, stürzte sich ins Wasser und zog den leblosen Körper heraus. Aus Enttäuschung, nur einen gewöhnlichen Jaguar getötet zu haben, spottete er über den Aberglauben unseres Volkes. Ein zweiköpfiger Jaguar, der den Mond verschlingen will, um die Welt in eine neue Bahn zu lenken, welch lächerlicher Ausdruck von Hoffnung. Und zugleich wollte der Federmann wieder auf die Jagd gehen, als graute es ihm vor dem, was wahr sein könnte.

Du stießt Schreie aus, die ihn zur Umkehr zwangen. Nie zuvor war ein Mensch tiefer zu ihm hindurchgedrungen. Dein Klagen, sagtest du mir einmal, habe den Federmann milde werden lassen. Seine strengen Züge weichten vor Erschütterung auf. Seine nach Schmauch stinkenden Hände streichelten über deine Wangen und er befahl Yaku, das Fell des Jaguars von seinem Fleisch zu lösen und euch unverzüglich in die kultivierte Welt zurückzubringen. Den nackten Leib plünderten die Aasfliegen.

Ach Amaru, du und der Federmann. Ich wundere mich, wie du es ertragen hast, all das Geschehene ein Leben lang für dich zu behalten. Es muss Tage gegeben haben, an denen sich dein Innerstes nach außen stülpen wollte. Tage, an denen du dich von dir zu lösen und dich zu häuten wünschtest. Sieh dich an, Amaru, du bist zu ihm geworden. Dem, der du nie sein mochtest. Du hast dein Leben damit verplempert, ein wohlhabender Mensch zu werden. Du irrwandelndes Versäumnis. Früher erschöpftest du dich im Mitgefühl. Heute ist dein Mitgefühl erschöpft. Du bist nur bei dir. Ganz allein.

Hunderte Male habe ich in den vergangenen Wochen versucht, dich zu bekehren, sanftmütig und nur andeutungsweise, weil es von selbst aus dir herauskommen sollte. Du und ich. Wir alle. Eng umschlungen. Zusammengewachsen. Traurigerweise hast du dich dagegen gewehrt, uneinsichtig wie ein Kranker, der lieber dahinsiecht, als ein ihm fremdes Organ anzunehmen. Selbst als wir zu dritt aufeinandertrafen, du, ich und der Federmann, um über unentdeckte Märkte zu sprechen, und ich euch vorlog, sie euch zugänglich zu machen, überkam es dich nicht. Den ganzen Abend betranken wir uns wie drei Fremde. Indessen deine Finger über meinen Handrücken streichelten, habe ich dich genauer betrachtet. Dein Angesicht von Gier noch entstellter als die Larve des Federmanns, deren du dich bedient hast. Etwas Unheimliches hatte sich deiner bemächtigt. Dein Sprechen war zu einem mechanischen Aneinanderreihen verkommen. Vorherbestimmt. Verängstigst. Von einem anderen Ich überlagert.

Inzwischen erklärt sich mir alles. Du weißt über niemanden weniger als über dich selbst. Du verleugnest dein menschliches

Wesen, bist kalt und entleert. Alles, was dir von dir geblieben ist, ist eine vage, sich verformende Andeutung. Eine Entstellung. Mit jeder Bewegung, mit jedem Wort und jeder Verleumdung rückst du weiter von dir fort. Du bist ein berechenbarer Mensch. Einer, dem ich vorgestern schon weissagen konnte, was er übermorgen tun will. Ein durchschnittlicher Charakter. Dennoch könnte dieser Allerweltsmensch genügen, um die Welt an sich zu reißen. Mit uns. Deinen Brüdern und Schwestern. Du musst es dir nur eingestehen. Nicht zu handeln ist Sünde. Sünde an dir. Sünde an den anderen. Die alles sind.

Zugegeben, mancherlei Tatsachen sind schwer zu akzeptieren. Auch ich hatte bis zuletzt abgewogen, ob der Federmann wirklich sterben musste. Wie du weißt, kenne ich die Verlorenheit der Waisen. Aber sein Tod war unumgänglich. Der Federmann. Ein Stern im Endstadium mit verlöschender Leuchtkraft. Ein Weißer Zwerg ohne Energie. Degenerierende Materie, die auskühlt und dazu verdammt ist, in der Bedeutungslosigkeit zu verschwinden. Ihm war von Anfang an bewusst gewesen, worauf er sich eingelassen hatte, und wenn du danach trachtest, buchstabiere ich auch deinen Namen mit dem Alphabet des Todes. A. M. A. R. U.! Die Schuld am Tod deiner Mutter. Die Schuld am Tod meines Vaters. Willst du auch die Schuld an deinem eigenen Tod tragen? Weshalb fällt dir und deinesgleichen das Sprechen so schwer? Sag es mir, denn ich verstehe es nicht. Selbst als deinem Vater das Leben genommen und Gleiches mit Gleichem vergolten wurde, brachte er nichts hervor. Kein Wort der Abbitte. Kein Bestreben, über sich hinauszugehen. Jetzt ist er fort und schweigt für immer. Du allerdings bist noch nicht verloren.

Die Zeit ist gekommen. Eine neue Ordnung bricht über uns herein. Es liegt an dir, ob du Teil von ihr sein willst. So wie ich in der alten Welt unbrauchbar und überflüssig war, weil die Konkurrenz nicht Bestandteil meines Wesens ist, wirst du in der kommenden Welt nur dann einen Platz finden, wenn du dich von dir lossagst. Woran hältst du dich fest? An deinen Fabriken? Deinem Geld? Deiner Einsamkeit? Warum kommst du nicht zu uns, um im Angesicht des Todes lebendig zu sein? In deiner Welt existiert keine Zukunft. Alles, was ihr anstrebt, ist die Verewigung der Gegenwart samt all ihrer Miseren. Was vor uns liegt, wird die Schöpfung aller Menschen sein. Ein Miteinander frei von Unmenschlichkeit. Du kannst wählen, auf welcher Seite du stehen willst, im Licht oder in der Dunkelheit.

Amaru, deine Uneinsichtigkeit zwingt mich zum Äußersten. Mein Herz stolpert und sticht. Ich versuche, die epileptischen Entladungen in meinen Fingern zu beherrschen. Um deinetwillen will ich weiterschreiben. Besinne dich zurück, an jenen Augenblick, als du erfahren hast, woher du kommst, und deine Mutter dir und dem Federmann offenbarte, wer sie ist. Eine Verdammte. Eine zum Handeln Gezwungene. Ein Mensch wie du. Obwohl ich nicht dabei war, ist mir deine Erzählung eindringlich genug in Erinnerung, um ihn vor mir zu sehen, euren letzten Abend in deinem luxuriösen Elternhaus in Westberlin, als deine Welt noch intakt war.

Du lugtest aus der angelehnten Tür deines Kinderzimmers heraus und wurdest Zeuge des brüsken Ausbruchs deiner Mutter, die dem Federmann gestand, dass sie ihn verachtete. All die Jahre hatte sie im Verborgenen agiert. Still-

schweigend und ohne Verdacht zu erwecken. Endlich schrie sie sich frei. Der Federmann hatte angenommen, sie würde sein Geld einfach verschwenden. Er wusste ja um die noble Herkunft, auf die sie sich immer wieder stolz berufen und die er meist mit besänftigenden Worten abgetan hatte. Die mit ihrem Wesen unweigerlich verbundene Verpflichtung, seine Welt zu unterhöhlen, hatte er ignoriert. Was für ein Unglück, dass Sisa den Federmann überhaupt kennengelernt hatte. Hätte sie als junge Frau frei entscheiden können, sie wäre ihm nie begegnet. Aber dein Großvater in Madrid, der seine andinen Wurzeln von Geburt an bestritten hatte und zu einem gewinnsüchtigen Industriellen verkommen war, hatte darauf spekuliert, mit einer Vermählung die geschäftlichen Beziehungen zur mächtigen Dynastie der Federmänner stärken zu können. Nur deshalb hatte sie sich ihm angebiedert. Nur deshalb wurdest du geboren.

Als du deine Mutter am Morgen nach ihrer Offenbarung leblos in eurem Badezimmer fandest, die Adern weit geöffnet, suchtest du vergeblich nach einer Hinterlassenschaft. Einer Zeile. Einem Wort. Zumindest einer Silbe. Auch wenn du bis jetzt davon überzeugt bist, deine Mutter hätte sich wortlos davongestohlen, war ihr Tun Nachlass und Aufforderung genug. Aber der Suizid, der maximale Ausdruck des Ungehorsams und der Selbstverteidigung, ist in deiner Welt nicht vorgesehen. Er erschüttert dein Grundverständnis von Freiheit. Er widersetzt sich deiner Doktrin von Wachstum, Leistung und Entwicklung auf die radikalste Art.

Amaru, warum versperrst du dich vor dem Offensichtlichen? Sisa hat dir den Weg gezeigt. Unsere Erlösung liegt im Auffinden einer uns verbindenden Sprache, in der die Gegenseitigkeit und das Füreinander nicht auf ihre bloße Formulierbarkeit reduziert werden, sondern als erfahrbare Kräfte jeden gänzlich durchdringen, um als die natürlichsten aller Handlungsmaximen in der kommenden Welt zu sein. Diesen Maximen des guten Lebens, diesem Konsens der Vernunft, kann niemand, der des Menschseins würdig sein will, widersprechen. Und wer es doch tut und den Raum jenseits des eigenen Ich nicht zu betreten bereit ist, weil er das, was sich ihm eröffnen würde, nicht erkennen will oder verachtet, soll nicht länger zu uns gehören.

Mein Freund, ich warne dich, weil ich dich einmal geliebt habe, du ein Teil von mir gewesen bist und ich einer von dir. Schließe dich unserer Bewegung an oder gehe fort. Jetzt gleich. Weit weg. Wenn du dich nicht bald entscheidest, werden wir dich von dieser Welt tilgen müssen. Wie alle, die nicht für uns sind. Mit Bedauern, Tika

»Herr Kriminalkommissar? Sind Sie noch anwesend? Wieso nötigen Sie mich, Ihnen diesen Brief vorzulesen, den ich Wort für Wort kenne, schließlich habe ich ihn geschrieben, wenn Sie gedankenverloren auf Ihr Aufnahmegerät starren? Hey, Staatsdiener! Was verunsichert Sie so? Ist es meine Entschlossenheit oder meine Liebe für uns Menschen? Sie werden mir, Amaru und der Bewegung 3. Juli nur auf die Schliche kommen, wenn Sie sich auf die grundlegendste aller menschlichen Eigenschaften besinnen, nämlich auf das Mitgefühl. Na ja, wie auch immer. Ich werde es hierbei belassen. Es nützt nichts, wie eine besessene Missionarin zu predigen, wenn Sie weiterhin Ihre Götzen anbeten.

Was soll dieser verwunderte Blick? Fragen Sie sich gerade ernsthaft, was das alles mit unserem Aufstand zu tun hat? Ach ja. Ich liege also richtig. In Ihrer Beschränktheit wollen Sie vermutlich die Namen unserer Führungsriege wissen, um sich erklären zu können, wer Ihre Welt aus den Fugen gehoben hat. Also gut. Hier bitte: Francesco Di Lorenzo. Zerquetscht von einem Polizeiwagen in Rom. Odysseas Nikolaidis. Schädelbruch durch ein Gummigeschoss in Athen. Teresa Ortega. Von den zurückweichenden Demonstranten auf der Plaza de Armas in Madrid zu Tode getrampelt. René Kotsch. Sein aufgequollener Leichnam wurde am Spreeufer angeschwemmt, die Hände in Handschellen gefesselt. Paulina Kowalczyk. Saša Babić. Ian Hayes. Cécile Dupont. Yunis Almadi. Aino Järvinen. Gülsen Ceylan. Soll ich die Märtyrerliste fortführen? Es gibt keinen Erlöser, der uns anführt und uns das Entscheiden abnimmt.

Hören Sie endlich auf, mich so ungläubig anzuglotzen, oder ich vergesse mich! Sie erbärmlicher Idiot! Ficken Sie sich ins Knie, Sie Feigling! Hey! Bleiben Sie hier! Herr Kommissar, verzeihen Sie! Wirklich. Es tut mir leid. Ich entschuldige mich für mein unverständliches Gerede und die Beleidigungen. Ich stimme Ihnen zu. Sie verstehen mich nicht und darin liegt unsere Unvereinbarkeit begründet. Ich habe es Ihnen nun bereits mehrfach gesagt. Uns fehlt eine gemeinsame Sprache, die es uns ermöglicht, einen kollektiven Sinn zu formulieren. Das gute Leben ist ein solcher Sinn. Was uns bisher noch nicht gelingen will, wird die Bewegung 3. Juli bald verwirklicht haben. Denn das Gute ist das Vernünftige. Das Gerechte und einzig Nützliche. Und jetzt schaffen Sie mich bitte zurück in meine Zelle und richten Sie meinem Verteidiger aus, dass ich ihn umgehend sprechen muss. Ich werde bald gestehen, wonach Sie verlangen.«

KAPITEL 5

Die Relativität der Gleichzeitigkeit.
An der Außengrenze der Klarheit
und der Schwelle zum Wahn.
Amarus letztes Lebenszeichen.
Sein Abschiedsbrief.

*

Tika, du fehlst mir so sehr. Dein Geist. Dein Körper. Deine Zärtlichkeit. Schon viel zu lange lebe ich wieder an diesem trostlosen Ort, der mir Heimat sein sollte, an dem ich mich geborgen und vertraut fühlen müsste, und der nichts anderes in mir hervorruft als Fremdheit und Verlorenheit. Europa. Berlin.

Ob unser Leben einen gemeinsamen Verlauf genommen hätte, wäre nicht geschehen, was geschehen ist? Tika und Amaru. Ineinander vernarrt. Durch mein Fortgehen sind wir uns abhandengekommen. Irreversibel. Ohne dich bin ich unvollständig. Durch den Raum schweifende Materie ohne Orbit. Wie es dir wohl gehen mag? Auch wenn ich Tag für Tag mehr von deiner Welt in Besitz nehme und jedes Dorf, jeden Stall und jede Grube rund um den Salar nach dir habe durchsuchen lassen, bleibst du unauffindbar. Wo bist du? Wo erwartest du mich? Meine Welt ist fahl geworden ohne dich.

Trotz der vielen Jahre, die wir ohne einander verbracht haben, Jahre des Verleugnens und des unerfüllten Begehrens, kann ich nicht davon ablassen, an dich zu denken und auf ein Wiedersehen zu hoffen.

Ich verzehre mich nach uns beiden und ich wünschte, ich könnte dir, von Angesicht zu Angesicht, glaubhaft machen, dass es damals der Befehl des Federmanns war, dich zu verlassen. Er hatte eingesehen, dass nach den blutigen Unruhen die Zeit gekommen war, um sich vordergründig zurückzuziehen und die Geschäfte hinter den Kulissen aus Übersee zu dirigieren. Das Interesse an eurem Wasser, eurem Gas und an den meisten eurer Erze hatte er ohnehin verloren. Er gierte allein nach dem Lithium des Salars. Der Vollendung. Ich aber gierte nach dir. Bis zuletzt.

Obwohl ich in der Nacht unseres Abschieds fest entschlossen war, dem Federmann nicht länger zu gehorchen, zuckte ich gehorsam, wie einer seiner Finger. Du kennst seine gravitative Stimme ja, der sich niemand entziehen kann, die alles verformt und niederdrückt. Als ich dir auf sein Drängen hin vorlog, dass wir einander nicht länger bedürften, hast du dies widerstandslos hingenommen. Hättest du mir widersprochen, nicht flehend, aber wenigstens mit einem Anschein von Bedauern darüber, dass ich uns und das Gemeinsame aufzugeben bereit war, ich hätte ihn ziehen lassen. So aber sah ich mich in seinen Worten bestätigt, dass wir, die letzten Verbliebenen unserer Familie, nur noch einander trauen könnten und ihr uns seit jeher feindselig gegenübergestanden hättet. Tika, wo warst du, als er mich von dir gerissen hat? Warum hast du es zugelassen?

Nach unserer Flucht plagte mich in Europa ein nicht enden wollendes Fieber. Monatelang. Ich magerte ab, litt an den immer gleichen Albträumen, ob wach liegend oder schlafend, die allesamt um dich kreisten, und sprach allein mit den mich behandelnden Ärzten und meinem Vater. Alleinsein mit ihm, wo du sonst permanent bei mir warst. Unerträglich. Jeden Tag fantasierte ich, du hättest nach mir gesucht und ich würde eine Nachricht von dir erhalten. Nichts kam. Kein Zeichen der Sehnsucht. Kein Verlangen nach mir. In Endlosschleife sprach ich mir Mut zu. Sie wird kommen. Sie wird dich nicht aufgeben. Nicht Tika. Nicht sie. Niemals. Die Aussicht darauf, irgendwann von dir zu hören, ließ mich langsam genesen. Mein Körper lernte, sich halbwegs zu genügen, und mein Zustand stabilisierte sich. Der Schmerz erstickte unter der Medikation. Die Träume endeten mit dem Erwachen.

Im Frühling war ich wieder so weit bei Kräften, dass ich die Poststelle der Klinik selbst aufsuchen konnte, manchmal mehrmals am Tag. Mich beschlichen erste Zweifel. Noch immer keine Botschaft von dir. Du warst verstummt. Und ich? Mir selbst überlassen. Allmählich begann ich mich für meine Zuversicht und das zunehmende Mitleid der Ärzte und Pfleger zu schämen. Ihr Geseier, mich auf mich zu konzentrieren und nach vorne zu schauen, war wertlos. Ich wollte zu dir. Nirgendwohin sonst.

Mond für Mond wanderte vorüber, ohne dass ich ihn von meinem Krankenzimmer aus hätte aufhalten können. Immerzu die gleichen Krater. Alphonsus. Isidorus. Colombo. Keine Veränderung. Unheilbare Narben. In den schwülen

Sommernächten gab ich mich meinen Träumen erst hin, wenn die Strahlkraft der Sonne stärker wurde als ihre Reflexion auf dem Trabanten. Aber sein Leuchten schwächte mit jedem Zyklus ab und indessen die ersten Herbststürme über die Stadt fegten, nahm ich ihn nicht mehr wahr. Der Mond lügt, Tika. Seine Sichel ist messerscharf. Sie zerschneidet jede Hoffnung, jedes Vertrauen. Die Geduld erlischt. Liebe ohne Widerhall bricht in sich zusammen. Auch meine.

Der Federmann hintertrieb meinen Restglauben an dich, indem er sagte, für dich existiere in dieser Welt kein Platz und du seist nur eine lästige Schimäre. Ich solle vernünftig werden und endlich Verantwortung übernehmen, schließlich stehe das Erbe unserer Familie auf dem Spiel. Unmöglich könne ich dies zulassen. Er brauche mich. Seinen Sohn. Seinen Nachfolger. Mein Vater eröffnete mir einen neuen Sinn, jenseits von dir und mir, und er schulte mich, die Zügellosigkeit des Marktes zu beherrschen. Freiheit. Gewalt. Habgier. Unabänderlich. Keine Wahl. Kein Gegenentwurf. Für alle Zeiten. Ich. Amaru. Ein Sohn Europas. Geboren, um mir diese Welt anzueignen. Und so ist es geschehen.

Du weißt, wovon ich spreche, oder? Jede Zeitung hat davon berichtet. Weltweit. Silber. Gold. Kohle. Zink. Zinn. Wasser und Gas. Wertloser Plunder. Das Zeitalter des Lithiums war angebrochen. Unser Zeitalter. Was dem Federmann trotz all seiner Bemühungen, seinen Schmiergeldern, Intrigen und Drohungen jahrzehntelang nicht gelingen wollte, ging mir spielerisch von der Hand, weil ich mein Wissen über eure Welt zu nutzen verstand. Ich führte die Vorverhandlungen mit den Abgesandten eures Präsidenten in eurer Sprache. Ich nahm an den Versammlungen und Zeremonien der am Salar lebenden Gemeinden teil, traf mich mit Gewerkschaftsführern und beschwichtigte die Sorgen der Umweltverbände. Laufend betonte ich, wie lange ich bei euch gelebt habe, wie sehr ich euer Verlangen nach einem guten Leben teile und dass mir nichts anderes im Sinn stehe als euer Wohl. So gewann ich das Vertrauen und wir erhielten den Auftrag zum Bau der Förderanlage.

Euer Präsident und seine Minister empfingen mich und meine Delegation, um gemeinsam den Grundstein zu legen. Wir lächelten optimistisch in die Kameras der aneinander gedrängten Journalisten. Ich erinnere mich genau an meine Lüge: ›Wir werden Partner sein und keine Patrone. Die Schätze dieses Landes sollen dem bolivianischen Volk Wohlstand bescheren. Die Verarbeitung des Lithiums wird hier geschehen, um den Rohstofffluch endlich zu beenden.‹ Unter stürmischem Beifall schüttelte ich eurem Hermano Evo die Hand. Sein Händedruck war warm und andauernd, als versuchte er, mir ein Versprechen abzuringen. Wie einfach es war, ihn zu blenden.

Utopisten wie er unterschätzen die Regellosigkeit der Welt. Sie halten den Menschen für ein anständiges Wesen und deshalb bleiben sie Sklaven. Wir hingegen bereiteten unseren Raubzug unter dem Deckmantel der Entwicklung vor und pflegten die Kontakte zu unseren Partnern in der Opposition, um unser eigentliches Ziel zu verwirklichen. Das Umkehren eurer Welt zu unseren Gunsten. Zunächst aber fingierten wir unseren ehrenvollen Dienst an der Gemeinschaft. Wir beaufsichtigten die Fertigstellung der Anlage und schul-

ten die bolivianischen Ingenieure und Techniker. Wir machten uns unentbehrlich. Schon bald waren wir dazu in der Lage, aus den Naturlösungen des Salzsees batterietaugliches Material zu erzeugen. In kilometerlangen Becken ließen wir die Sole unter der Sonne des Altiplanos bis zur Kristallisation verdunsten. Zudem errichteten unsere Arbeiter ein Labyrinth aus weißen Kegeln, um die Produktion, dank eines von uns eingeführten Verfahrens, auch in der Regenzeit nicht mindern zu müssen. Euer Präsident strahlte und wollte mehr. Aber warum sollten wir mit euch teilen?

Unser Plan ging schneller auf als gedacht. Patrone und keine Partner. Die konservativen Kräfte in eurem Land, die wir und unseresgleichen mit Geld und Kontakten unterstützt hatten, putschten. Ein paar tote Demonstranten später waren die Karten neu gemischt, euer Traum von Unabhängigkeit als Hirngespinst entlarvt und euer Präsident davongejagt. Die neue Regierung öffnete den Investoren die Tore und das Private erhielt wieder Vorzug vor dem Kollektiven. Wir schufen am Rande des Salars unsere Fabriken, um das Lithium noch vor Ort in Batterien zu verbauen und unseren Gewinn zu vervielfachen.

Der Welthunger nach Lithium hat seitdem nicht nachgelassen, und wir tischen weiter auf. Nie zuvor sind die Federmänner gefragter und mächtiger gewesen als heutzutage. Es gibt nichts, das wir uns nicht leisten könnten. Der Traum aller Menschen ist meine Wirklichkeit. Nur weiß ich nichts mehr damit anzufangen, ohne dich. Der Salar, er soll dir gehören. Allein dir. Ach, könntest du mein Reich doch mit deinen eigenen Augen sehen, das Knirschen der zerbrechenden

Salzkristalle beim Hinübergehen hören. Zeugin sein, wie die in der Regenzeit geflutete Ebene, die keine Begrenzung hat, den Himmel zurückwirft. Wir würden uns Seite an Seite spiegeln und einander nie wieder verlieren.

Tika, du holst mich ein. Unser altes Leben. Wenn ich am Abend aus der Geschäftsstelle oder einer Bar zurückkehre, bis zum Sonnenaufgang wache und von meinem Balkon aus auf die Welt herabschaue, stelle ich mir oft vor, wie du vor dem Eingang der Universität auf mich wartest, deinen Schal übers Kinn hochgezogen, um dich vor dem Andenwind zu schützen. La Paz. Dein Blick schwenkt zu mir. Ich schmiege mich an dich, fasse nach deinen Händen, die mich befreien werden. Tika und Amaru. Oder ich fantasiere mich zurück in unsere Wohnung. Wir sind so eng zusammengerückt, dass unser Atem ineinander übergeht. Meine Lippen schlafen auf deinen ein. Ein Körper. Ein Geist. Ein Blinzeln.

Es ist Sommer und du spazierst am Ufer des Río Choqueyapu. Du hältst deinen Rock hochgezogen bis zu den Knien. Deine nackten Füße stehen im eisigen Wasser, das aus den Bergen kommt. Du streckst dich auf deine Zehenspitzen und wendest deinen zarten Hals in meine Richtung. Ich sehe dich im Profil. Lachend. Mich begehrend. Das Schwingen deiner Arme. Das Kreiseln deine Hüfte. Jede deiner Bewegungen geht fließend in die nächste über. Ursprünglich. Kraftvoll. Wie der Qina Qina, der Tanz des Jaguars. Du rufst mich. Komm, Amaru. Komm zu mir. Zu dir. Ich zögere nicht, steige hinein in den klirrenden Fluss. Mein Herz stockt. Dennoch stapfe ich gegen die Strömung an und werfe mich in deine ausgebreiteten Arme.

Ich frage mich häufig, ob du wie eh und je so vorlaut bist, die vorgeblichen Wahrheiten anzweifelst und den Autoritäten übers Maul fährst. Entschlossen und selbstbestimmt. Bereit dazu, dich für die anderen hinzugeben. Ich habe es leider zu selten geschätzt, wenn du mich in Verlegenheit brachtest und ich deinetwegen in Erklärungsnot geriet. Wie hast du dann immer gesagt: ›Die Menschen, die uns umgeben, dürfen nicht diejenigen sein, die die Zustände hinnehmen, sondern die anderen, deren Anwesenheit uns unsicher werden lässt, die von Orten und Zuständen sprechen, die wir uns ersehnen. Menschen, die uns Impulse geben, die uns zum Handeln anregen und ohne die wir uns zu leben nicht mehr vorstellen können.‹ Dies warst du für mich.

Es ist spät geworden. Ich muss bald aufhören. Dir zu schreiben strengt mich zu sehr an und birgt Gefahr. Es ist jedes Mal das Gleiche. Die Umgebung verfinstert sich und ich verliere die Selbstbeherrschung. Wie jetzt. Nein! Bitte nicht!

Cochabamba. El Alto. Ein Echo aus der Vergangenheit, das bis in die Gegenwart nachhallt. Das Wasser. Das Gas. Meine Angst übersteigt meine Vorstellungskraft für die Zukunft. Die Schüsse. Die Schreie. Die Sirenen. Das Klagen um die Toten. Und du mitten unter ihnen, während ich mich verbarrikadiere und wieder einmal am Telefon mit dem Federmann streite, ihn anbettele, endlich zu gehen. Mehr bringe ich nicht zustande. Wie erbärmlich.

Noch heute schäme ich mich für meine Tatenlosigkeit. Ich Kollaborateur. Ich Schwächling. Unfähig, die Initiative zu ergreifen. Tika, du Visionärin. Warum hast du mich nicht mitgenommen, da es mir unmöglich war, dir zu folgen? Ver-

flucht! Ich hätte beizeiten aufhören sollen. Wenn es einmal angefangen hat, kann ich es nicht mehr kontrollieren. Ich bin wehrlos ohne dich. Meine Hand schreibt von selbst fort, die Schrift wird undeutlich. Bin ich das oder du?

Die Erinnerungen bäumen sich vor mir auf. Straßenzug für Straßenzug. Die Jahre in Potosí. Der Federmann klammert sich daran fest, dabei sind ihm das trockene Klima und die frostigen Nächte ein Grauen. Er vermisst den Wechsel der Jahreszeiten. Das Aufblühen. Das Vergehen. Den Wandel der Farben, der Temperatur und der Gerüche, wie er es aus Europa kennt. Potosí hingegen ist permanent gleichbleibend. Beigebraune Erde, die das Sonnenlicht am Morgen und am Abend kupferrot färbt. Der grabeskalte Wind des Altiplanos. Hammer und Meißel, die die Natur züchtigen. Die Bescheidenheit und die Ergebenheit der Menschen öden ihn an, und die wenigen, die er gerne trifft, Politiker, Industrielle und Huren, sucht er nur auf, weil sie ihm für einen bestimmten Zweck nützen. Was ihn an diesem abgelegenen Ort, den er verabscheut, festhält, ist der von ihm verinnerlichte Mythos unserer Familie. Reichtum und Macht. Unser alleiniges Glücksversprechen. Nur in seinen Stollen, seinen Fabriken und im Schutz unseres blühenden Patios fühlt er sich wohl. Oft sitzt er stundenlang an einem der Brunnen und lässt sich von seinem Orchester etwas vorspielen. Kennst du sie noch?

Thayari, der mit seinem Strohhut aussieht wie der Herr einer Hazienda und ohne den er nicht musizieren kann, zupft auf der Harfe. Der kleinwüchsige Chukilla streicht über das zehnsaitige Charango, dessen hölzernen Korpus er fest gegen seine Brust gedrückt hält, um die Töne zu verstärken. Mallki bläst auf der Trompete. Geduldig und sanft, wie es seinem Wesen entspricht. Tuta, die alt gewordene Trommlerin, die auf ihre Wanqara einschlägt, mit ihren Fußschellen rasselt und zu uns herübersieht. Und natürlich die Zwillinge Nayaraq und Kuymi, die der Federmann ihrer Schönheit wegen in seine Kapelle aufgenommen hat. Sie pressen ihre Lippen gegen die Zähne und strecken ihr Kinn nach vorne. Selten dürfen sie in ihre Kerbflöten hauchen. Der Federmann kann das Gejammer der Quenas nicht ausstehen, und auch seine beiden Deutschen Doggen, die ihm nie von der Seite weichen, jaulen auf, wenn die Schwestern einsetzen.

Niemals nennt der Federmann die Musiker bei ihrem richtigen Namen. Er spricht sie nur mit dem Instrument an, das sie beherrschen. Auch ich habe die Namen der anderen vergessen. Allein ihr harmonischer Klang ist mir im Gedächtnis geblieben. Die Klarinette. Die Posaune. Die Violine. Die Melodien diktiert ihnen der Federmann und wenn sich seine Laune plötzlich wandelt, weil ihm einer seiner Boten eine unerwartete Nachricht überbringt, er müde wird oder gerade erst aufwacht, unterbricht er sie und fordert etwas seiner Stimmung Entsprechendes.

Nur bei Festen darf sein Orchester frei aufspielen, denn er will die geladenen Gäste, darunter einflussreiche Indios, von seinen lauteren Absichten und seiner Wertschätzung überzeugen. Wenn ihm Wayra das skeptische Flüstern der Indios übersetzt, die ihm sein Wohlwollen nicht abnehmen, klatscht er in die Hände und ruft die mit Geschenken beladenen Dienerinnen herbei. Sie tanzen in ihren Trachten den Diablada und den Huayño, so ekstatisch und verführerisch, bis die

Zweifler überzeugt sind. Spät am Abend, wenn die meisten Gäste gegangen und nur noch Gleichgesinnte da sind, offenbart mein Vater sein hässliches Naturell. Sich auf die Überlegenheit seiner Herkunft berufend, ahmt er die Eroberungen unserer Vorfahren nach. Wer sich ihm in den Weg stellt, ihm widerspricht oder an seinen Vorhaben zweifelt, muss sterben. Sobald er vom Schauspielen genug hat, steigt er eine der Freitreppen hinauf und zieht sich in die Galerie zurück.

Wir schleichen uns aus dem Palast zum Cerro Rico, hoch oben über Potosí, um in seinen Minen den Herrn der Mineralien zu suchen. Wir missachten das Verbot des Federmanns, weil wir seiner Behauptung, der im Berg hausende Tío und er hätten einen Pakt geschlossen, der ihm, mir und unseren Nachfahren auf ewig Wohlstand zusichere, solange wir ihm dienen und alle anderen unterwerfen würden, nicht glauben wollen. Wir sind davon überzeugt, dass die Zukunft in unseren eigenen Händen liegt. Aber die Aufseher lassen uns nicht in die Mine hinein. Daher hocken wir wieder einmal auf den Treppen vor der Casa de la Moneda an der Plaza 10 de Noviembre und überlegen, was wir mit dem Vermögen des Federmanns Sinnvolles anstellen könnten. Du hast eine Idee, also schauen wir uns in den Quartieren der Mineros um. Lehmziegel auf Lehmziegel. Hunger und Dreck. Verzweiflung und Demütigung. Tagein, tagaus. Wir ertragen es nicht länger, eilen zurück ins Zentrum und flanieren durch die kolonialen Straßenzüge mit ihren zweistöckigen Holzbalkons, um uns zu erholen und unseres Vorhabens zu versichern. Die Bündelung unserer Kraft für ein höheres Ziel. Die Erlösung der Welt.

Ich hingegen plane, auf den Mercado de los Mineros zu gehen und mir mit der aus dem Arbeitszimmer gestohlenen Geldbörse des Federmanns ein paar Stangen Dynamit zu kaufen. Ich will damit unser Anwesen bestücken. Letztendlich bist du es, die mich davon abhält, weil du an das Gute in ihm glaubst. Seine Fürsorge um mich und dich. Du verkennst sein eigentliches Wesen. Der Federmann ist besessen, wie sämtliche Federmänner vor und nach ihm. Wie soll ich mich dem widersetzen, wo es seit Anbeginn in uns wuchert? Wer kann schon von sich behaupten, dass er über sein Leben frei verfügen kann? Mein Versuch, Herr über mich zu sein, war und ist eine zum Scheitern verurteilte Selbsttäuschung.

Wenn ich mich heute im Spiegel betrachte, stehe ich ihm gegenüber. Meinem Vater. Es ist nicht allein die Physiognomie unserer Gesichter, die hohe Stirn, die Asymmetrie unserer Augenpartie und der unersättliche Blick, was mir zeigt, dass ich sein Sohn bin. Es ist unser sich angleichendes Wesen. Ich bin zu ihm verkommen. Ich will mich von ihm lösen, aber er haftet an mir. Ich kann ihn nicht loswerden. Mit jedem Tag, den ich näher an ihn heranrücke und sich mein Abbild deckungsgleicher über seine Schablone schiebt, bedauere ich mehr, dass ich dich zurückgelassen habe. Durch dich wäre ich ein anderer geworden. Ein Denkender. Ein Fühlender. Einer, der sich um mehr schert als um sich und seinen Besitz.

Tika, mir wird schwummrig. Ich ertrage es nicht länger. Nur eines hilft. Meinen Kopf gegen die Tischplatte schlagen. Noch mal. Und wuchtiger. Ich muss die Zeit zurückspulen, bis dahin, wo die Dinge ungeschehen sind, jenseits des Salars, ehe mich die Wirklichkeit einholt.

Ich sehe sie vor mir, die Nacht, in der uns Wayra die Furcht vor der Dunkelheit nimmt, indem er uns in das Vorhaben des Uturuncus einweiht. Wir sind draußen an unserem windstillen Ort, unweit des Gipfelpfades. Du sitzt mir gegenüber und sehnst dir das Zukünftige, wovon dein Vater spricht, ebenso herbei wie ich. Wayra lädt den Uturuncu zu uns ein, aber der Zweiköpfige bittet vom Himmel herab um Geduld und darum, dass wir dereinst entschlossen genug sein werden, um uns ihm anzuschließen. Wayra lacht laut auf, gelöst und verheißungsvoll: ›Der Jaguar ist ein geduldiges Tier. Er zügelt sich, als graute es ihm selbst vor dem, was dann geschähe, weil es so lichtdurchflutet und vollkommen sein würde, dass es des Uturuncus nicht länger bedürfte.‹ Indessen uns dein Vater vertröstet und uns ein Versprechen abringt, leuchtet der Mond jenseits des Uturuncus, und wir beide fürchten fortan weder die Dunkelheit noch zu viel Licht.

Tika, was ist das Versprechen einer Lebenslüge wert? Nun, es ist zu spät. Ich kann nichts mehr umkehren. Ich Defätist. Ich Schwindler. Meine Augen fallen zu und ich werde es gleich gut sein lassen. Der Tag bricht an, aber der Mond will heute nicht vom Himmel weichen. Er steht der Sonne in nichts nach. Dieses Zwielicht ist seltsam und die Stadt gespenstisch still, als ob ich träumen würde. Doch ich bin wach und sehe die Dinge klarer als jemals zuvor.

Ich verstehe jetzt sogar, was du mir bei unserem Abschied zu sagen versuchtest. Tausende Male habe ich deine Worte hin und her gewälzt. Sie zersetzt und neu aneinandergereiht. Amaru, fremd sich selbst gegenüber, nicht wissend, wozu er taugt und was er will, weil er nichts wagt. Fremd dem anderen gegenüber, ihm misstrauend und unfähig, ihn in seiner Ganzheit zu begreifen. Du hast es schon immer gewusst. Nur wenn ich dich in deiner Verschiedenartigkeit annehme, sie nicht bloß erdulde, sondern achte, ist es mir möglich, durch dich das andere in mir zu finden. Hätte ich dies eher erfasst, ich hätte dir niemals entsagt. Dein Abgesang dröhnt wieder in meinen Ohren: ›Dein Mitgefühl ist die Verschleierung deiner Tatenlosigkeit. Handle oder lass das Heucheln sein!‹ Wäre ich damals dazu fähig gewesen, über das Zurückliegende zu sprechen und mich davon loszumachen, ich hätte dir nichts verschwiegen. Nein, dir nicht. Du hast dich getäuscht, Tika. Ich war gewillt, die Schranken meines Selbst zu durchbrechen. Mit deiner Hilfe, doch du hast sie mir verwehrt. Stattdessen bin ich zum Federmann in den Wagen gestiegen und mit ihm geflohen.

Europa. Meine mich anwidernde Gegenwart. Hier ist sie. Mein Exzess, dieses desaströse Unterfangen, um mich zu betäuben und nicht bei mir sein zu müssen, ist noch besinnungsloser als früher. Mein ständiger Drang nach dem Neuen, nach der Bewegung, diese Ablenkung von mir selbst, ist nichts anderes als Ausdruck meiner Furcht, einem anderen oder mir selbst nahekommen zu müssen. Welchen Sinn hat ein Leben, das aus Verdrängung und Schuld besteht, aus Isolation und Apathie? Die Kälte, die mich umgibt, gleicht den eisigen Tiefen der Jupitermonde. Ich kenne jeden Krater, von hier bis zum Rand unseres Sonnensystems. Ich versuche weiterhin, mich in ihnen zurückzuziehen, um meinen Blick zu erweitern und mich von mir zu erholen. Es gelingt mir nicht mehr. Immerzu sorge ich mich um meinen Wohlstand, wie einst um das Wiederkehren unseres Trabanten. Ich füh-

re den Pakt der Federmänner fort, aber indem ich mehr und mehr von deiner Welt beherrsche, erscheint sie mir unheimlicher und ich werde lethargischer. Diese Lethargie verändert die Sinneswahrnehmung. Ich bemerke nur noch, was mir entgleitet, mein eigenes Leben. Ich. Ich. Isolation.

Früher, als wir einander noch begleiteten, war die mich am meisten quälende Eigenschaft meine fast pathologische Empathie. Wenn ich einen Bettler hungern sah, knurrte mein Magen und mein Hypothalamus verzeichnete einen fallenden Blutzuckerspiegel. Wie von selbst wühlten meine Hände in meinen Taschen und schnippten dem Armen eine Münze zu. Wenn ein Kranker litt, war mir, als wucherte sein Elend in mir. Um die Ursachen deiner Freuden oder deiner Leiden zu empfinden, genügte mir eine einzige Berührung und dein Innenleben wurde zu meinem. Heute, wo meine Sensibilisierung ihren Höhepunkt erreicht hat und mit der Abgestumpftheit identisch geworden ist, leide ich an einer Gefühlstaubheit. Ich bin müde und heische nach dem paradiesischsten aller Träume. Ohne Erwachen.

Ich wünschte, du könntest diese Zeilen lesen, würden sie nicht wie üblich in meinen Schubladen verschwinden. Vielleicht zum letzten Mal. Irgendetwas stimmt nicht mit mir. Mich plagt wieder dieser mich wahnsinnig machende Druck in meinem Kopf. Zehntausend Bar. Es gibt kein Ventil. Ich muss ihn aufbrechen und hineinsehen. Dieser entsetzliche Schmerz hört nicht auf. Mein Gedächtnis schwächelt. Tika, ich vergesse dich nach und nach. Deine Augen, waren sie braun oder grau? Dein Geruch, der sich mit meinem vermischt, verfliegt. Deine Stimme verklingt. Ich weiß nicht mehr, ob du es bist, die in meinem Gehirn kreist, oder etwas, was ich aus dir gemacht habe. Angenommen, wir träfen zufällig aufeinander, ich bin mir nicht sicher, ob ich dich noch erkennen würde, denn ich habe die Fähigkeit verloren, andere Menschen wahrzunehmen. Die Begegnung, dieses Ereignis der Zwei, die Eröffnung des Raums jenseits des Ichs, ist mir versperrt. Ich illusioniere mir eine Scheinfassade von Miteinander, mit der ich meine Vereinsamung vor mir selbst verschleiere. Amaru. Mehr ist nicht übrig. Es gibt kein Außen. Je länger ich so leben muss, desto magnetischer verlange ich danach, bei dir zu sein.

Ich suhle mich im Gedanken, den kürzesten aller Wege zu wählen, obwohl ich weiß, wie lächerlich es ist, Notizen des eigenen Todeswunsches zu lesen. Es zeugt von einer gewissen Inkonsequenz. Dabei betrachte ich das selbstbestimmte Loslassen allmählich als eine annehmbare Lebensoption. Bis zur Verwirklichung meines Vorhabens bin ich nur im Traum und im Rausch frei vom chronischen Drang, etwas zu tun, frei davon, mich selbst auszubeuten und zu verleumden. Allein dort, in der Sphäre zwischen den Welten, besteht für mich die Möglichkeit der Neugeburt. Der Freiheit. Der Zukunft. Ich fiebere der Entproduktion entgegen. Der Entleerung. Der Überwindung meines Selbst, um eines anderen willen.

Meine Welt missfällt mir. Wäre ich nicht bereits in ihr aufgegangen, ich würde eingreifen, um sie zu verändern. Wie schrieb es unser lieb gewonnener Freund Arguedas, den ich vor mir liegen habe, weil er mich an das Wesentliche erinnert, so unübertrefflich: ›Nichts zu tun, ist schlimmer als der Tod, und du musst verstehen und endlich billigen, was ich tue.‹ Tika, komm zu mir und erlöse mich von mir.

KAPITEL 6

Unweit von Potosí.

Die Stadt, die Menschen verschlingt.

*

In der von Horizont zu Horizont reichenden Ödnis des Altiplanos rauschte das Taxi über den Asphalt. Amaru hatte das Fenster des Beifahrersitzes heruntergekurbelt. Die sich um ihn eröffnende Weite wirkte befreiend. Der Fahrtwind wehte über sein Gesicht und mit ihm durchpulsten Amaru die unbändige Lust, in Bewegung zu sein, und die Vorfreude, Tika zu begegnen.

Während die anderen Mitreisenden, eine Mutter mit ihren vier Kindern, seit Stunden auf der Rückbank schliefen, steuerte der Fahrer schweigend durch die Steppe. Die halb ausgetrockneten Seen Uru-Uru und Poopó hatten sie bereits passiert. Mit jedem zurückgelegten Kilometer entfernten sie sich weiter von der modernen Welt und Amaru fühlte sich in der Zeit zurückversetzt. Die Landstraße zerbröselte zu einer unebenen und mit Schlaglöchern bespickten Schotterpiste. Die Ortschaften, durch die sie schepperten, wurden immer rustikaler. Die Menschen geheimnisvoller und scheuer. Selbst die Straßenhunde hatten so weit draußen auf der Hochebene eine wildere Gestalt angenommen als in La Paz, wo sie Amaru zumindest halbwegs domestiziert erschienen waren. Ihr Fell war borstiger. Ihre Statur massiger. Aus ihren hungrigen Mäulern sabberte es. Sie glichen eher Wölfen als Hunden. Amaru beobachtete, wie sie sich auf Menschenjagd begaben und ein Opfer umzingelten. Die Bucklige, die schwer bepackt am Straßenrand entlangging, zog eine Schleuder hervor und spannte ein Geschoss ein, womit sie das Alphatier an der Stirndecke traf. Das Rudel zerstreute sich und flüchtete die Hügel hinauf.

Kurz darauf verlangsamte der Fahrer das Tempo. »Bist du dir sicher, dass du hier rauswillst? Nach Potosí sind es noch ein paar Kilometer und diese Gegend ist nicht ungefährlich!«

Amaru zögerte für einen Moment, legte ihm dann sein Fahrtgeld auf das Armaturenbrett und stieg aus. Schließlich hatte ihn Wamanyana hierhergeschickt. Der Wagen holperte in einer Staubwolke davon. Amaru wischte sich den Sand aus den Augen und schaute sich um. Die in der Landschaft verstreut liegenden Hütten umgrenzten violett blühende Quinoafelder. Die Ernte musste bald bevorstehen. Eine Alpakaherde streunte zwischen den Sträuchern, herrenlos. Hätte er es nicht besser gewusst, er hätte es für möglich gehalten, schon einmal da gewesen zu sein. Das gemauerte Becken und die Kanäle zum Auffangen des Schmelzwassers auf der schattigen Leeseite des kupferroten Berges. Die eingetretenen Pfade zwischen den Hütten. Die Erde von olivfarben bis Ocker.

Amaru schritt auf die Siedlung zu, bis er im Augenwinkel

registrierte, dass sich die Köter hinter seinem Rücken neu formiert hatten und auf ihn zu rannten. Um Hilfe schreiend filzte er seine Manteltaschen, um sich mit irgendetwas zu verteidigen. Doch er hatte nichts Brauchbares bei sich und daher klaubte er panisch Steine auf und visierte das Rudel an. Den zotteligen Grauen galt es zu erwischen.

Die Tiere näherten sich Amaru auf wenige Meter, fletschten die Zähne und erschnüffelten seinen etwas verwahrlosten, aber nicht sauren Geruch und zugleich sein wahres Wesen. Ihr Knurren und Kläffen verklang. Sie winselten mit angelegten Ohren, um ihm ihre Unterwerfung zu zeigen, und schlichen davon.

Vom Lärm neugierig geworden, spitzte eine Frau aus einem Türspalt heraus. Misstrauisch beäugte sie Amaru, der einen Schritt zurückwich und die Steine aus seinen angriffsbereiten Händen fallen ließ.

»Diese Drecksviecher wollten mich auseinandernehmen«, beruhigte er sie. »Ich suche Chaupi, den Khipuleser. Ich habe einen weiten Weg auf mich genommen, um mit ihm zu sprechen.«

Die Frau linste zu einer Anhöhe hinauf, die abseits des Dorfes lag. »Seit zwei Tagen hockt er dort oben und redet mit niemandem, außer den Kondoren. Aus allen Himmelsrichtungen kommen sie geflogen und sammeln sich um ihn. Er will nicht trinken und nicht schlafen, weil er denkt, die Vögel kündigten etwas an. Früher genügte sein Pfeifen, um die Tiere vom Himmel zu holen, inzwischen muss er sie mit Aas locken. Er ist mein Vater und deshalb achte ich ihn, aber auch ich muss wohl anerkennen, dass er den Verstand verloren hat. Vielleicht ist ihm das Erscheinen eines Fremden Ereignis genug, damit er seinen Frieden findet und zu uns zurückkehrt.« Ein nach ihr verlangendes Geplärr schreckte die Mutter auf und sie knallte die Tür zu.

Amaru ließ das Dorf rasch hinter sich und als er die mit Geröll übersäte Anhöhe erreicht hatte, weit unterhalb des Gipfels, machte er eine Gestalt aus. Mit ihrem ins Gesicht gezogenen Strohhut und dem übergeworfenen Umhang hielt er sie einen Augenblick lang für eine nutzlose Vogelscheuche, um die sich die zu Hunderten um sie scharenden Kondore nicht scherten. Im Herantreten bemerkte Amaru, dass er einen gebrechlichen Mann vor sich hatte, der mit seinem Gehstock zwischen den Rippen eines Kadavers stocherte und das Fleisch von den Knochen löste. Die Geier rührten das tote Vieh nicht an. Sie verfolgten die müden Bewegungen Chaupis, bis sie Amaru erkannten, ihre kahlen Hälse in seine Richtung rekelten, heiser keuchten und ihr schwarzes Flügelkleid aufspannten.

»Bist du das Ereignis, auf das sie warten?«, richtete sich Chaupi an Amaru und schaute zu ihm auf. Die Sonne stand so dicht über Amarus Kopf, dass ihr Leuchten sein Angesicht verbarg.

»Wohl kaum. Ich bin gekommen, um mir deinen Rat einzuholen, denn ich suche nach …«, sagte Amaru voreilig. Sogleich erinnerte er sich an Wamanyanas Worte und zügelte seinen vorlauten Mund. Er sollte dem Khipuleser nichts weiter von sich erzählen, wollte er unvoreingenommene Antworten hören.

Enttäuscht wandte sich Chaupi den wieder zur Ruhe gekommenen Vögeln zu. »Die Kondore sprechen seit Tagen von nichts anderem. Sie verweigern das Fliegen. Sie verschmähen das Fressen. Obwohl ich ihnen das fruchtbarste Tier unserer Herde geopfert habe. Sieh dir ihre sauberen Köpfe und Schnäbel an, die sie normalerweise ins Aas hineinbohren. Etwas Besonderes ist im Gange. Sie wissen es lange vor uns, wenn die Verwandlung der Welt bevorsteht. Sie spüren das Vorhaben des Windes, schon Tage bevor der Wind seine Richtung ändert. Wie könnte ich sie jetzt aus den Augen lassen und mich unten im Dorf ausruhen, wo sie uns seit jeher die Botschaften der Götter überbringen? Die Richter über Geburt und Tod, die Behüter des Lichts, die der Sonne jeden Morgen ihren Weg über die vereisten Berge weisen und den Auserwählten als Orakel dienen. Aber wer gibt heute noch etwas darauf? Was nützt es in dieser ach so vernünftigen Welt? Die Jungen scheren sich nicht darum, wen sie da jagen, wenn sie sich in ihren Erdlöchern unter ihrem Köder verstecken, bis die Kondore, vom Geruch des verwesenden Fleisches betört, in ihre Falle tappen. Sie missverstehen die Gesetze und Bräuche, wie ich die Sprache der Kondore allmählich zu missverstehen scheine.«

Amaru überlegte, ob er den alten Mann nicht besser an seinen vor Wut ineinander verkrallten Händen greifen sollte, um ihn zurück ins Dorf zu geleiten. Wie sollte ihm dieser Eigenbrötler, der seinen Blick starr auf den stinkenden Kadaver gerichtet hielt, weiterhelfen? »Bist du wirklich Chaupi, der Khipuleser?«, fragte Amaru skeptisch und er kniete sich vor ihm auf den Boden. Sein Gesicht war verwelkt und fleckig wie das eines Hundertjährigen. Der Mund zahnlos. Seinen Umhang schmückten Quadrate, die mit gestickten Symbolen verziert waren. Vorsichtig rieb Amaru über den altertümlichen Stoff und zeichnete eines der farbigen Muster nach.

»Ich war es einmal. Der mit den Tugenden des Kondors. Ein nützlicher Mensch. Heutzutage verstehen sich nur noch wenige darauf, ihr Gegenüber anhand ihres Tocapus zu erfassen. Kannst du etwa meinen lesen, Fremder?« Er straffte seinen Umhang und Amaru nahm seine Hand verstohlen zurück. »Dachte ich es mir doch. Allein den Menschen Tawantinsuyus war es möglich, einen anderen anhand seiner Kleidung zu erkennen. Inzwischen ist uns auch diese Fähigkeit verloren gegangen. Der Gebrauch der Tocapus und Khipus, die meinem Volk als Schrift dienten, wurde von den Eroberern unter Androhung des Todes verboten. Sie konnten die Geheimnisse nicht enträtseln und hielten es für Hexerei, dass Farben und Fasern genügten, um sich mitzuteilen. Mir, dessen Familie seit Generationen in den verschiedenen Geweben und Musterungen mehr wahrnimmt als ihre bloße Substanz, teilen die Tocapus noch immer Universen mit. Sie zeugen von unserer Zugehörigkeit und unserer Bereitschaft zum kollektiven Tausch. Verstehst du etwas vom Tausch?«

Amaru schüttelte den Kopf, da er nicht nachvollziehen konnte, worauf die Frage abzielte.

»Momentan tausche ich mit dir mein Wissen gegen deine Gesellschaft. Ehemals beruhte der gesamte Handel, ja das gesamte Dasein auf dem Tausch. Die einen gaben Vieh und Wolle, die anderen Salz, Quinoa oder ihre Zeit. Die Felder wurden gemeinsam bestellt. Häuser und Kanäle Hand in Hand errichtet. Wenn einem Ayllu die Ernte ausfiel oder die Kräfte zum Ausbau seines Dorfes nicht genügten, kam ein benachbarter Ayllu zu Hilfe, darum wissend, dass man auch ihm eines Tages helfen würde. Wer sich diesen Grundsätzen verweigerte, der sündigte, denn er dachte außerhalb des Gemeinschaftlichen. Mit der Ankunft der neuen Götter kamen dann schändliche und mörderische Praktiken zu uns nach Abya Yala, dem alten Amerika. Sie zerstörten unseren natürlichen Bund und ließen uns zu Konkurrenten werden. Die Menschen konzentrierten sich fortan auf sich als Einzelne und hofften, durch ihre Eigennützigkeit zu überleben. Dem Mond gleichend, der Jahr für Jahr weiter von der Erde forttreibt, sodass er irgendwann ganz auf sich gestellt sein wird, haben diese Menschen, die es eigentlich nicht verdienen, Menschen genannt zu werden, die ursprüngliche Anziehungskraft, die uns einst zusammengehalten hatte, überwunden. Doch wir brauchen einander, nicht wahr?«

Diesmal nickte Amaru zustimmend, allerdings aus höflichem Reflex und nicht aufgrund seiner Einsicht. Was der andere ihm zu erklären versuchte, blieb ihm fremd.

Chaupi ließ seinen Stock in den Gedärmen des Kadavers stecken, wischte seine blutverschmierten Finger an seiner Kleidung ab und fasste nach Amaru. »Jetzt aber sag mir, weshalb bist du zu mir gekommen?«

Sein Gerede hatte Amaru durcheinandergebracht. Dieser in der Vergangenheit schwelgende Kauz konnte unmöglich dazu fähig sein, etwas Brauchbares zu seiner Suche nach Tika beizutragen. Andererseits hatte ihn Wamanyana empfohlen. Amaru holte den Wollring heraus und überreichte ihn Chaupi zögernd. »Kannst du entschlüsseln, was diese Knoten in sich verbergen?«

Chaupi fasste den Khipu an seiner fingerdicken Hauptschnur und hielt ihn vor sich. Die farbigen, in sich verschlungenen Nebenschnüre reichten bis knapp über den Boden und baumelten im Wind. Mit seinen Daumen und Zeigefingern begann Chaupi, die Knoten zu lesen. Er überprüfte die Zugkraft, den Durchmesser und die Position jeder Verschlingung. Dabei schmatzte er, als formte er bereits die ersten Silben. »Dieser Khipu wurde in großer Hast verfasst. Wer auch immer ihn geschaffen hat, seine Finger waren ungelenk vor Angst. Wie lose die Schlaufen gebunden sind«, bemängelte er und zurrte einige Schnüre fest. Wieder fuhr er jede Drehung nach und maß die Länge jedes einzelnen Fadens. Er roch und leckte sogar an ihnen, bis er sich ganz sicher war und den Khipu an Amaru zurückgab.

»Und, was sagst du dazu?«

»Die silbern schimmernden Schnüre sind aus dem Haar eines Greises gezwirnt und beklagen das Leid derer, die in den Minen Potosís zugrunde gehen. Die weiße, eng gewickelte Alpakawolle zeugt von der Ankunft der Fremden und warnt davor, die Schwindler als Söhne unseres Weltschöpfers Wiraqucha zu verehren. Ihre Absichten erscheinen edel und rein, gleich dem Glanz des Salars, und doch sind sie verdorben und feindselig. Die Gier treibt sie an.

Sie lechzen nach Reichtum und fühlen sich von Natur aus zum Herrschen berufen. Aber aus ihren eigenen Reihen wird sich ihnen ein Gerechter entgegenstellen, dem sich Millionen anschließen. Dieses Bündel karminroter Fäden symbolisiert das Blut seiner Armee.«

Amaru betastete die mit Abertausenden Cochenilleschildläusen gefärbten Schnüre. Dann strich er über den Hauptstrang des Khipus.

»Die schwarz glänzenden Fäden sind aus dem Fell des Uturuncus geflochten. Sein Haar ist grob und kaum zu zähmen, wie es seinem Wesen entspricht. Fühlst du seine Widerspenstigkeit? Die in sein Fell eingewobenen Pflanzenfasern stammen aus seinem Reich, das jenseits der Berge in der Sphäre der Unvernunft liegt. Etwas Gewaltiges steht uns bevor, denn der Uturuncu hat den Wald verlassen und sich unter uns Menschen gemischt, um den Auserwählten zu begleiten. Mit ihm will er die Gegenwart umkehren. Sie werden alles Existierende zerstören und eine neue Ordnung schaffen. Der Erlöser, von dem dieser Khipu kündet, unterscheidet sich von uns herkömmlichen Menschen allein durch seine Entschlossenheit. Sein bloßer Wille wiegt alles für einen Umsturz Notwendige auf. Er wird fortführen, was andere vor langer Zeit begonnen haben und was unvollendet geblieben ist. Das Ereignis, auf das die Menschen seit Generationen warten. Wer dieser Erlöser sein soll, kann ich dir leider nicht sagen. Mir fehlen die einleitenden Worte des Chaskis, die diesem Khipu seinen eigentlichen Sinn verleihen. Eines jedoch gilt unwiderruflich: Das Pachakuti wird bald über uns kommen!«

Amaru zuckte zusammen. Wamanyanas Worte klangen in ihm auf. Der Chaski. Der Uturuncu. Das Pachakuti in dir. Er sah auf seine ausgebreiteten Handflächen herab, in denen sich das Denken und das Fühlen zu einer Linie bündelten. »Wo kann ich diesen Boten finden?«, forschte er nach.

»Du bist ihm näher, als du denkst. Gehe in dich und lass es zu.«

Amaru scheute sich zu sagen, was er zu denken wagte. Ganz langsam und eher für sich als für den anderen bestimmt, purzelte es aus ihm heraus. »Vielleicht obliegt es mir, irgendeine Nachricht an diesen Auserwählten zu überbringen. Jedenfalls hat man mir den Khipu gebracht und ich bin mit ihm hierhergekommen. Nur was könnte einer wie ich ausrichten? Und wem? Etwa Tika?«

Chaupi lachte auf, und die Kondore stimmten mit ein. Ihre Schnäbel klapperten aufeinander, und Amaru schämte sich für seinen Hochmut, hatte er sich doch einen Moment lang für bedeutungsvoller gehalten, als es Allerweltsmenschen, wie er selbst einer zu sein glaubte, zustand.

»Verstehst du denn nicht, dass es bedeutungslos ist, wer du warst oder wer du bist? Entscheidend ist, wer du sein kannst. Die Knoten betonen das Kommende, das in der Gegenwart seinen Anfang nimmt. Wenn du dies anzunehmen bereit bist und dich nicht länger unterschätzt, wirst du erlangen, wonach dir ist!«

»Ich bin dazu bereit!«, gelobte Amaru, alle Selbstzweifel ausklammernd.

»Die angeschmorten Fadenenden des Khipus sind unverkennbar. Auf dem zum Himmel aufragenden und nach dem unberechenbarsten aller Regenten benannten Vulkan Uturuncu erwarten dich deine Antworten. Seine beiden Gipfel sind sanft geschwungen wie die Brüste einer Frau. Sie befinden sich südlich der großen Salzwüste, hinter einem See in der Form eines weiblichen Schoßes. Dorthin, wo die Ahnen ihre Wertvollsten opferten, musst du gehen!« Chaupi legte die Knotenschnur beiseite. Sein Blick pendelte zwischen den Kondoren und Amaru, der das Gehörte in sich versunken wiederholte, um sich die Wegweisung in sein Gedächtnis einzuprägen.

Amaru nahm an, dass ihm der Khipuleser alles gesagt hatte, was er dechiffrieren konnte, und dass die Knoten nichts Genaues über Tika offenbarten. Anhand des Sonnenstandes ermittelte er die Himmelsrichtungen. Er war abmarschbereit, als ihm abermals Wamanyana in den Sinn kam. »Wo lebt die Schamanin, die man Pilpintu nennt?«

»Du bist gut vorbereitet, Chaski. Ich bin für den Aufstieg zu alt geworden, mein Körper ist steif und ungelenk. Für dich dürfte sich der Gang lohnen. Folge ihm, er wird dich zu ihr bringen.« Chaupi zeigte auf einen abseits des Schwarms hockenden Kondor. Das Tier streckte seine meterlangen Flügel aus. Mit seinen Klauen drückte es sich vom Fels weg und hob ab. »Worauf wartest du? Nun geh schon, bevor es zu spät ist!«, forderte der Khipuleser. Er zog seinen Gehstock aus dem Kadaver und fuchtelte damit herum.

Amaru eilte dem am Himmel in kreisenden Bewegungen wartenden Kondor nach. Die Zurückgebliebenen warfen sich inzwischen auf das Aas. Sie bohrten ihre Köpfe hinein, schabten über die Knochen und rissen Fleischfetzen heraus. Die Muskeln, die Augen und die übrigen Weichteile. Chaupi sprang um die Vögel herum. Mit Amarus Aufbruch war auch seine Lebenskraft wiedergekehrt. Ein letzter Gruß und Amaru folgte dem zischenden Flug des Kondors, der mit seinen Handschwingen die Luftwirbel dirigierte.

Die Landschaft, die sie durchquerten, war öde und verlassen. Die Sträucher, die in der Nähe des Dorfes gediehen, schafften es nicht, sich hier oben anzusiedeln. Amaru beneidete den Vogel, der sich mühelos zum Rand der Wolken hinaufschwang, während er sich durch das immer steiler werdende Terrain zwang. Seine Beine ermüdeten, aber etwas in Amaru trotzte den Strapazen. Ihm war, als füllte sich mit jedem weiteren Schritt, den er tat, eine versiegte Quelle mit frischem Wasser. Ein Gefühl, wie es allein ein Mensch empfinden konnte, der nach einer weiten Reise nach Hause fand. Immer euphorischer ging Amaru dem allmählich langsamer werdenden Kondor nach, bis er die erste Bergkuppe erstiegen hatte. Dahinter lag eine einsame, mit Stroh gedeckte Hütte, aus deren Schornstein es qualmte. Der Kondor kurvte im Sinkflug hinab und landete vor dem Eingang. Mit seinem Schnabel pickte er gegen die Tür.

»Komm herein und lass mich fühlen, wer du bist«, flüsterte es.

»Pilpintu?«, fragte Amaru unsicher und er schob die angelehnte Tür auf. Nach einigen Sekunden hatte er sich an das dämmrige Licht gewöhnt und er erkannte eine klein gewachsene Frau, die sich über eine Feuerstelle krümmte.

Ihre Augen waren von einem milchigen Schleier durchzogen, ihre goldglänzende Haut von Altersfurchen. Das hüftlange Haar ergraut und gestriegelt. Ihre Erscheinung barg etwas Warmes und Einladendes, etwas in sich Ruhendes.

»Ein Schatten existiert allein durch den Menschen, der ihn wirft. Komm näher«, bat Pilpintu freundlich und sie richtete sich auf. Amaru trat heran und Pilpintus kühlende Hand streichelte über seine Stirn, vertraut wie die einer Mutter. Sie betastete seine Wangenknochen. Seine Nase. Sein Kinn. Seinen Mund. Schließlich streckte sie sich auf ihre Zehenspitzen und roch an seinem Hals. »Du warst lange fort! Deine unbefangenen Gesichtszüge sind zu denen eines geplagten Mannes gewachsen. Aber noch immer gleicht dein Geruch dem deines Vaters, Antawara!«

Pilpintu weinte, und Amaru war von ihrer Freude, die ihn eigentlich nichts anging, so ergriffen, dass er sie fest an sich drückte und sich nicht traute, den Irrtum zu berichtigen. Eine Weile standen sie eng umschlungen und sprachlos da. Die Lüge, die wie ein hoch konzentriertes Gift Amarus Leber, seiner Galle und seinen Nieren zu schaffen machte und sich als stechender, niederträchtiger Schmerz im Oberbauch und am unteren Rücken äußerte, war kaum zu ertragen. Glücklicherweise verebbten die durch ihn erweckten Tränen und daher löste er sich aus Pilpintus Umarmung und übergab ihr das Mitbringsel, das Wamanyana mit seinem Schal umwickelt hatte. »Hätte die Möglichkeit bestanden, wäre er zu dir zurückgekehrt«, rechtfertigte er leise, weil er Pilpintus Fragen und die erneute Überreaktion seiner Organe befürchtete. Er hätte sich tief in Wamanyanas Leben einfühlen müssen und sich bestimmt widersprochen. Sein Schwindel wäre aufgeflogen, ihre Trauer und ihre Enttäuschung umso dramatischer gewesen.

Doch Pilpintu gab sich zufrieden. Sie schien sich für das Zurückliegende nicht weiter zu interessieren und war allein froh darum, dass sie sich endlich gegenüberstanden. »Ich will schauen, was du mir mitgebracht hast.« Sie öffnete das Bündel und begutachtete die freigelegten Kakteen.

Amaru war sich sofort sicher, dass er dergleichen schon einmal gesehen hatte, und zwar in den Händen des irren Greises.

»Du hast an alles gedacht. Der Aufstieg wird mühsam gewesen sein, du musst dich jetzt stärken. Ich bereite dir den San Pedro zu und zeige dir, wozu er nützlich ist«, sagte Pilpintu, dankbar dafür, ihn umsorgen zu dürfen.

Amaru setzte sich an die Feuerstelle und ließ sie gewähren, obwohl es ihm wegen der mit der Pflanze verbundenen Erinnerung mulmig zumute war.

Behutsam zog Pilpintu die Dornen heraus und häutete eine Kaktee, sodass ihr weißes Fleisch zum Vorschein kam. Sie schnitt sie zu groben Stücken in einen Topf und goss aus einem Krug etwas Wasser hinzu, um sie über der offenen Flamme zum Brodeln zu bringen. Dabei rührte sie fortlaufend um und strich die sich verfestigende Masse an den Rand. Nachdem die Flüssigkeit verdampft war und hellbraune Klumpen an der Innenseite klebten, nahm sie den Topf vom Feuer und kratzte ihn aus. Mit einem Stein zerrieb sie den Extrakt zu einem feinen Pulver, mischte Kräuter unter und schüttete frisches Wasser auf. Dann schöpfte sie einen Becher voll und reichte ihn Amaru. »Trink, mein Sohn. Danach wirst du aufblühen.«

Amaru kippte das bittere Gebräu in einem Zug hinunter.

»Der San Pedro ist wie wir, er gedeiht dank seiner Bescheidenheit, doch selbst er überlebt nicht ohne jemandes Zutun. Das Eis der umliegenden Gipfel schwindet, du hast es auf deinem Weg hierher ja gesehen. Bald wird niemand mehr die Pflanzen, die Flüsse und uns speisen. Die Apus sind fortgegangen und haben uns zurückgelassen. Überhaupt sind die meisten von uns in die Stadt gezogen. Die Genügsamkeit und die Gegenseitigkeit sind ihnen nichts mehr wert. Sie glauben, dass ihr Leben besser sein wird, wenn sie allein auf sich achten. Du wirst deine Heimat kaum wiedererkennen.« Pilpintu senkte ihre Stimme, packte die unverarbeiteten Kakteen in den Schal ein und gab ihn Amaru zurück. Währenddessen sah sie ihn so eindringlich an, dass Amaru ihrem Blick nicht standhalten konnte und ihm auswich. »Ich empfinde keinen Zorn und keine Wehmut, wenn ich daran denke, dass ihr einfach fortgeblieben seid. In all den Jahren habe ich gelernt, die Dinge zu akzeptieren. Dir hingegen wird es guttun, zu erfahren, was mit uns geschehen ist.«

»Warum lassen wir die alten Geschichten nicht auf sich beruhen? Wir sollten uns lieber um das Kommende kümmern«, versuchte Amaru das Gespräch auf Tika zu lenken und sich aus dem sich zuziehenden Henkersknoten zu befreien. Aber er konnte Pilpintu nicht von ihrem Vorhaben abbringen.

»Nach Monaten des Schweigens waren wir uns sicher,

dass euch etwas zugestoßen sein musste. Weshalb hättet ihr uns sonst dem Hunger überlassen sollen? Dein Onkel Wayra ist damals aufgebrochen und hat wochenlang nach euch gesucht. Jedoch verweigerten ihm die Behörden jede Auskunft über euren Verbleib und jagten ihn davon. Auch niemand sonst in Chapare wollte euch gekannt haben. Ihr wart von der Welt verschlungen, um im Magen der Herrschenden verdaut zu werden. Tagtäglich beweinte ich euer Verschwinden und horchte in meiner Hütte bis in die Nacht hinein nach euren Schritten. Unzählige Male vernahm ich euer Rufen, das nur das Bemitleiden des Windes war. Wind, sei gnädig! Bring sie mir zurück, flehte ich. Ich gebe dir alles, was ich habe. Aber der Wind bläute mir ein, mich für unseren Ayllu aufs Überleben zu besinnen, und er verbot es mir, länger um euren Tod zu trauern.

Also bat ich den Statthalter, dessen Sohn ich in unserer Sprache und unseren Vorstellungen von der Welt unterrichtete, aus der Not heraus darum, in seinem Berg für ihn graben zu dürfen. Seither kenne ich sein Inneres besser als das deines Vaters und das deine. Die anderen Mineros begriffen schnell, dass ich die Dämonen des Berges besänftigen konnte, so wie es einst auch meinem Bruder gelang. Sie respektierten mich an ihrer Seite, obwohl wir Frauen angeblich in den Minen nur Unglück bringen sollen. Später, als ich zu schwach wurde, um durch die Schächte zu kriechen, bewachte ich die Mineneingänge bei Nacht. Glaub mir, Antawara, erst in der Dunkelheit, wenn alle Menschen gleich sind, enthüllt der rostrote Berg seine wahre Gestalt.«

Pilpintu füllte Amarus Becher, nahm erst selbst einen

Schluck und überließ ihm den Rest. Die Bitterstoffe des Tranks zerrten an seinem Magen.

»Bis zum Tod meines Bruders, hingerichtet auf Befehl des Teufels, war es mir unmöglich, so zu leben, wie es mir seit meiner Kindheit vorherbestimmt war. Bereits damals, als mich beim Hüten der Alpakas ein Blitz durchfuhr, den ich annahm und an meinen Unterarmen austreten ließ, hatte sich mir meine Gabe eröffnet. Als wären unsere Abstammung und meine Geburt als Zwilling nicht Zeichen genug gewesen.«

Amaru täuschte Betroffenheit vor, indem er der Ermordung seines vermeintlichen Onkels angemessen ein erschüttertes Gesicht aufsetzte. Nebenbei lugte er auf das vernarbte Gewebe, das sich wie eine Schlange an Pilpintus Ellen wand.

»Erinnerst du dich etwa nicht mehr an das Geschehene? An die vergangenen Zeiten und die großen Amarus?«

Beim Erklingen seines Namens erschrak Amaru. In seinem Körper wallte Hitze auf und er krempelte die Ärmel hoch. Seine Wangen und Ohren glühten wie in Alarmbereitschaft. »Ich weiß kaum noch etwas von damals«, druckste er verlegen. Es war endgültig zu spät, Pilpintu die Wahrheit zu sagen und sich ihr als Fremder zu offenbaren. Was wäre er für ein Mensch, dachte Amaru, wenn er ihr nun von der Wirklichkeit erzählen würde. Seine Zunge wog ohnehin viel zu schwer, als dass er hätte gestehen können. Sie rutschte ihm fast in den Hals zurück und Amaru würgte sie hoch. Sein gesamter Körper kam ihm bleiern vor. Er schien am Boden zu haften.

»Zu überleben heißt zu vergessen. Zu sein heißt, sich zu erinnern. Schließe deine Augen, ich zeige dir das alte Amerika und die Ankunft der neuen Götter aus Übersee. Folge mir!«

Amaru hoffte, Pilpintu würde sich frei reden wollen und er könnte schweigen, denn in ihm brodelte es. Unbeherrscht rülpste er die überschüssigen Gase aus seinem Magen und seiner Speiseröhre. Sich seiner Unhöflichkeit genierend hievte er seine Hände vor den Mund. Etwas durchbohrte seine Fingerkuppen. Feine Wurzelspitzen wuchsen heraus. Die Verästelungen vergrößerten sich und strebten zum Boden. »Was geschieht mit mir?«, brachte er noch hervor, ehe er dem Gewicht des Geflechts nachgeben musste. Zelle für Zelle trieben die Wurzeln ins Erdreich hinein, jeden Widerstand überwindend, und mit ihnen Amaru. Die schallende Stimme Pilpintus durchfloss und nährte sie.

»Als dieses Land noch eins war und es diesseits und jenseits aller Flüsse, Berge, Wüsten und Wälder Tawantinsuyu hieß, träumte der Sapa Inka Wayna Qhapaq davon, was über sie kommen würde. In seiner Vision öffnete er ein goldenes Gefäß, das ihm einer seiner Chaski überbracht hatte. Massenweise strömten Schmetterlinge aus, mit riesenhaften, weißen Flügeln, wie es sie in seiner Welt nicht gab. Die hektisch flatternden Tiere überfielen ihn und drangen in ihn ein. Sie verstopften seinen After, sein Glied, seinen Mund und seine Nasenlöcher und drohten ihn zu ersticken. Schweißgebadet erwachte er in seinem Palast in Qusqu und verbarg sich fortan im Garten des Sonnentempels, des Qurikancha, wo er dem Gesehenen einen Sinn beizumessen versuchte. Die Ungewissheit nicht lange aushaltend bestellte er seinen Hohepriester zu sich und sie reisten zum Orakel Pachakamaq. Dort wurde ihm geweissagt, dass er und sein Volk bald unter dem hilflosen Flehen der Gestirne verfaulen würden.

Den Sapa Inka überwältigte ein Gefühl, das er nie zuvor gespürt hatte und das seiner nicht würdig war. Er, die Menschwerdung der Sonne, der mit den Himmelskörpern sprach, die nur ihn beachteten, der über die Erde gebot und sie fruchtbar hatte werden lassen, ohne dessen Erlaubnis es kein Blatt wagte, vom Ast zu fallen, kein Samen im Boden keimte, und dem die Tiere gehorchten und alle Menschen bis zum äußersten Rand des Reiches, der Welt des Lichts, fürchtete sich vor der Zukunft. Noch bevor die Prophezeiung Wirklichkeit werden sollte, und die Phantome, die die Inka anfangs für die Söhne Wiraquchas hielten, dem Schaum des Meeres, dem Erschaffer von Zeit und Materie, die Grenzen von Tawantinsuyu passierten, raffte ihn eine der ihnen vorauseilenden Krankheiten dahin. Sein vermoderter Leichnam war von eitrigen Pocken übersät. Er hinterließ sein Reich, das größer war als alle anderen seit Anbeginn und das sich vom Süden Kolumbiens bis in den Norden Argentiniens erstreckte, seinen beiden Söhnen, den Halbbrüdern Atawallpa und Waskar zu gleichen Teilen. Der zwischen ihnen entbrannte Krieg um die rechtmäßige Erbschaft der Sonne düngte die Erde mit Blut ...«

Pilpintus Worte verhallten. Amarus Augen rollten nach hinten. Die sich aus ihm mehrenden Wurzeln breiteten sich über das ganze Land aus und dockten an Trilliarden anderer an. Bruchstückhaft wurde Amaru Zeuge dessen, was sich einst zugetragen hatte, außerstande, sich einzumischen.

Er sah die aus Quito in Richtung Süden marschierenden Truppen Atawallpas Schlacht um Schlacht kämpfen, um Waskar und die Hauptstadt Qusqu zu unterjochen. Männer. Frauen. Kinder. Alte. Erschlagen. Verbrannt. Gepfählt. Ein mörderischer Triumph. Sodann ruhte Amaru mit dem Sieger Atawallpa in den heißen Schwefelbädern von Kashamarka, dem Land der Dornen, weit droben in den Bergen Perus. Seine Boten eilten herbei und sie überschlugen sich, als sie ihm von schwimmenden Holztürmen berichteten, die sie auf dem Ozean gesichtet hatten. Sie waren so massiv, dass nur Götter ihre Ruder steuern konnten. An Bord schnaubten bleiche, mit Haaren überwachsene Geschöpfe. Sie glichen eher Tieren als Menschen und konnten beides nicht sein. Die Sonne reflektierte auf ihren gepanzerten Körpern und bei ihrer Landung verdunkelte sich der Sand unter ihren Füßen. Nur ein paar Hundert Geschöpfe, aber mit geheimnisvollen Waffen ausgerüstet und von galoppierenden Ungeheuern begleitet, die bizarr und unbesiegbar erschienen. Atawallpa scherzte über die Übertreibungen der Boten und befehligte, die Neuankömmlinge zu ihm zu geleiten, um zu erfahren, woher und weshalb sie gekommen waren.

Amaru ging ihnen mit einem Trupp Priestern entgegen. Sie hüllten die Fremden in eine Rauchwolke aus Harzen und Ölen, ihres unerträglichen Gestanks wegen, und quartierten sie in einem der Paläste ein, von wo aus sie unbewaffnet und zum Sprechen bereit herauskommen sollten. Umstellt von unzähligen Inkakriegern versammelten sich auf dem Platz der Freude Neugierige, Würdenträger und die Familie Atawallpas. Sie alle wollten den Fremden, die, wie Amaru belauscht hatte, mit ihrem Anführer Don Pizarro das Land aus Gold und Silber suchten, zuhören. Wider Erwarten trat einer ihrer Priester und nicht ihr König dem Sapa Inka gegenüber. Er forderte ihn auf, ihre Herrschaft anzuerkennen, die sie auf die Gnade und das Wort eines einzigen Gottes stützten. Das Buch, das sie Atawallpa übergaben und das er an sein Ohr hielt, weil er wissen wollte, was ihr Gott ihm zu sagen hatte, sprach nicht zu ihm. Wie mächtig konnte er schon sein, wenn es ihm die Sprache verschlug? Abfällig warf der Sonnensohn ihr schweigendes Buch in den Staub.

»Santiago!«, donnerte ein Schlachtruf aus dem Palast. Klingen, Kugeln, Pferde und Kampfhunde stürmten auf wehrlose Hände zu. Um Amaru herum wurden die Menschen scharenweise niedergemetzelt und die Fliehenden trampelten einander in Panik zu Tode. Atawallpa legten die Schwindler in Ketten. Sein Leben war zu wertvoll, als dass es seine entsetzten Krieger gewagt hätten, einzugreifen und ihn zu gefährden. Die Schlächter fielen über die Stadt her. Sie stahlen und vergewaltigten, wonach sie begehrten.

Amaru entzog sich den Gräueln und kroch bei Atawallpa unter. Mit ihm konnte er aus dessen Zelle heraus beobachten, wie sie sich vor allem um den Schweiß der Sonne, das funkelnde Quri, stritten, dafür einander fast umbrachten und im Wahn vergaßen, dass diese Kostbarkeit nur eine von vielen war, noch dazu eine, die sich nicht verzehren ließ. Was teilte sie ihnen mit? Wie konnten sie in dieser Welt zu leben beabsichtigen, wenn sie sich gegen die Sonne verschworen hatten? Bald durchschaute Atawallpa ihr Wesen und er verstand, dass diese Kreaturen keine Götter sein konnten, sondern bestialische Menschen waren, die aus Lust und Habsucht mordeten. Deshalb schlug er ihnen einen Handel vor, den sie eingingen: Seine mit Gold gefüllte Zelle und einen weiteren Raum voll Silber gegen das Versprechen, ihn gehen zu lassen.

Aus allen Winkeln Tawantinsuyus wurden Schmuck und Artefakte herbeigeschafft. Die Schmelzöfen glühten ohne Unterlass, um Atawallpas Freiheit in Barren zu gießen. Aber den Lügnern bedeutete ihr Versprechen nichts. Das Todesurteil war längst gefällt, zumal sie ahnten, welch ungeheuren Schätze er ihnen vorenthalten wollte. Für ein letztes Mahl gestatteten sie ihm, die Mumien seiner Vorfahren an den Tisch zu bitten, um mit den Toten zu speisen und zu sprechen. Auf Sänften wurden die von der Sonne und dem Wind in der Hocke getrockneten Körper in seine Zelle getragen. Elf Sapa Inka samt den Königinnen, den Coyas. Atawallpa kauerte am Kopfende der Tafel, hielt sich die Hände vors Gesicht und schluchzte. Nicht weil er sich vor seinem Tod fürchtete, nein, er hatte erfahren müssen, was die Eroberer zu sein versäumten und was sie seinem Volk antun würden.

Amaru versuchte, ihn zu trösten und die Wachen zu überreden, den Kerker aufzuschließen, aber niemand nahm seine Anwesenheit wahr. Stattdessen tat Atawallpa, wovor er sich gesträubt hatte, denn nur so konnte er dem Scheiterhaufen entgehen und balsamiert werden. Er schwor seinem Glauben ab und überreichte demütig seine Insignien. Daraufhin holten ihn die Konquistadoren heraus und banden ihn an einem Pfahl fest, inmitten eines von Tausenden gesäumten Feldes, unter ihnen Amaru, der vergebens an den Knoten fummelte. Langsam drehte sich die Würgeschraube enger und zerquetschte die Luftröhre des Sapa Inka. Das ohnmächtige Volk versteinerte. Sein Wille, gebrochen. Zu revoltieren, widersinnig. Das für undenkbar Gehaltene wurde wahr. Sein Gott krepierte. Das Pachakuti war gekommen.

Sogleich riefen die Eroberer zum Aufbruch. Amaru kletterte auf den Rücken eines Pferdes und ritt mit der marodierenden Bande gen Süden, um den Rest des Reiches niederzuwerfen. Ihren Einzug in Qusqu feierten sie mit der Zerstörung der Hauptstadt. Kein Stein wurde auf dem anderen belassen. Nichts blieb unberührt. Sie vergingen sich an den geweihten Sonnenjungfrauen, deren Gewänder von den Risswunden in ihren Unterleibern blutdurchtränkt waren. Ein unverzeihlicher Tabubruch. Sie waren die Dienerinnen Intis, das unantastbare Eigentum der Sonne, und brachten die Opfer dar. Selbst ein Sapa Inka hatte seinen Kopf zu senken, wenn er ihnen begegnete. Sündigten sie, dann beerdigte man sie bei lebendigem Leib, und Gleiches, wenn nicht viel Schlimmeres sollte denjenigen widerfahren, die sich an ihnen vergriffen. Doch den Barbaren galten die alten Gesetze nichts. Sie diktierten nach Belieben und ernannten einen zum Sapa Inka, von dem sie glaubten, er würde für sie das verwaiste und rachedürstende Volk besänftigen.

Amaru wohnte der anmaßenden Krönung bei und auch er konnte seinen Hass auf die Strippenzieher kaum zäumen. Gemeinsam mit dem Gekrönten wollte er sich gegen sie wenden. So zogen sie sich mit den Kriegern und den Mumien der Ahnen in den Nordwesten zurück, jenseits der Bergfestung Ollantaytambo, und übten Vergeltung. Vor Amaru geschahen Grausamkeiten, wie sie die Natur nie vorgesehen hatte. Die Schmerzensschreie der Gehäuteten waren noch das Erträglichste. Die Konquistadoren, die sich als die furchtbarsten Unmenschen von allen erwiesen, mordeten sich heran, sodass die Inka und Amaru über die Berge flohen, um im Dschungel Schutz zu finden und ihren unabhängigen Staat zu begründen. Willkapampa, das heilige Gebiet, in der Ebene der Geister. Zwischen den Flussläufen des schäumenden Urubambas und des steil hinabstürzenden Apurimaqs bauten sie im Wald Tempel, Häuser und Brücken, legten Kanäle und Wege an. Ein letzter Zufluchtsort, von wo aus sie einen gerechten Krieg gegen die Ungerechten führten.

Aber selbst hier fielen die Häscher ein und schlachteten jeden, dessen sie habhaft werden konnten. Darunter den Sapa Inka. Sie stampften ihre Gotteshäuser aus dem Boden und schändeten alle Heiligtümer in der Gegend. Auch dem weißen Fels Yuraq Rumi nahmen sie seinen Geist. Sie masturbierten auf ihn und verspotteten ihn als totes Gestein. Der in ihm wohnende Apu wehrte sich nicht. Immer mehr Inka brachen aus Enttäuschung mit ihrem Glauben und huldigten fortan dem neuen Heiland, um in seinem Himmelreich erlöst zu werden. Einem Reich der Trauer und des Elends.

Amaru hörte im Lauf der Zeit, wie die Übriggebliebenen, die sich für Jahrzehnte im Wald versteckten, einen Namen in Versen priesen. Amaru. Amaru. Amaru. Doch nicht er war gemeint, sondern Tupaq Amaru, die leuchtende Schlange, auf die die Welt gehofft hatte.

Amarus Namensvetter ergriff die Macht, ein aufrichtiger und bescheidener Mensch. Eigentlich war es seine Bestimmung, als Priester den Leichnam seines Vaters zu ehren, dafür wurde er sein Leben lang erzogen. Aber Tupaq Amaru, nicht einmal dreißig Jahre alt, ertrug die Qualen und das Untätigsein seiner Mitmenschen nicht länger und so entschied er sich eigenmächtig für eine andere Bestimmung. In ihm existierte ein einziges Verlangen, das Verlangen nach Widerstand. Er verschanzte sich mit seiner Guerilla im zugewucherten Willkapampa und sie attackierten erneut die feindlichen Armeen. Kirchen wurden niedergebrannt. Missionare ertränkt. Königliche Boten ausgeweidet. Den Aufständischen stand nichts anderes im Sinn als die Wiederaneignung ihres Lebens.

Amaru taumelte zwischen den Ereignissen und er sah mit an, wie der in Lima residierende Vizekönig der Eroberer über seinen Namensvetter in Zorn geriet. Er wütete in seinem Amtssitz und schickte eine Garnison los, die die Rebellen ein für alle Mal ausrotten sollte. Mit jedem Tag und jedem Toten wuchs ihr Bluthunger nach der leuchtenden Schlange, doch als sie Tupaq Amarus Lager erreichten, war er mit seinem Gefolge und den Mumien bereits in den unzugänglichsten Urwald geflohen. Weit in den Osten, zu den Schamanen. Die Verfolger witterten seine Spur und auch sie trieben mit Flößen den Urubamba hinab, um ihn in den sich verzweigenden Flussläufen aufzuspüren. Tatsächlich wählten sie den richtigen Nebenarm und steuerten das Ufer an, an dem er sich mit seiner Frau und seinen engsten Vertrauten wie ein gewöhnlicher Mensch am Abendfeuer ausruhte.

Amaru warnte ihn von einem der Flöße aus mit panisch wedelnden Armen. Er hechtete ins Wasser und verdrehte das Heckruder, aber seine Anstrengungen blieben wirkungslos. Tupaq Amaru regte sich nicht. Er hatte von Anfang an gewusst, dass ein Krieg gegen die Übermächtigen nur verloren werden konnte, und trotzdem war es ihm unmöglich gewesen, nichts zu tun, in der Hoffnung, dass irgendein Wunder geschehen würde. Ohne Gegenwehr ließ er sich nun misshandeln, bespucken und abführen.

Im sumpfigen Unterholz wandelte sein Schamane, dem er als Heiler, Seher und Zuhörer mehr vertraute als seinem Hohepriester. Er, der alle Geheimnisse des Waldes und die aller Sapa Inka kannte, der Pflanze, Tier und Stein und alles zugleich sein konnte, warf ihnen aus dem Dickicht heraus seine Zaubereien und Flüche nach. Sie halfen nichts. Diese Wesen waren unverwundbar, und so befolgte er Tupaq Amarus Anweisung, der ihm und seinen Gehilfinnen aufgetragen hatte, im Fall der Fälle zu fliehen. Yaku, der einzig Verbliebene, der mit dem Zweiköpfigen zu sprechen verstand, wartete im Dschungel auf das Wiedererscheinen des Erlösers. Vergeblich. Der Vizekönig Toledo richtete persönlich über ihn, weil er sich ihrer simplen Ordnung versperrt hatte, wonach die einen herrschten und die anderen dienten.

Amaru stand im Jahr 1572 auf der staubigen Plaza de Armas in Qusqu. Ein frostiger Septembermorgen, an dem sich die Sonne weigerte aufzugehen und der Wind missfällig heulte. Mit ihm rühmten Zehntausende den zum Schafott gedroschenen Tupaq Amaru. Seine bloße Handbewegung war noch immer bedeutsam genug, um ihr Gejammer verstummen zu lassen. Auf der Garrotte gefesselt, beorderte er einen seiner Chaski zu sich. Amaru stiefelte nach vorn und drückte sein Ohr auf den Mund des Sapa Inka. Er flüsterte ihm etwas ein, leise und für die anderen nicht hörbar, und während Amaru mit der übersinnlichen Nachricht in der Masse verschwand, erdrosselte der Henker den Sonnensohn. Dann enthauptete und vierteilte er ihn und überließ die Überreste dem kreischenden Volk.

»Dies war der allerletzte Sapa Inka, Tupaq Amaru, das Ende der Hoffnung. Mit ihm verkam Willkapampa zur Legende, das einstige Inkareich zur Kolonie. Es ist lange her, aber der Kummer wiegt schwer wie damals«, wehklagte Pilpintu in der Ferne. Unter ihrem Gram bebte die Erde.

Die Wurzeln schrumpften in Amarus Finger zurück, und er kehrte unverzüglich in ihre Hütte heim. Seine Atmung stockte, als wäre sein Hals vom Würgeeisen umwunden und sein Körper zum Zerreißen gespannt. Angstschweiß perlte auf seinen Schläfen. Sein Herzmuskel zuckte unkoordiniert und mit hoher Frequenz. »Was war das?«

»Ein Anfang«, beruhigte ihn Pilpintu und fächerte ihm Frischluft zu.

»Was hat er mir mitgeteilt? All der Schmerz, wer hat für ihn bezahlt?« Amaru fuhr auf, ging zwei Schritte in die eine und dann vier in die andere Richtung der winzigen Hütte. Wie ein unschuldiger Sträfling suchte er nach einem Ausweg, nach Antworten. »Es gibt keine offenen Rechnungen mit den Göttern, nur mit den Menschen«, murmelte er vor sich hin und sank benommen neben Pilpintu nieder.

»Damit du die Botschaft verstehen kannst, musst du noch viel mehr ertragen. Nimm einen Schluck, mein Kind. Der San Pedro wird dir helfen, dich zu besinnen.« Pilpintu schöpfte aus dem Topf, träufelte das Gebräu in Amarus Mund und verrückte die Alpakafelle, sodass er bequem lag. »Für zwei Jahrhunderte knechteten die Invasoren, von denen immer mehr über das Meer geschifft kamen, dieses Land, ehe etwas Wesentliches geschah. Bis dahin kuschten alle vor ihnen. Hier bei uns setzten sie einen ihrer Statthalter ein, den Federmann, dessen Nachfahren auf ewig über diese Stadt walten sollten«, holte sie aus.

Vor Amaru tauchte ein raffgieriger Konquistador auf. Er klemmte einen Schleifstein zwischen seine Beine und wetzte ein Messer. Don Federmann. Amaru unterband diesen diabolischen Tagtraum, indem er sich auf die Gegenwart konzentrierte und Pilpintu zuhörte.

»Er muss einen Pakt mit dem Herrn der Mineralien geschlossen haben. Dabei hatte der Tío lange zuvor den Menschen Tawantinsuyus Zugang zu seinen Schätzen gestattet, wenn sie damit die Götter und ihn ehren würden. Die nun

Herrschenden aber verehrten bloß sich selbst. Vor allem hier in Potosí.«

Amaru ahmte ihre Aussprache nach. »P'utuqsi. Potosí. P'utuqsi.« Ein Klang wie von Hammer und Meißel, die Gestein behauten und Erz lösten. Alles, was passierte, war Amaru auf eine unheimliche Art geläufig, obgleich er die Begebenheiten in ihrer Gänze nicht durchdrang.

Pilpintu gab ihm etwas Zeit, um in sich zu gehen und sich zu ordnen. »Was siehst du, wenn du an Tupaq Amaru den Zweiten und seine große Rebellion denkst?«, fragte sie ihn nach einer Weile.

Amaru wusste nicht, ob sie seine Lügen durchschaut hatte und von ihm sprach oder von einem anderen, der zufällig seinen Namen trug. An seinen Nägeln kauend durchforstete er sein Gedächtnis. Wie viele Amarus konnte es noch gegeben haben und was zur Hölle hatte er mit ihnen zu tun? Seine Überlegungen wurden jäh gestoppt. Er glaubte, etwas täte sich vor ihm auf. »Ich sehe ...! Ich meine, vor mir ...! Da sind ...! Die Wahrheit ist, ich weiß überhaupt nicht, was ich sehe, und ich kenne weder den ersten noch Amaru den Zweiten. Aber wenn du vom Vergangenen sprichst, ist mir, als ob ein verloren gegangener Teil meines Wesens erwachen würde«, stotterte er.

»Du hast dich und deine Fantasie verloren. Wenn du sie wiedererweckst, kann sich dir das Vergangene, das in die Zukunft weist, eröffnen.«

Indessen Amaru an die Decke starrte und sich über seine Mängel aufregte, kippte Pilpintu den Topf um. Der auslaufende Trank löschte das Feuer. Dampf und Rauch, angereichert mit Meskalin, vernebelten die Hütte. Amaru atmete es ein und der nächste Schub entfaltete sich radikal. Sein Blutkreislauf zirkulierte zunehmend schneller. Die Augäpfel zitterten. Sein Körper wurde leicht, fast schwerelos, als würde er verdunsten. »Pilpintu! Irgendwas stimmt nicht mit mir! Halt mich fest!«

Amarus sich frei im Raum verteilende Atome wirbelten zu ihr. Auch sie veränderte ihre Form und ging in einen rein gasförmigen Zustand über. Die Materie der beiden stieg durch den Schornstein auf. Der Wind trieb sie fort, bis ins bergige Tinta, das unweit von Qusqu lag. Dort wurde ihnen gewahr, was zwei Jahrhunderte nach dem Tod des letzten Sapa Inka in dieser Welt geschehen war.

Das Unwahrscheinliche trat ein. José Gabriel Condorcanqui Noguera wurde geboren. Ein Mensch aus Fleisch und Blut. Als Sohn eines Kurakas, der zwischen den Ayllus versöhnte und für Ordnung sorgte, und einer Inkaadeligen, genoss er von klein auf Privilegien. Niemals hungerte oder durstete er. Frondienst und Steuern hatte er nicht zu fürchten, denn sein Stand wurde bevorzugt und gleichzeitig dafür missbraucht, von den Untertanen abzuschöpfen, was die Kolonialisten aus ihnen herauspressten. Von den Jesuiten am Kolleg in Qusqu wohlerzogen, beherrschte er die Sprache und die Gesetze der Machthaber in ebensolchem Maße, wie er die Sprache und die Bräuche seines Volkes sorgsam pflegte. Er glaubte an die Dreifaltigkeit und betete Sonne und Mond an. Schon als junger Mann übernahm er die Stellung seines Vaters und ging nebenher seinen Geschäften als Maultierhändler nach. An seiner

Seite lebten seine Frau Micaela Bastidas und seine Söhne, und obwohl er mit ihnen eine unbeschwerte und wohlhabende Existenz hätte führen können, nahm er auf seinen Dienstreisen wahr, was in seiner Welt entsetzlich war. Die Tyrannen meuchelten nach Gutdünken. Sie erniedrigten willkürlich. Sie häuften unvorstellbare Reichtümer an, indem sie das Volk zum Konsum ihrer gestohlenen Waren nötigten, wodurch die meisten Menschen verelendeten.

In ihm, dem fernen Nachfahren der leuchtenden Schlange, eröffnete sich eine Wahrheit, rein und unanzweifelbar. Er akzeptierte, wozu der Zufall ihn geschaffen hatte, wozu alle Menschen geschaffen wurden, und er ergriff die Initiative. Wie es sich für einen vernünftigen Menschen gehörte, richtete er sich an die königliche Audiencia, um vor dem höchsten Justizorgan für die Belange seines Volkes einzustehen. Sachlich forderte er sein Recht ein, sich selbst zu verwalten, angeführt von ihm, dem Befreier, Oberhaupt eines zukünftigen Reiches, in dem niemand wie ein Sklave leben und die Zwangsarbeit in den Minen und den Galeonen gleichen Fabriken leisten sollte. Er wollte eine Nation bilden, in der alle Menschen gegenseitige Verantwortung fühlen würden, eine Nation, die der Verschiedenheit Platz böte und in der die Menschen harmonisch leben und teilen würden, ebenbürtig und frei. Nichts von alledem gestanden sie ihm zu.

Enttäuscht und gedemütigt kam er nach Tinta zurück. Mit sich selbst ringend fuhr er sich durch sein schulterlanges, schwarzes Haar. Warum nicht nehmen, was ihm und seinem Volk zustand? Aber weshalb sollte er sein bequemes

Leben für eine fast aussichtslose Sache aufs Spiel setzen? Sein mildes Gesicht verhärtete. Die Stirn schlug Sorgenfalten. Er schnaufte schwerfällig und formte seine Hände zu einer Schale, um sich zu vergewissern, ob sie einen solchen Entschluss wirklich tragen konnten. Was hatten sie bisher Sinnvolles zustande gebracht, außer ihm selbst zu dienen?

Tagelang saß er mit seiner Frau beisammen, grübelnd, zweifelnd und streitend, bevor sie sich das Versprechen gaben, ihr friedliches Dasein einer Rebellion zu opfern, da es Dinge gab, für die es sich zu sterben lohnte. Dinge, die bedeutungsvoller waren als sie selbst und ihre Liebe zueinander. Auf Gedeih und Verderb wollten sie zurückerobern, was alle verdienten: ein gutes Leben. Eine Zukunft. Unumkehrbar. Die schlechte Regierung musste sterben, weil sie ungerecht war, das Private gegenüber dem Öffentlichen bevorzugte, und ihr Markt keine Regeln respektierte. Für sie hingegen stand das Wohl der Gemeinschaft über den Bedürfnissen des Einzelnen. Ihre Vision des Zusammenlebens fußte auf den Vorstellungen ihrer Vorfahren, wobei sie ihr untergegangenes Reich nicht einfach wiederzubeleben beabsichtigten. Jeder Mensch sollte seinen festen Platz einnehmen, seinen Begabungen und seinen Bedürfnissen entsprechend, zur Teilnahme am gemeinsamen Leben verpflichtet.

Ihr Aufstand begann mit der Verhaftung eines korrupten Beamten in Tinta. Er und seine Lakaien wurden erhängt, wie es das Gesetz für Diebe vorsah, ihre Maultiere, ihre Musketen und ihr Geld beschlagnahmt. Boten rannten mit Khipus und Briefen in alle Himmelsrichtungen, um die Welt über die weiteren Vorhaben zu unterrichten und die Sklaven, Bauern und Schuldner aller Hautfarben davon zu überzeugen, sich für das Vernünftigste zu entscheiden. Schnell wurden aus Hunderten, die sich aus den angrenzenden Tälern auf den Weg machten, Tausende. Sie befreiten Yanaoca, Quiquijana und andere Dörfer. Das Heer wuchs mit jedem Gefallenen um zwei Kämpfer an. Überall stieß die Revolution auf Widerhall. Selbst Kreolen und Mestizen, die den Unterdrückten für gewöhnlich verachtend gegenüberstanden, folgten dem Aufruf.

An den Ufern des Titiqaqa qucha, in Potosí, Lima, Quito und Bogotá erhoben sich die Menschen, um für Condorcanquis Sache, die vor allem die ihre war, in den Kampf zu ziehen. Unaufhaltsam, weil sehnsüchtig erwartet. Mit seiner Frau und unentbehrlichsten Beraterin rekrutierte Condorcanqui auch Tausende Kämpferinnen, die in der Schlacht bei Sangarará eine spanische Armee vernichteten. Der Mythos der Unbesiegbarkeit war zerschlagen. Die Rebellen besetzten und plünderten die Manufakturen. Sie sägten die Galgen ab und öffneten die Gefängnisse. Allerorten loderten die Feuer des Widerstands. Er, Amaru der Zweite, wie sie ihn nun nannten, für den so viele zu sterben bereit waren und dem sie nachsagten, er könnte die Gefallenen ins Leben zurückholen, schien der Langersehnte zu sein, der sie alle ihrer Unfreiheit entledigen würde.

Die Regierenden, die ihr Schattenreich bedroht sahen, tobten und gingen mit aller Grausamkeit dagegen vor. Ihr Heer, das sich vom Schmerz der Toten nährte, berserkerte aufs Abscheulichste. Sie vergaßen, dass sie Menschen waren, und glaubten fest daran, im Dienst der Gerechtigkeit zu töten. Jedes ausgesetzte Kind, jede massakrierte Frau und jede Kopfhaut eines Gefallenen galten als Trophäen, die den Einlass ins Paradies umso wahrscheinlicher werden ließen.

Die Aufständischen marschierten zum Trotz auf Qusqu zu und belagerten den Nabel der Welt. Sie drängten auf das Erstürmen der Stadt, die entweder bald oder niemals fallen würde, doch Amaru der Zweite beschloss, sich ins Hinterland zurückzuziehen. Die Verteidiger hatten die Mauern mit frischen Truppen aus Lima verstärkt, die ihm unüberwindlich erschienen. Fortan gerieten die Rebellen in die Defensive.

Die gesamte Streitmacht des spanischen Königs versammelte sich um Tinta und kesselte sie ein. Ihr Befehlshaber ließ ein Dekret verbreiten, womit er den Rebellen, mit Ausnahme der Rädelsführer, auf die er ein Kopfgeld auslobte, die Begnadigung anbot.

Zehntausende ließen sich auf den verlogenen Handel ein und verleugneten, wofür sie in den Krieg gezogen waren. Da das Gros der Armee aus Bauern bestand, deren Äcker brachlagen und die sich zum Bestellen genötigt fühlten, um ihren Ayllu zu versorgen, lichteten sich die Reihen zusätzlich. Andere bekamen es schlichtweg mit der Angst zu tun und wechselten die Seiten. Die Aufständischen fielen nach und nach den Spaniern in die Hände. Amaru den Zweiten, der am Ufer einer Lagune gerastet hatte und von einem Überläufer verraten wurde, verfrachteten sie nach Qusqu.

Von protzenden Soldaten eskortiert, schleifte ihn ein Maultier durch die mit Palmwedeln fächelnde Herde von Schaulustigen. Die Ankläger stellten ihn unter Arrest und eröffneten seinen Prozess. Immer wieder bekräftigte er, im Namen der Götter, des Volkes und der Vernunft gehandelt zu haben. Er war ein überzeugter Humanist und seinem Gewissen verpflichtet. Ungehorsam zu sein galt ihm als Notwendigkeit. Was hätte er sonst tun sollen? Einfach erdulden? Die Verhöre, denen man ihn unterzog, waren von solcher Brutalität, wie sie nur ein Knecht des Teufels verüben konnte, weil selbst der Teufel beim Anblick dessen um Barmherzigkeit gebeten hätte. Aber der Sonnensohn widerrief keine seiner Visionen. Im Gegenteil. Mit seinem Blut kritzelte er einen ultimativen Befehl an die Wand der Folterzelle: Gegenwehr bis ans Ende.

Am Tag seiner Hinrichtung, im Mai des Jahres 1781, läuteten alle Glocken Qusqus. Die Gipfel rundherum ergrimmten. Mit Steinschlägen und Felsrutschen wollten sie die Stadttore einreißen und Nachsicht erzwingen. Die Sonne versengte das Gras. Die Bäume warfen ihre Blätter ab, die Vögel ihr Gefieder. Vom Spektakel unbeeindruckt zerrten ihn die Handlanger des Scharfrichters vor die Jesuitenkirche, wo er mit ansehen musste, wie sie seine Söhne und Freunde aufknüpften und seine Frau totschlugen. Ihm, dem Inbegriff von Entschlossenheit und Würde, schnitten sie zunächst die Zunge ab. Das Blut sprudelte aus seinem Mund wie aus der rot schäumenden Quelle des Urubambas in den Anden. Feierlich knoteten sie Seile um seine Arme und Füße, banden sie an vier Pferden fest und trieben diese auseinander. Seine Glieder konnten nicht von seinem Torso ablassen. Sogar den Tieren widerstrebte die Streckung und sie richteten sich schützend vor ihm auf.

Der Scharfrichter hob eine Axt zur Sonne. Ihr Licht spiegelte sich auf der Schneide und fiel auf das Genick des Gefesselten.

»Ich werde wiederkehren!«, spie er aus und wiederholte somit einen Bruchteil jener Worte, die sein Ahne einst seinem Chaski anvertraut hatte, die über Generationen weitergereicht wurden und die sonst nur der Wind kannte. Sein Blick schweifte in den Himmel und dann auf die schmutzige Erde, als überlegte er, wohin er gehen wollte.

Unter den Erbarmenschreien von Zigtausenden senkte der Henker die Axt und zerstückelte seinen Leichnam. Seine Glieder sandten sie in die aufständischen Regionen. Den aufgespießten Schädel fraßen die Geier kahl. Die Überreste wurden auf einem Scheiterhaufen verbrannt. Ganz Qusqu stank nach menschlichem Fleisch. Die Asche vergruben sie an geheimen Orten, seine Ländereien verödeten sie mit Salz. Der Aufstand war gescheitert, und aus einem Menschen, der sich nichts anderes zuschulden hatte kommen lassen, als Verantwortung zu übernehmen, war ein Märtyrer geworden.

Der aufbrausende Wind blies Pilpintus und Amarus Einzelteile heimwärts, hinein in ihre Hütte. Sie verfestigten sich auf den Alpakafellen und erlangten ihre Gestalt wieder.

»Hör auf damit! Bitte! Erzähle nicht weiter. Ich habe genug!«, heischte Amaru, völlig fassungslos.

Pilpintu stöhnte erschöpft neben ihm, dennoch brachte sie es zu Ende. »Allein Fernando, seinen jüngsten Sohn, verschonten sie. Er wurde nach Europa verbannt, um zu bezeugen, was Aufständischen widerfährt, und darbte als Bettler auf den Straßen Madrids. Ob er seine Linie jemals fortgeführt hat, weiß niemand. Allerdings träumt die Welt seitdem von der Geburt eines Erretters, der die Ausbeuter vertreiben und den Unterdrückten allerorten Gerechtigkeit verschaffen soll. Amaru der Dritte wird sich mit den Überresten der Vorväter vereinen, aus dem Boden sprießen, heranwachsen und das nächste Pachakuti auslösen. Ein Teil von ihm ist bereits unter uns. Verstehst du endlich?«

»Der Tod ist die Erweiterung des Lebens. Er ist ein Schöpfer. Ein Wiederkehrer. Der Anfang und das Ende eines jeden Traumes«, entfuhr es Amaru, der sein Sprechen nicht mehr kontrollieren konnte.

»Am Nachthimmel, zwischen all dem Licht und dem Staub, muss es eine weitere Kraft geben, unbestreitbar und geheimnisvoll. Sie existiert auch in uns. Das scheinbar Gegensätzliche, das Sinn und Kraft stiftet. Akzeptiere es. Niemand kann einen Traum töten, Amaru!«, ächzte Pilpintu. Kaum hatte sie seinen Namen ausgesprochen, verlangsamte sich ihre Atmung, wurde flacher und flacher, bis ihr Brustkorb ruhte und ihre Lider stillstanden.

Amaru schämte sich. Er hatte sich verleugnet und sie belogen. Hätte er sich daran erinnert, wie sie ihn vor vielen Jahren Amaru genannt hatte, in der Zuversicht, er würde Großes vollbringen, dann hätte er diesen Moment beweint.

So aber trauerte er nur still neben ihr, im Irrglauben, sie wäre, ohne ihren Sohn wiederzusehen, entschlafen.

In Amarus Augenwinkeln schossen Lichtimpulse vorüber. Winzige Kometen, die einen Schweif aus Eis und Staub hinter sich herzogen und die sich von jenseits der Neptunbahn auf den Weg gemacht hatten. »Nein! Nicht noch mal!«, rebellierte er. Zu spät. Die halluzinogene Energie des San Pedro bemächtigte sich seiner vollkommen. Amarus Glieder schlotterten. Sein Magen verkrampfte und zog sich immer enger zusammen. Amaru wehrte sich gegen die sich in ihm ausbreitende Vergiftung. Er krümmte sich auf dem Boden, kroch aus der Hütte, steckte einen Finger in den Hals und erbrach sich. Die über ihn und die Welt gekommene Nacht pendelte außer Takt. Raum und Zeit verknitterten. Aus Vergangenheit und Gegenwart wurde eins.

Amaru fährt auf. Er ist losgelöst, bei vollen Kräften. Unter ihm schwebt eine Nebelwand. Sie kommt näher. Sie hüllt ihn ein. Eine weißgoldene, über die Wölbung der Erde hinausreichende Wüste, aus dem Tal sanft beschienen von den Lichtern einer Stadt.

Am Firmament hat sich der Mond an die Sonne gefesselt. Um die schwarze Scheibe quirlt ein Strahlenkranz. Nebenan kreiseln die Spiralen der Milchstraße. Ein leuchtender Haufen Materie. Der finstere Raum dazwischen, das Fremde und Unsichtbare, das alles zusammenhält und ohne das nichts sein kann, deformiert sich zu Tieren. Ein Kondor mit gestutzten Flügeln. Eine sich selbst verschlingende Schlange. Mit aufgerissenen Kiefern schnappt der zweiköpfige Jaguar nach den Himmelskörpern. Knapp vorbei.

Amaru verlangt danach, dort draußen zu bleiben, wo er ganz bei sich und seinem Herzschlag ist, gleichmäßig und ewig während. Aber sein vom Dämmerlicht geworfener Schatten trennt sich von ihm. Die über den Untergrund huschende Gestalt bildet seinen Körper nicht länger ab. Ihr Rücken ist überdehnt, sodass der Kopf den Boden berührt. Die Füße trampeln ungeduldig und tauchen in die weichen Schwaden ein. Der Schatten ist fest entschlossen hinabzusteigen und sieht sich zu Amaru um. Er lockt ihn zu sich. Amaru kann nicht widerstehen. Von sich selbst verführt durchstößt er die Wolkendecke und spurtet in die silberglänzende Stadt hinunter.

Die Straßen sind dicht gedrängt. Gesindel. Huren. Bettler. Ungeziefer. Eine verpestete Kloake. Überall feilschen Händler und preisen ihre Waren an. Schwerter aus Spanien. Elfenbein und Diamanten aus Indien. Chinesische Seide. Die Noblen, die auf ihren Pferden durch die Gassen schreiten, sind dem Elend enthoben. Wo es ihnen gefällt, traben sie durch die meterhohen Tore, um sich in den geschmückten Innenhöfen der Kaufmänner einzudecken. Amaru will ihnen nachgehen, doch zwei sich kreuzende Klingen stoppen ihn. Einer der Soldaten schubst ihn weg. Er strauchelt und schlägt aufs Pflaster auf, das mit Silber versiegelt ist.

Amaru macht sich davon, hin zu einem mit Menschen besetzten Platz. An seinem Ende steht ein pompöser Kuppelbau. Die zu seinem Eingangstor hinaufführenden Stufen sind zu einer Bühne umgebaut. Ein von Fackeln umringtes Lustspiel. An einem Querbalken zucken die festgenagelten

Leiber zweier Indios. Ihre hervorquellenden Augen flehen um Erlösung. Die nach Blut dürstende Menge befiehlt einem Unbeteiligten, seinesgleichen zu bestrafen, und so drischt er mit einer Peitsche auf die Erschöpften ein, damit sie ihren Götzen lästern. Amaru erleidet, was sie erleiden. Das Aufplatzen der Haut. Das Zerfasern des Fleisches bis auf die Knochen. Die Scham der Demütigung. Er flieht in eine Seitenstraße, wodurch sein Mitfühlen nachlässt, hinein in die erstbeste Spelunke.

Gitarren klingen. Beißender Tabakqualm steht in der Luft. In einer Ecke kämpfen zwei Hähne. Die Kehle des einen leckt. Ein Todeskrähen. Unter den Wettenden bricht Jubel aus und die Verlierer schlagen um sich. Einer der Geistlichen, die an einem Nebentisch Karten spielen, zurrt seine Robe fest, schiebt die Hure von seinem Schoß und zerrt die Streitenden im Namen Jesu Christi auseinander.

Amaru zeigt auf eine der überschwappenden Karaffen, die die Grölenden am Tresen gegeneinanderschlagen.

»Verschwinde mit deinem wertlosen Papier!«, geifert der Wirt.

Amaru steckt seine Geldscheine ein und lässt die Silbermünzen auf den Tresen kullern.

Die Grimasse des Wirts weicht. »Ah, Geld! Der höchste Ausdruck menschlicher Toleranz. Es überwindet alle Barrieren und stiftet Frieden. Vor allem hier in Potosí.« Er schiebt eine Glasflasche herüber und ersetzt den toten Hahn durch einen kampferprobten.

Ein verlumpter Säufer, dessen Haut halb schwarz, halb golden schimmert und der allein an einem Tisch hockt, lädt Amaru zu sich ein. »Hey! Fremder! Ja, du. Du bist nicht von hier, oder? Los, setz dich zu mir, ehe auch du draußen am Galgen hängst!«

Amaru nimmt Platz und nennt dem Fremden seinen Namen. Gerade als Amaru fragen will, ob dies wirklich Potosí ist oder wohin er sich sonst verirrt hat, kommt ihm der andere zuvor.

»Eigentlich heiße ich Thayari, aber ich habe mich sicherheitshalber auf Rodrigo taufen lassen. Wenn du noch etwas Lust am Leben verspürst, dann solltest du dir auch einen anderen Namen zulegen. Francisco vielleicht. Oder Fernando. Ja, genau. Ferdinand. Das passt zu dir.« Er trinkt so durstig, dass ihm das Gesöff in den Schritt tropft, wischt sich trocken und fährt unvermittelt fort. »Die ersten Eroberer, deren Nachfahren du hier sehen kannst, saufend, prügelnd und hurend, waren lange genug über den Ozean gesegelt, um sich im Totenreich zu wähnen. Wohin sie sich auch wandten, über Monate hinweg nichts als Wasser. Salzig und schäumend. Gegen den Bug preschend. Nach ihrem Leben gierend. Doch als einer der Matrosen, den sie hier als Schutzpatron verehren und dessen Namen ich mir geliehen habe, sich auf dem Mast der Pinta festklammerte, um den Morgentau vom Holz zu lecken, sah er es vor sich. Das gelobte Land! Sowie sie diese Welt entdeckten und sich nunmehr wie Götter benahmen, die die Hölle durchquert hatten, war über den Verlauf der Dinge entschieden. Seit Generationen bestimmen sie über uns und bis zum Jüngsten Gericht wird dagegen nichts auszurichten sein.

Einen Zambo wie mich verachten sie und die Indios

gleichermaßen. Die einen rotzen uns an, die anderen stieren voller Missgunst zu uns auf, weil wir auf den Märkten als wertvoller gehandelt werden und man uns weniger grausam hält. Monat für Monat begleite ich die Karawanen von der Küste hierher ins Hochland. Diese Gegend ist schließlich so abgelegen, dass wir für die Noblen alles heranschaffen müssen.

Früher, als ich kräftiger und für sie noch brauchbarer war, bin ich auf ihren Galeonen gefahren. Ich habe die Welt bereist, die allein den Händlern gehört. Ich kenne die Minen Iwamis, im Land der aufgehenden Sonne, habe vor den Islas Filipinas geankert, die schöner sind, als es der Himmel sein kann, und bin mit ihrer Flotte über den Ozean bis nach Cadíz gesegelt. Überall tauschen sie das Silber und Gold gegen Luxuswaren ein. Du hast es bestimmt auf den Straßen gesehen, oder? Die feinen Damen und Herren dieser Stadt und die noch edleren in der Alten Welt sind verrückt danach. Herkömmliche Menschen, wie wir es sind, können deren Bedürfnisse nicht nachempfinden. Uns genügt es, gut zu leben. Etwas anderes wollen wir gar nicht. Sie aber verlangen nach Größerem. Nach Besserem. Daher schreiben sie dem Volk vor, auf eigene Kosten nach Potosí und Oruro zu pilgern, um in den Minen den Frondienst zu leisten.

Zwar wurden auch in Tawantinsuyu die Menschen zur Arbeit gezwungen, allerdings in jenem Maße, dass sie noch zum Bestellen ihrer Felder fähig waren und nicht zugrunde gingen. Ohnehin galt ihnen die Arbeit als etwas Gutes, denn wie sollte einer, der nichts tun wollte, Teil einer Gemeinschaft sein, die ihnen alles war? Fatal ist allein die von den Eroberern erfundene Ausbeutung durch Arbeit. Seitdem sie den Indios ihre Art des Silbergießens aufgezwungen haben, sterben sie in Scharen an den giftigen Dämpfen, die die Schmelzmeister Quecksilber nennen. Mit jedem Jahr wird es schlimmer. Einst mussten sie nur bei Tage graben, inzwischen werden sie von den Händlern immerzu und immer tiefer in den Berg getrieben. Wenn einer der Mineros krepiert, muss seine Frau ihn ersetzen oder den Minenbesitzer auszahlen. Aber womit?«

Thayari fischt eine Münze aus seiner Hose und gibt eine Bestellung auf. Er wirkt zerfahren und knetet seine Oberschenkel, um sich aufzulockern. Dabei schielt er auf die Eisenuhr, die an der Wand tickt. Die Zahnräder greifen immer lauter ineinander. Der Wirt muss das Federwerk überdreht haben. Die Zeiger laufen rückwärts.

»Sag mir, Ferdinand oder Amaru, wie kann ein Mensch, der zeitlebens geschuftet hat, der die Regeln seiner Herren und die seiner Gemeinschaft sorgsam befolgt hat, nach seinem Tod in der Kreide stehen? Ist der Dienst eines dösenden Wachsoldaten vor dem Geldhaus oder die Willkür des Statthalters etwa von höherem Wert als die Knochenarbeit, die andere in den Minen oder den Bordellen leisten? Zählt der Grad der Erniedrigung gar nichts? Dies ist der dunkelste aller Orte, der Vorhof zur Hölle. Von hier gibt es kein Entkommen. Nur das Unwahrscheinlichste von allem könnte uns helfen. Ein weiterer Aufstand!« Zum Beweis, wie schrecklich dieser Ort ist, deutet Thayari zu einem Nebentisch hinüber.

Im Halbdunkel sprechen ein paar Gestalten miteinander, die Köpfe eng zusammengerückt. Amaru erkennt sie als entlaufene Sklaven. Ihr naives Hoffen, in ihre Heimat rudern zu können oder zumindest wie Menschen behandelt zu werden, grämt ihn. Dem Alten in ihrer Mitte ist der Mund zugenäht, seine Augen sind gebrandmarkt. Die übliche Bestrafung für einen Aufsässigen. Amaru schwant, was auch den anderen bevorsteht. »Sie werden in die Stollen verbannt, obwohl sie die Plagerei im Berg noch schlechter vertragen als wir übrigen. Auf den Cocaplantagen im Flachland buckeln ihre im Schweiß schwimmenden Körper härter als das Vieh, ohne zu kollabieren. Hier, wo die Luft vergiftet ist, verrecken sie nach ein paar Wochen«, sagt er bewandert und sein Sachverstand verwundert ihn selbst.

»Du kennst dich ja bestens aus, Amaru. Geh doch hin und bereite sie auf das vor, was unausweichlich ist: die Auflehnung oder der Tod. Ach, gäbe es nur einen, der uns alle anführen könnte!«

Ein Torkelnder stößt gegen eine der über dem Tresen hängenden Öllampen. Ihr Licht fällt in die Ecke der Entflohenen, sodass Amaru das ins Fleisch eingedrückte Brandzeichen, das die verwachsenen Augenhöhlen des Alten zusammenhält, entziffern kann: »Ich bin das reiche Potosí, Schatzkammer der Welt, den Königen diene ich zum Neide.« Über dem Schriftzug ragen die Konturen des Berges auf, den er von Pilpintus Hütte aus über der Stadt gesehen hat. »Ich bin tatsächlich in Potosí«, raunt er ungläubig.

»So ist es! Aber genug von hier. Vielleicht gibt es einen

Ort, an dem die Menschen einander mehr achten. Woher stammst du?«

»Ich? Ich komme aus einer Welt, in der die Menschen ...«, setzt Amaru an, da drückt ihm der Zambo seinen Nacken nach unten.

»Runter mit dir! Er kann mit einem Fingerwink alles tilgen!«

Die Silhouette eines Mannes lässt den Raum durch ihr bloßes Erscheinen verstummen. Alles erstarrt. Er nimmt seinen Helm von der Rüstung. Aus seinem bis zur Brust reichenden Bart schieben sich seine dünnen Lippen hervor. Seine Stirn ragt hoch auf wie die von Amaru. Die Augenpartie steht gleichsam asymmetrisch. Verächtlich schaut er sich um. Seine gepanzerten Wachen räumen ihm einen Platz frei, indem sie ihre Schwerter ziehen und die Priester verscheuchen. Eilig schafft der Wirt Wein herbei. Die schönsten Huren sammeln sich um sie, die Beine devot gespreizt. Sie tunken ihre Finger in die Karaffen und befeuchten ihre Scheiden. Dem Anführer gefällt, was er sieht. Er klatscht in die Hände und durchbricht die unnatürliche Stille. Die Hähne krähen. Die Musiker zupfen auf ihren Instrumenten. Der Tabakrauch schweift.

»Die Stadt gehört allein ihm. Wer in Potosí überleben will, hat ihm zu gefallen«, tuschelt Thayari ehrfurchtsvoll.

»Ich kenne diesen Mann. Ganz sicher! Ich habe ihn in meinen Träumen gesehen. Er ist es, vor dem sich Tika und die anderen fürchten. Der Federmann!«

»Was redest du da? Er ist so mächtig, dass niemand von ihm zu träumen wagt, und jetzt sei still. Es gehört sich nicht, ihn unerlaubt bei seinem Namen zu nennen.« Der Zambo zieht an Amarus Mantel, doch er reißt sich los. »Was hast du vor? Hey! Wo willst du hin? Ferdinand. Bleib hier! Amaru! Er wird dich kaltmachen!«

Amaru wuchtet sich auf den Federmann zu. Er steht, seine Karaffe zum Zuschlagen fest umklammernd, keine Armlänge weit weg, als sein Schatten herbeispringt und sich zwischen die beiden stellt. Rachsüchtig stiert Amaru über die Schattenschulter hinweg.

»Nicht hier. Nicht jetzt. Gedulde dich ein wenig«, säuselt es in seinen Gehörgängen. Sein dunkles Ebenbild stößt ihn zurück und drängt ihn zum Ausgang.

Amaru gibt nach. Es sind wieder zu viele, die dem Federmann zu Hilfe kommen können. Zu viele, die er ausradieren müsste. Ein aussichtsloses Unterfangen. Hass und noch viel Schlimmeres steigen in ihm auf. Draußen auf der Straße fehlt Amaru die Orientierung. Wohin mit seiner Mordlust zwischen all den Menschen?

»Komm, Amaru! Oben erwartet er dich. Dort kannst du über ihn richten«, haucht sein unter einer Laterne aufzuckender Schatten. »Beeil dich! Du weißt, was du zu tun hast!«

Amaru vertraut seinem Schatten blind. Gemeinsam stieben sie zum kupferroten Berg hinauf, an dessen Flanken die Feuer von zigtausend Schmelzöfen glühen. Ihr Ruß verdreckt den Nachthimmel und lässt ihn in Sturzfluten herabfallen. Frische Mineralien dampfen in der Luft. Kurz unterhalb des Gipfels hält der Schatten vor einem in den Fels gegrabenen Stollen. Den Eingang stützen morsche Balken. Der Wind und der Regen zehren daran. Amaru blickt auf Potosí hinab und verflucht diese fürchterliche Welt, in der er nicht bleiben will. Er gedenkt der vollkommenen Struktur des Kosmos. Filamente und Leerräume tragen einander. Nur gemeinsam bestehen sie. Aber alles ist aus der Balance geraten. Aus dem Berg riecht es nach heißem Metall. Süßlich. Verlockend. Ein pulsierendes Echo durchzieht Amarus Gehirn. Ein Beweis für sein Bewusstsein.

Amaru wendet sich seinem Schatten zu und betritt die Mine. Bis zu den Knien versinkt er im Schlamm und doch stapft er seinem Schatten nach, um ins Herz des Berges vorzudringen. Die Wege gabeln sich. Oben. Links. Rechts. Unten. Doppelt und dreifach. In einigen Abzweigungen flackert Kerzenlicht. Die meisten sind finster und unwegsam. Ein dumpfes Geräusch schießt durch die Gänge. P'utuqsi. P'utuqsi. Mit jedem Schritt wird der Lärm der auf den Fels einschlagenden Werkzeuge durchdringender. Die Luft stickiger und heißer. Amarus Gang zögerlicher.

»Wovor fürchtest du dich? Hast du etwa dein Handwerk verlernt? Die Barreteros brechen das Gestein heraus. Die Apires schleppen es ins Freie. Während einer auf der Strickleiter nach oben steigt, klettert der nächste mit einem leeren Korb auf dem Buckel nach unten. An ihren Händen schichtet sich das Wachs der Kerzen, die sie mit Seilen an ihre Arme gebunden haben. Draußen zertrümmern die Palliris das Material und sondern das Hochwertige aus. Mit den Lamas wird es zu den Steinmühlen geschafft und zerstampft. Damit heizen wir die Schmelzöfen. Die gegossenen Barren, die wir Händler in die Welt verladen, lassen sich mit der gleichen Menge an Blut und Tränen aufwiegen. Ein ununterbrochener Zyklus für alle Zeit. Wie lange willst du das noch zulassen? Es liegt an dir, ihre Qualen zu beenden! Nun komm endlich. Ich führe dich zu ihm. Du wartest doch sehnsüchtig darauf!«, ruft ihm sein Schatten zu.

Amaru bewegt sich noch zaghafter. Seine Beine werden schwerer. Er geht in einem zähen Fluss aus Silber und Gold. Die Schmelze reicht Amaru bis zu seinen Hüften. Eine grausige Vorahnung befällt ihn. Seine Haare sträuben sich. Er kann seinen Harndrang kaum hemmen. »Lass uns umkehren und auf eine andere Gelegenheit warten. Ich bitte dich!«, plärrt er seinem ihm vorauseilenden Schatten nach, der sich in einen schräg aufsteigenden Schacht hineinschiebt. Amaru robbt ihm nach. Unmöglich kann er sich in diesem Aderlabyrinth allein zurechtfinden. Seine Ellenbogen reiben sich am pochenden Fels wund. Er droht stecken zu bleiben, aber jemand packt ihn an den Haaren und befreit ihn aus der Aorta des Berges. In der kristallin glimmernden Herzkammer steht er ihm endlich gegenüber, dem Herrn der Mineralien.

Der hämisch grinsende Tío hockt auf seinem Thron und fährt sich mit seinen Klauen über sein Gehörn. Sein Raubkatzengesicht überlagert sich im Zwielicht mit dem Antlitz des Federmanns. Er gießt sich beizenden Schnaps ins Maul und leckt über seine Reißzähne. Sein steifes Glied hebt sich aus seinem mit Cocablättern bedeckten Schoß. Lusttropfen saften heraus. »Du verachtest mich und zugleich kannst du ohne mich nicht sein. Warum leugnest du deine menschliche Natur? Wir sind Verbündete, die dasselbe Begehren teilen!«, faucht er dämonisch.

Amaru weicht zurück. All der Hass und die Mordgelüste, die sich in ihm aufgestaut haben, verpuffen in Anbetracht der kraftstrotzenden Kreatur. Er will sich wieder in den Schacht hineinzwängen, aus dem er gekommen ist, aber der Tío kratzt mit seinen Krallen über das Gestein, sodass es Funken schlägt und sich entzündet. Ein Feuerkreis umschließt sie. Sein Schatten löst sich im grellen Flammenlicht auf. Amaru kreischt närrisch wie ein Kind. Er ist allein mit ihm.

»Wie du deinem Vater gleichst. Auch er hat sich mir angebiedert, um mein Diener sein zu dürfen, wie es deinesgleichen seit Ewigkeiten tut.«

»Was weißt du über mich? Warum suchst du mich in meinen Träumen heim? Was willst du von mir?« Amaru weint Tränen der Machtlosigkeit.

»Ich will, dass du dich daran erinnerst, wozu du geboren wurdest. Du bist nicht der, der das Licht bringt und das Dunkle vertreibt. Du bist die Finsternis, die sich die Welt aneignet. Gehorche mir und vergiss Tika. Andernfalls wirst du diesen Ort nicht lebend verlassen!« Mit seiner Daumenkralle durchbohrt er Amarus Brust.

Amaru presst seinen Mantel auf die klaffende Wunde. Er ist einen Wimpernschlag davon entfernt, Gehorsam zu geloben, als sich hinter dem Tío Tika von der Felswand schält.

Sie ergreift einen massigen Silberbrocken und bäumt sich mit ihm auf. »Befreie dich und schwöre ihm ab!«, wiederholt sie energisch und hämmert auf den Kopf des Mischwesens ein. Der erste Schlag ist kraftvoll genug, um es aus dem Gleichgewicht zu werfen und die Umrisse des

Federmanns aus seiner Fratze zu vertreiben. Der zweite lässt die Schädeldecke splittern. Aus den offenen Stellen sickern Blut und Hirnwasser.

Der Herr der Mineralien ist im gleichen Maße überrascht wie erbost. Noch nie hat es ein Mensch gewagt, sich ihm mit Gewalt zu widersetzen. Wieder und wieder hagelt das Silber auf ihn herab. Er knickt ein, röchelt und fällt vornüber.

Tika gibt sich ihrem Blutrausch hin. Sie stöhnt wollüstig. Noch ein Schlag. Und noch einer. Der Brocken rollt vor Amarus Füße. Es ist still. Der Feuerkreis erlischt.

Amaru beugt sich im restlichen Lichtschein über den regungslosen Körper und packt den Leichnam an seinen Hörnern. Der Schädel ist entzweigebrochen, die Visage zermatscht.

»Amaru!«, knurrt der Tío. Seine Kraft kehrt plötzlich zurück, er schnellt hoch und quetscht Amaru die Augen ein. Fester und fester.

Amarus Herzschlag setzt aus. Alles ist schwarz. Er zögert, ob er sich ins Leben zurückkämpfen will oder ob er dem in der Ferne aufkommenden, ihm vertrauten Gesäusel folgen soll, dorthin, wo alles leicht, lichtdurchflutet und warm wird, jenseits seines Ichs.

Nimm meine Hand, mein Sohn!
Vertraue mir!
Wir haben ihm unser Wort gegeben.
Und er uns das seine.
Dank ihm sind wir die Zukunft!

KAPITEL 7

Einst, auf dem Anwesen des Federmanns

*

»Hallo? Federmann am Apparat. Wie steht es um meinen Sohn? Jaja, weiter. Weiter. Ersparen Sie mir die Einzelheiten. Ich will wissen, wann ich mit seiner Genesung rechnen kann? Was? Vielleicht in sechs Monaten? Sie haben mir zugesichert, dass er in ein paar Wochen ins Unternehmen zurückkehren wird. Nein, Sie hören mir jetzt zu, oder ich sorge dafür, dass man Ihnen Ihre Zulassung entzieht. Ein einziger Anruf genügt. Mein Sohn befindet sich in Ihrer Obhut und Sie haben dafür zu sorgen, dass er schnellstens auf die Beine kommt. Die Welt braucht ihr Lithium, also muss der Junge in Bolivien nach dem Rechten sehen. Und zwar unverzüglich. Haben Sie mich verstanden?

Ich habe Sie nicht gefragt, ob er das Ihrer Meinung nach will. Er ist ein Federmann, also hat er sich gefälligst zusammenzureißen. Ich soll mich ums Geschäft kümmern? Was bilden Sie sich ein? Ich setze keinen Fuß mehr in dieses undankbare Land. Die Bolivianer sind unberechenbar und können sich nicht einigen, was sie wollen. Erst bejubeln sie diesen Indiopräsidenten, der ihr Land hinter dem Schleier des guten Lebens schröpft und sich die Taschen vollmacht, und dann jagen sie ihn wie einen Hund ins Exil. Was für ein geschäftsschädigendes Trara das war. Die gesamten Verträge mussten wir neu aushandeln. Ein leidiges Hin und Her. Aber ich frage mich, was Sie das alles überhaupt angeht.

Was reden Sie da? Natürlich haben wir auf seinen Sturz spekuliert. Ich mache keinen Hehl daraus. Immerhin haben wir den Putsch nicht persönlich herbeigeführt. Tja, die toten Demonstranten damals. Mögen sie in Frieden ruhen. Unser Gewissen ist absolut rein. Uns ist es letztlich auch egal, wer dieses Land regiert. Solange man uns unsere Geschäfte machen lässt, paktieren wir. Sollen sich die Bolivianer doch gegenseitig die Köpfe einschlagen. Es geht hier um viel Wertvolleres. Worum? Na, um das Lithium und die Rohstoffsicherheit für Europa. Für Deutschland. Für uns. Warum sollten wir uns mit einem guten Leben zufriedengeben, wenn uns ein noch besseres erwartet? Nein, ich spreche nicht nur für uns Federmänner, sondern im Namen aller. Oder wollen Sie etwa, dass wir weiter abgehängt werden, dass man uns irgendwann zu Sklaven degradiert? Wir, an der Leine der Chinesen, der Amerikaner, der Inder oder der Araber. Gefällt Ihnen diese Vorstellung? Sind Sie etwa ein Masochist?

Mäßigen Sie Ihren Ton! Ich bin gewiss kein Sadist, aber nichts auf der Welt liegt mir ferner, als mich unterzuordnen und mich demütigen zu lassen. Und kommen Sie mir jetzt bloß nicht mit der Moral. Die Strategie der Wahrheit und der Aufrichtigkeit greift nicht mehr. Das neokoloniale Zeitalter ist nicht nur das Zeitalter der Habsucht, es ist vor allem das Zeitalter der Lüge, denn der moderne Mensch liebt die Lüge. Oder genauer gesagt, er ist selbst Lüge. Er beutet sich selbst und andere aus und glaubt, sich zu verwirklichen. Wohl denn, viel Vergnügen und nur weiter.

Ob uns die Kolonialgeschichte denn nichts gelehrt hat? Ich darf doch sehr bitten! Selbstverständlich handhaben wir die Sache anders als in der Vergangenheit. Was früher die Peitsche und die Bibel waren, sind heute die Investition und das Versprechen auf Entwicklung. Das bedeutet weniger Blut und mehr Gewinn. Die Geschichte wird sich folglich nicht wiederholen, manche Geschichten hingegen schon. Ich bin zynisch? Was verstehen Sie vom Weltgeschehen? Ich weiß wirklich nicht, in welche Regierung Sie Ihr Vertrauen auf Besserung setzen. Das sind doch die gewieftesten Geschäftsleute schlechthin.

Es ist genug jetzt! Ich werde mich nicht länger mit Ihnen streiten, dafür ist mir meine Zeit zu schade. Sie haben von mir einen klaren Auftrag erhalten. Bringen Sie meinen Sohn zur Vernunft. Er soll wieder die vollendete Lust empfinden, über die Menschen und die Natur zu herrschen. Und sagen Sie ihm, dass er sich diese Tika endlich aus dem Kopf schlagen soll, bevor die Scham meine Liebe zu ihm überwiegt. Lieferkettengesetze. Sorgfaltspflichten. Zum Totlachen. Das Leben folgt nun mal gewissen Gesetzmäßigkeiten. Die einen gewinnen und überdauern, die anderen verlieren und vergehen. Ich habe diese Regeln nicht aufgestellt. Mich dem zu widersetzen wäre schlichtweg widernatürlich. Konkurrenz. Eigennutz. Fressen und gefressen werden. Das sind evolutionäre Prinzipien. Wer das nicht wahrhaben will, ist entweder ein Utopist oder ein Feigling.

Sind wir doch mal ehrlich. In uns allen steckt ein Federmann, ob wir es wollen oder nicht. Jeder Einzelne trägt dazu bei, dass die Welt so ist, wie sie ist. Die, die von unserem Tun profitieren und sich zugleich darüber beklagen, scheren sich in Wahrheit nicht um ein paar Dürstende, Vergiftete oder Vertriebene am Ende der Welt. Sie spenden oder empören sich hier und da. Ein scheinheiliger Ablasshandel. Nichts weiter. Die Leidtragenden sind eben der Kollateralschaden auf dem Weg in die Zukunft. Es ist doch unbestreitbar, dass alle nach dem Fortschritt gelüsten und der hat bekanntlich seinen Preis. Sie sind doch nicht anders. Sie wollen Ihr Elektroauto, Ihr Handy, Ihren Computer und all die anderen Technologien, die ohne Lithium nicht möglich wären. Sie sollten uns dankbar sein.

Wir Federmänner opfern uns tagtäglich dafür auf, dass wir Europäer, insbesondere wir Deutschen, unsere eigene Lithiumindustrie aufbauen können. Wir kümmern uns um das Rohmaterial, stellen die Batterien her und recyceln sie. Sie können sich nicht vorstellen, wie viel Geld wir in die Erforschung der Lithium-Schwefel-Zelle stecken, die nicht nur günstiger, sondern auch haltbarer sein wird als alles bisher Dagewesene. Wir schaffen Arbeit. Wir schaffen Wachstum. Wir schaffen Wohlstand. Warum sollten wir uns für unsere Mühen nicht auch angemessen entlohnen lassen? Wir riskieren schließlich Kopf und Kragen zum Wohle aller. Wir sind die letzten Humanisten. Die radikalsten Menschenfreunde von allen. Ständig sind wir der Gefahr des Scheiterns ausgesetzt.

Ach, aber selbst wenn die Sache mit dem Lithium schiefgehen sollte, haben wir Federmänner immer einen Plan B bis Z in petto. Gallium. Germanium. Indium. Neodym. Wasserstoff. Und in nicht allzu ferner Zukunft werden wir auf fremden Planeten und Asteroiden Rohstoffe abbauen, die wir heute noch nicht kennen. Wir Federmänner lassen uns nicht aufhalten. Wir strahlen heller als alle Sonnen. In allen Galaxien. Zusammen. Ohne uns wäre die Welt nur ein lebloser Steinhaufen in der eisigen Dunkelheit. Dank uns gedeiht das Leben. Wir brauchen keine Götter und kein Himmelreich. Wir sind es, die die Welt in ein Paradies verwandeln. Die Federmänner sind das Morgenerst und das Abendletzt. Das Altlicht und das Neulicht. Und jetzt gehen Sie gefälligst an die Arbeit und grüßen Sie meinen Sohn ganz herzlich. Auf Wiederhören.«

KAPITEL 8

Auf den Spuren des Uturuncus

*

Hey du! Wach auf!
Was ist mit dir?
Atme!

Jemand presste auf Amarus Brustkorb und pumpte Luft in seinen Mund, sodass sein Herz und seine Lungenflügel wieder zu arbeiten begannen. Der ihn durchdringende Schmerz bezeugte seine Rückkehr in die Gegenwart. Potosí. Der Federmann. Die Mine. Der Tío. Ein diffuses Gewimmel. Amaru öffnete seine Augen. Zwei tellergroße Hände wichen von ihm und wischten über das vor Anstrengung geschwollene Gesicht eines Mannes.

»Er ist bei sich! Bringt Wasser!«, rief der Mann erleichtert durch das improvisierte Krankenzimmer.

Zwei Frauen eilten herbei und umsorgten Amaru. Eine von ihnen bettete ihn auf und beträufelte seine Lippen mit einem Tuch. Die andere, fast noch ein Kind, wusch die blutigen Krusten von seinen Fingern und wechselte den Verband an seiner Brust.

»Dein Herz schlägt unzuverlässiger, als der Berg seine Erze freigibt. Das ist das dritte Mal, dass ich dich ins Leben zurückhole. Landstreicher wie dich nehmen die Krankenhäuser ja nicht mehr auf. Überhaupt kannst du von Glück reden, dass ich im Morgengrauen der Erste war, der dein Schreien im Stollen gehört hat. Die anderen Mineros hätten dich gleich für einen Dieb gehalten und dich bestenfalls den Behörden überstellt. Was hast du da oben bloß gesucht? Die Mine ist bekanntermaßen Privatbesitz.«

Sein Gesicht, einfältig und von schlechten Erfahrungen verschandelt, kam Amaru bekannt vor. Zweifelsohne war er diesem Mann schon einmal begegnet. Aber wo? »Ich habe mit Pilpintu gesprochen und mein Schatten, ich meine, etwas hat mich nach Potosí gelockt. Ein widerwärtiger Ort. In einer Kneipe hat dieser Typ gesessen, Thayari oder so ähnlich. Wir haben getrunken und ja, genau, dann ist der Federmann zur Tür hereingekommen«, stammelte Amaru, während er versuchte, den anderen zuzuordnen.

»Wovon redest du? Pilpintu ist vor Jahren gestorben. Seither wohnt höchstens der Wind in ihrer Hütte.«

»Aber sie hat mir die Leben der Amarus gezeigt. Meiner Namensvetter. Ihre Aufstände. Ihren Tod. Einer von Chaupis Kondoren hatte mich zu ihr gebracht. Frag ihn, wenn du mir nicht glauben willst. Er sitzt auf einer Anhöhe und füttert die Geier.« Amarus Kopf dröhnte, als hämmerte jemand gegen sein Gehirn, um die Vernunft abzulösen.

»Chaupi? Hörst du dir noch zu? Jeder hier weiß, dass der Alte den Verstand verloren hat. Und du bist nicht weit davon entfernt.«

Amaru wollte sein Gegenüber am Kragen packen, um dessen Lügen zu strafen, aber sein entkräfteter Körper gehorchte ihm nicht. Amaru dachte an den vergangenen Tag und die Nacht zurück. Der bittere San Pedro. Der säuerliche Wein. Mit einem Mal durchfuhr ihn eine Eingebung aus den Niederungen seines Unterbewusstseins. »Und wenn ich dir sage, dass du Mallki bist und für den Mord an Wayra verurteilt wurdest, glaubst du mir dann, dass ich bei klarem Verstand bin?«, platzte es aus ihm heraus. Amaru erschrak ob der kratzigen Stimme und er war sich nicht sicher, ob sein neben ihm liegender Schatten oder sonst irgendwer den anderen benannt hatte. Er jedenfalls hatte nicht die leiseste Ahnung, wer Wayra und Mallki sein sollten.

»Halt dein vorlautes Maul! Was geht's dich an?« Mallki wuchtete sich so nah an Amaru heran, dass ihre Stirnen aneinanderstießen. »Mein halbes Leben hat er mich gekostet. Dabei planten wir etwas Gemeinsames, das uns alle für immer befreit hätte.«

Die beiden Frauen fassten Mallki an seinen Schultern und streichelten über seinen Rücken, wodurch sein Jähzorn nachließ. Einsichtig hockte er sich auf die Bettkante und schickte die Frauen hinaus. »Ich weiß nicht, woher du Wayra und den Federmann kennst und weshalb du etwas über mich zu wissen glaubst, aber ich versichere dir, nichts davon ist wahr. Die Leute fantasieren viel, wenn sie die Wirklichkeit nicht ertragen. Ich habe die Strafe eines anderen verbüßt und bin hierher zurückgekommen, trotz meiner Furcht und der Scham. Ich führe mit meiner Frau und meiner Tochter ein unbescholtenes Leben, belade die

Loren und rolle das Gestein aus den Minen nach draußen, bis ich sterbe. Kein einziges Stück Erz habe ich gestohlen, meine Hand nie gegen meine Familie oder gegen einen anderen Mann erhoben. Du brauchst mir nicht zu sagen, wer ich bin.«

»Es tut mir leid, ich weiß nicht, was in mich gefahren ist. Ich wollte dir wirklich nicht zu nahe treten.«

Mallki keuchte wegen des Erzstaubs, der sich in all den Jahren auf seine Lungenflügel gelegt hatte, und schaute durch das Fenster zum wolkenverhangenen Cerro Rico hinauf. »Wer hier überdauern will, muss bereit sein, Opfer zu bringen. Du findest kaum einen in Potosí, der nicht einen Bruder, seinen Vater, einen Sohn oder zumindest einen Freund in den Schächten verloren hat. Die Zeit steht seit Jahrhunderten still in der Stadt der Witwen und Waisen. Zehntausende von ihnen schaffen in den Minen, obwohl bekannt ist, dass sie dem Tío missfallen, den wir Mineros verehren, weil er entscheidet, welche Adern sich öffnen und welche sich verschließen.

Kannst du dir vorstellen, wie es sich anfühlt, wenn sich der Staub nach der Sprengung legt, die unerbittliche Hitze an Gewalt verliert, der Presslufthammer an Gewicht und du mit deinen Fingern über pures Erz streichst, das dir nicht gehört? Wir vergeuden unser Leben, um den Wohlstand der Fremden zu vergrößern, und verwahrlosen wie die Hunde. Sieh dir an, wie sich mein Haar lichtet, wie grau und schlaff meine Haut herabhängt. Dabei bin ich wahrscheinlich nur ein paar Jahre älter als du. Früher, als ich jung und unbedarft genug war, um an die Zukunft zu glauben, habe ich mir ausgemalt, ich könnte selbst darüber bestimmen, was aus meinem Leben werden soll. Ich Idiot. Es sind einfach zu viele, die uns ein gutes Leben missgönnen, und wir, die zusammenhalten sollten, beneiden und schaden einander. Ach, was rede ich da, du bist erschöpft und kaum bei dir. Ruh dich aus und verzeih mir mein Aufbrausen.«

Jemand klopfte gegen die Tür. Die Tochter, deren verlegener Blick verriet, dass sie ihren Vater im Gespräch mit dem Fremden nur ungern stören wollte, es aber tun musste, kam herein und überreichte ihm ein Flugblatt. »Sie verteilen es überall«, ergänzte sie, lugte eingeschüchtert zu Amaru und folgte dann dem Handzeichen ihres Vaters nach draußen.

Mallki überflog das Papier. Seine Gesichtszüge erstarrten. »Was hast du getan?«, blaffte er und warf das Flugblatt aufs Bett.

Der sich Amaru darbietende Anblick widerte ihn an. Ein zertrümmerter Schädel und seine ausgesickerte Hirnmasse waren großflächig abgebildet. Darunter standen der Tathergang und eine Beschreibung des Gesuchten. Mitteleuropäer. Etwa 1,75 Meter groß. Eingehüllt in einen noblen, schwarzen Mantel. Des Spanischen und des Quechuas akzentfrei kundig. Mehrere Zeugen hatten den mutmaßlichen Täter in Potosís Gassen torkeln sehen und verwirrt mit sich selbst sprechen hören, bevor er seinem Opfer in die Mine nachgeschlichen war. Auf die Ergreifung des Verdächtigen war ein Kopfgeld von hunderttausend Bolivianos ausgesetzt. Tod oder lebendig. »Und weiter?«, entgegnete Amaru wie ein Unbeteiligter.

»Und weiter? Du musst Potosí schleunigst verlassen! Der Mann, den du gestern Nacht getötet hast, war der Handlanger eines mächtigen Händlers. Er wird alles daransetzen, den Mörder zu finden und ihn leiden zu sehen. Hier bei uns kannst du nicht bleiben, auch wenn wir dir dankbar sind. Einen Menschen wie ihn zu töten ist nichts Verwerfliches. Hätte ich nicht bereits mein halbes Leben im Gefängnis versäumt und wäre ich nicht verantwortlich für das Leben meiner Familie, bei Gott schwöre ich dir, ich hätte diesen Mistkerl längst erschlagen. Weißt du, wo du dich verstecken kannst?«

»Wovon redest du? Ich habe niemand getötet! Der Zambo, ich meine Rodrigo und ich, wir haben Wein getrunken und dann bin ich gegangen. Mehr ist nicht passiert.« In Amarus bleiches Gesicht schoss Farbe. Sein Hals schnürte sich zu. Er wollte seine Unschuld beteuern, aber er brachte nichts mehr hervor. Zweifel überkamen ihn. Zweifel an seinen eigenen Erinnerungen. Was hatte sich letzte Nacht zugetragen? Die Schmelzöfen. Die dampfenden Mineralien. Der Dreck. Die Enge. Der Lärm. Das Zwiegespräch mit dem Tío in der kristallinen Herzkammer. Tikas Wut und der zermatschte Schädel glommen auf. War dies alles etwa mehr als der Traum eines Berauschten? Chaupi und Pilpintu hingegen ein Hirngespinst? Unmöglich. Die Adern an seinen Händen und an seinen Schläfen schwollen an. In seinen Augen verästelten sich die Blutgefäße zu einem Flussdelta. Er schnaubte und krallte sich in der Matratze fest.

»Schone deine Kräfte. Vor mir brauchst du dich nicht zu rechtfertigen. Wenn du willst, bringe ich dich von hier fort«, sagte Mallki wohlwollend, obgleich er von Amarus Tat sichtlich verschreckt war.

Amaru nickte gleichgültig. Sollte Mallki doch von ihm denken, was er wollte. Was kümmerte es ihn? Wichtigeres lag vor ihm. Chaupi hatte den Khipu entschlüsselt, Pilpintu in ihm Verborgenes wiederbelebt und ihm die Unverwüstlichkeit der Träume ins Gedächtnis zurückgerufen. Daran war nichts zu rütteln. Ein einziges Wort stotterte Amaru heraus: »Uturuncu.«

»Zum Uturuncu? Weißt du, wie weit das ist?«, entfuhr es Mallki. »Na gut, du hast ja recht. Dort unten im menschenleeren Süden wird dich niemand finden. Wenn die Dunkelheit kommt, brechen wir auf.« Mallki stapfte hinaus und verriegelte die Tür. Ein Mörder ruhte in seinem Haus, aber ein nach Gerechtigkeit strebender.

»Wer seid ihr und was wollt ihr von mir?«, erkundigte sich Amaru bei Tika und seinem Schatten. Indessen er auf eine Antwort wartete und seine lädierten Hände betrachtete, die keinesfalls zum Morden fähig sein konnten, driftete er mit der Gewissheit, dass der Vorfall in der Mine bloß ein Traum war, in den Schlaf.

Das heranrückende Heulen von Sirenen rüttelte Amaru wach. Die Nacht war hereingebrochen. Draußen jaulten die Hunde. Stimmen überschlugen sich. Ein Streit. Ein Machtwort. Mallki trat herein. »Amaru, steh auf! Ich habe den Wagen beladen. Beeil dich, die ganze Stadt ist in Aufruhr. Sie durchsuchen jede Hütte nach dir!«

Es dauerte einige Augenblicke, bis Amaru sich bewusst

wurde, wo er war und weshalb er fortzugehen hatte. Tika. Ein Grund zur Eile. Von Mallki gestützt, ging er in die eisige Finsternis hinaus. Satter Regen prasselte nieder und weichte die Erde auf. Die wenigen Schritte bis zum Wagen genügten, dass Amaru vor Nässe triefte. Er legte sich auf die Rückbank, zog die Beine an und ließ sich von Mallki unter Decken und Fellen verstecken. Nur sein kondensierender Atem drang hervor.

»Das Unwetter ist zu stark, um ab Uyuni die Straße in Richtung Süden zu nehmen. Was hier vom Himmel fällt, ist nichts gegen das, was in der Cordillera de Lípez herunterkommen muss. In diesen Höhen ist das Wetter unvorhersehbarer als die Launen der Händler. Uns bleibt nichts anderes übrig, wir müssen einen Umweg machen und den Salar durchqueren. Dann werden wir uns über die unbefestigten Wege nach Peña Barrosa durchschlagen. Hoffen wir, dass der Motor hält, uns der Regen nicht fortspült oder wir uns im Schlamm festfahren. Gibt es denn keinen anderen Ort, an dem du untertauchen kannst?«

»Uturuncu!«, schlotterte Amaru entschlossen.

»Du bist wahnsinnig, aber du musst selbst wissen, was das Beste für dich ist. Sollten wir an einer der Straßensperren auffliegen, wirst du sagen, dass du mich dazu gezwungen hast, dir zur Flucht zu verhelfen. Hast du mich verstanden?« Ehe Amaru bejahen konnte, ächzte der Motor und sie setzten sich in Bewegung.

An den großen Kreuzungen und an den Ausfahrtstraßen staute sich der Verkehr. Blaulicht kreiste. Megafone brüllten. Aus dem Kleintransporter, der vor Mallki und

Amaru gestoppt wurde, zerrten die Beamten zwei Männer heraus, drückten sie gegen die Außenwand des Laderaums und filzten ihr Fahrzeug. Die anderen Polizisten, denen der Wolkenbruch die Sorgsamkeit nahm, grüßten Mallki mit mürrischen Gesichtern aus ihren Regenponchos.

Amaru hielt die Luft an, obwohl er davon überzeugt war, dass selbst wenn man ihn entdecken sollte, seine Unschuld schnell belegt sein würde. Nachlässig durchleuchteten Taschenlampen den im Schritttempo rollenden Wagen und ließen ihn passieren.

»Ich kann nicht glauben, was ich hier tue«, brummelte Mallki, nachdem sie die Lichter Potosís zurückgelassen hatten. Die Frontscheinwerfer bohrten sich durch die Nacht und zogen den Wagen hinter sich her.

Amaru schob seine Hände unter seine Achselhöhlen und versuchte, sein Zähneklappern und sein Körperzittern zu unterdrücken. Nur langsam heizte die vom Motor abgeführte Wärme das Wageninnere auf.

Jeder Lichtkegel, der ihnen auf der kurvigen Landstraße entgegensauste, veranlasste Mallki zu einem anmahnenden Blick in den Rückspiegel. »Verdammt noch mal! Rühr dich nicht oder willst du uns beide ins Gefängnis bringen? Ich habe ein Leben zu verlieren!«, geiferte er zwischen seinen geschlossenen Zahnreihen. Als sie von mehreren Streifenwagen überholt wurden, nahm er den Fuß vom Gas, ließ das Lenkrad los und hob die Hände. Die Kolonne brauste einfach davon.

Mit jeder Biegung wurden die Straße verlassener, die Blendungen seltener, und bald waren sie die Einzigen, die durch diese unebene Gegend fuhren. Bei einer besonders harten Erschütterung spürte Amaru, dass sich die Wunde an seiner Brust wieder geöffnet hatte, und er stöhnte vor Schmerzen.

»Diese elenden Schlaglöcher! Man kann kaum etwas sehen«, fluchte Mallki.

Amaru hatte sich inzwischen aus seinem Versteck gebuddelt, zumindest so weit, dass sein Gesicht frei lag und er den Fahrer von der Seite betrachten konnte. Seine Nackenmuskulatur bezeugte, dass er einmal ein athletischer Mann gewesen war. Seine Mundpartie wirkte verbissen, aber ehrlich. Die Krähenfüße an seinem rechten Auge reichten bis an die Schläfe heran und akzentuierten all die Dinge, die ihm in seinem Leben widerfahren waren.

Mallki bemerkte, dass Amaru ihn beobachtete, und er wickelte die Ohrenklappen seiner Inkamütze herunter, um sein Profil zu verbergen.

Doch Amaru hatte sich seiner bereits vergewissert. Seine fleischigen Finger, abgewetzt und krumm, und die an seinen Handgelenken hervorspitzenden Tätowierungen hatten ihn verraten. Amaru durchbebte erneut sein kräftiger Händedruck aus La Paz. »Jetzt weiß ich, wer du bist! Du hast dir von Wamanyana im Gefängnis aus den Cocablättern lesen lassen, nicht wahr?«

Mallkis Selbstbeherrschung entlud sich in hysterischen Schlägen gegen das Lenkrad. »Ich wusste, dass du es bist, gleich im Stollen! Auch wenn wir uns in El Alto nur für Sekunden gesehen haben. Der Yatiri hat es mir vorausgesagt. Einen wie dich trifft man nicht nur einmal im Leben. So eine Scheiße! Ich habe genug eigene Probleme! Ich dämlicher Samariter!« Panisch beschleunigte er, als könnte er Amaru dadurch entkommen. In einer scharfen Linkskurve trugen die Fliehkräfte den Wagen beinahe über das als Begrenzung aufgeschüttete Erdreich hinaus. Mallki schüttelte mit dem Kopf, beäugte Amaru im Rückspiegel und wenn dieser sein Anstarren erwiderte, wich er ihm verschämt aus. Irgendwann aber übermannte die Neugier sein Entsetzen und er verlangsamte das Tempo wieder. »Das kann doch alles kein Zufall sein. Warum ausgerechnet ich? Willst du Geld? Du hast gesehen, wie ich lebe. Kein Fitzel Silber ist bei mir zu holen.«

»Ich möchte nur, dass du mich zum Uturuncu fährst, und dass wir uns wiedersehen, irritiert mich genauso wie dich. Aber wenn Wamanyana es vorhergesehen hat, muss es einen Grund geben, oder? Sag du mir, was ich sonst noch von dir wollen könnte.« Auch wenn Amaru seit dem Zurücklassen seiner Welt kaum mehr von sich in Erfahrung gebracht hatte, als dass er ein Suchender war, der der Hilfe anderer bedurfte, so wurde ihm nun gewiss, dass das Zuhören eine seiner Gaben sein musste, denn Mallkis Anspannung ließ unverhofft nach. Er redete und redete, wie einer, der eine Wahrheit kannte und sie lange zurückgehalten hatte, weil sich niemand für sie interessierte. Alles, was er sagte, drehte sich um Potosí und den Niedergang der einst wohlhabendsten Metropole in der Neuen Welt. Geschröpft von Händlern und Spekulanten. Zinn. Zink. Silber. Krise um Krise.

»Vor über 40 Jahren, an einem Donnerstag, ich weiß es

ganz genau, weil es das erste Mal in meinem Leben war, dass ich verstehen konnte, dass der vom Saufen unbeherrschte Handrücken meines Vaters aus Verzweiflung zuschlug, fanden die Gier und die Dominanz der Spekulanten über Nacht ein Ende. Die Brüder Hunt hatten jahrelang Tausende Tonnen Silber an sich gerafft und außer Landes geschafft. Der Preis für eine Unze war erst in den Himmel gestiegen, bis er von heute auf morgen ins Bodenlose fiel, weil an den Börsen das Regelwerk geändert wurde. Diese Widerlinge verspielten Menschenleben, anstatt ihr Geld wie üblich beim Pferderennen oder beim Hahnenkampf zu verwetten. Die Eingänge in den Berg waren vernagelt. Die Schmelzöfen erkaltet. Die Fabriken geschlossen. Alle in Potosí verloren ein Vermögen und die ganze Region, die vom Silber abhängig war, lag danieder. Nur der Federmann hatte sich rechtzeitig losgesagt und sich auf andere Mineralien konzentriert. Er hatte das neue Zeitalter gewittert wie ein Kondor seine Beute. War sein Instinkt einmal geweckt, gab er erst Ruhe, wenn er sein Begehren in seinen Fängen hielt. Die Silberkrise, die alles mit sich riss, bescherte dem Federmann, der, als alles wertlos war, den halben Berg aufkaufte, unbeschränkte Macht.«

Amaru wurde allmählich klar, dass den Federmann und Tika irgendetwas verband, und er, wenn er sie finden wollte, nicht umhinkam, auch ihn zu ergründen. Deshalb hakte er nach. »Was für ein Mensch war der Federmann?«

»Ein Mensch?« Mallki hatte sich nach hinten gedreht und stierte Amaru an, als säße der Sensenmann auf der Rückbank. »Ich habe viele Jahre für ihn geackert und in seinem Orchester gespielt. Kein anderer beherrschte die Trompete besser als ich, buckelte schonungsloser in seinen Minen. Trotzdem war ich ihm nichts wert. Niemand außer ihm selbst galt ihm etwas. Wenn er einen Menschen traf und ihm freundlich begegnete, tat er es nur, weil er sich davon einen Vorteil versprach. Sein Eigennutz ging so weit, dass er seinen Sohn allein deshalb nach Potosí geholt und ihn Pilpintu anvertraut hatte, damit er ihm, dem es trotz seines Bemühens nie gelang, unsere Sprache zu verstehen, verraten konnte, wenn seine Diener ihm irgendetwas vorenthielten.

Ich habe nie erlebt, dass der Federmann Erbarmen empfand oder sich nachsichtig zeigte. Selbst dann nicht, wenn seine Schergen seine Strafen vollstreckten und seinen Untertanen die Faulheit und ihren Aberglauben an eine bessere Zeit aus dem Leib prügelten. Die Gewalt, die der Federmann über uns ausübte, war größer als die unserer Götter. Zu ihnen konnten wir beten und gelegentlich erhörten sie unser Klagen auch. Der Federmann hingegen hatte für solche Schwächen nur Verachtung übrig. Für ihn waren sein Einfluss und sein Wohlstand die Konsequenz seiner überlegenen Natur und somit hielt er es für rechtens, ja für schicksalhaft, dass er über uns herrschte. Der Federmann war kein Mensch. Er hatte einen Pakt mit höheren Mächten geschlossen, um als Wesen aus der Unterwelt zu uns kommen zu dürfen. Wir alle waren ihm hörig, wie auch unsere Vorväter seinen Vorgängern, untüchtig, uns dem Kadavergehorsam zu verweigern. Willkürlich wälzte er unsere Körper. Wir schwiegen demütig, erduldeten willenlos, weil er mit einem einzigen Wort unser Leben, das eigentlich kein Leben mehr war, vernichten konnte.

Unsere einzige Hoffnung war sein Sohn, von dem wir glaubten, er würde sich von ihm abkehren und zu uns gehören, hatte er doch Gefallen an unserer Welt gefunden und sich dem Federmann mehr und mehr entzogen. Anstatt selbst einzugreifen, hatten wir unsere Zukunft in die Hände eines Kindes gelegt. So verzweifelt waren wir. Aber nachdem uns Wayra, dem ich als Schamanen und Schlichter vertraute, von der Verantwortung eines jeden und der wahren Natur des Federmanns überzeugt hatte, waren ich und zwei weitere Männer dazu bereit, uns seinem Vorhaben anzuschließen. Die anderen in unserer Gemeinschaft unterstellten ihm, er würde als Haussklave des Federmanns nichts anderes beabsichtigen, als sie ihm auszuliefern, um noch mehr Vorrechte zu erhalten. Diese Verblendeten übersahen, dass er im Gegensatz zu ihnen seine Stimme längst gegen den Federmann erhoben hatte, obwohl sein Leben und das seiner Lieben bedrohter war als ihres.

Wochenlang waren wir vier uneins darüber, wie wir den Federmann in die Geisterwelt zurückbefördern konnten. Meinen Vorschlag, ihm kurzerhand das Genick zu brechen, lehnte Wayra ab. Er beharrte darauf, seinen Tod wie einen Unfall aussehen zu lassen, damit wir nicht den Zorn seiner Partner auf uns zögen. Wayra wollte den Federmann unter dem Vorwand, die ergiebigste Ader aller Zeiten entdeckt zu haben, in eine der Minen locken und ihn so tief in den Berg hineinführen, dass sie nie wieder ans Tageslicht zurückkehren würden. Schließlich misstraute der Federmann seinen

Ingenieuren und Bergmännern und er glaubte nur, was er mit seinen eigenen Augen erblickte. Vermutlich empfand er eine Art sexuelle Befriedigung, wenn der Berg unter unseren Werkzeugen stöhnte und offensichtlich wurde, dass der Mensch die Natur bezwungen hat. Na ja, die anderen beiden Männer jedenfalls, die sich Wayra und mir angeschlossen hatten, missbilligten seinen Plan. Sie wandten ein, der Federmann könnte mithilfe des Tíos herausfinden. Besser wäre es, seinen Sohn zu entführen und das Verschwinden seines Vaters zu erpressen. Unser Streiten blieb nicht unbemerkt und so kam uns der Federmann in der weißen Wüste zuvor.

Der arme Wayra muss gelitten haben. Wir, die nach ihm suchten und ihn fanden, als er nach einem Tag noch immer nicht aus dem Salar zurückgekehrt war, während der Federmann mit seinem Sohn in seinem Palast hockte und sein Orchester für sich musizieren ließ, versuchten, ihn wiederzubeleben. Aber er hatte schon viel zu viel Blut verloren. Seine herausgeschnittene Zunge war vertrocknet. Wir schafften seinen Leichnam zurück nach Potosí und ein paar Tage später nahm man uns fest. Dabei hätte der Junge des Federmanns unsere Unschuld bezeugen können. Zuletzt habe ich ihn auf der Beerdigung jenes Mannes gesehen, für dessen Mord ich bald darauf eingebuchtet wurde. Hand in Hand mit Wayras Tochter trauerte er, als wäre sein eigener Vater gestorben, und doch verschwieg er, wovon er hätte sprechen müssen. Später schickte ihn der Federmann wohl nach La Paz. Wahrscheinlich befürchtete er, dass der Junge die auf ihm lastende Schuld nicht ewig ertragen würde. Die Schuld, die er ihm aufgebürdet hatte.«

So sorgfältig Amaru auch in seinem Gedächtnis schürfte, sich das Gehörte vorstellte und sich in die Beteiligten hineinversetzte, nichts von alledem schien irgendetwas mit ihm zu tun zu haben und dazu beizutragen, dass er Tika und sich wiedererkennen könnte. »Wayra«, wiederholte Amaru mehrmals, ohne dass sich etwas in ihm auftat. Er massierte seine Schädeldecke, um seine Synapsen anzuregen, aber er konnte den Spalt zwischen ihnen nicht überwinden und das andauernde Versuchen ermüdete ihn dermaßen, dass er eindöste. Ein fortwährendes Wippen zwischen Schlaf und Wachsein. Wenn er kurz zu sich kam und zum Himmel spähte, zogen die Wolken unnatürlich schnell über ihn hinweg, als ob jemand an der Zeit gedreht und sie beschleunigt hätte. Bild für Bild prasselte auf seine Netzhaut ein. Morgenrot. Quellwolken. Gestreutes Sonnenlicht. Hellblaue Fläche. Aufgetürmtes Grau. Alles grau. Gleich schwarz. Blitze. Hagel. Grau. Schlieren. Quellwolken. Und wieder himmelblau. Von vorne hörte er Mallki immerzu reden.

Er erzählte von seinem Großvater, der einst, nachdem er wie Abertausende seine Anstellung in den Zinnminen verloren hatte, in den Krieg gegen Paraguay gezogen war, um in der Dornbuschsavanne und den Trockenwäldern des Chacos für das Sinnloseste zu kämpfen. Ein Krieg um Rohstoffe zwischen Konzernen, getarnt als eine Auseinandersetzung um verlassenes Land. Wochenlange Märsche durch die wasserarme Zone, am Rande des Verdurstens. Das Verharren in den Schützengräben unter dem Trommelfeuer der Artillerie. Frontalangriffe auf die befestigten

Stellungen des Feindes, der heldenhafte Angriff bis zum Äußersten. Tod und Verwesung. Die Selbstverstümmelung als einziger Ausweg. »Mir ist egal, was die Geschichtsbücher sagen. Mein Großvater ist Zeuge gewesen, dass die Standard Oil auf der einen und die Royal Dutch Shell auf der anderen Seite die Regierungen zum Waffengang angestachelt hatten«, schimpfte er, wobei Amaru seinen Behauptungen nicht folgen konnte.

Das nächste Mal, als Amaru die Augen aufschlug, sinnierte Mallki über das Trompetenspiel. Er sprach davon, dass sein Vater, wie er ein armseliger Minero, für seinen Sohn von einer Zukunft geträumt und ihm sein erstes Instrument vom Hungerlohn abgespart hatte. Poliertes Goldmessing in den Händen eines Kindes statt Hammer und Meißel. Stundenlanges Üben, jeden Tag, um sich aus der Armut herauszuspielen. Sein einziger Begleiter, dem er sein Innerstes anvertraute. Dann der Dienst im Todesorchester des Federmanns, der die begabtesten Musiker Potosís zu seinen Sklaven gemacht hatte. Seinen Launen ausgesetzt, dazu verdammt, sie bedienen zu müssen. Jahrelang. Schlussendlich die Entscheidung zu fliehen, in den Norden hinauf. Hauptsache weg. Drei Nächte zusammengepfercht auf einer Laderampe, gestützt von seinem Trompetenkoffer. Auf in ein neues Leben. Die Ernüchterung am Grenzübergang. Von den Schlägern des Federmanns erwartet. Der Strafdienst in der Mine, bis die Finger unbrauchbar waren.

Ein Blinzeln. Schlagartige Dunkelheit. Erschöpftes Atmen im Takt des Traumes. Amaru erwachte abermals. Im

Radio tönte die bolivianische Hymne. Laut und couragiert. Mallkis Lippen öffneten sich nur einen Spalt breit und doch war sein Mitsingen zu vernehmen. »Morir antes que esclavos vivir! Wañuy qunqur chaki kawsayta!«, bekräftigte er und blies seine Wangen auf, um das nachfolgende Trompetenspiel zu imitieren.

»Lieber sterben, als wie Sklaven leben«, sprach Amaru den Gesang nach, wobei ihm diese Zeile so vertraut vorkam, als hätte er sie selbst erdacht. Er probierte, sich jenen Moment vorzustellen, in dem der Irrsinn oder der Mut die Worte auf das Papier gebannt hatten, angesichts der Ausweglosigkeit. Aber diese Erinnerung schien nicht zu ihm zu gehören. Sie saß schlecht und war ihm viel zu groß.

Nachdem der letzte Ton der Trompete verklungen war, bremsten die Wolken in ihrer Bewegung abrupt ab und Mallki verließ den zum Stehen gekommenen Wagen. »Komm, Amaru, hier wird uns niemand begegnen. Vertreten wir uns die Beine«, unterbrach er Amarus Gedankengang. Mallki spazierte über einen verlassenen Eisenbahnfriedhof. Er kletterte auf einen der verrosteten Waggons und weiter zu einer der Dampflokomotiven. Die von Metalldieben zerfledderten Stahlskelette hatten sich in der Erde festgefahren. Ihre Radsätze waren von Staub bedeckt.

Amaru zog sich am Haltegriff hoch und wartete ab, bis sich sein Kreislauf stabilisiert hatte und der an seinen Nerven zerrende Schmerz in seiner Brust etwas abgeklungen war. Sodann ging er Mallki hinterher.

»Los, beeil dich! Das musst du dir ansehen«, rief ihm Mallki von einem Führerstand zu, den Blick in die Ferne gerichtet.

Amaru fasste die ihm entgegengestreckte Hand und stieg zu Mallki hinauf. Seite an Seite beschauten sie die unwirtliche Gegend. Eine weite Ebene, umringt von einer Hügelkette. Teils ockerfarben, teils fahlgrau.

»Dort hinten bei den Bergen verläuft die neue Strecke, direkt in den Salar hinein. Dieses Monstrum von Güterzug wird Tausende Tonnen aufladen!«

Amaru versuchte die ratternde Schrift auf den Waggons zu buchstabieren. Kurz glaubte er, Rot auf Schwarz gestrichen, Federmann zu lesen, doch die Buchstaben zerflossen und vertauschten ihre Form und ihre Reihenfolge. Jenseits des Zuges fluoreszierte eine weiße Linie, die sich im Luftflimmern verselbstständigte und ihn verschluckte. »Was will man hier in dieser gottverlassenen Einöde? Können wir jetzt weiterfahren?«

»Na, das Lithium!«, entgegnete ihm Mallki verwundert, da Amaru das Offenkundigste nicht bekannt zu sein schien.

Amarus Mundwinkel verzogen sich. Er lächelte, bald über das ganze Gesicht. Ihm war, als würde er zufällig einem alten Freund begegnen, bei dessen Anblick er seine Euphorie nicht mehr zurückhalten konnte. Das Lithium rief etwas in ihm hervor. Seine Herzfrequenz verdoppelte sich. Seine Sehkraft nahm zu. »Li-thi-um. Li-tio. Lithium«, prüfte er das salzig schmeckende Wort in seinem Mund, und jedes Mal, wenn er die Silben aneinanderreihte, verringerten sich die von seiner Verletzung hervorgerufenen Beschwerden. Für wenige Sekunden öffnete sich Amaru ein Zugang in die Vergangenheit und er brabbelte gedankenverloren vor sich hin. »Ordnungszahl 3. Alkalimetall. Die Dichte beträgt 0,534 Gramm pro Kubikzentimeter, die elektrische Leitfähigkeit 10,6·106 A·V–1·m–1. Die Kristallstruktur ist kubisch raumzentriert. Die Schallgeschwindigkeit beläuft sich auf 6000 Meter pro Sekunde bei 293,15 Kelvin.« Vor Amaru entfaltete sich eine chemische Strukturformel. Atome. Striche. Moleküle. Li_2CO_3. »Lithiumcarbonat!«, raunte er hingebungsvoll. Wie vertraut es ihm war. Das Lithium. Amaru weidete sich an dieser wohligen Erinnerung.

»Abermillionen Tonnen davon lagern in der bröseligen Salzkruste, dort hinten am Horizont. Es ist das größte Vorkommen weltweit«, funkte Mallki dazwischen. »Die angrenzenden Gemeinden umwohnen einen Schatz, den sie nicht anrühren dürfen. Jeden Tag betrachten sie ihn, um am Abend in ihren Hütten zu hungern und zu frieren. Nirgends sonst in Bolivien sind die Menschen so arm wie an den Rändern des Salars. Das Klima ist hart, es verzeiht keinen Fehler, und der Regen, wenn er fällt, so heftig, dass innerhalb weniger Stunden das Wasser bis zum Schienbein reicht. Doch die Ayllus stehen einander bei. Für sie sind Selbstsucht, Neid und Verschwendung Vergehen an sich und zugleich das Todesurteil für alle. Das Gemeinwohl war und ist ihnen oberste Pflicht. Sie könnten ein einfaches, aber gutes Leben leben, denn die Erde schenkt ihnen alles, was sie brauchen. Licht. Wasser. Nahrung. Liebe. Salz. All dies liegt auf ihrem Land, das inzwischen andere besetzt halten.«

Amaru hörte nur unaufmerksam zu. Er sehnte sich danach, dem Güterzug zu folgen. Hinein in den Salar. In seinen Gedanken klammerte er sich an einem der Waggons fest. Der Fahrtwind pfiff in seinen Ohren. Amaru johlte im Rausch der Geschwindigkeit.

»Schon in ein paar Tagen wird der nächste Zug kommen. Sie rasten nie. Weil die Welt nach Lithium verlangt und der Salar nun mal voll davon ist, hat man uns beim Bau der neuen Eisenbahnlinie geholfen. Allen voran die Europäer. Auf zu neuem Ruhm, haben sie geworben. Das ich nicht lache. Arglos haben wir dabei zugesehen, wie sie unser Grab ausheben. Sie schafften ihre Geräte herbei und fraßen sich durch das Land. Eine ihrer Maschinen übernahm die Verlegung der Schwellen, die nächste platzierte die Schienen und eine andere wiederum unterfütterte die Gleise mit Schotter. Kilometer für Kilometer. Die Züge pendeln jetzt zwischen den beiden Ozeanen und schaffen das Lithium fort. Nichts haben wir aus der Vergangenheit gelernt, sondern nur auf ihr Wort vertraut, dass sich die Geschichte nicht wiederhole. Wir sind ihren Lügen aufgesessen, weil wir an das Gute im Menschen geglaubt haben, obwohl niemand misstrauischer hätte sein müssen als wir. Bist du ein misstrauischer Mensch, Amaru?«

Amaru zuckte mit den Schultern. »Lithium!«, kicherte er und ihm war nicht danach, über etwas anderes nachzudenken.

Mallki sprang auf den Boden, lief zum Wagen, wuchtete zwei Kanister aus dem Kofferraum und füllte den Tank nach.

Amaru kam zu ihm und fasste mit an.

»Vorhin haben sie im Radio noch mal bestätigt, dass der Regen die Erde aufgeweicht und die Straße nach Süden fortgeschwemmt hat. Eigentlich hätten wir ihr von Uyuni bis Alota folgen können und von dort aus querfeldein bis nach Peña Barrosa. Dann wärst du am Uturuncu und ich bald zu Hause. Leider müssen wir tatsächlich durch den Salar. Den kürzesten Weg, entlang der Mündung des Río Grande de Lípez, blockieren die Förderanlagen und die Fabriken. Ihr Eigentümer hat eine Sperrzone errichten lassen. Sie wird von Soldaten geschützt. Wir werden das Gebiet also in einem weiten Bogen umfahren. Hoffen wir, dass das Wetter hält.« Mallki wischte sich das übergelaufene Benzin an seiner Hose ab, verstaute die Kanister und setzte sich ans Steuer. Amaru nahm auf dem Beifahrersitz Platz und so fuhren sie auf das Ende ihres Sehfeldes zu.

Die weiße Gerade rückte näher und weitete sich zu einer ebenen Fläche. Die bisher vom Wagen hochgewirbelte Staubwolke schwand. Die Farbe und die Beschaffenheit des Untergrundes veränderten sich. Amaru sah es endlich vor sich, das leichteste aller Metalle, das quarzhelle Lithium. Er kurbelte das Fenster herunter, lehnte sich nach draußen und leckte über seine Lippen. Salzschwaden wehten umher, wie Nebelfelder, angetrieben von den Winden, die von den nahe gelegenen Bergkuppen fielen und über ihn hinwegströmten. Je weiter der Wagen vordrang, desto empfindsamer wurde Amaru. Er beobachtete präzise den fortlaufenden Wandel der Oberfläche.

Ständig bildeten sich andere Formen und Muster heraus. Ein Mosaik in Gipsfarben, gespickt mit schillerndem

Perlmutt. Parallel verlaufende Linien, die sich im Nirgendwo zerstreuten. Feines Sediment, gerippte Herzmuscheln. Kräuselnde Wellenfurchen auf einem nun schneeweißen Meer, ohne Wasser. Dann unzählige Felder, aneinandergereiht wie die vergrößerten Epidermiszellen eines lebendigen Wesens. An den Zellrändern türmte sich das Salz Zentimeter hoch auf und zerbröselte unter dem Gewicht des Wagens. Ein reizendes Knistern. Ansonsten absolute Lautlosigkeit und Eintracht.

Die Landschaft wirkte erotisierend auf Amaru. Er faltete den Mantel über seinen Schoß und schlug die Beine übereinander, weil er seine sich anbahnende Erektion unterdrücken und vor Mallki verdecken wollte. »Was ist das für ein seltsamer Ort?«, rätselte er im Sinnesrausch.

»Das, Amaru, ist der Salar, ein geschlossenes Becken, das sich am niedrigsten Punkt des Altiplanos befindet. Alle Wasserläufe fließen in diese Senke und verdunsten hier. Die von den Flüssen mitgeführten Salze, die sie aus ihren Betten ausgeschwemmt haben, kristallisieren aus und bilden die funkelnde Kruste, über die wir fahren. Diese Wüste ist Hunderte Meter tief. Salz und Ton, Ebene für Ebene bis zum Grundgebirge. Die festen Salzschichten sind von Poren, Hohlräumen und Rissen durchzogen. Dort lagert die Lösung, nach der alle gieren. Nicht mehr als ein halbes Gramm pro Liter. Die höchste Konzentration befindet sich in der Mündung des Río Grande de Lípez, direkt bei den Fabriken.« Mallki zeigte gen Süden, wo die Sonne im Zenit stand und der Salar verführerisch glitzerte.

»Wem gehört dieses übersinnliche Land?«

»Dem Federmann, wem sonst.«

»Dem Federmann?«

»Ja, natürlich! Er ist der Herr des Salars. Er allein. Die Salzkruste. Die Sole. Die Fabriken. Alles ist in seinem Besitz.«

»Bist du dir sicher?«

»Amaru, das Lithium ist der Grund, weshalb Wayra sterben musste und ich verurteilt wurde. Ich habe im Gefängnis jeden eingeschmuggelten Zeitungsfetzen studiert, bis er zwischen meinen Fingern zerfallen ist. Bis hin zum Putsch gegen Hermano Evo war das Lithium das Eigentum aller, aber der Federmann hat sich letztlich durchgesetzt und sich den gesamten Salar geschnappt.«

»Das weiße Gold. Die Zukunft!«, staunte Amaru in Anbetracht der Endlosigkeit, die sie umgab. Diese Gegend, unverwechselbar, hatte er in seinem Traum schon einmal durchschritten, auf dem Weg zu Tika.

»Aber nicht unsere Zukunft«, wandte Mallki ein. Er entrüstete sich über die jahrzehntelangen Bestrebungen der diebischen Präsidenten Estenssoro, Sánchez de Lozada und Paz Zamora, die Salzpfanne auszubeuten, und ihre Verträge mit ausländischen Investoren, die sie gegen den Willen des Volkes abgeschlossen hatten. Der Ausverkauf des Salars, der Export seiner Schätze zu lächerlich niedrigen Steuersätzen, das Buhlen der Regierenden um das Geld der Investoren, deren Nutznießer sie und ihre Banden waren, und die Entmündigung der Bürger, der Verdammten, trieben Mallki Wuttränen in die Augen. Er schielte durch die Windschutzscheibe zum Himmel, schniefte und blinzelte. Sie hatten sich inzwischen so weit in den Salar hineingewagt, dass er sich nur mithilfe der Sonnenposition orientieren konnte. Um sie herum weiße Leere. Richtungslos und unbegrenzt. Zielsicher drehte Mallki das Lenkrad leicht nach links.

Überhaupt handelte und sprach er wohlüberlegt, anders als es Amaru seiner Herkunft und seiner Lebensgeschichte wegen erwartet hätte. Offensichtlich hatte er die Zeit im Gefängnis gut genutzt, schlussfolgerte Amaru.

»Vor allem um das Geld und die Kontakte des Federmanns bemühten sich diese Schweinehunde. Allerdings hatten sie ihre Rechnung ohne uns gemacht. Ihre Pläne wurden von eben jenen Bauern, Viehhirten, Mineros und anderen Geschöpfen durchkreuzt, die sie verachteten und denen sie vorwarfen, die Entwicklung und die Eingliederung unseres Landes in den Weltmarkt zu vereiteln. Die Hüter der freien Welt unterstellten uns sogar, dass wir Nationalisten seien, nur weil wir verwalten wollten, was uns gehörte. Was verstünden dümmliche Indios vom Wohle des Menschen, vom guten Leben, höhnten sie. Die Mehrheit der Bolivianer verstand mehr davon, als sie glaubten. Wir lehnten die Beteiligung der Fremden strikt ab und so stagnierte die Entwicklung des Salars über Jahre hinweg, weil sich das Departamento Potosí, die Regierung in La Paz und die am Salar lebenden Gemeinden nicht einigen konnten, in diesem Kampf um Gewinne und Mitbestimmung.

Als Präsident Sánchez de Lozada im neuen Jahrtausend zu seiner zweiten Amtszeit antrat, wurde erneut privatisiert und die Konzessionsvergabe vereinfacht. Er und seine Nutznießer veräußerten unser Land, ohne uns um Erlaubnis zu fragen. Aber diesmal stellte sich ihnen eine Kraft entgegen, die sich nicht zum Schweigen bringen ließ, indem man ihr eine Zunge herausschnitt. Hunderttausende hätten es sein müssen. Der ganze Salar wäre ein Zungenteppich gewesen. Immer mehr Menschen schlossen sich dem Movimiento al Socialismo und Hermano Evo an, um unser Land zurückzuerobern. Sánchez de Lozada und seinesgleichen, darunter der Federmann, hauten im Schwarzen Oktober ab. Sie hatten eingesehen, dass der Wind nicht mehr gut für sie stand und die Toten, deren Blut an ihren Händen klebte, nicht mehr aus der Erde zu holen waren.

Mit Hermano Evo, diesem gewöhnlichen Menschen aus dem Altiplano, der den Mangel und die Erniedrigung von klein auf kannte, der wusste, wie es ist, tagelang zu marschieren, um Salz und Kartoffeln gegen ein wenig Mais und Batterien zu tauschen, und dem die Hilflosigkeit nicht fremd war, wenn das Fieber unaufhörlich stieg und nichts anderes blieb, als Zucker und Coca unter die Achseln zu streichen, in der Hoffnung, der Körper würde von selbst gesunden, begründeten wir uns neu. Er hatte sich aus der Cocagewerkschaft in Chapare, friedlich und gemäß dem Willen der Mehrheit, an die Spitze unseres Staates gekämpft. Unter dem Jubel der Massen gab er uns alles zurück. Das Öl. Das Gas. Die Minen. Und vor allem das Lithium. Doch noch immer wussten wir nicht, wie wir es nutzen sollten, ohne die geeigneten Technologien. Zähneknirschend gestanden wir uns also ein, dass unsere Zukunft, ohne die

Hilfe von außen, für immer brachliegen würde. Und so kam, was kommen musste. Die Verträge mit den Europäern und den Chinesen, die diesmal vor allem uns Bolivianern nutzen sollten, öffneten ihnen alle Tore und nach ein paar Jahren war aus Partnerschaft wieder Beherrschung geworden. Schließlich sind der Federmann und dergleichen ausdauernde und geduldige Wesen, für die zu lügen und zu stehlen keine Vergehen sind. Im Gegenteil.«

Amaru hörte nicht mehr zu, denn was ihn umgab, war so mächtig und vollkommen, dass es seine Wahrnehmung gänzlich an sich band. Diese unermessliche Weite, zum Loslassen auffordernd. Jedweder Bezugspunkt war geschwunden. Die eigene Bewegung nicht mehr wahrnehmbar. Der Salar. Ein vieldimensionaler Raum, ohne Beschränkungen. Amaru war dabei, sich von seinem derzeitigen Selbst zu lösen, davonzugleiten und im Salar aufzugehen.

Aber Mallki drang zu ihm hindurch und hielt ihn fest. »Verdammt! Wenn da vorne schon so viel Wasser steht, ist der übrige Salar unpassierbar. Es tut mir leid, Amaru. Wir müssen umkehren.«

»Anhalten! Sofort anhalten!«

»Hey, was machst du da? Hör auf! Lass los! Spinnst du?«

»Ich habe gesagt, du sollst anhalten!« Amaru riss an der Handbremse. Der Wagen geriet außer Kontrolle, drehte sich quer und driftete über den Grund. Kurz vor der Wasserkante stand er still. Amaru stieß die Tür auf und indem er den ersten Schritt auf die knackende Salzkruste trat, brach eine Urgewalt über ihn herein. Es war ein knallender Impuls im Gehirn, stark genug, um den Spalt zwischen seinen Synapsen endlich zu überbrücken und eine Verbindung zu sich herzustellen. Amaru vergegenwärtigte sich für einen Augenblick seines vergessen geglaubten Lebens. Im wässrigen Abbild der Welt beschaute er, was hinter ihm lag, und er war sich sicher, dass dies der Wirklichkeit entsprach.

Seine intakte Wohnung über den Dächern der Großstadt. Auf dem Schreibtisch blinkende Monitore. Daneben stapelweise Papiere. Tabellen. Graphen. Kurse. Alle steigend. Amaru wandelte durch die weitläufigen, ihm wohlvertrauten Räume und hörte sich am Telefon sprechen: »Aneignen! Alles! Jeder, der sich uns in den Weg stellt, wird vernichtet!« Dies war zweifellos seine Stimme, doch irgendetwas verfremdete sie. Sie klang nüchtern und unnahbar, fast unmenschlich. Die Klingel läutete. Noch mal und stürmischer. Amaru sah sich selbst die Wohnungstür öffnen. Vor ihm stand der Federmann, mit einer Flasche Cognac. Le Voyage de Delamain. Statt seiner Rüstung trug er einen schwarzen Mantel. Wie ähnlich sie sich waren. Der Federmann und er. Sie reichten einander die Hände, und der Federmann trat über die Schwelle. Sie setzten sich ins Wohnzimmer, in die schweren Ledersessel. Sie tranken und stichelten im Scherz. Amaru tischte Kokain auf. Er zog Bahn für Bahn. Der Federmann paffte an seiner Zigarre. Wie Partner schwelgten sie im Triumph. Die Könige der Welt.

»Amaru! Jetzt komm her! Wir müssen zurückfahren!«, brüllte Mallki aus dem Wagen heraus.

Die Brücke zwischen Amarus Nervenzellen geriet darüber ins Wanken, stürzte in sich zusammen, und er kehrte verdutzt in den Salar zurück. Was blieb, war die Gewissheit, dass er den Federmann aus seinem früheren Leben kannte und sie zueinander in irgendeiner Beziehung standen. In welcher, konnte er nicht eindeutig sagen. Ihr Händeschütteln und ihr Beisammensein waren zu unterkühlt, um befreundet, und zu innig, um verfeindet zu sein. Er hing seiner Vision nicht lange nach, denn der Salar überwältigte ihn wieder. Amaru strich über den porösen Grund. Jahrmillionen glitten durch seine Finger. Er schöpfte im stillstehenden Wasser und trank aus seinen Handflächen. »Litiotopia!«, schwärmte er.

»Amaru, wo willst du hin? Bleib hier! Hörst du mich? Geh nicht weiter!«

Amaru gab nichts auf Mallkis Warnung und stelzte ins tiefer werdende Wasser. Der geflutete Salar. Eine diffuse Sphäre. Himmel, Sonnenlicht und Erde. Alles fusionierte. Die Welt als Ganzes. »Ich und du!«, rief Amaru enthusiastisch, indessen er sich um seine eigene Achse drehte. Er spiegelte sich unscharf zwischen den Quellwolken und Sonnenreflexionen wider und dachte an Tika. Seine Arme umschlangen die Luft, aber ihm war, als fasste er an Tikas Taille, um sie beim Tanz zu führen. Beider Körper eng aneinandergedrückt. Ihre Brust wärmte seine. Ihre Herzen schlugen im gleichen Rhythmus. Seit seiner Ankunft in Bolivien hatte er sich ihr und sich selbst nie näher gefühlt als in diesem Moment. Amaru wähnte sich auf dem richtigen Weg und er war davon überzeugt, dass er schon bald auf sie treffen und durch sie zu sich kommen würde.

»Steig ein, Amaru, bitte! Das Wasser steht dir gleich bis zur

Hüfte. Du verkühlst dich noch.« Mallki hatte den Wagen bis auf wenige Meter an Amaru herangesteuert, im Kriechtempo, um den Motor nicht zu ertränken. »Was ist mir dir? Hast du mich gehört, Amaru? Hier geht es nicht weiter. Vielleicht kannst du dich in Uyuni für ein paar Wochen verstecken?«

»Lass uns zu den Fabriken fahren und dann zum Uturuncu!«, forderte Amaru mit weit aufgerissenen Augen, denn er verspürte eine kosmische Anziehungskraft.

»Bist du wahnsinnig geworden? Sie werden uns verhaften und herausfinden, was in Potosí geschehen ist. Als deinen Komplizen werden sie auch mich auf der Stelle töten! Was habe ich mir nur dabei gedacht, dir zu helfen?«

»Niemand wird uns etwas tun. Ich fühle, dass es mir zusteht, diesen Ort zu betreten. Vertraue mir!«

»Dir vertrauen? Was ich über dich weiß, spricht nicht gerade für dich. Hast du den Toten in der Mine etwa vergessen? Ist dir ein Menschenleben gar nichts wert? Beinahe hättest du zwei weitere auf dem Gewissen. Kannst du dir überhaupt vorstellen, was ein Unfall hier draußen zu bedeuten hat? Hier ist niemand außer uns. Niemand, Amaru, verstehst du? Weshalb sollte ich mich für dich länger in Gefahr bringen? Ich kenne dich kaum und mir liegt auch nichts daran, dass sich das ändert.«

»Und was ist mit Wamanyanas Prophezeiung? Du hast selbst gesagt, dass das kein Zufall sein kann. Wir mussten uns begegnen, damit du mir hilfst! Bitte! Nur noch dieses eine Mal!«

Mallki atmete überhastet und zu flach. Er streckte sich, um der Beklemmung in seinem Brustkorb entgegenzuwirken.

Amaru kletterte derweil durch das offene Fenster auf den Beifahrersitz.

»Amaru, begreifst du denn nicht, was passiert ist? Auf allen Sendern sprechen sie über dich. Du hast einen Handlanger des Federmanns erschlagen und jetzt willst du von mir, dass ich dich zu seinen Fabriken fahre?«

»Und wenn schon, der Tote geht mich nichts an!«

»Lass es gut sein. Wirklich, ich will nichts mehr davon hören. Allein weil ich den Yatiri schätze, setze ich dich vor dem Fabrikgelände ab, weit genug entfernt, um nicht mit dir gesehen zu werden. Ab dann bist du auf dich allein gestellt. Ist dir das klar?«

Amaru bejahte mit einer zur Eile drängenden Kopfbewegung. Er war darauf versessen, so schnell wie möglich zum Uturuncu zu gelangen, zu ihr.

Mallki drückte aufs Gas. Stundenlang hetzten sie über die hypnotische Ebene, ohne miteinander zu sprechen. Nur einmal richtete sich Amaru an Mallki. »Wir müssen uns südlicher halten«, monierte er, und Mallki folgte seiner Anweisung, weil auch er im gleichen Moment bemerkt hatte, dass sie zu weit nach Westen abzukommen drohten.

Amaru räsonierte nun pausenlos, wie er dachte, allein für sich, was er im flachen Wasser gesehen und unter der Wucht des Salars gespürt hatte. Sollte er tatsächlich auf den Federmann treffen, dann wollte er ihm die Hand reichen und abwarten, was passieren würde. Falls nötig, plante er, würde er schnell reagieren und dem Federmann die Gelenke brechen. Eines nach dem anderen.

Die Nachmittagssonne erhitzte Amarus Gemüt und den

Salar. Kalte und warme Luftschichten stießen aufeinander und lenkten die Lichtstrahlen ab. Gleich einer Fata Morgana dunstete in der Ferne das Fabrikgelände. Mit dem Näherrücken des Spukbildes hatte Amaru immer seltsamere Eingebungen, die er halblaut nuschelte. »Anfangs pumpten sie die aus dem Bohrloch strömende Salzlösung in aufgeschüttete Becken und warteten darauf, dass die Sonne für die Eindampfung sorgte. Wenn eine bestimmte Konzentration erreicht war, ließ sich die Lösung einfach abziehen und im nächsten Schritt aufbereiten. Nur dieses verfluchte Magnesium erschwerte alles und minderte die Ertragsspanne. Dazu der winterliche Starkregen und die ihm nachfolgenden Überflutungen, die regelmäßig die Ernte ruinierten. Also verfeinerten sie die Technologie und experimentierten zusätzlich mit dem Kegelverfahren. Hierbei floss die Lösung an der Außenseite nach unten und durch die zusätzliche Bewegung war die Verdampfung durch die Sonne und den Wind effektiver. Nach nur wenigen Tagen, statt früher Monaten, war die Ernte reif.« Amaru lobte die Kombination der beiden Methoden und die Möglichkeit, ganzjährig produzieren zu können. Ein Wettbewerbsvorteil gegenüber den Argentiniern, den Chilenen und den Chinesen, alles hinterhältiges Pack. Er verlor sich im Verfluchen der Konkurrenz und unterstellte ihr, die bolivianischen Anlagen zerstören oder zumindest unterwandern zu wollen.

Hiernach rühmte er die gigantischen Mengen Lithium, die im Untergrund des Salars steckten. »Fast ein Sechstel des weltweiten Vorkommens! Und dazu diese dümmliche

Regierung mit ihrer Utopie von einem guten Leben. Leichte Beute für einen Federmann! Kinderleichte Beute!«, jauchzte er manisch. Seine Daumen und Zeigefinger rieben übereinander, wie beim Geldzählen. Unwillkürlich zitterte sein Kopf und er verzog die Unterlippe.

Mallki, der alles mit angehört hatte, musterte Amaru verängstigt. »Amaru? Geht es dir gut? Wir sind gleich da.«

»Alles bestens! Warum fragst du? Ah, da vorne ist also die Fabrik?«

»Ja, Amaru, da ist sie. Sie produzieren ihre Batterien nun direkt vor Ort, verladen das übrige Lithium auf die Waggons und bedienen damit die Welt. Jeden Tag verschlingt dieses Monstrum von Fabrik Tausende Kubikmeter Süßwasser und ebenso viel salziges Brackwasser. Dafür reicht der Río Grande nicht aus. Er fließt ja nur wenige Monate im Jahr bis zur Mündung.«

»Also graben sie immer tiefer, fördern das Grundwasser und die Sole, bis sie erschöpft sein werden, und die Gemeinden beten um Regen«, vervollständigte Amaru Mallkis Satz süffisant.

»So ist es, Amaru. Hör mir zu. Ich gebe dir bis Sonnenuntergang Zeit, vorher werde ich nicht abhauen. Darauf hast du mein Wort. Versprochen!« Amaru breitete seine Arme aus, um Mallki zu danken, aber Mallki scheute zurück und drückte sich seitlich gegen die Fahrertür. »Schon gut. Geh einfach. Bitte!«

Die Begegnung mit dem Salar hatte Amaru verwandelt. Beim Aussteigen sah er sich im Seitenspiegel und erschrak. Seine Wangen und sein Kinn waren aufgedunsen, seine

Pupillen so geweitet, dass sie seine Iriden vollständig verdrängt hatten. Speichel tröpfelte aus seinem Mund. Mit seinen Händen scheuerte er über seine Wangen, um sich zu vergewissern, dass er es war, der sich ihm zeigte. Er war bei Sinnen, fühlte sich für den bevorstehenden Trip gut gewappnet und er konnte sich den Unterschied zwischen seinem Empfinden und seinem Spiegelbild nicht erklären.

»Nimm wenigstens etwas Proviant und ein paar Decken mit. Der Weg bis zum Uturuncu ist weit und die Nacht wird bitterkalt!«, appellierte Mallki an Amarus Vernunft.

Doch Amaru hastete bereits der sich zwischen den wieder aufgekommenen Salzverwehungen abzeichnenden Lithiumanlage entgegen. Die Schemen wurden deutlicher. Amaru drehte seinen Kopf von einer Seite zur anderen, ohne das Ende der Förderanlage sichten zu können. Banner bedeckten den gesamten Schutzzaun. Auf ihnen war ein die Weltkugel stemmendes Flügelpaar zu sehen, ununterbrochen aneinandergereiht. Im Inneren des Globus stand ein Schriftzug, rote Lettern auf schwarzem Grund: EL FUTURO – FEDERMANN AG. Seine Augen hatten ihn nicht getäuscht, als der Güterzug am Eisenbahnfriedhof an ihnen vorbeigerauscht war.

Amaru klopfte sich das Salz vom Mantel und ging, ohne ein Anzeichen von Unsicherheit zu erwecken, auf das Eingangstor zu. Links und rechts davon patrouillierten zwei Soldaten, die ihre Maschinenpistolen schräg vor ihrer Brust trugen. Zwei weitere Soldaten hockten im Wachhaus und hielten ihre Ferngläser auf Amaru gerichtet. »Lasst mich durch!«, versuchte er es dreist und die Wächter salutierten.

»Mein Herr, verzeihen Sie, wir konnten Sie zwischen den Schwaden nicht richtig ausmachen«, entschuldigte sich der Ranghöchste.

Amaru wusste nicht, mit wem sie ihn verwechselten, und es war ihm auch egal. Er wollte nur schleunigst auf die andere Seite der Förderanlage gelangen, um weiter nach Süden zu gehen.

Das Tor zum Reich des Federmanns schob sich auseinander. Vor Amaru schimmerten Hunderte Verdunstungsbecken mit lithiumhaltiger Sole in den Farben ihres Reifegrades. Kilometerlang. Manche Bassins hellblau, andere grünbraun, maiskorngelb oder türkis, die meisten weiß, abhängig von den ihnen zugeführten Chemikalien. Sie waren schachbrettartig angelegt wie der Grundriss einer kolonialen Stadt. Zwischen ihnen, auf den asphaltierten Straßen, fuhren Lastwagen und Bagger umher. Hupend. Quietschend. Piepend. Ein lärmendes Durcheinander. Amaru orientierte sich an einem mehrstöckigen Gebäude, hinten bei den Lagerhallen, weil er dort, beim höchsten Bauwerk, intuitiv einen Ausgang vermutete. Im toten Winkel einer Planierraupe näherte er sich an und als er davorstand, blieb sein Blick an der Außenfassade haften. Eine verblasste Schrift. Yacimientos de Litio Bolivianos. »Bolivianisches Lithiumvorkommen«, übersetzte er. Zugleich ergänzte eine innere Stimme: »Früher einmal!«

Eine Erinnerung schwelte in ihm. Er konnte die Mauern der Fabrik durchschauen und dahinter der chemischen Aufarbeitung folgen. Dem in den Becken auskristallisierten Lithiumsulfat, das mit Kalk gemischt wurde, um das

Magnesium zu entfernen und den Reinheitsgrad auf den notwendigen Industriestandard zu erhöhen. Dem Abtrennen der Magnesiumpaste, dem Herausfiltern von Kalziumsulfat aus der verbliebenen Flüssigkeit und der Hinzugabe von Chemikalien. Endlich. Lithiumcarbonat und dann Lithiumhydroxid. Der Großteil wurde direkt in den Nebenbau weitergeleitet, wo die Techniker die filigrane Verarbeitung zu Lithium-Ionen-Batterien überwachten.

Im Vorbeigehen an einer offenen Lagerhalle beobachtete Amaru die Arbeiter, wie sie das übrige, zu einer Düne angehäufte Material auf seine Trockenheit hin prüften und im Akkord in Säcke schaufelten. In rote Overalls und Gummihandschuhe gekleidet, ihre Köpfe mit Helmen verschlossen, schützten sie sich vor den Ätzungen. Hätte Amaru es nicht besser gewusst, dann hätte er sich auf einem anderen Planeten geglaubt, fernab seines Sonnensystems. Dieser außerirdische Ort erweckte etwas in ihm. Etwas, das ihn in Unruhe versetzte. Von seinen Füßen breitete sich ein Juckreiz über seinen Körper aus und er kratzte sich, als litte er an Entzugserscheinungen. Das Lithium. Diese Geräuschkulisse. Die Bohrtürme. Die übereifrigen Wesen in ihren Raumanzügen. Er musste fort von hier, ehe er auffallen und enttarnt werden würde.

Ohne Umwege nahm er zwischen den Gebäuden die richtigen Abzweigungen, huschte durch ein unbewachtes Hintertor auf eine Laderampe und sprang auf die Gleise. Schritt für Schritt rannte er seiner Vergangenheit entgegen, hinein in einen Irrgarten aus zigtausend aufgeschütteten Salzkegeln. Prompt realisierte er, dass er auf einem Testgelände gelandet war, noch immer im Reich des Federmanns gefangen. Allein und desorientiert geisterte Amaru zwischen den haushohen Haufen umher. Alles verdichtete sich zu einem weißen Einerlei, auch sein Schatten. Hatte er in seinem Traum nicht an genau dieser Stelle die zum Blut spuckenden Greis führende Fährte entdeckt? Illusion. Realität. Amaru war es unmöglich, die Dinge voneinander zu trennen. Er bückte sich vornüber, um die Spur nicht zu verfehlen und vielleicht einen Ausweg zu finden.

»Schau sich das einer an! Ein schwarzer Jaguar, der sich in den Salar wagt, wo der Uturuncu für gewöhnlich zu viel Licht scheut«, alberte ein Echo zwischen den Salzkegeln.

Amaru strich über seinen Mantel und bemerkte, dass er aus dem widerspenstigen Fell eines Jaguars geschneidert war. Es roch nach feuchter Erde, frischem Blut und Exkrementen.

»Es rettet uns kein höheres Wesen, kein Gott, kein Kaiser noch Tribun. Uns aus dem Elend zu erlösen, können wir nur selber tun«, ertönte der herannahende Gesang mannigfach.

Von ihm aufgescheucht, durchkämmte Amaru die Umgebung. »Bist du der Federmann?«

»Also bitte, der Federmann? Erkennst du mich nicht?«

»Zeig dich!« Amaru klaubte etwas Salz auf, das er dem Unbekannten gegebenenfalls in die Augen feuern wollte.

Hinter einem der Kegel tauchte ein Mann hervor, geschunden und mit einem leichten Buckel. Das Gesicht war knochig wie ein Totenschädel. Sein gefestigter Blick schien von einer höheren Sache überzeugt zu sein. »Ach Amaru, wie lange ist es her? Du bist groß geworden«, sagte er gutmütig. Der Mann kam auf Amaru zu und schien ihn berühren zu wollen. Unter seinen Fingernägeln klebten die Fasern des San Pedro.

Obwohl er um Jahrzehnte jünger wirkte als in seinem Traum, erfasste Amaru, wer ihm gegenüberstand. »Du bist, ich meine, du warst in meiner Wohnung! Was hast du bei mir gesucht? Wie kommst du hierher? Und wo ist Tika?« Amaru hielt Abstand, denn er erinnerte sich genau, wie ihm der andere an die Kehle gesprungen war und zugedrückt hatte.

»Du wirst es gleich erfahren, mein Freund. Komm jetzt, da hinten ist es geschehen.«

»Wovon redest du? Wer bist du?«, fragte Amaru barsch, während ihn der andere durch den Irrgarten auf die freie Fläche des Salars brachte.

»Ich bin es, Wayra! Was ist mit dir los? Hast du alles vergessen?«

»Aber das kann nicht sein! Mallki hat mir gesagt, dass du ...!«

»Beruhige dich. Du siehst doch, dass ich am Leben bin. Gleich ist es so weit.«

»Was meinst du? Sprich mit mir!«

Vom Horizont fuhr ein schwarzer Punkt heran, der sich zu einem Geländewagen ausformte. Amaru hoffte, Mallki würde zurückkommen, und es überraschte ihn, dass statt seiner eine Horde von Männern herausstiebte, unter ihnen ein Kind an der Hand seines Vaters. Sie umstellten Wayra so eng, dass Amaru ihre Gesichter nicht sehen konnte und nur Wayras Stimme zu ihm durchdrang.

»Betrug! Unterwerfung! Demütigung und Ausbeutung! Der spontane und freie Markt ist ein Mythos. Eine Geschichte, an die du glaubst, die aber nicht zu Ende geschrieben ist. Dies ist unser Land und dafür geben wir unser Leben. Fahr zur Hölle, du Bastard!« Kaum hatte er zu Ende gesprochen, prügelten die Männer mit Eisenstangen auf ihn ein. Erbarmungslos. Ein Wummern. Ein Knochenbrechen. Ein Schnitt. Ein Schrei.

»Lasst ihn in Ruhe! Los! Legt euch mit mir an!«, versuchte Amaru die Bagage abzulenken. Das Salz, das er auf sie warf, und seine Schläge glitten durch die Gestalten hindurch, die Amaru im blendenden Sonnenlicht nur mehr als Silhouetten wahrnahm. In seiner Raserei verlor er die Balance und stürzte in Wayras Blutlache. Seine abgetrennte Zunge lag neben ihm. Ekel stieg in Amaru auf. Ekel vor sich und der Grausamkeit dieser Welt. Was konnte der Arme getan haben, dass sie ihn so fürchterlich bestraften?

Die Männer traten zurück. Ihre Wut hatte Wayra zum Greis entstellt. Er deutete in eine Richtung und umschlang dann mit Amarus Fingern seinen Hals.

»Hör auf! Ich hole Hilfe!« Amaru drehte sich zur Fabrik um. Alles war fort. Die Männer. Das Kind. Die Kegel. Die Bassins. Nur der verlassene Wagen stand in der Wüstenei. »Halte durch! Mir fällt schon etwas ein!«

Aber Wayra griff noch mal nach Amarus Fingern. Die Situation war aussichtslos. Die Qualen unerträglich. Er hatte sich mit dem Tod abgefunden und flehte um Erlösung.

Amaru erlitt seinen Schmerz und seine Verzweiflung, die menschenunwürdig waren. Er musste eingreifen, das geboten ihm sein Anstand und sein Mitgefühl. »Verzeih mir!«, bläkte er und fügte sich Wayras Wunsch. Amarus Hände packten zu. Sie würgten Wayra unerbittlich. Schaum trat aus seinem Mund und vermischte sich mit Blutfontänen. Seine Augen wurden glasig. Sein Gesicht lief blau an, er gluckste und starb. Amaru ließ los. An ihm hafteten die Hände eines Mörders, die er sich am liebsten amputiert hätte.

Amaru wurde schwindelig. Er stolperte zum Wagen, warf den Motor an und schoss über die Ebene, der sich senkenden Sonne entgegen. »Öffne dich und lasse dich auf das Unwahrscheinliche ein!«, predigte er sich Wamanyanas Worte. Dabei klatschte er sich ins Gesicht, um sich davon zu überzeugen, dass er wirklich wach war. Er war es. Wohin hatte er sich nur gewagt? Welche verbotene Schwelle hatte er übertreten? »Ich weiß von keiner Schuld! Ich habe nichts getan! Vergiss den Federmann!«, bläute er sich ein. Er wollte nur noch hin zu Tika, die jenseits des Salars nach ihm verlangte, und dann heimkehren mit ihr, heimkehren zu sich. Vor Amaru öffnete sich ein dunkler Streifen, der größer und eindeutiger wurde. Kahle Hügel erhoben sich. Das Ende des Salars. Der Motor stotterte, die Tanknadel fiel erschöpft zur Seite und nach einigen Kilometern rollte der Wagen aus.

Amaru setzte seine Füße auf die sandbraune Erde. Sein Schatten kehrte zurück. Ein Hoffnungsschimmer. Gemeinsam kletterten sie auf das Dach und überblickten die vor ihnen liegende Leere des Altiplanos. Eine unbegreifliche Weite, fast kränkend, die jeden Menschen unbedeutend erscheinen ließ und zur Demut zwang. Die einsamste aller Einsamkeiten. Hier und dort wuchs trockenes Ichu-Gras aus dem Staubboden. Ansonsten Eintönigkeit wie am Anfang der Welt. Amaru und sein Schatten stiegen wieder herab und Amaru durchsuchte den Laderaum nach etwas Nützlichem. Er wühlte wahllos herum und steckte ein paar Streichhölzer ein. »Gleich haben wir es! Und dann nichts wie weg hier! Alles wird gut!«, schwatzte er.

Hinter ihm dehnte sich sein Schatten in die Länge, als ob ihn sich die Dämmerung einverleiben würde. Ein leises Schlucken und er war verschlungen.

»Wonach suchst du, wo ich doch hier bin? Ach Amaru«, wisperte es in seinem Rücken.

Dieser sirenenhafte Klang. Die Melodie der Liebe. »Tika!«

»Kehre um in deine Welt. Diese hier braucht dich nicht. Du taugst nicht einmal als Bote!«

Amaru rang mit sich und seinem Verlangen, sich umzudrehen, sie zu berühren.

»Ich habe mich getäuscht, als ich dir im Traum begegnet bin! Verschwinde von hier, Amaru! Du genügst mir nicht! Nein! Du nicht!«

Was sie ihm sagte, konnte unmöglich wahr sein. Schließlich hatte Tika in seinem Traum sehnlichst nach ihm gefordert. Sie zu finden war seine Berufung.

»Du bist es nicht! Hau ab!«, beschwor sie ihn abermals.

Trotz seiner Verwirrtheit war Amaru wachsam genug, um die Täuschung zu erkennen. Diese Kreatur, die eine Bruja sein musste und die Tika imitierte, wollte ihn von seinem Weg abbringen. So kurz vor dem Ziel. Amaru holte das Brandopfer hervor, das ihm die Kallawaya auf dem Zaubermarkt zugesteckt hatte, und zündete es an. Die Wolle und das Baumharz fingen sofort Feuer. Hektisch pustete er in die Glut und ein Funke sprang auf den Fötus über. Sein Fleisch verschmorte und rutschte Amaru zwischen die Benzinkanister. Der Brand fraß sich durch den Wagen, der gleich ganz in Flammen und Rauch aufgehen würde.

Die Bruja wich fiepend zurück.

Amaru riss sich den Mantel über den Kopf und hechtete zur Seite. Die Druckwelle des explodierenden Wagens schleuderte ihn weg und er verlor kurzzeitig das Bewusstsein. Das Feuer wogte in seinen Ohren.

Lithium! Dreißigtausend Euro pro Tonne!
Alles für den Federmann!
Alles für uns!
Und niemand wehrt sich dagegen!

»Ich! Ich! Ich tue es«, polterte Amaru. Er kam wieder zu sich. Die ausgebrannte Karosserie stand vor ihm. Verlassen. Er hatte die Bruja vertrieben. Erleichtert wischte er sich die Spuren der Detonation aus dem Gesicht. Außer der Wunde an seiner Brust war er unverletzt. »Los, raff dich auf! Es liegt an dir!« Amaru lief in die menschenleere Ödnis hinein. Seine Fußabdrücke wurden vom aufkommenden Wind verweht.

Die ganze Nacht ging Amaru durch die von Gletschern modellierte Landschaft, deren Eis im Mondlicht funkelte und die sich mit der Fließgeschwindigkeit eines Flusses die Hänge hinab wälzten. Am Himmel häuften sich die Sterne zu einem siamesischen Zwillingsschädel. Die herausgestreckten Zungen der Jaguare wiesen wie verquere Kompassnadeln gen Süden. Dort erwartete sie ihn.

Immer dann, wenn Amaru in sich zusammenzusacken drohte, weil eine Blase an seinen Füßen aufplatzte oder eine um sich schlagende Böe auf ihn traf, dachte er an Tika. Ihm wurde warm ums Herz. Die von seiner Brust ausströmenden Wallungen durchflossen ihn und aktivierten neue Kräfte. Er würde nachholen, was er bisher versäumt hatte. Endlich sinnvoll handeln.

Der Wind schwoll weiter an und trieb Amaru zurück. Er lehnte sich mehrmals gegen einen der Felsen, die wie von Götterhand geworfen in der Landschaft verstreut lagen, um Schutz zu finden und sich die Cocablätter und die Paste in den Mund zu stopfen. Zugedröhnt stemmte er sich dem Grölen entgegen, ausdauernd wie ein Chaski. So überstieg er Moräne um Moräne, durchquerte die Dornenfelder und die aschfarbenen Sicheldünen.

Im Morgengrauen heizte sich die Erde ein wenig auf und durch das dämmrige Licht konnte Amaru nun deutlicher erkennen, wohin er sich plagte. Unter der aufgehenden Sonne, zwei eng beieinanderstehende Gipfel, gleich den Brüsten einer Frau. Die Lichtstrahlen und die Windhosen strichen um ihre Spitzen und stimulierten sie, sodass es den Anschein erweckte, sie würden anschwellen. Amaru wollte hin und sie liebkosen, getrieben von seinem Begehren nach Tika. »Ich komme zu dir«, keuchte er. Aber am Fuße der beiden Vulkankegel blockierte ein See seinen Weg, geformt wie eine Vulva. Amaru überkam der absonderliche Gedanke, in sie einzudringen, hin zur Flamingokolonie, die durch das seichte Wasser stolzierte.

Die Vögel stießen Trompetenlaute aus, drehten ihre Hälse rhythmisch zur Seite und kamen als Balz tanzende Parade heran. Sie öffneten ihr rosa Federkleid, um Amaru zum Durchhalten zu animieren. Doch seine Muskulatur streikte. Zunächst stellte sich die in einer Lähmung mündende Taubheit in seinem linken Bein ein. Erschlafft knickte es weg. Nach ein paar Metern resignierte das andere Bein. Amaru robbte über den Grund, bis er einsah, dass es ihm in dieser Verfassung unmöglich war, den See zu umrunden und den Uturuncu zu erklimmen. Er musste pausieren. Sein Magen knurrte und deshalb nahm er die von Pilpintu eingepackten Kakteenreste aus der Manteltasche, rupfte die Dornen und aß sie roh. »$C_{11}H_{17}NO_3$. Meskalin!«, durchrüttelte es sein Gehirn. Schleichend vervielfältigte der San Pedro seine halluzinogene Energie.

Amaru ruhte noch eine Weile am Ufer, dessen Sandverwerfungen ihm wie wulstige Hautfalten erschienen. Er knetete sie sanft und streichelte über die glatte Wasseroberfläche, die sich unter seinen Berührungen wellte. Er glaubte, die Natur würde seine Zärtlichkeiten genießen und ihm zugeneigt stöhnen. Die Flamingos umkreisten ihn. Ihre Flügelenden strichen über seine Stirn. »Lauter Federmänner«, witzelte Amaru im Delirium und er hielt nach dem Prozessionszug Ausschau, der in seinem Traum den günstigsten Weg auf die Gipfel gewählt hatte. Er war eindeutig auf der ihm zugewandten Seite nach oben gestiegen. Amaru vermutete, dass er den anderen zuvorgekommen war, denn dort draußen gab es bisher nur ihn. »Komm! Für Tika!«, peitschte er sich wieder an. Er durfte seinen Vorsprung nicht einbüßen und noch lagen Hunderte Höhenmeter vor ihm.

Der Wind drehte zu Amarus Gunsten und bäumte sich zu einem Sturm auf. Er drückte ihn um den See herum, direkt in ein Fumarolenfeld hinein, wo er zwischen den brodelnden Erdlöchern balancierte. Wasserdampf zischte und spritzte zum Himmel. Die aus den Senken aufsteigenden Gase stanken ranzig, und Amaru registrierte die Ansäuerung seines Blutes als Vibration unter der Haut. Sein Geruchssinn schwand. Seine Augen brannten. Er presste sie so weit zusammen, dass sich die Welt zu einem Schlitz minimierte, und manövrierte sich so durch die kochende Vorhölle.

Der steinerne Untergrund wurde nach und nach weicher und Amaru mühte sich einen Aschehaufen hinauf. Kaum war er zwei Schritte gegangen, rutschte er einen Schritt zurück. Blut rann aus seiner Nase. Niemals war er in solche Höhen vorgedrungen. Kurz unterhalb der Gipfel ging die haltlose Erde in eine feste Schneedecke über und auf dem unberührten Pulver kam er zügiger voran. Die Steigung flachte zu einer waagerechten Ebene ab. Die Luft und die Sicht wurden klarer, ihm wurde es leichter. Amaru hatte den Uturuncu bezwungen. Er fiel auf die Knie, küsste den Boden, die Welt und ihr Wesen. Mutter Erde. Die Ganzheit. Hier musste es sein. Amaru lachte ekstatisch, denn obwohl das Plateau verwaist war, meinte er, den Ort seines Traumes gefunden zu haben. Er stampfte umher und suchte das Umland nach Tika ab. Gleich würde sie kommen.

In seiner Euphorie überhörte er das Tosen des Windes, dessen Worte für ihn zu schnell und zu ungeordnet flossen. Was Amaru entging, war, dass der Wind, der seit jeher und überall alles angehört und nichts davon vergessen hatte, ihm die Begleitworte für den Chaski mitteilte. Ihm, dem Boten, den die Sonne höchstselbst geschickt hatte.

»Tika! Wo bist du? Ich bin bereit!«, rief Amaru nach ihr, so lange, bis seine Stimme krächzte. Sein Rufen verlor sich im Niemandsland. Amaru spähte zu allen Seiten die Bergflanken hinab und entsann sich seines Traumes. Ganz sicher, von hier aus hatte er der eingeschüchterten Menschenschar von seinen Erlebnissen berichtet. Hier neben ihm hatten die Priester gestanden. Der Jaguar. Der Kondor. Die beiden hatten Tika aus Furcht vor den Gold fressenden Göttern zum Opfer erwählt und er hatte durch sein Nichthandeln ihren Tod mitverschuldet. Genau hier hatte sich alles zugetragen. Doch hier war niemand und niemand zeichnete sich in der Ferne ab.

»Tika? Warum kommst du nicht zu mir?«, plärrte er verunsichert. Nirgends stieß sein Verlangen auf Resonanz. Er war allein, weltabgeschieden. Von sich und seinen Träumen in die Irre geführt. Nicht mehr als eine vage Vorstellung war ihm von Tika und sich geblieben und Amaru schwante, dass dieser Abdruck von ihm, diese von seiner Reise ermattete Hülle, in der er steckte, vielleicht nicht er selbst war, sondern ein von sich entrücktes Ich. Ein Verirrter. Ein Fantast. Er konnte den in ihm tobenden Furor und die Frustration nicht länger bändigen. »Soll das meine Prüfung sein?«, spottete er dem sich zuziehenden Himmel.

Dies musste der falsche Ort sein, der falsche Uturuncu. Weshalb sonst sollte niemand auf ihn warten? Amaru schrie sein Versagen heraus und schlug mit den Fäusten auf die Schneedecke ein, bis seine Fingerknöchel auf harten Grund trafen und aufrissen. Um der Stille und der Einsamkeit zu entfliehen, wühlte er sich hektisch in die Tiefe. Eis. Steine. Asche. Haut. »Nein! Nein! Bitte nicht!« Amaru erschauderte und biss aus Verzweiflung in seine blutverschmierten Hände. Er war schlichtweg zu spät gekommen.

In der freigelegten Grube hockte ihr Leichnam, vom Wind und der Kälte konserviert. Tika. Ihr zugeschwollenes Gesicht lag auf einer ihrer Schultern. Ihr kurzes Haar war über ein Loch am Hinterkopf gekämmt.

Tränen ergossen sich aus Amaru. Tränen, die sich über Jahrzehnte in ihm angestaut hatten. Nun gab er sie frei. Widerstandslos. Mit den Fingerspitzen betastete er Tikas leichenkalten Mund. Leblos. Unwiederbringlich. Amaru schaufelte sich seinen Platz an ihrer Seite frei und sackte in die windgeschützte Spalte. Sein wertloses Dasein und der Zustand der Welt kümmerten ihn nicht länger.

Der Himmel verdunkelte sich. Aus den grauschwarzen Wolken rieselte Schnee. Über Tika und Amaru legte sich eine weiße Totenmaske. In ihm stieg ein kaltes Fieber auf. Er fror und schwitzte zugleich. Sein Körper kapitulierte vor sich selbst, ohne wirkliche Gegenwehr. Amaru schmiegte sich an Tika an und entschlief dieser grässlichen Welt.

In seinem sich eröffnenden Todestraum bebte die Erde und die Gipfel des Uturuncus brachen auf. Schlacke, Asche, Bimsbrocken und glühendes Magma katapultierten heraus. Das Sein in seiner reinsten Form. Sinnlich. Episodisch. Zerstörerisch. Im Blitzlicht des Eruptionsgewitters grub Amaru wie ein Minero. Er legte eine Pforte ins Innerste frei und fand in einem schmalen Höhlengang Zuflucht. Dort verbarg er sich in der Finsternis, bis die Zeit kommen würde, um aus der Gebärmutter der Erde als Neugeborener ins Freie zu treten, bereit für den Umsturz der Welt.

KAPITEL 9

Europa. 2025.

*

»Tika, bitte seien Sie vernünftig. Seit Wochen drehen wir uns im Kreis. Lassen Sie uns endlich über die Gegenwart und Ihr Wirken in Europa sprechen. Anders kommen wir nicht weiter. Sie sehnen sich doch danach, dass alles bald vorbei ist, oder? Na also. Dann kooperieren Sie.«

»Wie wollen Sie die Gegenwart ohne die Vergangenheit verstehen und jemals die Zukunft begehen? Alles bedingt einander. Am Ende eines Traumes, kurz nach dem Erwachen, können Sie nichts weiter gegen das Geschehene tun, als zu vergessen. Bei uns hingegen reicht das Ende des Traumes in die Wirklichkeit hinein. Er ist ihr Anfang und ihr Ziel zugleich. Im Grunde gibt es nur zwei Optionen: Entweder wir erfinden uns als Menschengeschlecht neu oder die Menschheit wird scheitern und untergehen. In ihrer Ganzheit. Das uns Errettende, die Verbundenheit, kann allein im Widerstand erwachen. Nur wir sind dazu fähig, das endgültige Auseinanderbrechen der Menschen zu verhindern. Wissen Sie, sich gegenseitig zu vertrauen und an eine Vision zu glauben kann bereits revolutionäres Handeln sein. Probieren Sie es. Sie werden nicht mehr davon loskommen.«

»Erzählen Sie mir mehr davon und werden Sie konkreter. Warum halten Sie diesen Aufstand, den Ihre Bewegung 3. Juli initiiert hat, für notwendig, ja unausweichlich?«

»Die einzige Möglichkeit, um in dieser Welt zu überleben, ist die Rebellion. Der Bruch mit dem Bestehenden. Das Zerschmettern der uns versklavenden Ordnung. Der Moment, in dem unser Handeln irreversibel geworden ist, war jener, als wir uns dazu entschieden haben, in diese Welt einzugreifen. Die Zeit hat es gezeigt: Nur wer das Alte zerstört, kann Neues schöpfen. Wir gebären die Hoffnung. Wir durchbrechen die Schranken unserer isolierten Ichs. Wir nehmen aufeinander Bezug. Die kollektive Erfahrung, das leibhaftige Erleben, ist das Substrat unserer Bewegung. Das Mitgefühl und die Liebe zum anderen öffnen die Pforte der Zukunft. Schade, dass Amaru nicht verstanden hat, dass die Überwindung des Ichs Freiheit bedeutet und jeder andere an sich und für einen selbst wertvoll ist.«

»Sie sprechen in Rätseln, also bleiben wir besser bei Ihrer Bewegung. Wie kommen Sie darauf, dass es gerade jetzt an der Zeit ist, um einen Umsturz oder, wie Sie sagen, verzeihen Sie, nur einen Augenblick, ich muss kurz meine Notizen durchsehen, gleich habe ich es, ah ja, hier ist es, das Pachakuti, herbeizuführen?«

»Ihre Welt befindet sich seit Jahrzehnten im Niedergang und nur deshalb bietet sich uns der Raum für unsere Revolution. Wir sind also nicht die Ursache, sondern die Konsequenz des Verfalls. Die Brutalität und die Skrupellosigkeit Ihrer Welt sind nicht mehr zu kaschieren. Nie hat es einen geeigneteren Nährboden für eine Bewegung wie die unsere gegeben als in diesen Tagen, in denen die Mehrheit zum Prekariat verkommen ist. Angeblich eigenverantwortlich. Ohne Aussicht auf ein lebenswertes Leben sickern sie durch die Zeit, bis zur Auflösung oder der Entladung. Indem wir den Unterdrückten und Betäubten, den Desillusionierten, den Ängstlichen, den Hoffenden und den Verzweifelten zeigen, dass das zur Schau Gestellte nur ein hinterlistiges Manöver ist, um die Ungleichheit als gerecht erscheinen zu lassen, befreien wir sie aus ihrer Lethargie. Schauen Sie doch auf die letzten Monate zurück. Hunderten sind Tausende gefolgt. Tausenden Zehntausende. Aus Zehntausenden werden Hunderttausende und dann Millionen. Die einzige Chance zur Heilung besteht auch für uns darin, global zu denken und zu handeln. Unsere Armee des guten Lebens wird erst in Europa und bald darüber hinaus für Fairness sorgen und das Pachakuti in Gang setzen. Diesen kosmischen Zyklus von Werden und Vergehen.«

»Und diese Armee des guten Lebens muss auch zwingend von der Gewalt Gebrauch machen?«

»Zum Teufel mit ein bisschen Empörung, die nichts anderes ist als Ausdruck von Gleichgültigkeit und somit die Billigung des Gegebenen. Sich zu empören reicht nicht aus. Wenn ein Mensch, sei er noch so genügsam und duldsam, aller Chancen auf ein gutes Leben beraubt wird, was bleibt ihm dann? Glauben Sie mir, gäbe es einen anderen Weg, würden wir ihn gehen. In Bolivien hatten wir es friedlich versucht und sind gescheitert. Also haben wir unsere Strategie unserem Feind angepasst. Wir legen nun die Maschinerie lahm, indem wir kollektiv streiken, erkranken und kündigen oder die Tilgungen verweigern. Wir desertieren aus der Konformität. Wir boykottieren das Überleben im Produktionsapparat, der die Unbrauchbaren aussortiert. Jetzt sortieren wir Ihresgleichen aus. Unsere Orgie der Freiheit schafft ein Refugium der Zwischenmenschlichkeit. Vom Lokalen aus eröffnen wir das Szenario, um die Volksmacht als Gegenkraft aufzubauen. Nachbarschaftliche Räte schließen sich zu Kommunen zusammen. Kommunen zu freien Städten. Freie Städte zu freien Ländereien. Wir überfallen. Wir stehlen. Wir besetzen. Wir nehmen uns, was uns gehört. Nicht um es zu behalten, sondern um es gerecht zu verteilen.

Natürlich ufern unsere Aktionen inzwischen etwas aus. Wir erpressen Politiker und Großaktionäre. Wir richten die Götter und die Wahrheiten hin. Nichts und niemand, der gegen uns ist, wird verschont. Wir erobern die Radio- und Fernsehstationen, die Presseagenturen, die Verlagshäuser und die Rechenzentren und beeinflussen die öffentliche Meinung zu unseren Gunsten. Die größte Wirkung erzielen unsere digitalen Anschläge. Durch Falschmeldungen, Deep Fakes, Viren, soziale Bots und ethische Algorithmen stürzen wir den Markt ins Chaos. An einem einzigen Tag holen wir uns Milliarden zurück. Und während sich in den Bankenvierteln Europas, aus den Chefetagen der Großkonzerne und der Hedgefonds ganze Dynastien aus den Fenstern werfen, weil sie den Tod einer gerechten Welt vorziehen, fällt sich die erleichterte Masse endlich in die Arme. Losgelöst von Furcht und Not jubeln sie bei jedem aufschlagenden Körper. Manager. Funktionäre. Lobbyisten. Magnaten. Spekulanten. Noch einer und noch einer. Unter Beifall und Freudenschreien stapeln sich die zerplatzten Leichname. Kein Erbarmen. Keine Trauer. Was für eine Wahl hat man uns gelassen? Keine.«

»Jeder Mensch hat eine Wahl. Immer. Sie allein entscheiden darüber, wie Sie sich positionieren. Sie haben mir im Verlauf der letzten Wochen mehrmals gesagt, dass Sie Ideologien ablehnen, und zugleich propagieren Sie Ihre eigene. Sie widersprechen sich selbst. Sind Sie sich dessen zumindest bewusst?«

»Sie haben mir nicht richtig zugehört. Ihre Ideologie ist in sich geschlossen. Sie ist starr. Mechanisch. Verkeilt. Das gute Leben ist frei und offen. Wir lehnen also nur schlechte Ideologien und ebensolche Ordnungen ab. Unsere Bewegung ist ein Divergenzpunkt. Durch uns scheidet sich der Verlauf der Geschichte, denn wir legen den Wesenskern der Welt und des Seins frei, um die Menschwerdung zu ermöglichen. Was dem Menschen schadet, ihn unterdrückt, erniedrigt und entwürdigt, ist unvernünftig und muss bezwungen werden. Wir wollen nicht beherrschen und nicht beherrscht werden, wir führen zusammen und befreien, auf dass sich die Menschen miteinander arrangieren und harmonisieren. Dabei illusionieren wir uns kein homogenes gutes Leben. Dieser Gedanke wäre dazu verdammt, für immer Utopie zu bleiben.

Wir tun, was fast alle wollen und kaum einer riskiert. Wir rücken zusammen, ohne uns dem Außen gegenüber zu verschließen. Wir verlassen unsere Echokammern. Wir begegnen einander. Wir folgen nicht der Schwerkraft und treten nach unten. In dieser uns zerreißenden Welt begründen wir ein neues Verständnis von Miteinander und Identität. Denn es muss etwas geben zwischen fanatischem Rigorismus und dem vollkommenen Verlust jeglicher Identität. Etwas, was wir alle teilen. Es ist der Wunsch, gut zu leben. Ohne den Austausch, ohne die Offenheit gegenüber dem Fremden, geht jede Zivilisation zugrunde. Schon immer. Das uns Unbekannte ist also nicht die Störung, das Negative, die Berechtigung unserer Ängste und die Ursache unseres Leids, sondern der Impuls zur Reflexion, die im Zusammenschluss mündet.

Was befürchten Sie und Ihresgleichen zu verlieren, wo es alles zu gewinnen gibt? Gehen wir über uns hinaus. Zerschlagen wir den Mythos des unaufhörlichen Wachstums. Den Nimbus der Unveränderbarkeit. Ersetzen wir das Gegeneinander durch das Füreinander. Unser Handeln ist die Selbstüberwindung im wortwörtlichen Sinne. Wir sind nicht länger atomisierte Wesen, die isoliert voneinander existieren, weil sie die Kraft ängstigt, die sich freisetzen ließe, wenn sie sich vereinigen würden. Wir wollen von Natur aus Bindungen eingehen. Das ist der Sinn unseres Daseins.

Einer der Aufseher hat mir vor ein paar Tagen gesagt, er habe irgendwo gelesen, dass die Urknalltheorie dem Menschen deshalb so gut gefalle und er sie für schlüssig befinde, weil sie sich mit seinem Zukunftsentwurf der unendlichen Expansion in Einklang bringen lasse. Ausdehnen. Entwickeln. Immerfort. Aber wohin? Und wozu? Genug davon! Das gute Leben ist die Überwindung der zukunftslosen Gegenwart. Es ist die Akzeptanz der Gleichheit in der Verschiedenheit. Diese Urprinzipien menschlichen Zusammenseins, um deren Wichtigkeit wir in Abya Yala seit jeher wissen und die wir nur der Eroberer wegen aus den Augen verloren haben, werden nun auf Ihrem Kontinent wiedererweckt und eine andere Ordnung zuwege bringen. Somit lassen wir die neonationalen und die neokolonialen Ausartungen zergehen und gewinnen die Abtrünnigen wieder für das Gemeinsame. In aller Welt. Für unsere Bewegung ist Nationalität eine rein geografische Verortung. Heimat. Jeder Ort. Zu jeder Zeit. Ein gutes Leben.

Wieso erzähle ich Ihnen das alles überhaupt? Ich rede mich bloß wieder in Rage. Ihnen fehlt es an jeglichem visionären Sinn, das Utopische ist ihnen zuwider. Sie wachen über einen totgesagten Körper. Mehr wollen Sie gar nicht. Doch in ihm pocht das Leben. Wer es wagt, ihn zu berühren, fühlt seinen ansteigenden Puls. Hier! Fassen Sie meine Halsschlagader an. Spüren Sie ihn? Nun sagen Sie schon! Spüren Sie ihn?«

»Ja, ich fühle Ihren Puls und er verrät mir, dass Sie sich etwas beruhigen sollten. Was war mit Amaru? Hat er Sie verstanden?«

»Ach Amaru, er hat all die katastrophalen Mechanismen wahrgenommen und doch ist er unfähig gewesen, zu reagieren. Immer dann, wenn wir nebeneinander aufgewacht sind, unsere Körper eng verzahnt, habe ich ihm von meinen Visionen erzählt, damit sie zu seinen werden würden. Allerdings hatte er schon zu lange die Litaneien dieser Welt mitgesungen und sich allein auf diese eintönige Melodie eingestimmt. Armer Amaru. Armer, armer Amaru!«

»Offenbar wollte Amaru nichts von Ihrer Revolution wissen, da er sich wie die Mehrheit in seiner Welt eingerichtet hatte. Oder hat er Sie nicht genug geliebt, um Ihre Vision vom Miteinander und Füreinander zu teilen?«

»Sparen Sie sich Ihr höhnisches Grinsen. Ihr Zynismus ist kein Ausdruck einer höheren Erkenntnis, sondern Ausdruck vollkommener Unterwerfung. Zugegeben, es ist schmerzhaft, sich einzugestehen, dass selbst jene Menschen, die man zu seinen Freunden zählt, reglos bleiben, wo es zu handeln gilt. Aber ein Mensch, der nach dem uns Entzogenen strebt, dem guten Leben und nicht dem bloßen, muss sich der ihm bevorstehenden Hürden bewusst sein. Er muss die Hindernisse realistisch betrachten und alle Illusionen vermeiden. So hat es einer Ihrer Philosophen bereits vor Jahrzehnten treffend gesagt: ›Diese Nüchternheit unterscheidet die wachen von den träumenden ‚Utopisten'.‹ Zugleich dürfen die Barrieren des Gegebenen unser Denken nicht einschränken. Eröffnen wir die utopische Dimension. Reanimieren wir unsere Fantasie und unseren Wagemut. Wie einfach es doch manchmal ist, Revolutionär zu sein.

Hier haben Sie das Geständnis, auf das Sie warten. Ihre Welt wird hingerichtet und ich bin einer der Henker. Ich empfinde keine Reue, Schuld oder Mitleid. Im Gegenteil. Zerstören ist mein Fetisch.«

»Es reicht mir jetzt! Öffnen Sie Ihre Augen und kommen Sie zu sich. Die Welt verläuft auf ihrer gewohnten Bahn. Erkennen Sie noch immer nicht, wo und wer Sie sind?«

»Ich bin das Verborgene, das in Amaru und in uns allen verschlossene Geheimnis. Die verkümmerte Hoffnung. Die Verantwortung. Der übrig gebliebene Anstand. Ich bin der Raum jenseits des Ichs, in einer Welt ohne Außen. Was wollen Sie von mir hören? Ich habe es satt!«

»Wir haben es gleich geschafft. Ich möchte Ihnen nur ein paar letzte Fragen stellen. Was wissen Sie über Amarus Mutter?«

»Wie oft soll ich es Ihnen noch sagen? Alles was ich über Sisa weiß, weiß ich von ihm. Ihr Leben lang lastete auf ihr die Bürde ihrer Herkunft. Schließlich war ihr Vorfahre Fernando der einzig überlebende Abkömmling des Sapa Inka Amaru. Er hatte die Hinrichtungen in Qusqu mit angesehen und war nach Europa verschleppt worden. Sein Blut und sein Verlangen strömten in ihr. Während der Federmann glaubte, Sisa würde sein Vermögen allein für ihren luxuriösen Lebensstil verschwenden, finanzierte sie heimlich den Widerstand. Die Stadtguerilla in Berlin. In Mailand. In Madrid. Brandstiftungen. Entführungen. Morde. Der verzweifelte Versuch eines entschlossenen, sich aller Mittel beraubt sehenden Menschen. Irgendwann hielt sie die Ausweglosigkeit und die Gewinnsucht ihres Mannes nicht mehr aus. Mit jedem Tag an seiner Seite verzagte sie mehr, denn ihr Handeln lief ins Leere. Es gab nur einen Ausweg. Ihr selbstbestimmter Tod war ihr Tod und nichts, das sich der Federmann hätte aneignen können. Ihr Aufschrei sollte Amaru als unmissverständliche Weisung dienen. Für ihn war sie einfach von ihm gegangen und er alleingelassen und verloren. Für immer. Mehr weiß ich nicht, wirklich.

Nehmen Sie auch dieses Dröhnen wahr? Wo kommt das wieder her? Nein! Nicht aufdrehen! Es wummert in meinem Kopf! Machen Sie das aus! Bitte!«

»Ich weiß nicht, wovon Sie sprechen. Hier ist niemand außer uns beiden. Hören Sie das? Ganz genau. Es ist still. Konzentrieren Sie sich. Wir haben es gleich geschafft. Können Sie sich an den Tod Ihres Vaters erinnern?«

»Wayra musste sterben, weil er sich dem Federmann widersetzt hatte ... ich meine ... ich habe den Federmann eigenhändig ...! Mein Schädel! Geben Sie mir etwas Wasser! Sofort! Und stellen Sie endlich dieses fürchterliche Geräusch ab!«

»Ich frage Sie noch einmal: Erinnern Sie sich an den Tod Ihres Vaters?«

»All die Jahre gegen das Vergessen. Die Scham. Die Feigheit. Genug jetzt! Ich halte das nicht länger aus. Beenden Sie es!«

»Allein Sie können es beenden. Übertreten Sie die Schwelle. Antworten Sie auf meine Frage!«

»Aufhören! Aufhören! Diese satanischen Bilder. Überall. Mein Gehirn platzt!«

»Brechen Sie Ihr Schweigen und reden Sie sich frei. Haben Sie keine Angst. Ich bin bei Ihnen.«

»Nein! Nicht doch! Es kommt zurück und wird klarer. Der blühende Patio des Federmanns, seine Oase in Potosí. Amaru und ich sitzen mit den Männern an der gedeckten Tafel. Der Federmann wirbt für sein Vorhaben, den Salar nutzbar zu machen. Die Minister und die Investoren applaudieren. Immer frenetischer. Die Diener schweigen. Außer Wayra. Er erträgt ihn nicht mehr, den Federmann und das, wofür er steht. Wayra spricht. Ohne Erlaubnis. Er verspottet den Federmann und seine dümmliche Vorstellung, etwas an sich reißen zu können, was uns allen gehört. Wayra lacht ihn aus. Ungehemmt. Die Violine. Das Charango. Die Trompete. Die Flöten und die Trommel. Sie stimmen alle mit ein. Der Federmann ist bloßgestellt. Er drischt auf den Tisch ein und fordert Ruhe. Aufhören! Sofort!«

»Weiter! Weiter! Lassen Sie es zu! Offenbaren Sie sich!«

»Von seinem Sklaven erniedrigt gerät er in Zorn. Sein Gesicht kocht, bedrohlich. Seine Augen stechen hervor, kriegerisch. Er schreit und spuckt Wayra ins Gesicht. Gläser zerklirren. Amaru zuckt zusammen. Er sucht meine Hand. Der Federmann kommandiert die Diener ab. Er zieht sich mit seinen Partnern in sein Arbeitszimmer zurück, die Treppe hinauf und dann links. Ich schleiche mit Amaru davon. Wir verstecken uns auf einem der Balkons. Wayra und die anderen flüstern miteinander, draußen auf der Straße. Sie sind sich uneins. Mallki mahnt zu Vorsicht. Wayra zum Handeln. Amaru und ich hören alles, was sie planen. Wir versprechen uns zu schweigen. Er wird es nicht halten. Ich sehe es ihm an. Amaru kann nicht!«

»Was noch? Was geschieht? Sprechen Sie mit mir!«

»Da kommt der Federmann wieder! Aber er ist doch längst tot! Ich habe es selbst vollbracht. Mit diesen Händen. Was will er hier in der weißen Wüste? Das Lithium. Die Zunge. Mein Vater. Was für ein grelles Licht! Es zersticht mir meine Augen! Tika! Bleib hier und hilf mir!«

»Was sagen Sie dazu, wenn ich Ihnen versichere, dass ich

Ihrem Vater erst vor zwei Tagen begegnet bin? Nicht weit von hier haben wir uns in einem Restaurant getroffen und über Ihren Zustand gesprochen. Herrn Federmann geht es bestens. Er hat sich wie immer nach Ihnen erkundigt und er hofft, dass Sie das Geschäft bald wieder übernehmen werden. Der Konzern braucht Sie!«

»Was reden Sie da? Sie Lügner! Halten Sie Ihr Maul, bevor ich mich vergesse! Es gehört sich nicht, Unwahrheiten über die Toten zu verbreiten. Dieses Licht! Dieser Lärm! Was ist das? Ich ertrage es nicht mehr!«

»Beruhigen Sie sich, Amaru! Haben Sie mich gehört? Hey, stellen Sie das Glas wieder hin. Wagen Sie es nicht!

Sicherheitsdienst!

Amaru, seien Sie vorsichtig mit den Scherben. Bitte! Sie verletzen sich noch. Nicht an den Hals! Runter damit. So ist es gut. Ich will es ja dabei belassen. Wir sprechen uns an einem anderen Tag wieder. Wann immer Sie wollen.

Sicherheitsdienst! Na endlich! Fixieren Sie ihn! Und bringen Sie ihn zurück auf die Station. Nicht so grob. Sein Körper verkrampft! Wo sind die Pfleger? Sedieren! Fünfzehn Milligramm Diazepam! Beeilung!

Entspannen Sie sich. Es wird Ihnen gleich besser gehen. Der Schmerz wird nachlassen. Nicht wegtreten. Hiergeblieben! Atmen Sie! Ferdinand!«

KAPITEL 10

Diesseits des Mondes

*

Amaru schlafwandelte mit ausgestreckten Armen durch die Finsternis, bis seine Hände auf Widerstand trafen. Er durchwühlte Asche, erkaltet und weich, schob Schutt zur Seite und zwängte seine Fingerkuppen durch einen schmalen Schlitz. Sonnenschein berührte seine Nägel und wärmte sie auf. Er zog seine Hände zurück und linste hinaus, aber seine Netzhäute hatten so lange kein Licht mehr empfangen, dass er geblendet nach hinten stürzte. Der in die Tiefen des Höhlengangs einfallende Strahl flackerte. Feiner Staub wirbelte im Licht. Amaru grub weiter und wuchtete Felsbrocken um Felsbrocken beiseite. Noch mehr Licht. Immer heller. Das von ihm freigelegte Loch genügte, um die Dunkelheit hinter sich zu lassen und sich aus der Gebärmutter der Erde hinaus ins Freie zu hieven.

Von einem bleifarbenen Hügel aus sah er über eine Insel hinweg. An den Ufern schäumte die Gischt. Dahinter stand das Wasser ruhig. Am Horizont begrenzten vereiste Gipfel seinen Ausblick. Amaru erinnerte sich an diesen Ort. Hier hatten sich im Traum Sonne und Mond vereint und die neuen Menschen geschaffen. Diesmal lagen die Himmelskörper nicht aufeinander und das Land war weder öd noch still. Während die Sonne im Westen über den See glitt und der Mond seinen Platz bei den Bergen im Osten einnahm, unterhielten sich am Fuße des Hügels Menschen miteinander. Jetzt, wo sich Amarus Pupillen angepasst hatten, erkannte er sie. Es waren Hunderte, die dort lagerten und den Himmel beobachteten.

Wind kam auf und wehte Amaru zu ihnen. Beim Näherkommen konnte er genau hören, wie sie einander versicherten, dass die Zeichen der Gestirne eindeutig seien. Sie hatten sich hierher aufmachen müssen, um inmitten des heiligen Titiqaqa qucha auf die Ankunft des Boten zu warten. Wo sonst sollte er erscheinen, wenn nicht an jener Stelle, an der einst der Weltschöpfer Wiraqucha Sonne und Mond erschaffen hatte und die Gestirne die ersten Menschen.

Bevor Amaru ein Wort sagen konnte, jauchzte es aus der Menge. Einige Menschen hatten ihre Augen rechtzeitig vom Himmel abgewandt und voller Erstaunen mit angesehen, wie er aus dem Erdspalt gekrochen und den Hang hinuntergestiegen war. Sie klopften auf die Schultern des Nächsten und zeigten in Amarus Richtung. Ihre Münder standen offen. Niemand wagte es, ihn anzusprechen.

Die Böen tobten allein um Amaru. Sein Jaguarmantel flatterte. Sein Haar zerzauste. Seine Sohlen gerieten ins Rutschen. Er stemmte sich gegen den Andenwind, der ihn leicht anhob und frei schwebend knapp über der Erde hielt. Da war es wieder, dieses Fauchen, wie auf den Gipfeln des Uturuncus, das in ein Flüstern überging. Eine Botschaft. Ein Auftrag. Er drang über Amarus Gehörgange in sein Gehirn ein und bahnte sich von dort seinen Weg. Die Stimme, die ihn durchfloss, klang unbeirrbar. Keine Angst. Kein Zweifel. Nichts lähmte sie. Amaru ließ dieses schöpferische Sprechen zu, als müsste er das Kommende nicht verantworten. Er glaubte, bloß Mittler zu sein, und so predigte er die Zukunft.

»Ihr, die ihr heute gekommen seid, ihr seid es, die die Welt aus ihrer Umlaufbahn befreien und mit ihr eine andere Richtung einschlagen könnt. Viel zu lange habt ihr euch den falschen Göttern unterworfen und die Zukunftslosigkeit hingenommen. Sie haben euch eurer Fantasie beraubt. Eurer Wünsche. Eurer Hoffnungen. Eurer Visionen. Sie befördern den Verlust eurer Sinne. Mit ihnen zergeht die Sensibilität. Sie reden euch ein, dass ihr überflüssig und zu nichts nutze seid, wenn ihr die unumstößlichen Gesetze und die zu akzeptierenden Unweigerlichkeiten nicht hinnehmt. Ihre Zwänge. Ihre Bedürfnisse. Ihre Erwartungen des Größtmöglichen. Arrangiert euch nicht länger damit. Begehrt endlich auf. Ich spreche nicht vom Unerreichbaren, sondern davon, dass ihr euch auf das Menschsein besinnen sollt. Überwindet die Zeit und ihre Zustände, denn was vor euch liegt, ist die Wiedergeburt des Gemeinsamen. Schafft eine Gesellschaft der Ehrlichkeit. Des Füreinander. Der Gleichwertigkeit. Reift zu neuen Menschen heran, zu Menschen, die sich selbst und jeden anderen in seiner Verschiedenheit und seiner Vielschichtigkeit tolerieren und die es zur Grundlage ihres Seins erklären, dass ein Ich ohne Du, ein Ihr ohne Uns nichts anderes als den Tod aller bedeutet.

Euer Glück liegt diesseits des Mondes. Hier erwartet euch, wonach ihr euch sehnt. Wartet nicht auf einen Erlöser, allein durch euch werden sich die Dinge verändern. Auch wenn das Handeln die Gefahr des Scheiterns birgt, dürft ihr die Freiheit und die Gleichheit nicht fürchten. Ihr müsst lernen, die euch umgebende Unsicherheit zu ertragen. Nur wer sein Leben und seinen Körper als seinen Besitz betrachtet und sich daran klammert, hat etwas zu verlieren. Seid gemeinsam, und niemand kann euch irgendetwas nehmen. In der kommenden Welt wird jeder Einzelne von euch ein lebenswichtiger Teil des Kollektivs und zugleich er selbst sein.

Wer nicht gemeinschaftlich denkt, hat sich dem Diktat der Herrschenden unterworfen, auf ewig. Ihrer Illusion, dass das Überleben umso wahrscheinlicher ist, indem ihr euch voneinander löst, euch entsagt, euch verneint. Ich aber sage euch: Nur miteinander könnt ihr vollkommen frei und somit gänzlich bei euch sein. Also fürchtet euch nicht vor euren Mitmenschen. Überwindet die Isolation. Versteht einander nicht als Kontrahenten. Ihr seid euer Versprechen. Wenn ihr verinnerlicht, dass sich eure Bedürfnisse im Wesentlichen gleichen, wird diese Welt ganz unausweichlich zerschellen, wie jede Schreckenswelt und jedes Imperium seit jeher. Nichts ist von Bestand. Zu leben heißt zu changieren und darin besteht das Glück.

Verbrüdert euch. Verschwestert euch. Vermenschlicht euch. Lasst die Herrschaft der wenigen zu Ende gehen und ihr werdet allesamt, nicht mehr und nicht weniger, als ein gutes Leben führen. Ein gutes Leben, das euch allen genügt. Kommt mit mir, damit es ein Morgen gibt!«

Die Worte, die Amaru Kraft und Halt gegeben hatten und die er gestenreich wie ein Dirigent vorgetragen hatte, waren ihm entwichen. Sein Geist entleert. Sein Körper erschlafft. Der Wind abgeklungen. Amaru torkelte. Einen Schritt nach links und einen nach vorne. Nichts von dem, was er gesagt hatte, war ihm geblieben. Keine Silbe. Kein Sinnfetzen. Was hatte er verkündet? Amaru stocherte mit seiner Zunge in seiner Mundhöhle und krümmte seine Hände hinter seine Ohrmuscheln, in der Hoffnung, die Botschaft würde wiederkehren. Nichts geschah. Hatte er überhaupt zu ihnen gesprochen oder nur für sich gedacht? Amaru verhedderte sich in seinen Mutmaßungen.

Die ihm Zuhörenden aber hatten genau verstanden, was er ihnen mitgeteilt hatte. Sie schrien vor Glück, rissen sich ihre Wimpern heraus und hauchten sie in seine Richtung. Dann warfen sie ihm Kussmünder zu, wie sie es sonst nur zu Ehren eines mächtigen Apus oder der Sonne taten. Eine hysterische Stimme erschallte. »Das ist kein einfacher Bote! Unmöglich. Er muss es sein. Der Langersehnte. Seine Zeit, unsere Zeit, ist endlich gekommen!«

Der berauschte Pulk öffnete einen Durchgang, und Amaru, der nicht wusste, wohin er sonst hätte gehen sollen, folgte dem freigelegten Pfad. Zwischen den Kreischenden und den Jubelnden, die sich in den Armen lagen und mit den Füßen auf den Boden stampften, erfasste er ein ihm vertrautes Gesicht. Wamanyana. Auch er hatte die Himmelszeichen gedeutet.

»Amaru! Ja, du bist es wirklich! Es beginnt!«

Der Yatiri wollte sich vor Amaru niederlegen, um ihm

seinen Dank und seine Ergebenheit zu demonstrieren, aber Amaru nahm seinen Freund an den Händen und umarmte ihn. »Wamanyana! Was ist hier los? Wo sind wir und wohin sollen wir gehen?«

»Zum Nabel der Welt. Wohin sonst, Amaru? Du hast uns die Botschaft der Ahnen überbracht, wirst allen Menschen davon erzählen und uns in die Zukunft leiten.«

»Der Wind war es! Nicht ich. Ich habe mich von Anfang an geirrt. Tika ist fort, für immer. Ich hätte niemals hierherkommen dürfen und meinen Traum einen Traum sein lassen sollen. Wie jeder normale Mensch.«

»Nicht doch! Du bist auf dem Weg zu ihr. Zu dir. Nun komm, Amaru. In ein paar Tagen sind wir in Qusqu«, beruhigte ihn der Yatiri.

»Aber ich habe sie selbst gesehen. Ihr Körper war kalt und stumm! Ich bin zu spät gekommen!«

»Nur ein Traum! Alles ist in dir. Die Botschaft wird zurückkehren, sobald es notwendig ist. Lass uns gehen!«

»Und woher soll ich wissen, dass ich nicht jetzt träume? Es macht keinen Sinn mehr. Ich bin müde. Ich will nach Hause. Alles, was ich getan habe, war umsonst.«

»Gar nichts war umsonst! Amaru, du stehst nicht an einem Scheidepunkt, du bist der Scheidepunkt. An dir zerbricht das Bisherige. Und jetzt komm, Tika und die anderen warten auf dich.«

»Bist du dir wirklich sicher?«

»Es ist an der Zeit, dass du das Unwahrscheinliche nicht nur in Betracht ziehst, sondern herausforderst. Folge deinem innersten Verlangen und das Unmögliche wird wahr«, appellierte Wamanyana, wobei er so selbstverständlich und dadurch vertrauensvoll klang, dass Amaru ihm zu glauben begann. Ohnehin gab es keinen anderen Ort mehr für ihn, nur diesen hier, von wo aus er in die Zukunft gehen musste.

Amarus Schatten setzte sich in Bewegung und so folgten ihm Amaru, Wamanyana und all die anderen, die einige Schritte hinter ihnen liefen und Amarus Namen sangen, bis ans Ende der Insel, wo sie in Schilfboote stiegen und ans peruanische Festland ruderten. Von dort aus wanderten sie durch die hügelige Graslandschaft, immer weiter nach Norden.

In jedem Dorf, in jeder vom Wind behausten Hütte, verbreitete sich die Nachricht von Amarus Ankunft. Die Menschen riefen es sich im Vorbeigehen einander anlächelnd zu, und wenn es einer nicht glauben wollte, da er sich mit dem Zustand seiner Welt schon zu lange abgefunden hatte, kamen Dutzende herbei, um ihn für das zu öffnen, was ihnen bevorstand. Diejenigen, denen Amaru auf seinem Weg persönlich begegnete, sammelten sich um ihn und wollten bei ihm bleiben, denn was er ausstrahlte, war so rein und vielverheißend wie ein neuer Tag.

Amaru musste keine der Großstädte aufsuchen. Sie kamen allesamt zu ihm. Potosí. Cochabamba. La Paz. Arequipa. Puno und Juliaca. Von überall her strömten die Menschen in Scharen heran, um sich von seinem Erscheinen zu überzeugen und sich ihm anzuschließen. Immer dann, wenn Amaru zum Sprechen gezwungen war, weil die Menschen seine Botschaft wieder und wieder hören wollten, verfiel er in Trance und wiederholte die Worte des ihn begleitenden Windes. Sein Körper war danach vollkommen ausgelaugt, seine Gedanken inhaltslos und frei jedweder Erinnerung, aber Wamanyana stützte Amaru, sprach ihm fortwährend gut zu und garantierte ihm, dass er spätestens beim Anblick Qusqus zu sich und Tika kommen würde.

Auf dem königlichen Weg, dem gepflasterten Qhapaq Ñan, wurde Amarus Gang mit jedem Schritt und mit jedem Menschen, der sich in das Gefolge einreihte, selbstsicherer. Sein Vertrauen in sich und sein Handeln wuchs. Was er berührte, gesundete, und was voneinander getrennt lag, brachte er allein durch seine Anwesenheit zusammen. Und allmählich fürchtete sich Amaru nicht länger vor der Ungewissheit und den fremden Kräften, die nun immer häufiger von ihm Besitz ergriffen. Er gab sich ihnen hin und ließ sie durch sich wirken. So rekrutierte er mehr und mehr Menschen, denn was er verkündete, wusste aus sich heraus zu überzeugen.

Im Dämmerzustand trat Amaru jedem Einzelnen gegenüber, um sich zu vergewissern, dass sie sich ihres Entschlusses sicher waren und sich ihm niemand aus Verzweiflung oder von Hass getrieben anschließen wollte. Nur die wenigsten derer, die mit ihm zu gehen beabsichtigten, befand er für entschlossen genug. Die meisten der Bereitwilligen schickte er wieder fort. Ihr bloßer Wunsch nach einer anderen Welt genügte ihm nicht. Sie hingen zu sehr an ihren eigenen Bedürfnissen. Er aber suchte nach Verbündeten, die sich von diesem Laster befreit hatten und die dazu bereit waren, sich für etwas Größeres, nämlich den anderen, aufzulösen. Wenn Amaru dann wieder zu sich kam, eingehakt bei Wamanyana, sah er verblüfft auf die angewachsene Menschenschar zurück. Er versuchte, die Köpfe zu zählen, aber es waren inzwischen zu viele, vereint zu einem kollektiven Körper. In jeder Siedlung, die sie passierten, halfen sie den Menschen auf ihren Feldern und kümmerten sich um ihr Vieh. Im Gegenzug wurden sie von den Menschen versorgt, indem sie alles, was sie besaßen, mit ihnen teilten.

»Sie besinnen sich wieder auf die ursprünglichen Sitten. Das Ayni. Die Minka. Sie verfolgen einen gemeinschaftlichen Zweck und stehen sich bei«, lichtete Wamanyana Amarus Verwunderung.

Als sie auf halbem Weg nach Qusqu Tinta erreichten, das eher eine Ansammlung schäbiger Baracken als ein Dorf war, fasste Amaru sogar selbst mit an. Er war der Erste, der am Ostufer des Flusses stand und die zu ihm hinüber geworfenen Seile um einen Baum knotete.

Auf der anderen Seite wuselten verängstigte Frauen umher. »Helft uns! Unsere Herren haben die Brücke eingerissen, damit wir nicht mit euch gehen. Lasst uns nicht allein mit ihnen!«, flehten sie über die Stromschnellen.

Amaru hangelte sich ans gegenüberliegende Ufer, und Wamanyana tat es ihm gleich. Er drohte mehrmals abzustürzen und vom Fluss fortgerissen zu werden, aber als er zu Amaru und den Frauen aufgeschlossen hatte und die Freude, die Amaru in ihnen ausgelöst hatte, in ihren ausgemergelten Gesichtern sah, war er völlig ruhig. »Was soll mir geschehen, wenn du an meiner Seite bist?«

Amaru und Wamanyana wurden durch das Dorf geführt und dann entlang der Plantagen und der Ställe zu einer

Hazienda, auf deren Vorplatz die Großgrundbesitzer an einem Tisch tranken und sich von den Strapazen erholten. Einige Sklaven wedelten ihnen Frischluft zu. Die anderen hatten sich vor ihnen aufgereiht. Ihr Wortführer bat darum, ihnen ihren Fluchtversuch zu verzeihen.

Einer der Grundherren fiel ihm ins Wort. »Glaubt ihr etwa, dass uns das Erobern keine Mühen bereitet? Dass wir Vergnügen empfinden, wenn wir euch quälen? Ihr seht doch, wie hart wir uns plagen. Wir müssen Beute machen und uns eure Ländereien aneignen. Auch wir stehen in jemandes Dienst. Unsere Investoren erwarten Gewinne. Immerzu. Was haben wir nicht alles für euch getan. Ohne uns würdet ihr noch immer wie Schaben vegetieren, mit den Händen die Äcker bestellen und zu euren jämmerlichen Geistern beten. Wir haben einen Bund geschlossen, euch entwickelt und aus Tieren Menschen gemacht. Und ihr? Ihr wollt einfach fortgehen, weil man euch erzählt hat, dass einer alles umstülpen wird. Nennt ihr das Dankbarkeit?« Er zog seine Machete aus der Scheide und ritzte mit der Spitze die Unterlippe des Sklaven auf, sodass etwas Blut über die Klinge floss. »Und jetzt bezeug uns eure Ergebenheit, indem du mir die Klinge sauber machst.«

Der Sklave schob seine Zunge heraus, um das Vergehen seiner Gemeinschaft zu sühnen, doch Amaru kam ihm zuvor. Er war erneut vom Wind erfasst worden, leckte über das Metall, ohne sich daran zu schneiden, und spuckte das Blut des Sklaven auf den Tisch. »Weshalb glaubt ihr ihrem Schwindel? Ihr schuldet ihnen rein gar nichts. Ihr seid viele und sie nur eine Handvoll. Wehrt euch endlich!«

Noch ehe die Großgrundbesitzer zu ihren Waffen greifen und sich Amaru vorknöpfen konnten, waren sie von den Sklaven überwältigt.

Amaru schritt vor den Gefangenen auf und ab, indessen der Wind durch ihn richtete. »Ihr könnt froh sein, dass wir mit euch nicht so verfahren, wie es unsere Vorväter getan hätten. Wisst ihr, was mit euch geschehen wäre, mit Menschen, die sich außerhalb der Gemeinschaft verorten und ihr schaden? Wisst ihr es?«

Die Männer stierten zu Boden und schwiegen.

»Sie hätten eure Familien, euer gesamtes Dorf, alle Pflanzen und alle Tiere, die im Umkreis gedeihen, für immer von der Erde getilgt. Nichts wäre geblieben. Nur verdorrtes Gras und veraschte Knochen. Euch hätten sie, wären sie an diesem Tag milde gewesen, zur Strafe nach Qusqu geschleppt, um euch in ihrem unterirdischen Labyrinth sterben zu lassen. In der Dunkelheit wärt ihr den herabsinkenden Decken ausgewichen und über den scharfkantigen Boden gehumpelt. Den Schmerz eurer aufgeschlitzten Fußsohlen hättet ihr unterdrückt, damit euer Schreien die auf euch lauernden Tiere nicht aufscheuchen würde, und doch hätten sie euch gewittert und in Stücke gerissen. Schlimmstenfalls aber hätte man euch als jene gebrandmarkt, die sich dem Gefüge verweigerten, und euch verstoßen. Für immer allein. Aber in der nun kommenden Welt vergeben wir einander, da wir in die Einsicht und die Fähigkeit zur Neuerung des Menschen vertrauen. Eure Strafe ist demnach die Wiedergutmachung. Ihr werdet den Wert des Kollektivs beschwören und Besserung geloben. Habt ihr mich verstanden?«

Die Verurteilten taten Buße, indem sie die Füße ihrer vormaligen Sklaven wuschen und sich für ihre Fehltritte entschuldigten.

Die Befreiten holten daraufhin den massigsten Bullen aus dem Stall und banden seine Hufe zusammen, sodass sich das Tier nicht mehr bewegen konnte. Dann schafften sie an einer Kette einen Kondor heran, schnallten ihn auf den Rücken des schnaubenden Stiers und lösten die Schlinge von seinem Schnabel. Sein Schädel hob sich aus der weißen Halskrause. Das schwarz-metallene Federkleid faltete sich auf. Er visierte seine Beute an, rammte seine Krallen hinein, zerpickte den Nacken und fetzte Fleisch heraus. Der Stier blökte, bog den Kopf nach hinten und peitschte mit seinem Schwanz, um den Kondor zu vertreiben. Er war dem Fressrausch des Geiers wehrlos ausgesetzt und ermüdete in seiner eigenen Lache.

Als Amaru gewahr wurde, dass die Dorfbewohner ihre Freiheit mit dem qualvollen Tod feiern wollten und Gleiches mit ihren reumütigen Herren vorhatten, griff er ein. Er erinnerte sie daran, dass sie harmonische Menschen sein sollten, nicht wie diejenigen, deren sie sich entledigt hatten, und dass sie Gleiches nicht mit Gleichem vergelten durften. Amaru band den Kondor los, ließ ihn aufsteigen und versorgte die klaffende Wunde des Bullen.

Obwohl die Menschen Amaru anflehten, bei ihnen zu rasten, und sie ihm beteuerten, die Büßer wie ihre Brüder zu behandeln, wählte er nur wenige von ihnen aus und kehrte mit ihnen und Wamanyana zu seinem Tross zurück. Er wollte die anderen für ihre Rachegelüste nicht strafen, aber er fühlte, dass sie hier und er anderswo dringlicher gebraucht wurden. Amaru und seine Karawane zogen den Urubamba entlang, dessen Wasser im Glanz der Abenddämmerung friedlich floss, bis das Gähnen der Erschöpften ihre Gesänge übertönte und Wamanyana darum bat, den Befehl zum Lagern zu erteilen.

In der Nacht ruhte Amaru zwischen seinen Anhängern. Er war wieder zu sich gekommen und der Einzige unter ihnen, der trotz ihres langen Marsches nicht schlafen konnte. Er lag neben einer blühenden Riesenbromelie, die wie eine Rakete in die Höhe ragte, und betrachtete den Sternenhimmel. Seine Augen glitten über den hell leuchtenden Mond und verorteten die ihm vertraut erscheinenden Krater. Alphonsus am östlichen Ufer des Wolkenmeers. Isidorus, nördlich des Mare Nectaris. Rasch trieb er nach Westen weiter und strandete in Colombo, der riesigen Tiefebene.

Amaru wanderte die Terrassen des Kraterrandes hinab und streifte ziellos über die von Hügeln durchsetzte Fläche. Allein und nur für sich. Diese Beschaulichkeit. Diese Geborgenheit. So als ob er diesen Ort schon über Jahre aufgesucht hätte, um vor seiner lärmenden Welt Asyl zu finden. Er stieg einen Hügel hinauf, setzte sich in den kalten Staub und schaute auf die Erde herab. Sie wirkte friedlich, als gäbe es dort allein diesen Zustand. Grenzenlos. Konsonant. In ihrer Vollkommenheit bescheiden und fragil. Nur ein dünner Dunstkreis trennte die blaue Murmel von der unwirtlichen Finsternis und Amaru dachte an all die, die sich in seiner Atmosphäre Schutz vor der feindseligen Außenwelt erhofften. Nervös ließ er etwas Mondstaub von einer

Faust in die andere rieseln. Wie sollte er ihren Sehnsüchten jemals gerecht werden? Was vermuteten sie in ihm?

Amaru streckte sich rücklings auf den Boden und schweifte im Gedanken durch die Dunkelheit, auf der Suche nach etwas, was ihn beruhigen konnte. Er driftete mit den Sonnenwinden durch den interplanetaren Raum, kosmisch kühl und leer, an den Satelliten des Mars vorüber. »Phobos und Deimos, die Furcht und der Schrecken. Himmelskörper, mehr nicht«, überzeugte er sich selbst, wie ein Kind, das die Worte des Vaters nachahmt, um die Fantasie zu tilgen. Nur fort. Weiter hinaus.

Die Erde verkam zu einem mikroskopischen Punkt unter vielen. Vor Amaru umkreisten die Galileischen Monde den Gasriesen Jupiter. Sein Blick schärfte sich. Kallisto. Ganymed. Europa. Unberührte Welten aus Eis und Wasser. »Gefühlskalt, gleich den Menschen in meiner Heimat«, klang es in ihm auf. Er flog weiter zu Io, dem innersten der vier Trabanten. Seine absinthgrüne und feuerfarben gescheckte Oberfläche war von Calderen übersät. Aus den Vulkankesseln schleuderten Minerale und regneten herab. In Gruben brodelte geschmolzener Schwefel. Dazwischen wälzten sich zäh fließende Lavaflüsse aus Silikaten, angetrieben von den Gezeitenkräften des Jupiters. Auch dies war seine Heimat. Eine stetige Veränderung. Schöpfen und vergehen. Der ewige Zyklus der Dinge. Schon immer hatte ihn dieser Gedanke, der ihm gerade jetzt wieder einfiel, getröstet und in den Schlaf gewiegt.

Erst am Morgen, als die Sonne heraufzog und die Reflexionen aller Monde übertüncht waren, erwachte Amaru wieder. Eine letzte Tagesreise lag vor ihnen. Auf seinen Weckruf hin richteten sich im Lager Zehntausende auf. Zehntausende, die ihm vertrauten, weil sie in ihm etwas erkannt hatten und sie für das, was er ihnen versprach, ihr Leben zu opfern bereit waren. Der Tross marschierte los. Noch zügiger und euphorischer als in den Tagen zuvor. Ihre Loblieder schallten so kraftvoll, dass Amaru und Wamanyana einander kaum noch verstehen konnten und ihre Schritte von der Wucht der Heerscharen beschleunigt wurden. Am Himmel sammelten sich alle Kondore des Hochlandes. Sie segelten als Schattenrisse unter der beflügelnden Sonne und geleiteten die Karawane aus Menschen und Tieren, die zu einem einzigen Korpus zusammenrückten. Kurz vor ihrem Ziel zweigte ihr Weg vom Lauf des Urubambas ab, der östlich um die steiler werdenden Berge floss und dann weiter nach Norden. Sie aber eilten direkt auf den Nabel der Welt zu.

Amaru wurde zunehmend unruhig, denn der Wind schwächelte, und Amaru befürchtete, er könnte gar so weit abflauen, dass ihm Tika gegenüber die Stimme versagen würde. »Lass mich jetzt nicht allein. Ich brauche dich!«, sprach er dem Wind gut zu.

Die ersten Vororte von Qusqu wurden sichtbar. Blitzblank gefegt für den noblen Besuch. Die Häuser waren mit Blumenkränzen geschmückt und an den Fassaden standen Amaru willkommen heißende Parolen. Er zwang sich die letzten Serpentinen hoch und als er in das dicht besiedelte Tal mit seinen roten Ziegeldächern und den Kolonialbauten hinabsah, stockte sein Gang. Der Wind war verebbt und Amaru scheute sich davor, ohne ihn weiterzugehen.

Wamanyana stellte sich an seine Seite, in freudiger Erwartung, denn er verkannte Amarus Anspannung. »Wir sind da! Gleich ist es so weit! Erkennst du es wieder?«

»Qusqu«, raunte Amaru kleinlaut.

»Die Stadt gleicht dem Umriss eines Pumas, dem Widersacher des Uturuncus. Den Kopf des Tieres bildet die Festung Saqsaywaman. Dort oben, wo sich die massiven Felsen aneinanderreihen.« Wamanyana zeigte zu einer Anhöhe am Stadtrand. »Folge dem Hals und dem Rücken ein Stück nach Süden und du stößt direkt auf den Hauptplatz, der früher zweigeteilt war, in den Platz der Tränen und den der Freude. Doch die Eroberer haben ihn nach ihrer größten Leidenschaft umbenannt und jetzt ist er der Platz der Waffen. Zwischen den Hinterbeinen des Pumas, bei seinem Glied, wo der Kirchturm mit der Haube steht, befand sich einstmals das Haus der Sonne. Der heiligste aller Tempel im Reich war aus Edelmetallen gefertigt. Nur den wenigsten stand es zu, ihn zu betreten.«

Die Gassen rundherum waren von Menschen geflutet, die Amarus Ankunft entgegenfieberten. Ihm wurde mulmig. Er strauchelte. »Mir ist nicht wohl bei der Sache. Lass uns besser bis morgen warten.«

»Warum? Schau dir nur an, wie viele gekommen sind! Aus den vier Weltgegenden treffen sie zusammen. Aus Chinchaysuyu im Nordwesten und aus den Gebieten des Südens, Kuntisuyu und Qullasuyu. Ja sogar aus Antisuyu, den Wäldern jenseits der Vernunft, drängen sie herbei.«

Sie alle versammelten sich auf dem Hauptplatz und in den angrenzenden Straßenzügen. Unter den Steinarkaden und auf den darüber liegenden Balkons war kein freier Flecken auszumachen. Selbst auf den Dächern quetschten sich die Menschen aneinander. Überall schwenkten sie das Regenbogenbanner Tawantinsuyus.

In Anbetracht der Massen geriet Amaru aus der Fassung. Seine Mimik entgleiste. Er hyperventilierte. Worauf hatte er sich nur eingelassen? Wie hatte er sich wieder so überschätzen können? Dies alles war viel zu groß für ihn, einen durchschnittlichen Menschen.

»Hab keine Angst, Amaru! Es wird sich alles fügen«, wiegelte Wamanyana ab.

Amaru wollte sich davonstehlen, aber seine Gefolgschaft hatte zu ihm aufgeschlossen und schob ihn vor sich her. Unaufhaltsam. Mehr aus Verzweiflung denn aus Überzeugung fasste er neuen Mut. Er redete sich ein, dass es an der Zeit sei, zu handeln und Tika endlich zu begegnen. Er hatte hierher gefunden und die Menschen hinter sich vereint. Irgendetwas musste in ihm sein. Etwas, das seine Vorstellungskraft überstieg. Amaru hielt den Yatiri an der Hand und so bahnten sie sich ihren Weg durch die Spalier stehenden Scharen.

Die Menschen trillerten mit ihren Pfeifen und trommelten auf ihre Brüste. Böller und Leuchtfeuerwerk explodierten. »Amaru! Du bist es! Errette uns!«, johlte es aus allen Richtungen. Überschwänglich verrenkten sie ihre Körper und krallten sich am nächsten fest, um ihr Glücksgefühl irgendwie zu zäumen.

Amaru suchte in den gelösten Gesichtern nach Tika, aber er konnte im Tumult kein einziges Gesicht einfangen, nur miteinander verschmelzende Freudenmienen. Das Gedränge wurde immer dichter. Amaru war auf dem Hauptplatz eingetroffen.

In seiner Mitte stand ein dreistöckiger Brunnen, der eine vergoldete Statue trug. Die drei Bronzebecken zu ihren Füßen waren voller Blut. Die Euphorisierten hatten darin eine ganze Lamaherde geopfert. Die herausgerissenen Herzen trieben an der Oberfläche. Über Amaru flitterte das Abbild eines Sapa Inka. Im Lichtspiel von Mittagssonne und Wolkenschatten schien er sich zu regen. Die eine Hand streckte der Gottkönig zum Himmel. Mit der anderen umklammerte er eine Axt, sein Zepter. Seinen Blick richtete er wehmütig in die Ferne.

»Sprich, Amaru! Sprich zu uns!«, forderten die Menschen energisch. Sie zeigten hinauf zum Weltenveränderer und signalisierten Amaru, dass an der Seite seines Vorfahren der ihm gebührende Platz war.

Amaru stieg widerwillig in das untere Becken hinein und bestürmte im Stillen den Wind, er möge zurückkommen, immer verzweifelter. Doch die von ihm getragene Botschaft blieb aus. Amaru sammelte zwischen den Tierherzen seine Kraft und sprang hoch, um ins nächste Becken zu gelangen. Er hoffte, dass dort der Wind vielleicht günstiger stünde, aber sein vollgesogener Mantel wog zu schwer und die Kante war zu glitschig, als dass er sich hätte hinaufziehen können. Immer wieder fiel er in die blutige Brühe zurück.

Mit jedem gescheiterten Versuch wurden die Menschen leiser und angespannter. Allein Amarus erschöpftes Seufzen war zu hören und als er bemerkte, dass alles um ihn herum schwieg, fühlte er sich zum Sprechen verpflichtet. »Ich bin ... ihr seid ...! Ich meine, wir können ...!«, haspelte er unbeholfen. Er bekam kaum Luft und weitete seinen Kragen. Zigtausend Augenpaare starrten ihn an. Ihre Sehnsucht. Ihr Vertrauen. All ihre Hoffnungen lasteten auf ihm. Erdrückend. Bald erniedrigend. »Tika?«, schrie er hilfsbedürftig. Sein Echo wummerte durch Qusqu. Niemand antwortete ihm. Die Umgebung begann zu rotieren. Alles verwischte. Amaru verlor das Gleichgewicht und wäre beinahe mit dem Kopf gegen die Umrandung des Bronzebeckens gedonnert, hätte nicht jemand nach ihm gefasst.

»Halt dich fest! Ich bringe dich von hier weg.« Der Fremde schulterte Amaru durch die Menge. Im Davongehen vernahm er noch Wamanyanas Rufen, mit dem er die Menschen dazu aufforderte, ihnen Platz zu machen und geduldig zu sein, bis er sich erholt hätte und wiederkommen würde. Dann versagte sein Kreislauf.

Spät in der Nacht läuteten die Turmglocken Qusqus. Dreimal. Amaru erwachte. Er lag auf einem Diwan, zugedeckt mit seinem Mantel. Aus dem Nebenzimmer fiel schummriges Licht ein. Dazu ein rhythmisches Tacken. Anschlag für Anschlag. Getrieben. Ohne Pause. Wer auch immer auf den Tasten der Schreibmaschine hämmerte, er musste sich seiner Sache sicher sein, dachte Amaru. Er richtete sich auf und horchte den auf das Papier einschlagenden Drucktypen zu. Wort für Wort. Meditativ. Vertrauenerweckend. Überzeugt, dass ihm nebenan nichts Schlimmes erwarten konnte, klopfte er gegen den Türrahmen. Das Tacken stoppte.

»Du bist wach, schön. Komm herein.« Hinter dem Schreibtisch lehnte ein Mann mittleren Alters, von Notizen und Bücherwänden umgeben. Die Konzentration, die er gerade noch seinem Text gewidmet hatte, richtete er nun auf Amaru. Sein Gestus war wach und elegant. Das am Ansatz ergraute Stirnhaar nach hinten gewachst. Sein Oberlippenbart schmal gestutzt. Er trug Hemd und Krawatte. Faltenfrei. »Darf ich dir etwas anbieten?«

Amaru winkte ab. »Danke, dass du mich hierhergebracht hast. Ich bin Amaru«, stellte er sich dem Fremden vor, der andine und europäische Züge in seinem Gesicht vereinte.

»Ich weiß, wer du bist. Alle sprechen von dir und Tika, deretwegen du deine Welt verlassen hast, um in unserer Wunder zu vollbringen. Setz dich doch. Hier bitte. Mein Name ist José María. Allerdings nennen mich meine Freunde und die, die es sein wollen, Arguedas.«

»Arguedas«, wiederholte Amaru herzlich und trat ans Fenster, das neben dem Schreibtisch offen stand. Der Wind wehte beständig. Ungläubig schaute Amaru auf die Stadt hinunter. »Was um alles in der Welt erwarten sie von mir?«, fragte er in die Dunkelheit hinaus. Auf dem Hauptplatz verharrten noch immer Zehntausende und lobpriesen seinen Namen. Etwas leiser als tagsüber, aber nicht minder enthusiastisch. Sie hatten ein großes Feuer entfacht, die einzige Lichtquelle, da eine Wolkenwand den Mond belagerte.

»Wovon ich nur zu schreiben wage, lässt du Wirklichkeit werden.«

»Was meinst du damit? Worüber schreibst du?« Amaru drehte sich zu Arguedas und schielte auf die akkurat geordneten Papierberge.

»Ich schreibe über den Propheten und die Ankündigung, dass er die Anliegen der Unterdrückten in die Tat umsetzen wird. Mit dir sehe ich ihn wahrhaftig vor mir. Der Umsturz der Welt steht uns endlich bevor.«

»Was redest du da? Es gibt nichts, das ich ankündigen oder umstürzen will. Die anderen haben sich in mir getäuscht. Worauf auch immer sie hoffen, ich bin es nicht.«

»Oh doch, Amaru, ob du willst oder nicht. Die Prophezeiung, die man sich seit Jahrhunderten weitererzählt und die sich durch dich erfüllt, ist nicht das Resultat eines verzweifelten Hoffens, sondern eine Form des Handelns. Eine Kraft, die uns anzieht und eine Bewegung auslöst. Unserer Welt sind die Fantasie und der Zauber abhandengekommen. Es fehlt uns an Helden. Mit dir steht nun einer in meinem Arbeitszimmer. Ich hätte ihn mir nicht angemessener ausdenken können. Bis vorhin glaubte ich, der Inkarrí wäre nur ein Mythos. Eine Verheißung. Der König der Vergangenheit und der Zukunft und somit Ausdruck unserer zyklischen Zeitvorstellung. Deine Anwesenheit belehrt mich eines Besseren.«

»Wer soll ich sein? Der Inkarrí?«, rätselte Amaru, wobei er dieses Wort so ungewandt nachsprach, als hätte es Arguedas eben erfunden.

»Genau der, Amaru der Dritte! Darauf trinken wir!« Arguedas nahm zwei Gläser und eine Flasche aus der Vitrine. Beim Einschenken stieg der Traubengeruch des Singanis auf.

Amaru sackte in einen Sessel und prostete Arguedas zu. »Ich weiß nichts von einem Inkarrí und irgendeiner Prophezeiung. Und ich bin auch kein Bote. Ich bin ein normaler Mensch wie alle anderen!« Um seinen Worten Nachdruck zu verleihen, kippte er sich den Schnaps hinein. Nebenbei überflog er die Buchrücken, die sich in den Regalen stapelten, und blieb an ein paar Einbänden haften. »Diamanten und Feuersteine. Los ríos profundos. Warma Kuyay«, las er vor, wie einer, der die Titel kannte.

Arguendas' Miene wurde ernster. Seine Finger tippten auf der Tischplatte. Er schien fortzuschreiben, was er dachte, und damit lenkte er Amarus Aufmerksamkeit auf sich. »Inka. König. Inka. Rey. Inkarey. Inkarrí! Kannst du mir folgen?«

»Nicht wirklich, aber ich versuche es.« Amaru fühlte sich Arguedas auf merkwürdige Weise verbunden und deshalb achtete er nun genau darauf, was er ihm sagte.

»Meine jahrelangen Feldforschungen haben mich der Sache immer näher gebracht. Ich habe alle Aussagen überprüft und die Prophezeiung verschriftlicht. In den Dörfern rund um Qusqu wird sie seit Generationen weitergegeben. Nichts hat sie ihnen austreiben können. Keine Peitsche. Keine Dürre. Ja nicht einmal die Zeit. Woran die Menschen festhalten, geht auf die Unterwerfung von Abya Yala zurück und auf die Vorstellung, dass die Welt instabil ist. Das Prophezeite entspringt einem dreimaligen Trauma, nämlich den Hinrichtungen der Sapa Inka Atawallpa, Tupaq Amaru und Condorcanqui, der als Tupaq Amaru der Zweite in die Geschichte einging. Die Überreste der Helden, von ihren Mördern an unterschiedlichen Orten vergraben, werden eines Tages zusammenwachsen und an einem mystischen Ort aus dem Boden keimen. Dort wird Amaru der Dritte zum Inkarrí gekrönt und über das Unrecht triumphieren.

Amaru, du bist kein gewöhnlicher Mensch und auch kein Chaski, der eine Botschaft übermittelt. Du bist die Botschaft. Du repräsentierst die Hoffnung auf die Wiedergutmachung. Du wirst vollenden, was deine Vorgänger gewagt haben und womit sie gescheitert sind. Durch dich wird das Pachakuti in Gang gesetzt, die fundamentale Veränderung der Verhältnisse. Du ebnest uns die Zukunft. Mit dir erreichen wir einen Zustand, der jenseits der äußersten Dinge liegt, jenseits der bisherigen Umlaufbahnen, und wo sich die Vollendung des Einzelnen zu einem kollektiv denkenden Wesen vollzieht. Dafür musst du über dich hinausgehen und Tika aufspüren.«

»Was weißt du über sie?«

»Nicht mehr als du. Sie ist dort draußen und sehnt sich nach dir. Wenn du gewillt bist, dein Ungleichgewicht auszubalancieren, werdet ihr einander wiederfinden. Damit euch das gelingt, hast du dich deinen Dämonen zu stellen. Vor allem dem Federmann.«

»Dieser verfluchte Federmann!«, rief sich Amaru den Namen ins Gedächtnis. »Und wo ist er?«

»Es gibt einen, der dich zu ihm bringen kann. Er lebt verborgen in den Wäldern östlich der Berge, im verlassenen Willkapampa, und lässt sich nur von bestimmten Menschen entdecken. Er ist der Einzige, der das Verlangen und die Kraft des zweiköpfigen Uturuncus zu bändigen versteht, und allein er, der letzte Schamane, der die Zeiten überdauert hat, verfügt über die Fähigkeiten und die geheimen Rezepturen, die nötig sind, um einen Menschen erwachen zu lassen. Wenn er dich für würdig befindet, wird er dich aufnehmen und einweihen. Es liegt dann allein an dir, ob du etwas daraus machst.«

Amaru grübelte unermüdlich über die zurückliegenden Ereignisse. Dabei leerte er ein Glas nach dem anderen. Doch die Einzelteile des Puzzles ließen sich in seinem Kopf nicht zusammensetzen. Vor allem der Federmann blieb ein Fremdkörper. Was konnte er mit dem Federmann teilen, obwohl er ihn und das, was er bisher über ihn erfahren hatte, verabscheute? Sein ganzes Gebaren war ihm zuwider, trotz ihrer fast familiären Zusammenkunft im Salar. Mehrmals hatte er in seinen Träumen den Impuls verspürt, ihn töten zu wollen. Unmöglich konnten sie einander sonderlich nahestehen. Aber was verband sie dann? Amarus Gedanken drehten sich im Kreis.

Arguedas bemerkte, dass Amaru nicht weiterkam und die Flasche fast leer war. »Versteife dich jetzt nicht auf den Federmann. Gedulde dich, bis du in Willkapampa eintriffst. Dort wird sich dir alles offenbaren. Du solltest dich jetzt besser auf den Zweiköpfigen konzentrieren und dich daran erinnern, was du wahrgenommen hast. War er dir wohlgesinnt? Wollte er dich töten? Überlege genau, denn er ist unberechenbar und wenn du die Domäne der Unvernunft betreten hast, in der er regiert, bist du seinen Launen schutzlos ausgeliefert. Du musst wissen, Amaru, dass der

Uturuncu der niederen, barbarischen Welt entstammt, die es für die Vorväter zu zivilisieren galt. Für sie repräsentierte er das Fremde, das Ungewollte, das auf die Umwälzung ihrer bestehenden Ordnung pochte. Aber dadurch, dass das alte Reich hinweggefegt wurde und die Europäer eine neue Welt nach ihren Regeln erschufen, verlangten die Menschen nach dem Erscheinen des Uturuncus und seinen ihm innewohnenden Drang zum Umsturz. Das Pachakuti, das durch ihn und dich kommen kann, sofern ihr einander zulasst und euch nicht bekriegt, wird unser aller Erlösung sein!«

Amaru vergegenwärtigte sich seine Begegnung mit dem Uturuncu im Lager der Konquistadoren. Er in Lauerstellung. Ein Katzensprung. Der zerbissene Schädel des Priesters. Der Angriff auf den Federmann. Die Flucht durch das Dickicht. »Angenommen, dass du mit dem, was du sagst, recht hättest, immerhin ist mir in meinem Traum ein zweiköpfiger Jaguar zu Hilfe gekommen, was sollte ich dann deiner Meinung nach jetzt tun?«, fragte er zurückhaltend.

»Zunächst musst du dich im Qurikancha reinwaschen und Tayta Inti, unserem Vater Sonne beichten, dass du mit dem Uturuncu den Mond verschlingen willst, um dafür zu sorgen, dass sich die Gravitationskräfte neu tarieren. Wenn er einsieht, dass dein Handeln notwendig ist und dich am Leben lässt, hast du unverzüglich nach Willkapampa zu gehen und dann hinüber nach Paititi.«

»Den Mond verschlingen? Mich reinwaschen? Und dann nach Paititi?«, fragte Amaru nach, der ob des seltsamen Vorschlags von Arguedas durcheinandergeraten war.

»Um diesen Ort ranken sich widersprüchliche Legenden. Die einen sagen, er verberge sich am Grund einer moorschwarzen Lagune. Andere vermuten diese sagenumwobene Stätte in den unberührtesten Wäldern, beim Pol der Unzugänglichkeit. Dort sollen die Sonnensöhne samt ihren Königinnen zurückgezogen in ihrem Reich leben und auf die Wiedergeburt des Inkarrí warten. Ich aber glaube, dass dieser Ort überhaupt erst in jenem Moment erschaffen wird, wenn der Auserwählte, also du, seine Bestimmung akzeptiert.«

Amaru wippte hypernervös mit den Beinen. Er war unentschlossen, ob er dies alles glauben und sich zumuten sollte. Was, wenn er nicht der war, für den man ihn hielt, oder Arguedas ein Geisteskranker? Seine Odyssee auf die Gipfel des Uturuncus hatte ihn fast das Leben gekostet, selbst wenn es nur ein Traum gewesen war. Aber auch dessen konnte er sich nicht mehr sicher sein. Jetzt jedenfalls sollte er ins Reich eines zweiköpfigen Ungeheuers vordringen und irgendwelche Dämonen ergründen? Andererseits hatte die Kraft des San Pedro ja nicht ausgereicht, um ihn zu erleuchten und Tika zu begegnen. Vielleicht würden die Tränke dieses Schamanen wirken? Womöglich wären sie sein letzter Ausweg. Allzu lange würde er gewiss nicht mehr durchhalten und notfalls allem selbst ein Ende setzen.

»Amaru, du stehst zwischen den Welten und gehörst keiner von beiden wirklich an, wie ich. So ein Leben ist nicht zu ertragen. Besinne dich auf die Dualität des Seins, wonach das Leben und der Kosmos ausgerichtet sind. Begreife die polaren Gegensätze in dir und überall, als sich gegenseitig ergänzende Teile eines alles umfassenden Ganzen. Vertraue in dich und dein Handeln, dann wirst du zu dir finden und Neues schaffen. Der Uturuncu wird dir beistehen, wenn du dich öffnest«, riet ihm Arguedas.

Amaru beugte sich ans Fenster und atmete durch. Letzte Stimmen sangen am Gluthaufen seinen Namen. Der Trabant hatte die Wolken weggeschoben und wachte an ihrer Seite. Der Morgen würde bald kommen und Amaru graute es davor, wieder zu den Wartenden sprechen zu müssen. Früher oder später würden sie ihn aufstöbern und ihn erneut auf den Brunnen zwingen. Zu sehr gierten sie nach seinen Worten, als dass sie ihn einfach ziehen ließen. Dem Wind konnte er nicht länger trauen. Er war unzuverlässig und hatte im entscheidenden Moment seine Hilfe versagt. Und aus ihm selbst kam nichts heraus. Gar nichts. Was für ein Leben musste er zurückgelassen haben, dachte er, dass er dieses hier bevorzugte? Amaru kaute auf seinen Lippen, um sich zu beweisen, dass er nicht luzid träumte. »Wenn doch«, entgegnete er sich und dem Schmerz, »sollte ich dann nicht zumindest versuchen, die Kontrolle zu gewinnen?« Er trank ein Glas Schnaps. Und noch eines. Alles, was ihm blieb, war, Arguedas zu vertrauen, und sofern er den Mut aufbringen würde, sein eigener Beschluss. »Kannst du mir etwas aus deinem Text vorlesen?«, bat Amaru, um seine Entscheidung bis zum Sonnenaufgang aufzuschieben.

Von Amarus Ansinnen überrumpelt, zerfledderte Arguedas seine Stapel. »Wenn du es dir wünschst, gern.« Er las Amaru aus einem Text vor, den er mit Huarochirí-Manuskript betitelte. Das frühe Zeugnis eines Chronisten, der die Khipus, die Mythen und die Bräuche der alten Zeit niedergeschrieben hatte und den er, Arguedas, erstmals aus dem Quechua übersetzte und interpretierte. Er berichtete von den Apus, dem einstigen Qusqu und davon, dass die in Tawantinsuyu lebenden Menschen ihre auf Gegenseitigkeit und Umverteilung fußende Ordnung an eine Warenwirtschaft anpassen mussten, weil die Invasoren ihre als unvernünftig geltenden Vorstellungen von Gleichwertigkeit zerschlagen hatten.

»Das Reich der Vorfahren war natürlich kein sozialistisches Paradies. Kein Reich Utopia. Auch damals unterschieden sie die Menschen nach Klassen und es gab Sklaven und Verstoßene. An der Spitze ihres Staates stand der Sapa Inka, der Sohn von Sonne und Mond. Mit ihm konkurrierte der Willaq Umu, der höchste Priester im Reich, um die Macht. Ihre Angehörigen genossen als Adel und Priesterschaft ihre Privilegien. Sie walteten über die handwerklichen Spezialisten, die Krieger, die Bauern, Hirten und Fischer. Dennoch hatte diese Welt der jetzigen etwas voraus. Für sie alle ging das Recht zu nehmen mit der Verpflichtung zu geben einher. Niemand war etwas ohne den anderen«, ergänzte Arguedas das Vorgelesene.

Amaru hielt seine Augen auf ihn gerichtet und gab sich seinen Worten hin, da ihm die Vergangenheit lebenswerter erschien als die Gegenwart. Seine Anteilnahme veranlasste Arguedas dazu fortzufahren und erst mit dem Aufziehen der Morgenröte, die sich unaufhaltsam über die Bergkuppen schob, brach er seine Erzählung ab.

»Es ist so weit, Amaru. Das Licht steht bald im richtigen Winkel. Ich kann dich jetzt zum Sonnentempel bringen. Bist du bereit?«

Es dauerte einen Moment, ehe sich Amaru aus der Vergangenheit gelöst und sich ihm herauskristallisiert hatte, dass es allein seine Entscheidung war, ob es nach der Gegenwart eine Zukunft geben würde. Jetzt oder nie. Wie gering seine Chancen auch sein sollten, er wollte sie nutzen. Amaru holte seinen Mantel vom Diwan und zog sich den Jaguarpelz über. »Ich muss es sein«, ergab er sich in seine Fügung. Ein letzter Versuch, um Tika willen.

Wie zwei Flüchtige machten sie sich auf und schlichen mit gesenkten Köpfen durch die Straßen. Wenn ihnen ein Mensch entgegenkam, der bei ihrem Anblick einen Freudenschrei auszustoßen und die noch schlafende Jüngerschaft zu wecken drohte, bog Arguedas rechtzeitig in eine Seitenstraße ein und verbarg sich mit Amaru. Während sie abwarteten, konnte sich Amaru etwas genauer umsehen. Qusqu hatte sich über Nacht verändert. Die Gebäude waren altertümlicheren Bauten gewichen. Schwere Blöcke aus Basaltstein zu wuchtigen Mauern aufeinandergetürmt, die Dächer mit Stroh gedeckt. Amaru klopfte gegen die fugenlosen schwarzgrauen Wände. Jedes Element stützte das nächste. Unumstößlich. Gemeinsam für die Ewigkeit geschaffen.

Arguedas drängte zum Weitergehen. Qusqu würde bald erwachen. Zügig lotste er Amaru zum höchstgelegenen Tempel der Stadt. Wo am vorherigen Tag das Konvent Santo Domingo auf den Überresten der Inkamauern gestanden hatte, erhob sich nun der im Morgenschein strahlende Qurikancha. Die zu einem Halbkreis übereinandergesetzten Quader verjüngten sich nach oben hin, wo ein Flachdach aus frisch geerntetem Gras den Tempel vom Himmel abgrenzte. Vor dem goldenen Eingangstor unterrichtete Arguedas Amaru, wie er sich im Zentrum der Galaxie zu verhalten hatte. »Schließe deine Augen, denn wer sich erdreistet, die Sonne zu betrachten, den blendet sie, bis seine Netzhaut verbrennt und er nichts mehr sieht. Nie wieder. Außerdem müssen wir barfuß und mit gebeugtem Rücken gehen, um zu demonstrieren, dass die Demut auf uns lastet. Halte dich gut an mir fest, bis wir das Intipampa erreicht haben. Auf dem Sonnenfeld kannst du Tayta Inti dein Vorhaben gestehen. Und jetzt bitte ihn um Einlass.«

Obzwar er sich etwas albern vorkam, so als müsste ein Atheist ein Tischgebet sprechen, versuchte es Amaru. »Tayta Inti, ich bin es, Amaru. Lass mich herein. Ich habe dir etwas mitzuteilen.«

Mit einem solaren Summen öffnete sich das Tor und sie schritten gemäß Arguendas' Anweisungen hinein ins Innere der Sonne. Reines, vollkommenes Licht. Absolute Helligkeit. Eine alles zersetzende Hitze. Amaru roch sein versengendes Haar. Ihm war, als würde der aus ihm dampfende Schweiß Blasen auf seiner Haut schlagen. Sein Blut kochte. Unerträglich. Er rammte seine Nägel in Arguedas Oberarm und schrie die Qualen heraus, im Glauben zu verglühen, aber schon mit dem nächsten Schritt trafen seine Sohlen auf kalten Grund. Die Blendung nahm ab. Der Schmerz war gelindert. Das Tor hinter ihnen verschlossen.

Zaghaft hoben sich Amarus Lider. Über ihm glomm eine Scheibe, als Abbild der Sonne, die eben das einfallende Tageslicht gebündelt und auf sie geworfen hatte. Auf ihr war der zyklische Verlauf der Dinge dargestellt. Von den ersten Menschen, die das Reich begründet hatten, indem ihr Stab in der Erde versunken war, genau an jener Stelle, von der aus Amaru nun aufsah, bis hin zu den Schädeln des Uturuncus, dessen aufgerissene Gebisse sich im Zentrum der Scheibe zu einem Kreis formten. Amaru senkte seinen Blick und stierte in die von der Eingangshalle abgehenden Räume. In einem Saal aus purem Gold hockten die Mumien der Sapa Inka auf ihren Thronen. Speisen und Cocablätter lagen zu ihren Füßen. Gegenüber, in einem Saal aus Silber, die getrockneten Körper der Coyas. Ein platinfarbener Trabant hing zwischen ihnen.

»Mama Killa!«, würdigte Arguedas im Vorbeigehen die heilige Mutter Mond und Gattin Intis und er verneigte sich noch tiefer. In den anderen Räumen glitzerten Edelsteine. Grüne Malachite. Rote Rubine. Herzgroße Diamanten. »Gaben für Blitz und Donner, die Venus und andere Himmelserscheinungen«, wurde Amaru von Arguedas unterwiesen, der ihn andächtig wie ein Hohepriester durch den Tempel führte. Er zeigte auf die Gemächer der Sonnenjungfrauen, die selbst ein Sapa Inka nicht betreten durfte, weil sie allein Tayta Inti zustanden, und bog in einen mit geknoteten Schnüren dekorierten Flur ein. Abertausende davon baumelten von der Decke. »Sie rühmen die Heldentaten der Vorfahren. Du darfst sie anfassen.«

Amaru fuhr über die fingerdicken Khipus und las die

Geschichten von Kriegszügen und den Veredelungen der Welt. Jahrhunderte scheuerten zwischen seinen Fingern. Die Ordnung des Chaos. Ackerbau und Viehzucht. Das Handwerk. Die Unterwerfung der Völker, Tal für Tal. Der entscheidende Sieg über die Chanca und der Aufstieg zum gewaltigsten Reich unter dieser Sonne. Schrittweise franste das Dickicht der Schnüre aus und als es sich am Ende des Flurs vollständig gelichtet hatte, eröffnete sich eine Terrasse.

Amaru und Arguedas gingen ein paar Stufen hinunter und betraten das funkelnde Intipampa. Alles in diesem Garten war aus Gold und Silber gefertigt. Die den Mais erntenden Menschen. Die im Schatten der Bäume weidenden Alpakas und die Pflanzen selbst. Jeder Ast. Jedes Blatt. Jede Frucht. Sogar die Grashalme, die gekrümmt waren, als zöge ein Wind, schimmerten metallisch. Quer hindurch verlief ein Bach mit dunkelgelben Saphiren statt Kies in seinem Bett. Amaru wollte ihm folgen, doch Arguedas hielt ihn bei sich.

»Weiter kann ich dich nicht begleiten. Jetzt liegt es an dir und Tayta Inti. Wenn er es zulässt, verlässt du die Stadt in Richtung Nordosten und gehst geradeaus, bis du auf die Felsformation von Q'enqo stößt, dem Eingang zur Unterwelt. Du kannst ihn nicht übersehen. In den verwinkelten Höhlen und Spalten mumifizieren sie die Herrscher. Dir soll er als Wegweiser dienen. Halte dich weiter gen Osten und du wirst bald das Rauschen des Urubambas vernehmen. Er führt dich über Ollantaytambo bis nach Willkapampa und wenn du der bist, den die anderen und ich in dir zu erkennen glauben, erwarten dich im Reich des Zweiköpfigen bereits die Gehilfinnen des Schamanen. Und nun beeil dich, Amaru, die Zeit läuft dir davon. Entweder du kommst bald zu dir oder alles wird vergebens gewesen sein.«

»Arguedas!«, verabschiedete sich Amaru bedauernd wie von einem lieb gewordenen Buch, das einen lange begleitet und gestärkt hat und doch zu bald allein zurücklässt.

Arguedas verschwand zwischen den Khipus, und Amaru stieg in den Bach, der inmitten eines goldenen Hains in ein Wasserloch mündete und in dessen Schlund versank. Amaru hielt sich an einem Ast fest, um nicht hinabgezogen zu werden. Mit der freien Hand wusch er sich den Schweiß vom Gesicht und trug Schicht für Schicht des Schutzschildes ab, den er im Verlauf seines Lebens um sich errichtet hatte. Verschollenes wurde freigelegt. »Wie ideal diese Welt gewesen sein muss, ehe der Mensch sie betreten hat«, sagte er zum im Wasser schwimmenden Abbild der Sonne.

Das Licht zerstreute sich in den Strudeln. Die Atome stießen aufeinander. Wasserstoff fusionierte zu Helium. Entfesselte Energie. Tayta Inti rutschte vom Himmel herab, dimmte seine Strahlkraft und platzierte sich Amaru gegenüber, der die körnige Struktur der Granulen auf der Sonnenoberfläche und die dunklen Stellen anstaunte. Die Schönheitsflecken schwollen auf und eruptierten. Aus dem koronalen Auswurf heißen Plasmas formten sich Glieder und ein flammender Kopf. Im Lotossitz erwartete Tayta Inti Amarus Anliegen. Geduldig und zum Zuhören bereit.

»Verzeihe mir, Vater Sonne, ich habe keine andere

Wahl!«, rechtfertigte sich Amaru und er begann zu beichten. Er gestand sich und der Sonne, dass ihn sein Dasein als Mensch zur Verantwortung verpflichte. Viel zu lange habe er angenommen, dass ein Einzelner am Lauf der Welt nichts ändern könne. Nun wolle er endlich ins Geschehen eingreifen, auch wenn es dafür Mutter Mond zu vertilgen gälte. Er schwor, für jedes Opfer bereit zu sein, selbst sich würde er hingeben, wenn Tayta Inti darauf bestünde. »Lass mich vollbringen, was ich vollbringen muss!«

Amaru registrierte rechtzeitig die Reaktion der Sonne. Er schwang sich den Ast hinauf und ans Ufer, denn das Wasser heizte sich auf, bis es siedete und mit Tayta Inti in einer Fontäne nach oben schoss. Amaru reckte die Arme zum Himmel. Feine Goldtropfen regneten herab und legten sich auf ihn. Erfrischend. Kühlend. Vater Sonne hatte sein Vorhaben ohne Widerworte gebilligt und ihn nicht verbrüht.

Von Energie erfüllt, hastete Amaru durch den Hain und unbemerkt aus Qusqu. Hinter ihm brandeten die Lobgesänge seines Gefolges. Es war aufgewacht und fahndete nach ihm. Doch mit jedem Schritt in Richtung Osten verwässerte das Rauschen des Urubambas die Stimmen und spülte sie fort. Amaru folgte dem Lauf des Flusses durch ein breites und fruchtbares Becken. »Willka Qhichwa, das heilige Tal«, orientierte er sich beim Anblick der wiesengrünen Bergketten, die die Senke zu beiden Seiten begrenzten. Die an den Hängen angelegten Terrassen lagen brach und die wenigen Siedlungen, die Amaru vorfand, waren allesamt verlassen. Er marschierte einige Stunden, froh, allein zu sein, bis er die aus dem Fels herausgeschlagenen Gesichter der Berggeister erblickte, die oberhalb der Wehrmauern von Ollantaytambo Wache hielten.

Alsbald verengte sich das Tal und das Gefälle nahm zu. Die Kraft des Flusses wurde zusammengedrückt und entlud sich in einer reißenden Strömung. Der Urubamba wühlte sich fortan durch dicht bewachsene Schluchten. Biegung für Biegung wurde die Luft schwüler. Amaru knöpfte seinen Mantel auf und warf ihn schließlich über die Schultern. Sein Körper musste sich erst auf die feuchte Wärme des Nebelwaldes einstellen, hatte er sich doch in den vorherigen Tagen und Nächten als dem Hochland zugehörig erwiesen. Diese Welt, in die er nun eindrang, war andersartig beschaffen. Geheimnisumwitterter. Fantastischer.

In der Überzeugung, dass er sich weit genug von Qusqu entfernt und hier draußen keine Begegnung zu befürchten hatte, verschnaufte Amaru am Ufer und kramte in seinen Taschen. Die Cocablätter und die Paste waren aufgebraucht. Der San Pedro restlos verspeist. Und wie Amaru so dasaß und seine Atmung forcierte, um nicht zu ersticken, erklang hinter der nächsten Flusswindung ein Geräusch, das sich zu ihm hin ausbreitete. Irgendwer blies in das Gehäuse einer Flügelschnecke. Konstant und unbeirrbar. Das Tröten des Pututus hallte über das Wasser und wurde von den Steilhängen hin und her geworfen. Amaru rappelte sich auf und hetzte dem Signal entgegen.

Der Fluss mäanderte in einem weiten Bogen. An seiner Innenseite hatte sich ein Strand abgelagert, auf dem eine

Steinhütte stand. Von außen sah sie aus wie eine gewöhnliche Raststätte für Chaskis, ein schlichter und zweckdienlicher Bau, an dem die Boten Kraft tanken konnten. Amaru trat ein und war von der Weitläufigkeit überrascht. Die Rückwand des Gebäudes fehlte, Gärten und Felder erstreckten sich. Unter den Obstbäumen und an den Zierbrunnen debattierten Menschen. Einer von ihnen winkte Amaru heran. Seine Haltung war aufrecht und gefestigt, als wäre er aus Bronze gegossen.

In Amarus Gedächtnis manifestierte sich etwas. Es war eine Statue, die sich nur ein paar Querstraßen entfernt von seiner zurückgelassenen Wohnung befand, am Eingang der Bibliothek. Enge Hose, kniehohe Stiefel. Glänzend poliert. Ein Degen baumelte an der Hüfte. »Simón José Antonio de la Santísima Trinidad Bolívar Palacios y Blanco. Von allen hochachtungsvoll El Libertador genannt«, entfuhr es Amaru.

Jetzt stand er leibhaftig vor ihm. Den Uniformrock hatte er abgelegt. Mit hochgekrempelten Hemdärmeln gestikulierte er. Der Befreier von Venezuela. Kolumbien. Panama. Ecuador. Peru und Bolivien.

Amaru fiel plötzlich ein, dass er sich früher mit Bolívar verglichen hatte. Auch dessen Vorfahren waren Deutsche. Allerdings mütterlicherseits. »Xedler, Gedler oder Schedler«, versuchte sich Amaru genauer zu erinnern, und im Nu baute sich La Paz vor seinem inneren Auge auf. Das Colegio Alemán Mariscal Braun. In seiner Jugend hatte Amaru genug von Bolívar gelesen, um mehr über ihn zu wissen als über sich selbst. Seine Briefe aus dem Exil in Jamaika hatte er zu seiner Gymnasialzeit zwischen die Bücher gesteckt und sie tagein, tagaus studiert. Er hatte das Gemeinsame gesucht und vor allem Verschiedenheiten gefunden, denn während der von Generation zu Generation beschworene Mythos der Bolívars um den Sonnenruhm kreiste, war Amaru, als hätte man in seiner Familie, die bloß als leerer Umriss in sein Bewusstsein rückte, ohne dass er seinen Vater oder seine Mutter eindeutig hätte sehen können, seit jeher nach Reichtum und Macht verlangt.

Amaru schüttelte sich frei und fokussierte sich auf sein Idol. Hatten ihn seine Feinde nicht mit Arsen vergiftet? Amaru schmeckte das süßliche Pulver auf seiner Zunge, aber bevor er sich weiter darüber wundern konnte, wie er das Reich der Toten hätte verlassen sollen, legte Bolívar los.

»Die völlige Freiheit mündet in der Tyrannei von wenigen. Unsere Institutionen dürfen sich nicht bloß auf Ökonomen, Geistliche und Politiker stützen, sondern müssen der Lebenswirklichkeit entsprechen. Es bedarf daher einer moralischen Gewalt, die unsere öffentlichen Interessen vertritt. Jenseits eines kollektiven Willens und der Gerechtigkeit kann keine Gemeinschaft existieren. Nur die Befreiung aller Ländereien garantiert uns eine Zukunft. Nicht wahr?«

Vor seinen Füßen zeichneten seine Jünger Chávez und Maduro ihre Vision einer sich selbst verwaltenden Bürgerschaft in den Sand, eine unübersichtliche Kritzelei, mit der sie sich darum bemühten, ihrem Ideengeber zu imponieren.

Neben Bolívar stand De Sucre. Ein engster Vertrauter, wie ihn jeder Revolutionär bräuchte. Verlässlich und selbstlos. Ungeduldig wuschelte er seine Locken. Auf den Schultern seiner roten Samtuniform waren Epauletten mit goldenen Fransen befestigt. Am Revers steckten die Orden für die von ihm errungenen Siege. Sie allein zeugten von seinem revoltierenden Geist. Die Schlacht an den Flanken des Pichinchas. Die Schlacht von Junín und die Zerschmetterung der royalistischen Norddivision. Die Schlacht bei Ayacucho, dem Winkel der Toten, die die endgültige Befreiung des Kontinents und die Kapitulation der Alten Welt besiegelte. El Gran Mariscal. Er hatte die rachelüsternen Massaker auf den Kriegsschauplätzen erlebt und war nach wie vor davon überzeugt, dass ihre Revolution der Blutströme bedurft hatte. Gastfreundlich grüßte er Amaru und steigerte sich wieder in eine hitzige Diskussion mit Bolívars Jüngern hinein.

Ihnen gegenüber unterhielten sich die Erretter des Südens bei einem Kaffee. Die wortgewandten Generäle Artigas und San Martín und die Guerillera Azurduy de Padilla, die ihnen im Kampf gegen die Spanier entscheidend geholfen hatte. Sie trug die Rangzeichen eines argentinischen Generals und eines bolivianischen Marschalls und zitierte aus einem Buch: »Die Revolution wird dann geglückt sein, wenn auch die Frauen von allen Zwängen befreit sind.« Als der Beifall ihrer Zuhörerschaft abgeklungen war, bemerkte sie, dass Amaru angesichts der Rebellen unsicher seine Finger verknotete, und ging auf ihn zu. Ihr streng in der Mitte gescheiteltes Haar war am Hinterkopf zu einem Zopf geflochten und obwohl sich die Mühen des Kampfes als

Falten in ihr Gesicht geworfen hatten, verstrahlte sie eine revolutionäre Eleganz. Sie umfasste Amarus Hüfte und flanierte mit ihm durch das Anwesen. Überall tummelten sich die Helden aus Jahrhunderten, Seite an Seite wie in einer Enzyklopädie. Sie alle genossen ihren Ruhestand, gedachten ihrer utopischen Wagnisse und posierten mit ihren Versuchen, die Welt zu verbessern.

Im Halbschatten der Papayabäume entdeckte Amaru einen alten Bekannten. Hatuey, Häuptling der Taíno und erster Mensch in der Neuen Welt, der sich den weißen Göttern entgegenstellt hatte, um sie als das zu entlarven, was sie wirklich waren, und dafür auf dem Scheiterhaufen gebüßt hatte. Mit einem Lendenschurz bekleidet lümmelte er in einem Rattanstuhl, rauchte eine Cohiba und unterhielt sich mit seinen kubanischen Landsleuten in ihren Militäroveralls. Cienfuegos und die beiden Castro-Brüder stimmten seinen zum bewaffneten Kampf aufrufenden Worten zu. Martí, der einzige Kubaner im Anzug, notierte Verse in sein Notizbuch. Guevara wuchtete sich hoch. Er richtete sich wie ein Geläuterter an Hatuey und faltete seine Hände, die ihm seine Mörder einst abgeschlagen hatten und die mit groben Stichen wieder angenäht waren. »Es muss der Traum aller Menschen sein, dass eine Zeit kommen wird, in der die Belange des einen auch die Belange des anderen sind. Eine Zeit, in der wir für die Unabhängigkeit und das Miteinander aller Menschen auch auf fremdem Boden zu sterben bereit sind. Lasst uns endlich ein vereinigter Körper sein. Ihr könnt mich romantisch oder lächerlich finden, aber ich sage euch, der wahre Revolutionär wird nicht vom

Hass, sondern allein von der Liebe geleitet. Die Liebe ist der Schlüssel zum persönlichen und gemeinsamen Wachstum. Einem Wachstum jenseits der Hybris!«

Niemals hätte Amaru zu träumen gehofft, solch avantgardistischen Geistern begegnen zu dürfen. Sie wandten sich nach ihm um und ihr Staunen übertraf sein eigenes. Nur Guevara erlaubte sich, Amaru hinterherzurufen. »Weshalb habt ihr mich in Bolivien alleingelassen? Kaum einer von euch hat sich mir angeschlossen. Sei's drum. Dir, Amaru, sollen alle Menschen in allen Ländern folgen!«

Von seinen Worten gleichermaßen beschämt wie geschmeichelt, neigte Amaru den Kopf zur Seite. Was sollte er der Welt Neues bringen, was die anderen nicht schon versucht und mit dem Scheitern bezahlt hatten? Diese Helden. Diese Götter. Die Gesichter all derer, die in den Feldern spazierten, konnte Amaru nicht genau erkennen, doch er spürte, dass ihre Taten nicht minder groß waren.

Jemand klopfte Amaru auf die Schulter. Von ihren Pferden herab streckten ihm die mexikanischen Revolutionäre Zapata und Pancho Villa die Hände entgegen und drückten die seinen voller Begeisterung. Dabei klimperten die über ihrer Brust gekreuzten Munitionsgürtel. Pancho Villa trug eine hellbraune Militärmontur. Zapata eine schicke Charro-Tracht. Von Amarus Anblick überwältigt zogen sie ihre Hüte und hoben anerkennend die Schnauzbärte. »Auch wir bevorzugen es, aufrecht zu sterben, anstatt auf Knien zu leben«, versicherten sie ihm unisono. Zum Beweis knöpften sie ihre Hemden auf und zeigten ihre von Kugeln durchsiebten Oberkörper.

Amaru untersuchte die Narben, die von großkalibrigen, aus nächster Nähe abgefeuerten Projektilen stammten. Was waren diese Männer nicht zu opfern bereit gewesen? Was hatten sie in ihren wenigen Lebensjahren nicht alles geleistet, verglichen mit ihm? Stolz darauf, von Amaru berührt worden zu sein, trabten sie davon.

»Der Tätowierte, der dort vorne am Brunnen sitzt und mit seiner Frau die Füße im Wasser kühlt, ist Guerrero. Er strandete einst als Schiffbrüchiger an der Puderzuckerküste von Yucatán und kämpfte an unserer Seite. Seine Frau gebar den ersten Mestizen Amerikas, einen Weltenverbinder, wie du einer bist«, belehrte die Guerillera Amaru.

Die Verliebten rückten auseinander, um zwischen sich Platz zu machen. Aber Amaru wurde von seiner Begleiterin schnell weitergezogen, hin zu den Bolivianern und Peruanern.

Vor einem Pavillon wetteiferte der Caudillo Zárate Willka mit anderen Indios bei einer Partie Boule. Er sprach von den korrupten Eliten und seiner Armee, mit der er einst zwischen La Paz und Oruro Krieg gegen sie geführt hatte. Im Umhergehen rezitierte er seine Proklamation von Caracollo. »Ich fordere Toleranz, Gerechtigkeit und Fairness von allen und für alle. Wir sind die Söhne und Töchter Abya Yalas, und wenn wir nicht aufbegehren, wird unser Land, das einst von den schlimmsten Übeln befreit war, für immer veröden, und wir werden bis ans Ende aller Tage dienen!«

»Dieses Land braucht keine Eigentümer! Holen wir uns zurück, was allen zusteht!«, pflichtete ihm Santos Atahualpa bei.

Amaru erinnerte sich auch an ihn. Die Lichtgestalt der Asháninka. Der Amuesha. Der Mochobo. Sein Aufstand hatte die Völker entlang des Río Ucayali bis zum Kautschukboom vor der Versklavung bewahrt.

»Wir danken dir für dein Kommen, Amaru!«, beteuerte er sowohl in seinem als auch in Willkas Namen und sogleich ärgerte er sich über seinen misslungenen Wurf. Die Kugel war ihm beim Jubeln, Amaru zu Ehren, aus den Fingern geglitten und hatte ihr Ziel um mehrere Meter verfehlt.

Amaru wollte sie zu ihrem Mut beglückwünschen, aber er wurde zurückgehalten. »Sie sprechen über ihre Taten bis zur Erschöpfung, weil es der Welt heutzutage an Heilsbringern mangelt«, lästerte die Guerillera hinter vorgehaltener Hand. »Ich stelle dir jetzt ein paar Menschen vor, die mit ihrem Tod zumindest dafür Sorge getragen haben, dass du neugeboren werden kannst.«

Eine Menschentraube hatte sich unter dem Pavillon versammelt und beugte sich über eine Landkarte des Kontinents. Sie rekapitulierten ihre Niederlagen. »Wenn das Recht des Volkes nichts gilt, was bleibt ihm dann, wenn nicht mit Gewalt dafür einzustehen?«, monierte einer in ihrer Mitte.

»Dies ist Condorcanqui, dein Vorgänger Tupaq Amaru der Zweite. Er wiederholt wie jeden Tag seine Bittbriefe an den spanischen König.«

Amaru fiel ein, dass er jahrelang ein kleines Porträt von Condorcanqui bei sich getragen hatte, um gegen den Spott seiner Mitschüler, die ihn und seine Vorstellungen von der

Welt als rückständig belächelt hatten, anzukommen und in seiner willensstarken Erscheinung Trost zu finden.

Neben ihm zermarterte sich seine Frau Bastidas ihren Kopf. Mit seinen Plänen unzufrieden schob sie Steine und Hölzer durch das eingezeichnete Gelände. »Die Eindringlinge hätten vertrieben werden können, wenn du den Sturm auf Qusqu gewagt hättest!«, beklagte sie die einstige Zaghaftigkeit ihres Mannes. Für ihre Kühnheit küsste er Bastidas auf ihren Hals. Wie damals, auf der Plaza de Armas, kurz bevor man sie hingerichtet hatte.

Die beiden Sapa Inka Atawallpa und Tupaq Amaru der Erste, die mit ihr einiggingen, glätteten ihre Gewänder aus feinster Vikunjawolle und drangsalierten mit ihren Speerspitzen die Stadt, bis die Landkarte einriss. Etwas Angestrengtes lag in ihren Bewegungen. Sie hatten in ihrem Leben zu viel Gräuel gesehen und zu viel davon erduldet, als dass sich ihre zusammengeflickten Körper noch hätten entspannen können.

Aus der zweiten Reihe drängelte sich ein junger Mann nach vorne, die Augen vor Zorn mit Blut unterlaufen. »Tikrashami hunu makanakuypi kasha!«

»Ich werde zurückkehren und es wird Millionen von uns geben«, redete Amaru die Worte des totgeglaubten Tupaq Katari nach, der die große Rebellion nach Condorcanquis Tod fortgeführt und wie seine kriegerische Frau Bartolina Sisa nach radikaleren Schritten verlangt hatte.

Unnachgiebig haderten die beiden mit Condorcanquis monotonem Appell, sich mit den Unterdrückern zu versöhnen und ein gemeinsames Leben anzustreben.

Die anderen Revolutionäre liefen zusammen und fielen sich gegenseitig ins Wort. Sie schimpften. Sie schrien. Mal gaben sie Condorcanqui und dann wieder Katari recht. Darunter auch Morales und sein ehemaliger Vizepräsident García Linera, die nebenbei Listen auszählten und von einem Putsch faselten. »Alles wegen des Lithiums!«, lamentierten sie.

Amaru hatte das Bedürfnis, sich bei ihnen zu entschuldigen, warum, wusste er nicht. Irgendjemand blies derweil ins Pututu, das noch dringlicher als zuvor zwischen den Steilhängen vibrierte. Der Muschelklang rief jenseits der Raststätte nach ihm.

Amaru fragte sich, ob sie alle, angenommen, sie hätten noch einmal wählen können, ihr Leben wieder für ihre Sache zu geben bereit wären. Sie verkörperten eine gewisse Wahrhaftigkeit und Erhabenheit, unbestreitbar. Sie hatten alle ihre Besonderheiten und nahmen ihre Mitmenschen ausnahmslos für sich ein. Aber je länger Amaru ihre Gesichter studierte und ihren Bewegungen in allen Einzelheiten nachging, desto deutlicher identifizierte er etwas an ihnen, das ihn zweifeln ließ. Er betastete seinen Körper und verglich das, was er fühlte, mit dem, was er vor sich sah. Sie bestanden aus Fleisch und Blut, wie er. Nichts unterschied sie von Allerweltsmenschen. Sie waren keine Götter oder Auserkorene, die weder der Liebe, des Schlafs noch des Brots bedurften. Diese Menschen, von anderen verehrt und glorifiziert, kannten Wut, Trauer und Schmerz. Angst. Verlorenheit. Verzweiflung. Niemand hatte sie für ihre Vorhaben geschaffen. Was sie von gewöhnlichen Menschen abhob und zu Heroen, die die Zeiten überdauerten, hatte werden lassen, war ihre Einsicht, dass es etwas Bedeutsameres gab als sie selbst. Allesamt waren sie über sich hinausgewachsen und hatten an das Unwahrscheinlichste geglaubt. Die Ergebenheit und die Unentschlossenheit der Übrigen hatten sie zu Handelnden und somit zu Märtyrern werden lassen. Aber zu welchem Preis und mit welchen Mitteln?

Obwohl Amaru für sie lange Zeit Bewunderung empfunden hatte, verstand er in jenem Augenblick etwas ganz Wesentliches, das ihm zuvor entgangen war. Dies war nicht nur eine Ansammlung von Gescheiterten, die nach einem edlen Ziel gestrebt hatten, dies war größtenteils eine Horde kaltblütiger Mörder. Sie waren sich ihrer gerechten Sache sicher und doch hatte sich ihre Herangehensweise als grundlegend falsch erwiesen. Ihre Art von Revolution war aus der Zeit gefallen und einer Erneuerung bedürftig. Selbst die Guerillera, aus deren Umklammerung sich Amaru zu lösen versuchte, hatte für ihr Vorhaben getötet. Dutzende, vielleicht sogar Hunderte Male. Wutentbrannt stieg sie in das Wortgefecht der Streitenden mit ein und gab Amaru frei. Amaru ging auf Distanz. Er konnte unmöglich zu ihnen gehören. Für nichts auf der Welt würde er töten.

Erneut ertönte das Pututu, so druckvoll und laut, dass die Streitenden, die das Geräusch nicht wahrnahmen, wie Pantomime herumfuchtelten und indem sie sich an die Gurgeln gingen, alles Heldenhafte einbüßten. Eine Frequenz schälte sich aus dem Dröhnen heraus. Zunächst verzerrt, dann ungetrübt.

Es ist Zeit zu gehen, Amaru.
Die Welt verändert sich nicht durch die alten Propheten.
Es liegt allein an dir.

Unmöglich. Sie war am Uturuncu von ihm gegangen. Ihre Stirn war kalt, ihr Körper reglos. Wie sollte sie nun hierher gelangt sein? Oder hatten Wamanyana und Arguedas doch recht gehabt? Amarus Gewissheit schwand. War er wirklich wach?

Dir steht Größeres bevor.
Du weißt, wohin du zu gehen hast.
Wir erwarten dich!

Ihr Tonfall. Ihr Verlangen. Unverwechselbar. So deutlich hatte er sie nicht mehr gehört, seitdem sie ihm das erste Mal in seinem Traum begegnet war und er mit angesehen hatte, wie ihr Schädel zertrümmert wurde. »Tika!«

Resigniere nicht.
Du kannst handeln.
Das WIR ist die Voraussetzung.
Löse endlich dein Versprechen ein.
Komm zu uns, damit die Revolution beginnt!

»Sei nicht faul. Sei kein Lügner. Sei kein Dieb«, skandierte Amaru, um ihre Worte zu übertönen und sich seines Zustandes zu versichern. Er war ganz bei sich. Er halluzinierte nicht. Eindeutig. Das Pututu verstummte, doch Tikas Worte entfalteten sich in Amarus Gehirn und nahmen es ein. Sie verfestigten sich zu seinen eigenen Gedanken. Er musste diesen Ort und diese Menschen verlassen. Reinste Zeitverschwendung. Der tosende Urubamba wartete darauf, ihn zum Schamanen zu geleiten.

Indessen sich die Revolutionäre im Streit erschöpften, trat Amaru den Rückzug an. Unbeachtet rannte er davon und flüchtete bis in die Nacht hinein immer weiter stromabwärts, wo der Urubamba in Wasserfällen nach Amazonien hinabstürzte und sich in Arterien und Kapillaren verzweigte. Dorthin, wo keine ausgetretenen Pfade mehr existierten. Keine Irrtümer und keine Illusionen. Allein Amaru und der am Himmel aufgezogene Trabant, der den diesigen Wald ausleuchtete.

Der libidinöse Geruch des Dschungels, schamlos und aphrodisierend, war Amaru seltsam vertraut und zugleich überfüllt mit fremden Reizen. Betört folgte er dem für ihn vorbestimmten Flussarm. Im Dickicht zuckten vom Mond angestrahlte Augenpaare wie winzige Wetterleuchten. Es knackte und knisterte. Die Äste und Zweige bogen sich, als wollten sie Amaru begrapschen. Ihre Blätter rieselten herab, um ihn wenigstens zu streifen. Die Blüten warfen ihren Staub aus und hefteten sich an sein Haar und seine Haut. Etwas Unheimliches beschlich Amaru. Sein Gang wurde unsicherer. Mehrmals trat er ins Leere und drohte die Böschung hinunterzurutschen. Nur mit Glück verfing er sich im Gestrüpp. Beim Herausklettern zerschliss er sich an den Dornen.

Das Ufer fiel immer steiler ab, je weiter er sich voran wagte. Weit unter ihm wütete der Fluss und spuckte Schaum. In seinem aufsteigenden Sprühnebel machte Amaru etwas aus. Eine Hängebrücke kam zum Vorschein. Sie führte auf die andere Seite, wo der Wald noch unwegsamer wuchs und das Mondlicht kaum hindurch schien. Die Brückenseile waren aus Menschenhaar zusammengedreht. Amaru zupfte daran, um sich von ihrer Existenz zu überzeugen und ihre Festigkeit zu prüfen. Mit einer Zehenspitze testete er die erste Trittfläche, dann die zweite und dritte. Sie wirkten stabil und sollten ihn tragen. Am gegenüberliegenden Ufer lag das Land der Toten, das für gewöhnlich nur eine Richtung kannte. Sollte er für Tika so weit gehen? Was, wenn er würde umkehren wollen, weil sie ihn nicht erwartete, und er es nicht mehr könnte? »Sie wird es«, vertrieb er seine Skepsis, zumindest halbwegs. Keinesfalls konnte er jetzt aufgeben, nach all den Strapazen. Amaru stieg auf die Planken und hangelte sich am Geländer entlang. Unter ihm quoll weißer Dunst. Der Grund des Schlunds war nicht auszumachen.

Durch Amarus Schritte geriet die Brücke ins Schaukeln und er versuchte, es durch zu hektische Gegenbewegungen auszugleichen. Eine Armlänge vom anderen Ufer entfernt schreckte ihn ein peitschendes Geräusch auf. Zweimal und kurz hintereinander. Die Brücke klappte unter seinen Füßen weg. Die letzte Verbindung zur vernünftigen Welt war gerissen.

Im freien Fall schnappte Amaru nach einer über den Klippenrand gewachsenen Wurzel und klammerte sich daran fest. Sein Körper prallte gegen die Felswand. Der Jaguarmantel baumelte in die Tiefe. Amaru quäkte um Hilfe. Er konnte sich aus eigener Kraft nicht hochziehen und die Wurzel lockerte sich aus der Erde. Panisch suchte er nach neuem Halt.

Drei Frauengesichter schoben sich über die bröselnde Kante und fauchten ihn mit gespitzten Eckzähnen an. In ihren Nasenflügeln steckten dünne Halme, die Amaru misstrauisch befühlten. Die Frauen packten zu und hievten ihn in den Wald. Ihre sehnigen Körper waren mit Uferschlamm eingerieben. Ihr glatt gekämmtes Haar reichte bis zu ihren Kniekehlen. Sie umkreisten Amaru lasziv. Ihre Brüste berührten ihn. Ihre Gesäße. Ihre Zungen. »Endlich! Amaru! Alle Tiere und alle Pflanzen sprechen seit einer Ewigkeit von dir. Du bist weit gegangen, um den letzten Verbliebenen zu finden. Du sollst sein Gast sein. Folge uns«, sagte die Jüngste von ihnen.

Dank ihres sinnlichen Gebarens löste sich Amaru aus seiner Schockstarre. Er tappte den Frauen nach, die erst einige Schritte aufrecht und dann auf allen vieren liefen, ein schier natürlicher Gang.

Im Unterholz und in den Baumkronen erklang Beifall. Lange genug hatten die Wesen des Waldes auf Amarus Erscheinen gewartet. Nun hießen sie ihn überschwänglich willkommen. Brüllend, pfeifend und zirpend. Die animalische Sinfonie war allein ihm gewidmet und er konnte mit seinen Bewegungen den Takt, den Einsatz und die Dynamik vorgeben. Etwas weniger von den Affen und Fröschen. Etwas mehr von den Singvögeln. Dazu die Pekaris und Brillenbären. Amaru hatte einen magischen Ort betreten. Einen Ort, an dem das Unwahrscheinlichste möglich schien.

Die Frau, die Amaru am meisten zugetan wirkte, drückte ihre Wange an sein Bein und schaute zu ihm auf. »Gleich dort vorne, wo sich der Wald öffnet, liegt Willkapampa!«

Als sie die Lichtung erreichten, trat Amaru auf kahle Erde, hart geworden durch die Sohlen der Vergangenheit. Ein gemauertes Häuschen, dessen Eingang mit einem Tocapu verhängt war, und ein paar schilfgeschirmte Holzhütten umringten den Platz. In seiner Mitte plätscherte Wasser aus dem Untergrund und umfloss die Siedlung in einem breiten Graben. Amaru sah sich nach den Überresten der glanzvollen Zeit um. Von den Tempeln, Festungen und Vorratskammern, die der große Tupaq Amaru und seine Mitstreiter einst errichtet hatten, hatte der Wildwuchs nur Ruinen übrig gelassen.

Am Himmel blitzte und donnerte es mit einem Mal so gewaltig, dass Amaru die Wucht des sich aufbäumenden Gewitters als Beben unter seinen Füßen spürte. Die Wolken entluden ungeheure Wassermassen, als hätten alle Flüsse des Waldes ihre Fließrichtung verändert, um vereint vom Himmel zu fallen.

»Ich bin Yaku, das Wasser, die Substanz aller Dinge. Der, der die Wunder des Waldes kennt und achtet. Der Vertraute des Zweiköpfigen, die Hoffnung auf deine Neugeburt«, schallte es zu allen Seiten. Das erhabene Timbre drang in eine Tiefenschicht ein, die unterhalb des Bewusstseins lag. Es gebot allem um sich herum zu schweigen. Dem Donnern. Dem Lärmen der Tiere.

Amaru war, als gäbe es nur noch einen letzten Ton auf dieser Welt, die alles dominierende Stimme Yakus, der auch er sich zu beugen hatte, obwohl er seine Freude und seine Dankbarkeit darüber, dem Schamanen gegenübertreten zu dürfen, laut kundtun wollte.

»Wir haben den Glauben daran, dass du erscheinen wirst, fast verloren. Umso glücklicher sind wir, dass du da bist. Du darfst hier bei uns leben und wenn du dazu bereit bist, Tika zu begegnen, wirst du mit ihr in deine Welt hinübergehen. Es liegt an dir, ob der Inkarrí aus der Erde quellen, heranwachsen und seine Frucht treiben wird. Du, Amaru, die Menschwerdung des Widerstandes, bist ein auf Umwälzung ausgerichteter Charakter. Du gleichst dem Uturuncu und gehörst wie er der Sphäre der Dunkelheit und des Chaos an. Du kannst sein Auserwählter sein, sofern du das Vertrauen des Uturuncus gewinnst.«

Amaru suchte die Umgebung nach der Stimme ab. Er warf seinen Kopf hin und her, aber ihr Ursprung war nicht zu verorten und ihr Klang ohnehin so würdevoll, dass Amaru zu Boden gedrückt wurde und den zu ihm sprechenden Platzregen auf sich niedergehen ließ.

»Weshalb versinkst du im Morast? Du hast viele Mühen auf dich genommen, mehr, als die meisten Menschen für einen Traum riskieren würden. Steh auf, Amaru!«

»Wie hast du dich in den Regen verwandelt?«, staunte er.

»Durch die Wahrnehmung und die Beeinflussung der Energien mit allen Sinnen. Alles, was in der Welt vorhanden ist, besitzt eine eigentümliche Schwingung, eine Art Gesang, der es ermöglicht, sich im Raum zu orientieren und ihn zu verändern. Ich habe meinen Gesang zu beherrschen gelernt und nach deinem werden wir gemeinsam suchen.«

Amaru richtete sich auf. »Bist du dir sicher, dass es uns gelingt und ich Tika treffen werde?«

»Alles, was ich für dich tun und dir garantieren kann, ist, dass ich dir, dem sich verloren Gegangenen, das Erinnern ermögliche. Letztlich zählt allein dein Tun, die Beobachtung deines Selbst von außen durch dich, und nicht die abstrakte Vermittlung durch meine Worte. Die einzige Versicherung, die es gibt, bist du selbst.« Die Stimme bündelte sich auf einen Punkt und verfestigte sich dort zu einem Menschen.

Der an Kontur gewinnende Mann war zwei Köpfe kleiner als Amaru. Sein Bauch war aufgebläht. Um seinen Unterleib hatte er ein Tuch gewickelt und über dem ansonsten nackten Körper trug er Amarus verloren geglaubten Jaguarmantel. Sein Gesicht zeichnete sich im nachlassenden Schauer ab. Unter seinen halb gesenkten Lidern erwachte ein wissender, Wahrheit versprechender Blick, der den weltlichen Dingen nicht enthoben war, vielmehr ging er in ihnen auf. Dünne Lippen lagen harmonisch aufeinander, dezent lächelnd. Seine Wangen waren von Narben punktiert, sein graues Haar pilzförmig geschnitten.

Yaku dankte den Frauen mit einer Verbeugung, die Hände hinter dem Rücken gefaltet, als wäre er ihnen untertan und nicht sie ihm. »Die mit dem großen Verlangen ist Nayaraq, sie schenkt uns Wärme und Geborgenheit. Die neben ihr heißt Kuymi, die purpurrote Blume. Sie weiß die verzehrbaren von den ungenießbaren Pflanzen zu trennen und versorgt uns mit dem Lebensnotwendigen. Tuta, die älteste von ihnen, durchschaut die Finsternis. Selbst wenn alles ausweglos erscheint, behält sie ihre Zuversicht. Wende dich an uns, wenn du nach irgendetwas begehrst, ganz gleich wonach, und auch wir werden dich aufsuchen, wenn wir etwas von dir brauchen. Niemand von uns verweigert sich dem Nächsten, denn allein ist der Mensch nichts, Amaru.«

Die Frauen verneigten sich ihrerseits und zogen sich in ihre Hütten zurück, ohne ihre Augen von Amaru abzuwenden.

»Komm mit mir, ich bringe dich zu deinem Lager, und wenn du willst, beginnen wir gleich morgen mit deiner Verwirklichung.«

Der Schamane hüpfte im Gehen über ein Hindernis und dabei bemerkte Amaru, dass sich auf dem Boden ein Tier schlängelte. Kaum war der Schwanz des Wesens hinter den Hütten der Frauen abgetaucht, schon schob sich seine zischende Zunge am Steinhaus hervor. Das Maul war groß genug, um einen Menschen hinunterwürgen zu können, der schuppige Körper ein baumdicker Muskelstrang.

»Fürchte dich nicht«, dämpfte Yaku Amarus Schrecken. »Die Schlange ist unsere Wachhüterin und unsere Verbindung in die Unterwelt, dem Reich der schweren Energien. Sie beschützt uns vor den Launen des Zweiköpfigen. Auch mich verschont er nur, wenn ich ihm die Tränke anfertige und meine Gestalt in seine verwandle.«

Die Schlange wälzte sich in den Graben und umschwamm Willkapampa. Ihren Kopf hielt sie knapp über der Wasserlinie.

Yaku machte vor einer etwas abseits gelegenen Hütte

halt. »Wenn du bei uns bleiben möchtest, hast du wie wir ein paar Regeln zu befolgen. Verstößt du gegen diese Regeln, bist du dir fortan selbst überlassen. Hast du verstanden?«, fragte er höflich, aber eindringlich.

Amaru bejahte. Er hatte sich längst zum Bleiben entschieden, denn die Kraft und die Aura, die den Schamanen umströmten, waren das Verheißungsvollste, was Amaru bisher erfahren hatte. Wenn es einen Menschen gab, der ihm weiterhelfen konnte, dessen glaubte sich Amaru sicher, dann war es jener.

»Tagsüber kannst du dich frei bewegen und zu dir kommen, aber sobald die Nacht hereinbricht, musst du dich in Willkapampa einfinden. Zu jeder Zeit hast du dich in Geduld zu üben und niemals darfst du einen meiner Tränke oder eines meiner Pulver ohne meine Erlaubnis anrühren. Sei ehrlich zu dir und zu uns und pack mit an, wo deine Hilfe nötig ist. Dann wird alles gut. Erhole dich jetzt, es liegt viel Arbeit vor uns.«

Amaru betrat die modrige Hütte, legte sich auf die Bastmatte und deckte sich mit einem Palmblatt zu. Um ihn summten Abermillionen Moskitos, von denen es sich kein einziger anmaßte, von seinem Blut zu kosten. Unter ihrem Flügelschlag zerflatterte Amarus Bewusstsein und er versank, von seiner langen Reise erschöpft, im Schlaf.

Die Mittagshitze holte Amaru zurück in die Wirklichkeit. Mit großer Vorfreude ging er nach draußen. Eine wuchernde Wand aus Blättern und Blüten umschloss Willkapampa. Undurchlässig. Okkult. Potent.

Yaku und die Frauen hockten auf der Freifläche um ein Feuer, auf dem der Schamane in einem angerosteten Konquistadorenhelm Pflanzen auskochte. Nebenher mahlte er geröstete Samen zu einem Pulver. Eine nüchterne Begrüßung, mehr nicht, und sie frönten wieder ihren Beschäftigungen. Tuta zerstampfte ein Stück Quarz, mischte es mit Quellwasser und schmierte sich die zähe Masse auf ihre Eckzähne. Mit einem Steinsplitter begann sie, ihre Spitzen zu schleifen. Nayaraq rieb ihr Gesicht mit Sand ein, durchbohrte mit einem dünnen Stab ihre Nasenflügel und steckte frische Gräser ein. Nur Kuymi kümmerte sich um Amaru und reichte ihm eine Schale faden Breis.

Amaru setzte sich zu ihnen, in Erwartung, bald eine erste Anweisung oder einen Ratschlag zu erhalten, aber niemand nahm sich seiner an. Überhaupt sprachen die anderen kaum miteinander und mit den wenigen Worten, die sie wechselten, stimmten sie ab, wer neues Holz zu sammeln und die Hütten zu reinigen hatte, und machten einander darauf aufmerksam, wenn sich ein Tier im Kronendach oder im Unterholz bewegte.

»Ich gehe los, um Lianen zu schneiden«, verabschiedete sich Yaku am Nachmittag.

Amaru hatte gehofft, dass ihn der Schamane fragen würde, ob er mit ihm gehen wolle, aber als Amaru seinen Jaguarmantel im Dschungel verschwinden sah, stocherte er wieder in der Glut. Bis zum Abend geschah nichts Besonderes, sodass sich Amaru noch vor Yakus Rückkehr in seiner Hütte hinlegte.

Auch der zweite und dritte Tag verstrichen mit Nichtstun. Sie aßen gemeinsam am Morgen und am Abend, schlichen zwischendurch im Lager herum oder tauchten abrupt und jeder für sich ins Dickicht ein, um erst nach Stunden wiederzukehren. Ihre Stimmung war dann ausgelassen und energiegeladen. Amaru hingegen traute sich noch nicht, die Siedlung allein zu verlassen. Der Wald war ihm, trotz seiner Verlockungen, nicht geheuer, und er befürchtete, sich zu verirren, sobald er ihn betreten würde. So wartete er alltäglich auf die Ankunft der anderen, wobei seine Sehnsucht, wie sie fortzugehen, beständig wuchs.

Wenn die Dunkelheit kam, versammelten sie sich allesamt am Feuer und beobachteten Yaku, wie er die mitgebrachten Blätter, Samen und Rinden bearbeitete. Dabei richtete er sich gelegentlich auch an Amaru. »Die Pflanze ist die Grundlage von allem. Sie spendet dir Schatten vor der brennenden Sonne, sie schenkt dir Luft und sie nährt dich. Vor allem aber übermittelt die Pflanze Wissen. Diese hier entriegeln den Zugang zur Welt hinter dem Schleier des Begehrens. Sie ermöglichen es dir, dich in einen anderen zu übertragen. Nur wenn du dich in ihn hineinversetzt, in seinen Körper und in seinen Geist, wirst du wahres Mitgefühl empfinden und dich erkennen. Der Zustand, nach dem du verlangst und den du nach dem Verzehren meiner Tränke durchleben kannst, wird Erinnerungen aus den verborgensten Regionen deines Gedächtnisses bergen. Er ist die Offenbarung deiner Entwicklung zum gegenwärtigen Selbst. Das Ineinandergehen mit allem Seienden. Du wirst verstehen, wohin du gehst, wenn du nicht zu dir kommst. Wo du bist, wenn du nicht bei dir bist, weil du dich jenseits deines Selbst bewegst. Du wirst begreifen, dass kein permanentes Ich existiert. Das Sein ist ein sich immerzu verändernder Bewusstseinsfluss, der niemals stillsteht und auch mit dem Tod nicht unmittelbar versiegt. Was das allerletzte Flackern deines Geistes möglich macht, ist die Überwindung deines Selbst, hin zu einer umfassenderen Form. Diese Möglichkeit bietet uns die Liane der Geister bereits zu Lebzeiten.«

Achtsam folgte Amaru Yakus Handgriffen, die er so träge und mit aller Sorgfalt vollzog, dass Amarus Aufmerksamkeit unvermeidlich nachließ und ihm immer der Moment entging, in dem Yaku die Pflanzen, die ohnehin zu viele waren, als dass ein Unwissender den Überblick hätte behalten können, im richtigen Verhältnis zusammenmischte. Manchmal, wenn die Schatten der Äste oder der Rauch des Lagerfeuers über Yakus Gesicht trieben, erschien er Amaru wie ein Tausendjähriger. Sein mit ledriger Haut überspanntes Skelett drohte in sich zusammenzufallen, sein knöcherner Schädel vom Genick zu brechen. Allein der sich beim Atmen hebende und senkende Jaguarmantel bestätigte sein am Leben Sein. Aber wenn Yaku nach Stunden des meditativen Verweilens plötzlich aufsprang, rasch aus seinem Trank schöpfte oder etwas Yopopulver durch den ausgehöhlten Vogelknochen schnupfte, den er als Kette um seinen Hals trug, und sich in seiner Hütte abkapselte, erschien er Amaru fast jugendlich. Er sang und trommelte dann bis tief in die Nacht hinein beschwörende Melodien. Dumpfe Schläge, eng getaktet. Von einem Surren begleitet.

Die nächsten Tage saß Amaru meist allein auf dem umgestürzten Baumriesen, an dem seine Hütte anlehnte, und sah in den Wald hinein, ohne dass irgendetwas Sonderbares passierte. Die Tiere gingen ihrem naturhaften Verlangen nach. Die Pflanzen rangen um Licht und Nährstoffe. Der Wind, die Sonne und der Regen modellierten die Umgebung neu und doch gleichbleibend. Amaru vertrieb sich mit dem Wetterwechsel die Zeit. Die Nebelfelder am Morgen, die langsam in den Kronendächern entschwanden. Ein ausschwitzender Wald unter der brütenden Mittagssonne. Die erstickende Schwüle am Nachmittag, wenn alles döste und die Lungen verklebten. Erste Wolken, die Erlösung. Blitze. Donner. Vitalisierende Sturzfluten. Der Abendhimmel wieder unbedeckt.

»Seit Anbeginn haben die Menschen die Natur beschaut und geahnt, dass es noch eine andere Welt geben muss, eine Welt, weitreichender als die sichtbare und zugleich nicht von der alltäglichen Welt zu trennen, weil sie einander bedingen. Allein der Rausch und der Traum geben die eigentliche Realität frei. Wenn du diesen Raum durchwanderst, wirst du verstehen, dass alles Illusion ist. Dein Leben. Dein Sinn. Deine Liebe. Dein Stillstand. Alles ist eine bloße Schöpfung deiner Fantasie. Belebst du deine Fantasie wieder, entpuppt sich eine andere Wirklichkeit, die sich nach deinen Vorstellungen formen lässt. Noch vertraust du zu sehr in die vorgefertigte Fantasie. Du glaubst, weil und woran auch die anderen glauben. Traue dich ruhig, etwas Neues zu denken, Amaru«, sagte ihm Yaku, der rechtzeitig vor dem Einbruch der Dunkelheit von seinem Streifzug durch den Dschungel zurückgekommen war, einmal im Vorbeigehen.

Amaru trottete dem Schamanen hinterher und gesellte sich neben ihn ans Feuer. Tagelang hatte Amaru gezögert, Yaku nach seiner Herkunft zu fragen, denn er war zwiegespalten, ob es ihm als Gast zustand und ob diese Frage für den Schamanen überhaupt von Bedeutung war. Doch da Yaku an diesem Abend redselig und gut gelaunt wirkte, weil er viel mehr als sonst von dem scharf riechenden Pulver eingenommen hatte, erkundigte er sich freiheraus. »Von wo kommst du? Wer hat dich zu dem gemacht, der du bist? Woher hast du all dein Wissen?«

»Ich weiß nichts, was nicht auch jedes andere Wesen im Wald weiß. Wer geduldig ist und sich für das Rauschen der Dinge öffnet, den durchdringt das Wissen von selbst.«

»Irgendjemand muss es dich gelehrt haben, so wie du es mich lehren kannst? Willst du mir nicht davon erzählen?«

»Auch ich war einmal ein unwissender Mensch, dem die Welt hinter dem Offensichtlichen verschlossen lag. Durch mein eigenes Handeln habe ich mir Zutritt verschafft.«

»Und wie ist dir das gelungen? Du musst es mir sagen!«, forderte Amaru aufdringlicher, als er es vorhatte. »Verzeihung«, schob er beschwichtigend nach. Er wollte den Schamanen nicht weiter bedrängen, schließlich hatte Yaku Geduld gefordert, und so unterdrückte er seine Neugierde.

Yaku schniefte nochmals Yopo und als der ätzende Schmerz in seinen Nasenhöhlen nachzulassen begann, antwortete er Amaru ganz unerwartet. »Als Kind lebte ich mit meiner Sippe am Ufer des braunen Flusses, den wir als die Grenze unserer Welt akzeptiert hatten. Er war immer aufgewühlt und somit unüberwindlich. Selbst wer seinem

Lauf tagelang folgte, fand keine Stelle, an der er sich durchqueren ließ. Ohnehin gab uns der Wald diesseits des Flusses alles, was wir zum Leben brauchten. Für niemanden bestand ein Grund, auf die andere Seite zu gehen. Wenn wir tagsüber hinübersahen, glich das Ufer dem unseren. Feiner Sand. Leuchtendes Grün. Aber niemals sichteten wir dort andere Menschen oder Tiere. Sogar die Vögel und Schmetterlinge, die mühelos hätten hinüberfliegen können, kehrten über der Mitte des Flusses um und suchten bei uns Zuflucht. Nur wenn Mutter Mond als volle Scheibe am Himmel stand, erwachte auch jenseits der Wellen das Leben. Ein grauenvolles Gebrüll schwappte in der Nacht zu uns. Dies waren unmöglich die Laute eines gewöhnlichen Jaguars. Etwas viel Mächtigeres zog dort seine Bahnen. Die anderen Kinder dankten dann dem Fluss dafür, dass er uns von dieser Welt trennte, und zugleich rätselten wir, was sich dort wohl verbarg.

Ich, ein eigensinniges und ungehöriges Kind, konnte mich mit den warnenden Worten der Älteren nicht abfinden. Ich fürchtete mich nicht vor dem Reich der Toten, von dem sie sprachen, da mein Leben doch erst angefangen hatte. Nichts hielt ich für unwahrscheinlicher, als zu sterben. Daher suchte ich, wann immer ich konnte, das Ufer ab, in der Hoffnung, einen Übergang zu finden, bis ich eines Tages bei den Schilffeldern einen Ort entdeckt hatte, an dem die Wellen niedriger wogten und die Strudel sich etwas langsamer drehten. Künftig schlich ich jeden Morgen vor Sonnenaufgang aus unserem Dorf, um diese Stelle, von der ich niemandem erzählt hatte, aufzusuchen und genauer zu begutachten. Tatsächlich floss der Fluss dort weniger launisch als überall sonst und ich entschied mich, hindurch zu schwimmen.

Kaum hatten sich meine Fersen vom weichen Grund gelöst, riss mich der Fluss mit sich, so weit hinaus, dass mein Rufen von den Wellen verschlungen wurde. Gnadenlos schlugen sie auf mich ein und trieben mich auf einen der Strudel zu. Er fasste nach mir, schleuderte mich herum. Ich strampelte und ruderte so stark, wie ich konnte, doch meine Gegenwehr war aussichtslos. Ich sank in die Tiefe. Immer weiter hinab. Der braune Fluss ging in eine schwarze Schicht über. An dieser Schwelle flehten all jene, die fortgegangen und nicht zurückgekehrt waren, um Hilfe. Die Krieger. Die Alten. Die Kranken. Sie wollten an mir aufsteigen und zerrten mich nach unten. Ich trat um mich. Ich musste atmen. Atmen. Atmen. Mein Mund ging auf. Der Fluss drang in mich ein. Mein kurzes Leben rauschte an mir vorüber. Alles erlosch.

In diesem Augenblick, in dem ich dachte, ich wäre gestorben, rieb etwas Seidiges um meinen Körper und packte zu. Eine gespaltene Zunge öffnete mir die Augen und hob mich aus dem Dunkel. Es wurde heller. Wieder braun, dann himmelblau. Ich glaubte, ich hätte mich in einer aufsteigenden Liane verfangen, bis ich in den Fluten erkannte, was sich um mich geschlungen und mich ans Tageslicht geführt hatte: Yacumama, die Mutter des Flusses. Die Schlange schwamm gegen die Strömung auf mein Dorf zu. Ich drehte mich zum anderen Ufer, dem ich so nahe gekommen war wie kein lebender Mensch zuvor. Da erblickte ich ihn. Vier Augen in zwei Schädeln. Sein Fell war schwärzer als eine mondlose Nacht, sein Rumpf kräftig und sein Gang majestätisch. Er scharrte mit seinen Krallen. Sein Brüllen begehrte nach mir. Für einen Moment trafen sich unsere Blicke und wir betrachteten uns aus den Augen des jeweils anderen. Ich fühlte, was er fühlte, nämlich dass er auf mich wartete und mich in seinem Reich empfangen wollte. Mit einem Kopfsprung verschwand er im Wald und ich wurde von Yacumama zu meinem Dorf zurückgebracht. Meine Sippe sah, wie sie im Fluss abtauchte, und mein Vater brachte mich noch am selben Tag fort, weit in den Wald hinein. Er hielt meinem Flehen, bei ihnen bleiben zu dürfen, stand, nahm Abschied und übergab mich einem Schamanen. Bei ihm wuchs ich heran und lernte, was er über die Welten diesseits und jenseits des Flusses wusste.

Nach einigen Jahren befahl mir mein Lehrmeister, ans Ende des Waldes zu pilgern, zum Fuße der weißen Berge. Dort sollte ich mich als seinesgleichen weihen lassen und von einem Fragenden zu einem Verstehenden werden. Bei meiner Ankunft erwarteten mich die mit Fellen und Goldschmuck überladenen Priester. Sie führten mich in Gemäuer unter die Erde. In manchen Korridoren warfen Spiegel aus Anthrazit das Sonnenlicht umher. Andere schienen von der Außenwelt losgelöst und stockfinster. Das Kehlengeschrei eines Jaguars, den die Priester in einem Käfig gefangen hielten, gellte durch die Gänge. Sie gaben mir seinen von den heiligen Pflanzen gesättigten Urin zu trinken, bliesen mir das Yopo in meine Nase und ließen mich allein.

Ich weiß nicht, wie lange ich durch die Schächte geirrt bin und diesen Furcht einflößenden Ort erkunden musste. Wochen oder Monate. Irgendwann war ich ins Zentrum des Tempels vorgedrungen und stand vor einem Monolithen. Der polierte Granit ragte bis zur Decke. Durch einen Lichtschacht fiel Mondlicht ein. Demutsvoll fuhr ich über das Relief. Ein Kondor spannte seine Flügel. Ein Schritt nach links und der zweiköpfige Uturuncu preschte hervor. Einen nach rechts und Yacumamas Körper wickelte sich um den Stein. Das Mischwesen sperrte seine Mäuler auf, stülpte sich über mich und verschlang mich. Aus den wabernden Magenwänden schälten sich Fratzen. Mein Vater. Meine Mutter. Meine Schwestern und Brüder. Die gesamte Sippe. Ich starb, um neu geboren zu werden, und erfuhr Dinge, die nur fühlbar sind und sich nicht in Worte fassen lassen.

Als ich wieder zu mir kam, lag ich draußen vor dem zugewachsenen Eingang. Die Stätte war verfallen, als hätte sie seit einer Ewigkeit niemand mehr betreten. Ich war abgemagert und entkräftet, aber ich stand in Harmonie mit allen Dingen. Neben mir wachten vier Frauen, die fortan mit mir leben sollten. Tuta. Nayaraq. Kuymi. Meine Geliebte Sisa, die Unsterbliche. Nur dank ihnen und der zu uns gekommenen Yacumama war es mir möglich, die Zeit zu überdauern. Wir siedelten im Wald unweit von Willkapampa, und mit Sisa zeugte ich eine Nachfahrin. Doch die beiden wurden mit dem Sapa Inka Tupaq Amaru von den neuen Göttern verschleppt. Nie wieder haben wir einander gesehen. Seit dem Tod des zweiten Amarus, dem kurzen Hoffnungsschimmer nach Jahrhunderten des Ausharrens, habe ich auf dein Erscheinen gewartet und von den Pflanzen und Tieren gelernt, im richtigen Augenblick jenen Trank zu brauen, der es dir ermöglichen soll, dich mit dem Zweiköpfigen zu verbünden.«

»Sisa?«, wunderte sich Amaru. Ein Name wie ein Versprechen. Alles, was Yaku sonst gesagt hatte, erschien ihm kurzzeitig bedeutungslos. Der Schamane schnupfte gierig mehr braunes Pulver und erzählte mit Nachdruck fort, sodass Amaru keine Zeit blieb, seinem Mitgefühl für Sisa und ihrem Kind nachzuhängen, und er beide wieder vergaß.

Yaku berichtete, dass er die geheimsten Wünsche und Sorgen der Allermächtigsten kannte. Er listete die Namen der Inkakönige und ihre größten Laster auf, als wollte er den Wahrheitsgehalt seiner Aussagen bekräftigen. Vom ersten Sonnenabkömmling Manqu Qhapaq bis hin zum letzten Sapa Inka. Sie alle waren ihm persönlich begegnet, hatten nach seinem Rat und seinen Zaubereien verlangt und sich bei ihm freigeredet. Auserwählte Herrscher, die in seiner Gegenwart gewöhnlichen Menschen glichen und wie sie an Selbstzweifeln, Liebeskummer und Süchten litten. Sie fürchteten sich, wenn der Regen zu lange ausblieb, ein neuer Eroberungszug bevorstand oder ihre Befehle Leid über ihre Untertanen brachten.

Amaru glaubte, was er hörte, denn Yakus Schilderungen hatten nichts Prahlerisches und nichts Herabwürdigendes an sich. Er gab einfach wieder, was sich zugetragen hatte. Über Generationen hinweg. Yaku gedachte auch der anderen Schamanen, die einst mit dem Zweiköpfigen verhandeln konnten und die nach der Ankunft der Gold fressenden Götter einer nach dem anderen ermordet wurden. Amaru konnte in Yakus Reden keinen Funken Wehmut ausmachen, als er beteuerte, dass es seither allein ihm obliege, ob zusammenfinde, was zueinander gehöre.

»Ein Mensch, der seine Zuversicht verliert, ist ein toter Mensch. Ich vertraue dem Zyklus des Lebens, Werden und Vergehen, Aufsteigen und Fallen. Das Pachakuti kann Wirklichkeit werden, wenn du der Impuls sein willst, um es einzuleiten.« Yaku schnellte hoch und isolierte sich in seiner Hütte. Seine Trommelschläge steigerten sich über Stunden ins Ekstatische.

In dieser Nacht vernahm Amaru zum ersten Mal das den Wald in Aufruhr versetzende Brüllen des Zweiköpfigen. Eine Ankündigung. Eine Warnung. Auch Nayaraq, die mit Amaru als Letzte am Feuer ruhte, erschauerte vor den kolossalen Schreien.

»Yacumama!«, mahnte der Schamane aus seiner Hütte heraus zur Vorsicht und schlug noch fiebriger auf seine Trommeln ein. Die Schlange reckte ihren Kopf aus dem Wassergraben. Sie hatte die Veränderungen im Wald längst gewittert und zirkulierte um Willkapampa.

Nayaraq suchte Amarus Nähe. Ihr Herz raste. Ihre Hände schwitzten. »Bleib heute bei mir. Er hat sich auf den Weg gemacht!« Amaru tat, was sie von ihm verlangte, und sie verkrochen sich in Nayaraqs Hütte.

In den kommenden Tagen und Nächten war das Geschehen vom heranrückenden Gebrüll bestimmt. Der Wald, der eigentlich von Leben wimmelte, hielt still, und die drei Frauen waren noch wortkarger als zuvor. Jedes Rascheln und Zucken im Geäst schürte ihre Aufregung, und niemand außer Yaku verließ Willkapampa. In seiner Abwesenheit versuchte Amaru, mehr über den Uturuncu zu erfahren, denn obwohl es ihn stets erschütterte, wenn sich der Zweiköpfige bemerkbar machte, verspürte er keinerlei Angst vor ihm. Im Gegenteil. Für Amaru bedeutete sein Herannahen, dass etwas in Bewegung geriet. Eine Bewegung hin zu Tika und sich. Seine Euphorie übertrumpfte all seine Empfindungen und machte ihm die der anderen unverständlich. »Weshalb fürchtet ihr euch vor ihm? Was ist los mit euch?«, richtete er sich an die Frauen, die ihm Genaueres verweigerten und aufeinander achtgaben.

Sein beharrliches Nachfragen speiste Tuta entnervt ab. »Würdest du ihm jetzt begegnen, unwissend wie du bist und ohne die Kraft von Yakus Trank zu fühlen, wäre das dein Ende. Er würde dir seine Zähne in den Schädel rammen und dich auffressen. Wer ihn einmal gesehen hat, nicht bloß im Traum, hat allen Grund, sich zu grauen!«

Besonders Yaku, der länger als sonst im Wald blieb und sich nur noch nachts in Willkapampa aufhielt, versagte sich Amaru. Er lehnte sein ständiges Bitten ab, ihn begleiten und von seinem Trank probieren zu dürfen, und schien sein Fordern leid zu sein.

Gleichwohl rechnete Amaru damit, dass sich ihm der Zweiköpfige bald zeigen würde, denn der Mond nahm tagtäglich zu und ab. Zudem wechselte er andauernd seine Position, immer hin zu den größten Wolken, als wollte er sich mit ihnen tarnen. Amaru malte sich aus, wie er mit dem Zweiköpfigen dem verängstigten Mond hinterherjagte. Aber eines Nachts verstummte der Uturuncu wieder und das Leben kehrte zur Normalität zurück.

Je länger alles seinen gewohnten Gang ging, desto unruhiger und störrischer wurde Amaru. Das Holz, das er sammelte, wenn er an der Reihe war, war oft feucht und reichte nicht, und wenn er die Hütten oder den Hauptplatz zu fegen hatte, gab er vor, es bereits getan zu haben. Amaru glaubte, er hätte seine Chance verpasst. Nicht ihn traf die Schuld, sondern sie. Als Yaku abermals ohne ihn in den Dschungel gehen wollte, stellte er sich dem Schamanen in den Weg. »Wieso enthältst du mir deinen Zauber vor? Warum lässt du die Pflanzen nicht auch zu mir sprechen? Worauf wartest du? Der Uturuncu war bei uns und jetzt ist er fort!«, murrte er.

»Du denkst, der Uturuncu schweigt, dabei spricht er zu all jenen, die zum Zuhören bereit sind. Einst sprach der Mensch mit allen Dingen und sie mit ihm, nun spricht er nur mit sich. Durch das ständige Lärmen und die Bewegung in deiner Welt hast du das Gemeinsame aus dem Blick verloren. Der Zweiköpfige beschattet dich und schätzt ein, ob du dich von dir lossagen wirst.«

»Dann gib mir etwas von deinem Trank oder deinem Pulver und bring mich zu ihm!« Amaru zog wie ein Süchtiger an Yakus Mantel.

»Nicht ich entscheide, wann du bereit bist, mit den Pflanzen und dem Uturuncu in Kontakt zu treten. Sie sind es, die sich dir mitteilen werden. Zunächst musst du lernen, mit deinem Geist zu sehen, dann erfährst du von der Existenz eines anderen Ich, von einem vom Selbst getrennten Dasein.«

»Und wie mache ich das, wenn ihr mir eure Hilfe verweigert?«

»Du musst nicht mehr tun, als in den Wald hineinzuschauen und ihm richtig zuhören.«

Amaru wusste mit den rätselhaften Unterweisungen nichts anzufangen und er bezweifelte insgeheim sogar, dass Yaku und den Frauen wirklich etwas daran lag, ihm beizustehen.

»Alles, was wir tun, tun wir deinetwegen. Es hängt von dir ab, wie es weitergeht«, entblößte der Schamane Amarus Misstrauen.

Amaru schämte sich für sein Zupacken und ließ den Schamanen los. »Ich will es versuchen«, versicherte er dem Davongehenden, darum wissend, dass ihm nichts anderes blieb.

Tage verrannen. Vielleicht auch Wochen. Amaru verlor die Bindung zur Zeit und zu den anderen, die sich ihrem Alltag widmeten, während er sich darum bemühte, von sich und seiner Umgebung mehr wahrzunehmen als das Augenscheinliche. Wenn er entlang der überwachsenen Ruinen von Willkapampa streunte und zuweilen auch über die Grenzen der Siedlung hinaus, bildete er sich ein, auf Bäumen und Mauerresten menschliche Gesichter auszumachen. Doch wenn er näher auf sie zulief, stellte er fest, dass er einer deformierten Holzmaserung oder einer Schliere im Gestein aufgesessen war. Nicht nur der Wald und das Licht trieben ihre Spiele mit Amaru. Seine eigenen Sinne fanden Gefallen daran, ihn zu täuschen.

Ab und an, wenn sich Amaru über die Quelle beugte,

um zu trinken, oder in einer der umliegenden Pfützen sein Ebenbild suchte, um gegen die Monotonie anzukommen, verformte sich sein inzwischen vollbärtiges, sonnenlädiertes Gesicht und Tika spiegelte sich ihm wider. Anfangs war er von ihrem Erscheinen so schockiert, dass er auf die Oberfläche klatschte und ihre Konturen in Wellen fort schwappten. Doch mit jeder weiteren Begegnung reagierte er zutraulicher. Er befingerte ihre Wangen. Ihr Haar. Ihre Lippen. Die Zähne und die Zunge. Danach lag er oft bis in die Nacht hinein wie paralysiert auf dem Rücken und blickte in die Baumkronen. Mit der Zeit lernte er dadurch, die Laute der Tiere auseinanderzuhalten, und zu unterscheiden, wie die einzelnen Pflanzen im prasselnden Regen oder im Wind klangen. Amaru erfasste mehr und mehr vom Wesen des Waldes, vom ewigen Wettstreit und dem Zusammenleben im gegenseitigen Nutzen. Ein schmaler Grat zwischen Wollust und Tod.

Eines Nachmittags legte sich der Schamane neben Amaru und schaute mit an, was er sich vorstellte.

Amaru fantasierte sich im Halbschlaf in die Wipfel hinauf und stand auf den Baumkronen. Gemächlich lustwandelte er über den Blätterteppich, der sich in alle Himmelsrichtungen ausbreitete. Die Flüsse, die ihn durchzogen, und die von Wasserfällen frei gespülten Schneisen übersprang Amaru mit weiten Sätzen. Er war frei und unbefangen, so nah am Himmel und das Grün unter sich fühlend, dass er sein Schritttempo beschleunigte und über den Wald hastete. Die Luft war sättigend, reich an Leben. Falter, Papageien und Fledermäuse begleiteten Amaru und bannten seine Aufmerksamkeit. Gerade noch rechtzeitig bremste er vor einem unüberwindbaren Wasserfall ab, wohingegen seine Gefährten einfach hinüberflogen. Mehrere Flussläufe kamen in einem Bogen zusammen und brausten vor Amaru senkrecht in die Tiefe. Die Wassermassen fraßen sich in den Grund und höhlten ein schäumendes Becken aus. Amaru kletterte in die Senke hinab. Er wollte sich abkühlen und am anderen Ende wieder ins Kronendach gelangen. Umringt von den donnernden Strömen und ihrer Gischt, bemerkte er, dass er nicht allein war. Eine Frau schwamm durch das Becken und setzte sich zum Trocknen ans Ufer. Amaru schlich heran, um herauszufinden, wer sie war und was sie dort tat. Ihrem nackten, wohlgeformten Körper schenkte er kaum Beachtung, weil er etwas Wesentlicheres an ihr feststellte.

Sie, die ihren kurz geschorenen Kopf zur Seite gedreht hatte, wodurch Amaru ihr Gesicht nicht sehen konnte, sprach mit einem Strauch und liebkoste ihn. Sie streichelte seine Blätter und umarmte seine Zweige. Dann schöpfte sie mit ihren Händen im Wasser, füllte es in ihren Mund und beträufelte damit die Erde über den Wurzeln. Sogleich wuchs die Pflanze in die Höhe. Ihre Knospen reiften zu Blüten und entfalteten sich. Die Pollen zerstäubten und wirbelten rundum. In amourösen Bewegungen drückte die Frau ihren Körper an den glatten Stamm und pries die Schönheit des Strauches.

Dieses Feingefühl. Diese Liebeskunst. Unnachahmlich. »Das ist sie, Tika!«, wisperte Amaru. Mit jeder Strophe, die sie sang, verlangsamte das Wasser sein Fallen, um ihr gebührend zuhören zu können, bis hin zum Erliegen aller Ströme. Amaru zügelte seine Sehnsucht, indem er sich an einem Felsen verhakte. Ihr Gesang, Ton für Ton erotisierend. Amaru konnte sich der Verführung kaum noch verwehren. Seine Fingerspitzen schürften über den scharfen Stein. Er wollte hin zu ihr.

»Ach Tika, du und ich wissen, was es für ein gutes Leben braucht. Wir müssen uns ihm anvertrauen. Er verliert den Glauben an sich und seine Berufung. Wenn er nicht bald von Yakus Trank trinken darf, wird er es sich anders überlegen und umkehren. Dann ist alles verloren. Alles. Hörst du, was ich sage, Amaru? Komm ruhig zu uns. Wir wissen, dass du da bist. Wir erwarten dich doch. Nimm mich und die Liane dort drüben, die die Bäume umschlingt, und verzehre uns endlich. Wir erlauben es dir!«, raschelte der Strauch und seine Äste wuchsen auf Amaru zu.

Er trat aus seinem Versteck hervor, zum Hingeben bereit, als Yaku gegen seine Schläfen tippte und ihn nach Willkapampa zurückholte.

Amaru öffnete seine Lider, ganz sachte. Das Morgenrot breitete sich aus. In seinem Geist hatte er den ganzen Abend und die Nacht hindurch den Wald durchkämmt. Seine Fingerkuppen waren wund gescheuert und seine Füße eingeschlafen, kamen aber rasch zu sich. Er labte sich an dem, was er so lebhaft geträumt hatte, und zugleich betrübte ihn, dass sich ihm Tika erneut als Trugbild gezeigt hatte.

Der Schamane hingegen schmunzelte zufrieden. »Wenn du wissen willst, wo genau du die Pflanze findest, die zu dir gesprochen hat, dann komm mit mir.« Yaku stand auf und schritt in den Wald, ohne einen Zweig oder ein Blatt abzubrechen.

Amaru eilte hinterher. Er hatte inzwischen gelernt, Yakus Gangart, die vielmehr ein Gleiten als ein Gehen war, nachzuahmen, schließlich hatte er vom ersten Tag an in Willkapampa jede Regung des Schamanen genau verfolgt und sie vor dem Einschlafen in seiner Hütte geübt.

Spurlos bewegten sie sich durch das Dickicht und Yaku wählte die passenden Lücken im Gestrüpp aus, das sich hinter ihnen wieder verschloss. Er schleuste Amaru zielstrebig durch den Wald, dessen Gleichartigkeit es Amaru unmöglich machte, sich zurechtzufinden. Ein wirrer Wuchs von Farnen, Lianen und Orchideen im Schatten monströser Bäume, die flach auf dem Boden wurzelten.

Noch nie hatte sich Amaru so weit von der Lichtung entfernt. Diese Zone erschien ihm unberührt. Um seiner Orientierungslosigkeit etwas entgegenzusetzen, scharrte er heimlich eine Markierung in die dünne Humusschicht. Darunter Lehm und Sand. Verwittert und unbrauchbar. Alles Leben strebte dem Licht zu.

»Lass es sein, wir gehen einen anderen Weg zurück. Ich kenne diese Gegend gut«, versprach Yaku beiläufig.

Amaru schloss zu ihm auf und sie drangen bis zu einer Stelle vor, die für Amaru aussah wie viele andere. Fein abgestufte Kaskaden. Seichtes Wasser. Stein- und holzummantelnde Moose und fleischfressender Sonnentau mit klebrigen Drüsen.

Inmitten unzähliger Pflanzen, die wiederum auf anderen

Pflanzen aufsaßen, zeigte Yaku auf einen unscheinbaren Strauch mit weißen Blütenkronen. Identisch mit jenem, dem sich Tika hingegeben hatte. »Das ist die Chacruna, die nah bei Wasserfällen am liebsten gedeiht. Du erkennst sie an ihrem geraden Wuchs und ihren roten Früchten. Sie ist die wesentliche Zutat des Tranks.« Der Schamane zupfte vorsichtig die sattgrünen Blätter ab und reichte sie an Amaru weiter. Dann kraxelte Yaku einen Stamm hinauf, den eine faustdicke Liane umrankte. Von einem Seitentrieb brach er ein Stück ab. »Diese hier trägt viele Namen, wie auch der Trank selbst. Jede Sippe hat sich einen anderen erdacht. Dapa. Natema. Pinde. Yagé. Ayahuasca. Und doch ehren sie alle das Gleiche. Du kannst sie pulverisieren und in kaltes Wasser einlegen, aber am fruchtbarsten ist es, du schabst ihre Rinde ab, mischt sie der Chacruna bei und kochst sie gemeinsam ein paar Tage lang aus. Nur so können sich die Geister entfalten und vereinen«, rief Yaku herab und steckte sich den Lianentrieb in seinen Mantel.

»Psychotria viridis. Harmin. Banisteriopsis caapi. N,N-Dimethyltryptamin«, fräste sich ein Gedanke durch Amarus Gehirn und er formte die botanischen Bezeichnungen und chemischen Wirkstoffe der Pflanzen aus.

»Was sagst du? Warte, ich komme zu dir. Wir haben genug.« Yaku rutschte den Stamm hinunter und als er Amaru gegenüberstand und darauf wartete, dass er noch einmal sagen würde, was ihm entgangen war, konnte Amaru seinen Gedanken nicht wiederholen. Er war ihm so plötzlich, wie er ihn durchfahren hatte, wieder entfallen.

Auf dem Heimweg pflückte Yaku noch mehr Blätter und

klaubte Samen und fluoreszierende Pilze im Unterholz auf. Er dankte dem Wald für seine Gaben und versprach ihm, sie allein für das Gute zu nutzen. Zurück in Willkapampa breitete Yaku die Ernte aus. Der Schamane sortierte sorgsam, welche Pflanzen zu welchen Anteilen gebraucht wurden. Wenn Amarus Konzentration zu schwinden begann, weil er im Durcheinander der Pflanzen und Pilze den Überblick verlor, zeigte ihm Yaku wieder und wieder, was er verpasst hatte. Er schälte die Rinde von der Liane, zerstampfte diese und jene Blätter und vermischte alles in dem über der Feuerstelle hängenden Helm. Amaru, der ihm erstmals assistieren durfte, holte Wasser aus der Quelle und kippte es hinzu, bis ihm Yaku mit einer Handbewegung signalisierte, dass es genug war. »Nun müssen die Pflanzen eine gemeinsame Sprache finden, um eine Verbindung eingehen zu können. Solange darf das Feuer nicht ausgehen, sonst waren alle Mühen umsonst. Achte darauf und lege in der Nacht genügend Holz nach. Übermorgen werde ich den Trank zu mir nehmen.«

Amaru, der angenommen hatte, seinen ersten Schluck probieren zu dürfen, überspielte seine Wut und seine Verbitterung mit übertriebenem Eifer, denn er hatte bereits einen Plan gefasst. Während Yaku mit einem Stock im köchelnden Sud rührte, sammelte Amaru Äste und Holzstümpfe zusammen, viel mehr als sie brauchten, stapelte sie neben der Feuerstelle auf und warf zwei ergiebige Stücke in die Flammen. Dann richtete er sich so auf der Bastmatte in seiner Hütte ein, dass er die Flammen im Blick behalten konnte. Gewissenhaft kam er seiner Verpflichtung nach und fütterte das Feuer, wenn es notwendig war.

Tief in der Nacht schlich Amaru aus seiner Hütte. Nervös lauschte er dem gleichmäßigen Schnaufen der Schlafenden. Auf Zehenspitzen tappte er ans Feuer, wobei er bei jedem Knistern zusammenzuckte wie ein Dieb. Sich seiner Sünde bewusst, lehnte er sich über den Konquistadorenhelm und stierte in die bräunliche Brühe. Der Gestank hätte sich beinahe aus Amarus Mund entladen. Schwindel. Spucken. Luft holen. Mut fassen. Mit angehaltenem Atem näherte er sich wieder. Vorsichtiger und konzentrierter als zuvor. Im Glutlicht zeichneten sich auf der Helmglocke Verzierungen ab, die ihm bisher nicht aufgefallen waren. In feinen Linien umarmte ein Flügelpaar die Welt. »Das Zeichen des Federmanns«, hörte er sich sagen. Weil er noch immer nichts verstand, wollte er alles wissen. Alles, was je gewesen war, und alles, was in Zukunft sein könnte. Amaru vergaß darüber die Welt um sich herum. Er wollte gerade einen Schluck kosten, als ihn die herangekrochene Wächterin umschlang.

Yacumama spannte ihre Muskulatur an und presste ihm die Luft aus seinen Lungen. Der Kopf des Tieres schob sich vor sein blau anlaufendes Gesicht. Aus ihrem Maul schnallte ihre gespaltene Zunge.

Amaru versuchte, nach Yaku und den Frauen zu rufen, aber die Würgeschlange hatte sich bereits so eng um ihn gewunden, dass er nichts mehr hervorbrachte. Er sah in den abgründigen Rachen hinein. Fleischig und schleimig. Seine Rippen krachten. Sein Puls stockte. Unter den ermahnenden Augen des Tieres sank Amaru in Ohnmacht.

Am nächsten Morgen kam er auf seiner Matte zu sich.

Sein Körper war geschwollen und mit Blutergüssen übersät. Draußen hörte er die anderen murmeln. Immerhin hatte ihn Yacumama am Leben gelassen und nicht am Ort seines Vergehens über ihn gerichtet. Amaru bereute zwar, dass er die Regeln gebrochen hatte, nur – worauf hätte er noch länger warten sollen? Mit gesenktem Kopf kam er heraus und setzte sich in ihren Kreis, in der Erwartung, verstoßen zu werden. Das Feuer loderte, wie Yaku es ihm befohlen hatte, und für einen Moment hoffte Amaru, seine Verfehlung wäre unbemerkt geblieben.

Aber der Schamane sprach ihn geradewegs darauf an. »Du solltest dich zumindest bei Yacumama bedanken. Hätte nur ein Tropfen des Tranks deine Lippen berührt, wärst du jetzt allein. Beherrsche dich, Amaru. Wie alle Menschen besitzt auch du die Angewohnheit, dich zu verleugnen. In dir keimt Angst. Sie blockiert und fesselt dich. Du bist ein Mensch der Defensive. Daher bedarf es eines besonderen Moments, um die Verbindung zu deinem Selbst herzustellen und sie fortan aufrechtzuerhalten. Andernfalls bleibt dir von dir nicht mehr übrig als eine verschimmerte Erinnerung. Ein vergeudeter Traum. Sonst nichts. Willst du das etwa? Bist du deshalb hierhergekommen? Das Wesentliche des Traumes und des Rausches ist die Entfremdung vom Selbst als Voraussetzung für das Gemeinsame. Du bist auf einem guten Weg. Verdirb es nicht!«

Amaru konnte seinen Missmut nicht länger zügeln und ließ ihm freien Lauf. »Was kann dieses andauernde Warten schon bringen? Wie soll ich dadurch irgendetwas erkennen? Ich weiß noch immer nicht mehr von mir und meiner Welt. Und Tika? Du hast mir zugesichert, dass ich ihr begegnen werde, nicht nur im Traum. Wo ist sie? Und wo bin ich? Ich will fort von hier. Wohin, ist mir scheißegal!«, schrie er in seiner Hitzköpfigkeit. Amaru schnappte sich Yakus Rührstock, schlug damit auf die Erde ein und zerbrach ihn. Er stieß den Trank um, wobei er sich und die anderen besudelte, und rupfte das Schilf von den Hüttendächern.

Yaku missachtete Amaru, bis er sich einigermaßen abreagiert hatte. Daraufhin sprach der Schamane in seinem gewohnt geduldigen Rhythmus weiter. »Du verkennst den Sinn des Sehens. Du verweilst bei den Dingen, um sie auszubeuten. Zu warten bedeutet nicht, dass du stagnierst. Zur Ruhe kommen, zu verweilen, birgt die Möglichkeit des Zusammenseins. Um sich zu erfassen und mit dem anderen zu kooperieren, bedarf es großer Geduld. Dein Geist, der sich des Wartens entledigt hat, isoliert sich selbst. Du aber sollst Teil des Ganzen sein. Werde unsere Zukunft!«

»Was soll das für eine Zukunft sein, von der du sprichst, wo alles durch die Vergangenheit bestimmt wird und ich weder das eine noch das andere kenne? Alles wird bleiben, wie es ist. Für immer. Ich glaube nicht an eine bessere Zukunft und ich weiß auch nicht, wie ich dort hingelangen könnte.« Amaru zeterte vor Unzufriedenheit und Verzweiflung. Er wünschte sich, alles wäre nur ein Traum und er würde gleich aufwachen, inmitten seines alten Lebens. Wie auch immer es ausgesehen haben mochte. Selbst Tika verfluchte er, weil sie ihn an diesen stillstehenden Ort gelockt hatte, der irgendwo außerhalb der Raumzeit lag.

»Wenn du ich sagst, sprichst du allein vom Gewesenen. Sieh dich um und dann nach vorn, Amaru. Wer den Glauben an eine bessere Zukunft verliert, dessen Leben ist frei von Sinn. Jeden Augenblick. Du bist leer und ausgehöhlt, weil dir jegliches Verantwortungsgefühl für den anderen fremd ist. Diese Emotion gilt es wiederzuerwecken, diese Schwerkraft, die dein Gleichgewicht ermöglicht. Du empfindest sie im Raum jenseits des Nebeneinanders. An einem nicht fest umrissenen Ort, den du betreten kannst. Dort liegt die Erlösung. Bist du dafür bereit?«

Ohne aufzusehen, schüttelte Amaru den Kopf. Wie sehr er sich in all der Zeit auch bemüht hatte, nichts von alledem, was der Schamane ihm beizubringen versuchte, sickerte zu ihm durch. Amaru stellte sich und die Welt, die sich geirrt haben musste, infrage. Was konnte er für ein Erlöser sein, da ihm jede Vorstellung von der Zukunft fehlte? Er hatte sich von Yaku Antworten gewünscht und wurde stattdessen von seinen Vagheiten zerwalzt.

»Wir müssen uns vom Gewesenen lossagen, um eine Form zu erlangen, deren Namen wir noch nicht kennen. Die Angst vor der Zukunft kann überwunden werden. Wir brauchen eine Vision für das Kommende, weil sie unser Handeln in der Gegenwart bestimmt. Die Zukunftslosigkeit ist kein Prinzip, das der Natur und somit uns Menschen innewohnt. Wir haben die zukunftslose Welt erschaffen. Nur wir können sie mit neuem Leben füllen. Sieh mich an, Amaru!«

Amaru genierte sich für seinen Gefühlsausbruch und wischte sich seine Tränen ab.

»Woran wir glauben, die Grundlage unseres Handelns und Seins, ist ein bloßer Mythos und zugleich ist er es, der das Zusammenwirken überhaupt ermöglicht, uns aneinander bindet und zum anderen, der etwas Höheres ist als wir selbst, emporhebt. Lass alles zurück, Amaru. Lass du dich sein. Nicht du führst dich zu dir, nicht du allein. Wer nur in sich verharrt, existiert ohne Geist und bleibt ohne Erfahrung. Er verkennt die Notwendigkeit des Gegenübers, stumpft ab und erlischt.« Yaku und die drei Frauen ließen Amaru am Feuer zurück.

Amaru lechzte danach, endlich auf eine andere Stufe überzutreten, in einen Zustand, der ihm Klarheit verschaffen konnte, der es ihm ermöglichen würde, die Welt, Tika und sich in ihrem Wesenskern zu begreifen. Er überdachte Yakus Worte und prüfte jede seiner Aussagen nach. Bedauerlicherweise musste er sich eingestehen, dass sich Yaku zu Recht weigerte, ihn in seine Geheimnisse und die des Waldes einzuweihen und ihn zu Tika und zum Uturuncu zu bringen. Wenn er fühlte, fühlte er nur sich. Wenn er dachte, verdrillte er stets die gleichen Gedankenketten, die sich allein um ihn drehten, und wenn es an ihm lag, angemessen zu handeln, legte er die Hände in den Schoß und wartete ab, dass irgendetwas von selbst geschehen würde, oder er handelte leichtfertig und unüberlegt. Er war ins Reich der Toten vorgedrungen, entgegen allen Warnungen, und nun war ihm sein Lebensmut entwichen. Amaru verkraftete seine Ausweglosigkeit nicht mehr. Es war genug. Diese Dinge überstiegen seinen Geist und seine Fähigkeiten. Alle hatten sich in ihm getäuscht. Insbesondere er selbst.

Bevor er sich in seine Hütte begab, fasste Amaru den Entschluss, Willkapampa zu verlassen. Gleich bei Tagesanbruch wollte er aufbrechen. Egal in welche Richtung. Sollte er sich doch im Wald verirren oder vom Zweiköpfigen zerfleischt werden. Es scherte ihn nicht mehr, was mit ihm geschehen würde. Nichts konnte schlimmer sein, als hierzubleiben, in dieser Zeitschleife, und zu verharren, bis ihn die Vergangenheit einholen würde. Sofern dies jemals geschehen sollte.

In der Morgendämmerung zerstachen Amaru Schwärme von Moskitos. Er floh ins Freie, um den lästigen Viechern zu entkommen, und wollte sich mit dem Schlamm aus dem Wassergraben einreiben, so wie es Yaku und seine Gehilfinnen immerzu getan hatten, ehe sie in den Wald gegangen waren. Im feuchten Morast kniend bemerkte Amaru, dass der Schlamm zähflüssig war und seltsam miefte. »Rohöl!«, staunte er und zog seine schmierigen Finger zurück. Es ergoss sich aus einem Rinnsal, das ins Unterholz führte. Amaru ließ von seinem Vorhaben ab und erduldete die ihn attackierenden Stechmücken. Er musste los. So oder so. Bald würden die anderen zu sich kommen oder Yacumama herannahen und ihn womöglich aufhalten wollen. Zum Abschied kerbte er ein Lebewohl in die Erde und dabei registrierte er etwas, was er zuvor übersehen hatte.

Die Lichtung war von Spuren durchsetzt, eingestampft in den harten Grund. Amaru legte seine gespreizten Hände hinein und konnte doch die Ränder nicht erreichen. Ein Tier musste in der Nacht durch Willkapampa geschlichen sein, auf der Suche nach Nahrung oder Unterschlupf. Die Dimension der Abdrücke verunsicherte ihn. Er zauderte, ob er wirklich fortgehen sollte, hinein ins Ungewisse, aber als er es in Yakus Hütte erst rumpeln und ihn dann gähnen hörte, trimmte er sich ein, dass der heutige Tag nichts anderes bringen würde als der gestrige. »Lieber sterben, als länger nichts zu tun!«, stachelte er sich an und folgte dem Rinnsal ins Dickicht.

An einigen Stellen brannte die Erde. Rauchschwaden stiegen auf und vernebelten Amaru die Sicht. Er schützte seine Augen und seine Atemwege, indem er seine Hände über sein Gesicht kreuzte. Ruß und Staub spuckend bahnte er sich seinen Weg. Sein rasselndes Husten hallte im Wald wider und ging in einen metallenen, düsteren Mollakkord über. Amaru unterdrückte seinen Hustenreiz und horchte genauer hin. Unverkennbar. Eine spanische Glocke tönte unfern von ihm. Ihr Läuten kam näher. Der Rauch lichtete sich.

Amaru nahm die Hände herunter. Er stand neben einer Gruppe von Indios, zottig und entblößt, die sich um eine weiß getünchte Kapelle gruppierten. Ein Priester in Soutane riss wie verrückt am Glockenseil und stampfte in der Öl triefenden Erde. Amaru erkannte ihn sofort. Dies war sein Begleiter, den er nach seiner Ankunft in La Paz hatte abschütteln können und von dem er gehofft hatte, ihm nie wieder zu begegnen. Nun hauste er hier draußen in der Wildnis. Wie auch immer er hierhergekommen sein mochte, Amaru war überglücklich, ihn zu treffen. »Bartolomé! Ich bin es, Amaru!«, rief er ihm entgegen.

Aber Bartolomé registrierte ihn nicht und richtete sich an die Indios. »Ihr werdet nicht glauben, wen ich gefangen habe! Es gibt nur einen, der euch Abhilfe verschafft. Dieser hier ist es nicht! Nein. Nein. Der Traum ist aus!« Bartolomé ließ vom Glockenseil ab und brüstete sich mit einer Fallgrube, die neben der Kapelle ausgehoben war.

Die Menschen traten vorsichtig heran und mit ihnen Amaru. Allesamt lugten sie in das Erdloch. Der zweiköpfige Uturuncu fauchte und sprang umher. Die Wände waren zu steil und geglättet, sodass der Jaguar beim Versuch zu entkommen in die Grube zurückrutschte. Hilflos drehte er sich um seine Achse.

»Das soll euer Heilsversprechen sein?«, spottete Bartolomé und hampelte um die Falle. Seine Arme und Beine zappelten und bald sein ganzer Körper. Wortfetzen schleuderten aus ihm. Er begann lauthals einen Disput zu führen, so als stünde er im Jahre 1551 seines Herrn persönlich im Colegio de San Gregorio in Valladolid, um vor den Augen des Königs Karl des Fünften und seiner Junta zu streiten. Bartolomé siegestaumelte im Kreise der Indios, wobei er zwischen dem Dominikanermönch De Las Casas und seinem Widersacher Sepúlveda hin und her wechselte. Ein wahnwitziger Wendehals. Beider Stimmen fielen sich gegenseitig ins Wort.

Amaru, der spekuliert hatte, dass ihn Bartolomé zurück in die vernünftige Welt führen könnte, kam das, was er von sich gab, vertraut vor. Eine Erinnerung schnippte in seinem Gedächtnis auf. La Paz. Bücherstapel und Notizen. Seine noble Studentenwohnung. Freie Aussicht über die Stadt. Schon vor langer Zeit hatte er von der Disputation erfahren.

»Eure Majestät, dieser Mann bricht das Völkerrecht.

Alle Eroberungen sind allein deshalb unzulässig, weil ...«, setzte De Las Casas an, forsch, aber kontrolliert.

»Nein! Nein! Nein! Diese Tiere!«, schoss eine andere Stimme dagegen, höher und aggressiver, und Bartolomé argumentierte nun im Sinne Sepúlvedas. »Uns Europäern gebührt das von der göttlichen Natur gegebene Recht als logische Konsequenz, eben jene zu unterjochen, die zum Sklaven und nicht zum freien Menschen geboren sind. Wie soll gleiches Recht für Ungleiche gelten? Diesen Wilden mangelt es an Vernunft. Sie sind uns moralisch unterlegen. In ihnen finden sich höchstens kümmerliche Reste von Menschlichkeit. Sie müssen von einer vernünftigen Hand geführt werden. Weshalb also sollten wir uns von ihnen nicht nehmen, was uns zusteht?«

Bartolomé schlingerte unkontrolliert und fröstelte. Mit den Fäusten malträtierte er seinen Kopf und rupfte sich Haarbüschel heraus. Erneut drang die entschlossene Stimme De Las Casas aus ihm. »Sie agieren nicht weniger rational, als wir es tun. Sie sind Menschen, wie wir es einmal waren und wieder sein sollten. Allein Geistesgestörte müssen von der vernünftigen Hand geführt werden. Ganze Völker aber können unmöglich als unvernünftig gelten und somit unfrei sein. Dies widerspricht der Schöpfung, wonach alle Nationen Menschen mit Verstand und Willen sind. Sie alle nutzen die gleichen Sinne und bedürfen der gleichen Dinge, um zu sein. Sie bemühen sich um das Gute und verachten das Schlechte. Wie alle wollen auch sie die Freiheit. Wenn also alle Menschen ursprünglich von gleicher Natur sind, warum sollte dann der eine zum Herrn und der andere zum Sklaven geboren sein?« Wieder krampfte Bartolomés Körper, als hätte sich seiner eine unsichtbare Kraft bemächtigt. Aus seinem Mund quoll Schaum. Er strampelte mit den Füßen und biss sich wie ein Tollwütiger in seinem Unterarm fest.

»Bartolomé, was ist mit dir?« Amaru packte den Besessenen und riss ihm sein Kollar vom Hals.

Frei atmend kam er etwas zur Besinnung. »Amaru! Du hast zu uns gefunden! Hier draußen bin nur ich und das Wort Gottes. Jetzt, da du erschienen bist, werden sie mir glauben. Sag du ihnen, was sie sind, wozu sie taugen und wem sie zu gehorchen haben.«

»Wovon redest du? Lass uns von hier verschwinden. Kennst du den Weg?« Amaru rüttelte an Bartolomé und klatschte ihm ins Gesicht.

Doch Bartolomé machte sich los. »Kommt zu mir«, winkte er die anderen herbei. Die Indios reihten sich vor ihm auf. Er tunkte seine Hände in den öligen Boden und träufelte ein paar Tropfen über die Stirnen der Täuflinge. Dann stapfte er zur Kapelle und zerrte am Glockenseil.

Das Läuten echote im Wald und lockte ihn. Die Äste bogen sich. Das Laub raschelte. Dutzende Menschen kamen heraus, um sich anzusehen, was vor sich ging.

Bartolomé streckte seine Arme von sich wie ein Gekreuzigter und lud die Fremden zu sich ein. »Lasst euch befreien. Hier ist euer Erlöser!« Er brach in ein gellendes Lachen aus und trat vor Amaru. »Ich weiß, wohin du gehen willst! Ruhmsüchtige. Eroberer. Geistliche. Sie alle suchten vergeblich nach diesem Ort, weil er nicht für sie bestimmt war. Du hast ihn gefunden! Willkommen in Paititi!« Als er diesen mystischen Namen aussprach, stießen die Indios Freudenschreie aus. Bartolomé brachte ihr Glücksgefühl zur Weißglut. »Was scheren sich eure Götter und eure Helden um euch? Weshalb stehen sie euch nicht in diesem Leben bei? Ich kann es euch sagen: Weil es sie nicht länger gibt!« Auf sein Brüllen hin jäteten die Indios Brennnesseln und geißelten sich damit. Ihre Körper waren von Quaddeln übersät. »Alles, was wir von ihnen wollen, ist für sie nutzlos und somit gehört es uns. Landauf. Landab. Keiner erhebt sein Wort dagegen«, flößte er Amaru ein und schob ihn auf den Eingang der Kapelle zu. »Hier ist dein Thron, Amaru! Der Thron des Federmanns. Du bist sein Erbe. Dies ist dein Königreich. Nimm es wieder in Besitz. Na los. Fass es an!«

»Was willst du von mir? Bartolomé! Du hast den Verstand verloren. Lass mich gehen. Das gehört nicht mir!« Alle Mauern waren aus dem Salz des Salars erbaut, auch der Thron, auf den er sich setzen sollte und dessen Armlehnen zwei Flügel nachahmten. Amaru drückte Bartolomé zurück. Noch einmal und vehementer. »Verschwinde! Was hast du mit dem Uturuncu gemacht? Du Unmensch!«

»Du wurdest dafür geboren! Es gebührt dir als Europäer!«

Amaru kehrte sich von ihm ab und auch die Indios zerstreuten sich, wobei sie das Öl von den Stirnen wischten.

»Bleib mein Herr, sie werden wiederkommen, um dir zu dienen. Wenn du es willst. Nimm sie dir doch!«

»Ich will weder dein noch ihr Herr sein. Nicht heute und nicht in Zukunft!« Von Wut durchfahren stürmte Amaru auf Bartolomé zu und stieß ihn in die Fallgrube. Ein Knurren. Ein Schrei. Ein Schädelknacken. Amaru wuchtete das Glockenseil aus seiner Verankerung, wickelte es sich um seine Hüfte und warf es zum Uturuncu hinunter. Der Zweiköpfige kletterte daran hoch und hechtete zähnefletschend auf Amaru zu. Blackout.

Amaru schrak hoch. Er schnaubte in seiner Hütte. Moskitos summten. Keiner berührte ihn. Ein fürchterlicher Traum, der nachwirkte. Mehr nicht. Er war noch immer in Willkapampa gefangen, umgeben vom wahnsinnig gewordenen Wald, aus dem es anscheinend kein Entkommen gab. Draußen unterhielten sich die Frauen miteinander und Yaku mörserte Pflanzen. Yacumama schlängelte zwischen ihnen. Alles wie üblich. Von den Spuren des Uturuncus war nichts zu sehen. Amaru ging wortlos vorbei, um sich an der Quelle zu waschen und seinen Albtraum fortzuspülen. In seinem Rücken sprach ihn der Schamane an.

»Du hast die richtige Entscheidung getroffen. Ich hätte nicht gedacht, dass du schon so weit bist«, lobte er Amaru.

»Was meinst du?«

»Du hast dem Uturuncu beigestanden und ein Königreich ausgeschlagen, trotz der Ungewissheit, ob sich dir ein anderes eröffnen wird. Ich war mir sicher, du würdest zugreifen.« Nichts blieb dem Schamanen verborgen, nicht einmal Amarus Unterbewusstsein.

»Ach, was ändert es?«, heuchelte er Gleichgültigkeit, obwohl ihn die aufmunternden Worte erfreuten.

Der Schamane beließ es dabei, und noch bevor Amaru fragen konnte, wie er sich zu seinem Traum Zugang verschafft hatte, brach er zu seinem Streifzug auf.

Bis zum Sonnenuntergang rätselte Amaru, ob er im Schlaf gesprochen oder ob sich der Schamane tatsächlich in seinen Traum eingeschlichen hatte, um zu prüfen, ob und wie er handeln würde. Amaru machte sich das Geträumte bewusst. Sein Stolz auf sich selbst wuchs. Er, ein Federmann? Mitnichten. Solch ein ausbeuterisches Königreich konnte unmöglich seines sein. Er war ein Mensch, der mit den anderen fühlte, sie als Gleichwertige betrachtete und schätzte. Er hatte seinen in ihm schlummernden Instinkt zur Kooperation wiedererweckt und sogar den Uturuncu befreit. Und Bartolomé? Ein betrügerisches Wesen mit unreinen Absichten, gleich einer Bruja. Auch ihn, der Amaru vom rechten Weg hatte abbringen wollen, hatte er als das identifiziert, was er war, und ihm seine angemessene Bestrafung erteilt.

Als die Dunkelheit hereinbrach und der Schamane noch immer nicht zurückgekehrt war, wich Amarus Selbstbeweihräucherung einer zunehmenden Unruhe. Seit seiner Ankunft in Willkapampa hatte Yaku nie eine Nacht außerhalb des Lagers verbracht, schließlich gab es einen Grund, weshalb er mit seiner Wachhüterin einen Bund geschlossen hatte. In seinem Traum hatte Amaru ja selbst von der Unberechenbarkeit des Uturuncus erfahren. Sogar auf ihn, seinen Befreier, hatte er sich geworfen, anstatt ihm zu danken. Unablässig umrundete Amaru die Lichtung und plärrte nach Yaku, aber aus dem Wald antwortete es nicht. Kein

Zirpen. Kein Brüllen. Kein Pfeifen. Irgendetwas stimmte nicht. Amaru konnte das Schweigen und die ihn zermürbende Unsicherheit nicht lange hinnehmen. »Wir müssen losgehen und ihn suchen! Kommt mit mir!«, heischte er um Unterstützung. Er hob ein Holzscheit aus dem Feuer und stiefelte los.

Doch Tuta beorderte ihn umgehend zurück. »Bleib hier, Amaru! Er weiß um die Gefahr. Es ist seine Entscheidung.«

»Wir können ihn nicht einfach dort draußen lassen. Ihr kennt die Regel. Niemand, nicht einmal er, darf die Grenzen von Willkapampa bei Nacht verlassen«, ignorierte Amaru ihre Maßregelung und setzte sich wieder in Bewegung.

Sechs Hände warfen sich um seine Füße. Ihre zu Klauen geschliffenen Fingernägel schnitten ihm ins Fleisch. »Willst du dich wieder im Wald verirren? Was du bisher gesehen hast, war erst der Anfang und verglichen mit dem, was kommen kann, harmlos!«, fauchten ihn die Frauen an.

»Er ist allein und wer weiß, was der Zweiköpfige oder sonst wer mit ihm anstellen wird!«

»Du bleibst! Andernfalls wird dich Yacumama zurückhalten.«

Nicht noch einmal wollte Amaru von der Würgeschlange zerquetscht werden und so gab er sein Vorhaben, wenn auch widerwillig, auf. Sie hatten im Grunde ja recht. Wie sollte er den Schamanen ausfindig machen? Er konnte überall sein. Und überhaupt graute es ihm davor, abermals im Wald verloren zu gehen und seinen Schimären ausgeliefert zu sein. Amaru lagerte vor Yakus Hütte und ruhte sich etwas aus, denn er wollte die Nacht hindurch aufpassen, ob er heimkehren würde. In einem Schwebezustand zwischen den Welten wälzte sich Amaru auf der Erde, wobei er im Halbschlaf meinte, dass das gequälte Jaulen und Gefauche, das seine Gehörgänge traktierte, von seinem eigenen Schnaufen herrührte. Er missdeutete das sich Anbahnende und steckte sich seine Zeigefinger in die Ohren.

Mitten in der Nacht wurde Amaru harsch geweckt. Das Feuer war erloschen. Nur der Vollmond und die szintillierenden Sterne wirkten der Finsternis entgegen. Über Amaru hingen die Gesichter der Frauen, zu ernsten Mienen versteinert. »Wach endlich auf! Es ist so weit. Die tanzenden Jaguare haben zueinandergefunden!«, keiften sie. Ihre Stimmen klangen scharf und bestimmend.

»Was ist los? Ist Yaku nicht zurückgekommen?«, fragte er besorgt und rieb sich die Müdigkeit aus den Augen.

»Er ist unten am Fluss. Wir bringen dich zu ihm. Los, steh auf!«

»Aber wir dürfen nicht ...!«

»Und nimm den Helm des Federmanns mit. Yaku wird noch mehr von seinem Trank brauchen«, unterbrachen sie seinen Einwand.

Obwohl ihm bei der Sache unwohl war, nahm Amaru den warmen, prall gefüllten Konquistadorenhelm in die Hände und trug ihn wie eine Opfergabe vor sich her, den Kopf abgewendet, um die aufsteigenden Dämpfe nicht zu inhalieren. Auf schmalen, sich scheidenden Pfaden, die Amaru noch nie gegangen war, folgte er den Frauen. Bald schon hatten sie sich so weit von Willkapampa entfernt, dass er daran zweifelte, ob es richtig war, mit ihnen gegangen zu sein, und ob sie im Durcheinander der Möglichkeiten jemals zurückfinden würden.

Tuta, Nayaraq und Kuymi schmiegten sich im Katzengang an Amaru an. So zügelten sie seine Nervosität und geleiteten ihn immer tiefer in den Wald hinein, bis das Flussrauschen hörbar und dann sichtbar wurde. In seinem Wasser spiegelte sich der Trabant wider. Krater für Krater. Ebene für Ebene.

Amaru schaute sich nach Yaku um. Kein Lebenszeichen. Aber auf dem sandigen Ufer war von Menschenhand ein Steinkreis angeordnet, der vom Mondlicht ausgeleuchtet wurde.

»Dort und nur dort bist du sicher. Was auch immer geschieht, gehe keinesfalls über diese Begrenzung hinaus!«, warnten ihn die Frauen.

Amaru trat in den Kreis hinein. »Und was ist mit euch?«, erkundigte er sich und drehte sich zu ihnen um. »Tuta? Kuymi? Nayaraq? Hey! Wo seid ihr hin?« Sie hatten sich davongemacht.

Amaru huschte zwischen den Steinen umher, in die Kratzspuren eingeritzt waren. Wütend. Verlangend. Nicht von dieser Welt. Wohin hatten sie ihn geführt? Warum nur hatte er sich Yakus Verbot widersetzt? Verängstigt igelte er sich im Zentrum des Kreises ein, denn etwas schlich um ihn herum. Ein spürbarer Schatten, der seine Bahnen immer enger zog. Es knurrte und röchelte wie aus mehreren Kehlen. »Wer ist da?«, wimmerte Amaru und er klammerte sich am Helm fest. »Yaku, bist du es?«

»Wir sind es. Fürchte dich nicht. Wir werden dir jetzt vom Zweiköpfigen erzählen, woher sein Zorn rührt und wie der Mensch die Natur unterwarf«, rauschte es um Amaru, heiserer und dunkler, als Yaku üblicherweise sprach. »Vor langer Zeit, als nichts auf dieser Welt ohneeinander Bestand hatte, fiel unserem Schöpfer Wiraqucha eine Frau auf, die so makellos und geradsinnig war, dass er sie zu begehren begann und ohne ihr Wissen im Schlaf in sie eindrang. Als ihr nach dem Erwachen bewusst wurde, dass ihr Traum kein Traum gewesen war, weil der Schmerz und das Blut zwischen ihren Beinen den Übergriff bezeugten, berichtete sie ihrer Sippe davon. Niemand wollte ihr glauben. Längst hatte sie mit einem der Ihren einen Bund geschlossen, aber als er sah, dass sich ihr Bauch Tag um Tag weiter wölbte, verstieß er sie.

Die werdende Mutter entschied sich dazu, den Vater ihrer Kinder zu finden und bei ihm zu leben. Die Ungeborenen in ihrem Leib wiesen ihr den Weg, doch schnell wurde der Wald undurchsichtig. Verloren geisterte sie durch die Fremde, aß von den wenigen Pflanzen, die sie fernab der ihr vertrauten Welt kannte, und magerte ab. Ihre Zuversicht schwand und irgendwann, aller Lebenskraft beraubt, sank sie nieder, um zu sterben. Dabei fiel sie auf eine Jaguarmutter, die im Unterholz versteckt ihre Jungen säugte.

Das Tier empfand Mitleid mit der Entkräfteten und duldete ihre Anwesenheit. Es teilte die Beute mit ihr, brachte sie an die Wasserstellen und beschützte sie in der Dunkelheit. Den heranwachsenden Jaguaren, die ihrer Mutter in Kraft und Instinkt bald ebenbürtig waren, missfiel die Fürsorge für die Eingedrungene. Sie trauten ihr nicht, schließlich war sie ein Mensch, und so stürzten sie sich eines Nachts auf die schlafende Frau und töteten sie. Am nächsten Morgen hatte ihr Kadaver Zwillinge geboren, derer sich die trauernde Jaguarmutter annahm. Sie lehrte sie das Wesen der Natur, säuberte und speiste sie. Die Menschenkinder, die die Jaguarmutter nie unbeaufsichtigt ließ, wuchsen heran, bis sie robust und kundig genug waren, um allein überleben zu können. Kaum hatten sie sich von ihrer Mutter, ihren Brüdern und Schwestern verabschiedet und ihr eigenes Revier bezogen, weihte sie eine der Gottesanbeterinnen, die dafür bekannt sind, sich in Dinge einzumischen, die sie nichts angehen, in ein Geheimnis ein. Nämlich, dass sie die Kinder des Weltschöpfers waren und die anderen, die sie für ihre Geschwister hielten, ihre leibliche Mutter umgebracht hatten. So kam es, dass die Natur dem Menschen zum Feind wurde und er sich ihr als nicht mehr zugehörig verstand.

Das Menschenpaar besann sich seines eigentlichen Wesens. Zornentbrannt fertigten sie Waffen an und kehrten ins Lager zurück, um die beieinander schlafenden Jaguare umzubringen. Einem nach dem anderen rammten sie ihre Speere in den Hals und ins Herz. Selbst ihrer Ziehmutter, die diese Brut zur Welt gebracht hatte. Ein einziges Tier entkam ihrer Rache, der Zweiköpfige, dessen vier Augäpfel ihn rechtzeitig vor der Gefahr gewarnt hatten, sodass er davonlaufen konnte. Die Menschen hatten über den Herrscher des Waldes gesiegt. Sie bemächtigten sich der gesamten Erde, unterwarfen alles, was nicht so war wie sie, und stellten sich über die anderen. Sie stiegen bis zum Himmel hinauf und dirigierten als Sonne und Mond über die Welt. Seit jenem Ereignis will der Zweiköpfige, der das grelle Sonnenlicht zu sehr fürchtet, um es zu attackieren, den Mond verschlingen und die entarteten Menschen, die eigennützig und selbstgefällig sind, von der Erde tilgen.

Für die, die euch regieren, tyrannisieren und für ihre Zwecke missbrauchen, ist der Zweiköpfige die Fleischwerdung von Rebellion und Unordnung. Für diejenigen aber, die hinter die oberflächliche Welt schauen, die eine andere Form und einen anderen Verlauf anzunehmen bereit sind, weil sie das Schlechte, das sie voneinander trennt, überwinden wollen, ist der Uturuncu ein Verbündeter. Mehr noch, er ist ein Teil von ihnen. Das Pachakuti, das im Uturuncu seinen Ausdruck gefunden hat, verbirgt sich in so vielen. Es ist in dir. In mir. In uns allen. Es ist der Übergang der Welten, die von Zeit zu Zeit kommende Katastrophe, die den Wandel eröffnet. Die dunstige Schwelle von der Dunkelheit ins Licht. Das Verkehren der Gegenwart. Das Sichverbinden von Vergangenheit und Zukunft, wodurch wir gemeinsam zu uns selbst zurückkehren werden. Deine Zeit ist gekommen, Amaru. Du darfst vom Trank der Erkenntnis trinken.«

Die Stimme brach ab. Aus dem Dunkel pellte sich etwas heraus und stellte sich Amaru gegenüber, außerhalb des Steinwalls. Yakus Silhouette wurde schemenhaft sichtbar. Der Umriss verformte sich. Yaku oder das, was er abbildete, sank vornüber. Geschmeidig. Natürlich.

War dies noch der Kopf eines Menschen, der ihn da betrachtete? »Yaku? Bist du es wirklich?«, zweifelte Amaru.

»Er und ich. Wir beide. Der Zweiköpfige wollte dir in deinem Traum nur danken. Was er gesehen hat, hat ihn überzeugt. Er will dir beistehen!«

Amaru rückte an die Gestalt heran. Auf dem massigen Hals saßen zwei Schädel mit vier leuchtenden Kugeln in den Augenhöhlen. Zwei Kiefer waren aufgesperrt. Die Schnurrhaare zuckten. Das Fell des Uturuncus lag nicht länger als Mantel auf Yakus Haut auf, es war an seinem muskelbepackten Körper angewachsen. Faser für Faser. An seiner Hüfte zuckte ein Schwanz, der auf jede Bewegung von Amaru reagierte. Die Hände und Füße waren zu Pranken geschwollen, aus denen er seine Krallen streckte.

»Komm näher, Amaru!«, gebot der Zweiköpfige und klopfte seine Pranken auf den Boden, wobei er ein süß riechendes Bündel entzündete. Der Rauch wallte über Amarus Glieder und seinen Kopf, um seine Gedanken zu reinigen, die Angst zu vertreiben und seine Sinne für das Bevorstehende zu öffnen. Das Verlernen. Das Neulernen. Die Überwindung der eigenen Grenzen. »Atme, Amaru. Atme es ein!« Duftende Schwaden umwölkten ihn und milderten den Gestank des Tranks. »Und nun trinke! Trinke, bis zum Grund!«

Amaru stemmte den Helm dem Mond entgegen, der im Zenit stand und sein Licht allein auf Amaru bündelte. Das metallene Flügelpaar der Federmänner glänzte in seinen Händen. Er schüttete den Trank in seinen vor Erstaunen offen stehenden Mund, schluckte alles hinunter, ließ den leeren Helm auf den Boden fallen und bleckte seine dampfende Zunge. Auf ihr bildeten sich Blasen, und Amaru leckte über den Nachthimmel, um den Schmerz zu lindern. Ein fader Geschmack mit einer Nuance von Ethanol entfaltete sich und kühlte seine Zunge.

»Befreie dich und trete aus dir heraus!«, erbebte es.

Der Zweiköpfige stolzierte um den Steinkreis, während sich die Liane der Geister in Amarus Körper ausbreitete. Ihre Triebe wickelten sich um seine Organe und wrangen sie aus. Seine Lunge pfiff. Seine Nieren stachen. Sein Magen rumorte und stieß sauer auf, heftiger als nach dem Konsum des San Pedro. Amaru fühlte sich plötzlich elend und ohne es kontrollieren zu können, entleerten sich seine Blase, sein Darm, und er übergab sich in einem Schwall. Mit ihm spie er all seine Hemmungen, seine Illusionen und Lügen aus. »Yaku! Alles schlittert! Halt mich fest!«, spuckte er und verschmierte die Überreste des Erbrochenen.

Zwinkern. Tränen. Zwinkern. Amarus Pupillen ballten sich zu zwei schwarzen Löchern, die den Mondschein einsogen. All sein Licht trudelte um den Ereignishorizont. Kein Entkommen. Ein Sausen wütete in Amarus Innenohr. Sein Gleichgewichtssinn wankte. Seine Gelenke, Muskeln und Sehnen verselbstständigten sich. Amaru versuchte, sich zu begreifen, um zu verorten, wo sich welcher Teil seines Körpers befand. Zwecklos. Er wusste nicht mehr, wo ihm der Kopf stand, und purzelte zu Boden. Sich auf der feuchtwarmen Erde windend, seine Glieder verrenkend, löste sich Amaru von sich. Das Leben zog sich aus seinen Fingern und Zehenspitzen zurück, aus seinen Armen und Beinen. Sein Herzschlag lag lahm. Sein letzter Zufluchtsort war sein Gehirn, doch dessen ihn bisher bei Bewusstsein haltendes Hallen, diese konstante Schwingung, verstummte und Amaru übertrat in jenem Moment der Stille die Schwelle zur Welt hinter den Dingen. Während er sich durchdrang, fühlte er, dass er nicht an der Hornschicht seiner Haut endete. Stattdessen führte er sich im freien Raum fort und verschmolz mit allem ihn Umgebenden. Was zurücklag und was vor ihm stand, stauchte sich zu einer einzigen Gegenwart. Die Welt aggregierte zu einem Ganzen und Amaru war alles, alles in einem. Laub. Wasser. Sand. Wind. Jedes Tier. Jedes Geräusch. Befürchtung und Wahrheit. Sein Geist kapitulierte vor der Fülle an Eindrücken.

Einige Augenblicke lang erfasste Amaru nicht, ob er sich von sich befreit und einen höheren Seinszustand erreicht hatte, im Einklang mit allem anderen, oder ob er sich gänzlich aufgelöst hatte, ob er nichts mehr war und wenn, dann nur für sich. Ganz allein. »Yaku? Bist du noch bei mir? Ist da irgendjemand?«, prüfte er die Umgebung und seinen Zustand. Seine Körperbeherrschung kehrte indessen wieder. Seine Gliedmaßen und seine Innereien entspannten. Sein klappernder Kiefer beruhigte sich. Was war mit ihm geschehen? Was stand ihm bevor? Amaru robbte inmitten des Steinkreises und stülpte sich den Helm des Federmanns über, passgenau, als hätte sein Kopf als Gussform gedient, um sich für das Kommende zu wappnen.

Vom anderen Flussufer her bewegten sich Schallwellen auf Amaru zu. Sie leuchteten abwechselnd in den Farben der Wiphala, dem Banner des Hochlands. Grün. Blau. Purpur. Rot. Orange. Gelb und Weiß.

Amaru, ich bin es.
Wie lange hast du nach mir gesucht?
Komm her.
Worum sorgst du dich?
Lass es zu.
Entfessele dich.
Ja, so ist es gut.
Nur noch ein kleines Stück.
Gleich bist du bei mir.
Bei dir.
Bei uns.

»Tika! Habe ich dich wirklich aufgespürt?«, stammelte Amaru erregt. Er rekelte sich den auch aus seinem Mund strömenden Lichtimpulsen nach und schob seine Worte mit seinen Fingerspitzen zu ihr.

Ach, Amaru, du hast mir gefehlt.
So viele Jahre liegen zwischen uns.
Warum bist du damals fortgegangen?
Ich dachte, wir wollten ohne den anderen nicht sein?
Gemeinsam hätten wir etwas Großes vollbringen können.
Warum hast du dem Federmann unser Geheimnis verraten?
All die Toten, nur deinetwegen.
Und wofür das alles?

Reichtum. Macht. Einsamkeit.
Vieles wäre dir erspart geblieben.
Bis nach Willkapampa musstest du kommen.
Und bald darüber hinaus.
Nur um dich und mich zu finden.
Es wäre so einfach gewesen. So einfach.
Aber du hast alles verdrängt und in dir begraben.
Brich jetzt deinen Sarg auf.
Reiße die rostigen Nägel heraus.
Kopf für Kopf.
Brett für Brett.
Beurteile dich.
Deinen verwesenden Leichnam.
Alles, was du warst, was du bist und was du sein kannst.
Es ist an der Zeit, dass du dich an deine Schuld erinnerst.
Tilge sie und leite uns in die Zukunft.
Du bist nicht allein.
Ich bleibe bei dir, Amaru.
Bis ans Ende.
Verlasse dich auf mich.

Tikas Schallwellen wurden greller. Die sie tragende Nacht wich einer ausufernden Helligkeit. Unaufhaltsam. Lunares Licht. Solares Licht. Farben im Übermaß. Die Welt irisierte.

Amarus verborgene Erinnerungen und seine vergessenen Wünsche durchschienen seine Hirnrinde. Wohin er sich auch wandte, überall entbreiteten sich Episoden aus der Vergangenheit, die sich ineinanderschoben und überlagerten. Ein Kaleidoskop seines Lebens, in das er nach Belieben eintauchen und es verdrehen konnte.

Direkt vor ihm qualmte es aus Pilpintus Hütte. Amaru sah sich mit ihr die Alpakas hüten und ihren Mythen von den großen Amarus lauschen, die ihm Pilpintu fürsorglich wie eine Mutter erzählte und dabei zum Mond zeigte. Sein Refugium vor der polternden Welt. »Meine geliebte Pilpintu!«, schluchzte Amaru, als ihm offenbar wurde, wer sie ihm einst gewesen war.

Nebenan rannen seine vergeudeten Jugendjahre in La Paz dahin. Die durchzechten Nächte in den Bars und Bordellen. Berauscht und im Widerstand zum Federmann. Bloß nicht so sein wie er. Nie. Nie. Niemals. Gurren und Taubengeflatter auf der Plaza Murillo. Amarus Hand in Tikas Hand. Den Blick auf den Präsidentenpalast gerichtet. Im Schoß die Schriften Arguedas.

Amaru beschaute La Paz und gleichzeitig Cochabamba. Die Kriege ums Gas und ums Wasser tobten. Kugelhagel. Durchsiebte Körper. Unbändiger Ungehorsam, während er Zuflucht und Trost bei den alten Propheten gesucht hatte. Gleichgültig. Feige. Auf sich gerichtet. Amaru drehte seinen Kopf nach links. Endlose Zahlenreihen ratterten. Diagramme und Graphen formten sich aus. Nur eine Richtung kennend. Steigen. Immer steiler.

Ganz gleich, ob Amaru seine Augen geschlossen oder offen hielt, das Zurückliegende bahnte sich seinen Weg zu ihm und er konnte sich dem Geschehen nicht entziehen. Hinter ihm ertönte eine Trompete. Geduldig und bescheiden. In den Baumwipfeln zupfte eine Harfe, begleitet von einem Charango. »Das Orchester des Federmanns!«, vergegenwärtigte er sich ihr Spielen. Hunderte Abende fielen ihm zu. Tika an seiner Seite. Aus dem Sand stieg das Pfeifen zweier Kerbflöten auf. Höher und höher. »Thayari. Chukilla. Mallki. Die Zwillinge Nayaraq und Kuymi«, überkam es ihn. Sie hoben Amaru in eine seiner Erinnerungen hinein.

Der Palast in Potosí, einen ganzen Häuserblock fassend. Wie immer trägt der Federmann im Schlaf seinen Schlüssel um den Hals. Aber wer ihn lange genug beobachtet hat, weiß den Augenblick abzupassen, um die goldene Kette über seinen Kopf zu heben, ohne seinen Vollbart zu berühren und ihn zu wecken. Ich schließe die Flügeltür damit auf und schleiche durch sein Arbeitszimmer, obwohl er mir streng verboten hat, es allein zu betreten. Einundzwanzig Schritte. Die Morgensonne wirft den Schatten der angelehnten Fensterläden auf den Holzboden. Ich kenne die abgetretenen Dielen und ihr Ächzen. Ich steige darüber hinweg. Draußen pfeift der Andenwind. Nur ein flüchtiger Blick. Die Mineros stampfen zum Berg hinauf. Die Wangen prall mit Coca gefüllt. Die Taschen voller Fusel. Ihre Werkzeuge klimpern über ihren Schultern. Schnell weiter. Ich umgehe den Schreibtisch des Federmanns, der sich wie ein Altar am Ende des Raumes erhebt. Die Opfergaben liegen auf der Tischplatte. Berge von Notizen. Gold. Silber. Zinn. Zink. Erdöl. Gas. Lithium. Lithium. Lithium. Jeder steigende Kurs birgt Tausende Unglücke. Jeder Gewinn basiert auf dem Verlust eines anderen. Es schert ihn nicht. Es schert niemanden. Dynamit und Feuer, die Befreiung. Der Federmann, von den Flammen eingeschlossen, verkohlt. Ein verlockender Wunschtraum. Mir fehlt der Mut.

Ich wende mich ab und schreite auf die Bücherwand zu, die hinter dem Schreibtisch aufragt. Ich streiche mit dem Zeigefinger eine der Reihen entlang. Meine Fingerkuppe stolpert über einen Buchrücken. Es ist der Reisebericht über die Neue Welt von De Bry. Ich schlage eine Seite auf. Wahllos. In meinen Händen liegt der Abzug eines Kupferstichs. Er zeigt, wie die Indios Gold und Silber aus dem rostroten Berg graben. Cerro Rico. Mit ihren Spitzhacken aus Feuerstein höhlen sie ihn aus. Schicht um Schicht. Gnadenlos dringen sie in ihn ein. Im Auftrag ihres Herrn schänden sie ihn. Bestehlen ihn. Die Stollen sind ewig finster, denn das Sonnenlicht traut sich nicht hinein. Nur flackernde Kerzen. Gekrümmte Körper. Staub und Hitze. Mineralien und Tod. Seit jeher und für immer.

Jemand ruft nach mir. Ich ducke mich. Er ist es. Der Federmann. Er. Mein Vater. Seine drohende Stimme kommt näher. Die Neue Welt fällt mir aus den Händen. Ich sehe mich um. Der Raum hinter mir ist leer, aber drei Namen dröhnen. Ferdinand. Amaru. Tika.

Amaru flüchtete vor dieser Erinnerung, indem er die Bücher aus dem Regal schaufelte, die Rückwand eintrat und durchstieg, direkt in die nächste Erinnerung hinein.

Er sitzt in seinem Jaguarmantel an seinem Schreibtisch. Europa. Berlin. In seiner mondänen Stadtwohnung beobachtet er die Kurse am Weltmarkt. »Das Lithium durchbricht die magische Schwelle. Dreißigtausend Euro pro

Tonne!«, jubelt er boshaft und verspottet die Naivität der Bolivianer, die ihm alles überlassen haben, für ein Versprechen.

Sein Vater klopft stolz auf seine Schultern. »Mein Sohn, das hast du gut gemacht. Du wirst unserem Namen allmählich gerecht. Du hast eingesehen, dass das Gerede von Freiheit und Gleichheit nicht mehr ist als die Verschleierung einer Lüge. Wir halten Wort: Unsereins steht über den Allerweltsmenschen. So wird es bleiben!«

Die Minen. Die Gießereien. Die Sklaven. Die Gasröhren. Der Wasserstoff. Die weiße Wüste und die Fabriken. Alles gehört ihnen. Überall prangt ihr Wappen. Die Federmänner beherrschen die Welt. Vater und Sohn.

Amaru blinzelt. Erst mit einem Auge. Dann mit beiden. Immer hektischer. Kontrollverlust. Umringt von seinen Freunden und Partnern tanzt er auf den Balkon hinaus. Weit unter ihnen funkeln die Lichter der Großstadt, in der er seit Jahrzehnten lebt und die ihm Heimat ist. Er und die anderen trinken und amüsieren sich. Sie verhöhnen die einfachen Menschen, die alles erdulden und sich mit dem Zustand der Welt arrangieren müssen. Hier und allerorten. Apathie. Lethargie. Disharmonie. Amaru und die Seinen hingegen sind losgelöst und immerzu in Bewegung. Sie ignorieren ihre Schuld. Sie wissen darum, doch es ist ihnen egal. Draußen gerät die Welt aus den Fugen. Sie aber suhlen sich in ihrem Wohlstand. Im Unterwerfen. Unermüdlich. Immer mehr davon. Über das Notwendige hinaus. Obwohl sein unterdrücktes Gewissen an ihm nagt und ihn zum Einhalten nötigen will, stimmt Amaru in ihr Grölen mit ein. Er schmachtet nach Zugehörigkeit, nach Anerkennung, und hat darüber vergessen, wozu ein Mensch fähig sein kann. Alles ist gut, wie es ist. Zumindest für sie. Wozu etwas ändern? Für wen? »Für alle anderen!«, bricht der Überrest Anstand aus ihm heraus. Die Übrigen halten es für einen Scherz. Ihr hämisches Lachen erzürnt ihn. Er schlägt um sich und geifert seine Abscheu heraus. »Dieses Leben ist es nicht. Nein! Dies Leben darf es nicht sein!«

Von sich und seinen Verbündeten angewidert, kehrte Amaru auch dieser Erinnerung den Rücken. Er stieg auf die Brüstung und warf sich vom Balkon. Frei. Fallen. Aufprallen. Ohne Schmerz.

Im Elternhaus stehe ich auf. Ich. Amaru. Ich. Ein Kind Europas. Zu jung, um zu verstehen. Ich laufe den Flur entlang und suche nach meiner Mutter. Wo bist du, Sisa? Dein Streit mit dem Federmann hat sich gelegt. Kein Schreien mehr, wie sonst. Du hast ihm gesagt, woher du kommst und was du tun musst. Ich habe alles mitgehört. Deine Offenbarung. Jetzt ist es still. Rotes Licht scheint aus dem Badezimmer. Ich schiebe die Tür auf und luge hinein. Da liegst du. Leblos. Auf den blutverschmierten Fliesen. Aus deinen offenen Adern quillt es hervor, wie dickflüssiges Silber. Ich versuche, die Wunden zu schließen. Das aufgetrennte Fleisch und die zerrissenen Gefäße an deinen Unterarmen klaffen wieder auseinander. Wie fremd du mir in all den Jahren geworden bist. Dein Aussehen. Dein Geruch. Deine Stimme. So lange verbannt. Du hast mich zurückgelassen, ohne ein einziges Wort. Keine Silbe. Nichts. Nun aber dringt dein Schweigen aus mir heraus. Mein Sterben ist deine Neugeburt, Amaru. Ich verstehe, was du mir mit deinem Tod sagen willst. Handle. Es ist deine Pflicht. Du hast deine erfüllt, Sisa, bis zum Äußersten. Ich empfinde keinen Schmerz und keine Trauer mehr. Ich lege mich zu dir, du Unsterbliche. Ich will mit dir gehen. Was hält mich noch? Der Vater kommt herein. Er nimmt mich in den Arm. Es ist ihre eigene Schuld. Ihr Entschluss. Ich glaube dem Federmann.

Mein Gehirn läuft heiß. Elektrische Signale schießen durch meine Nervenfasern. Erloschenes verzweigt sich in meinem neuronalen Netz. Gedankenblitze. Verknüpfungen. Vertrautheit. Zurück in Potosí. Eine Berührung. Warm und zutraulich. Tika. Du bist es. Wir sitzen mit dem Federmann und seinen Gästen an der langen Tafel. Industrielle. Minister. Investoren. Verräter. Unter dem Tisch halten wir einander fest. Der Federmann spricht über den Salar, als gehörte er bereits ihm. Aber Wayra fällt ihm ins Wort. Er stellt den Federmann bloß. Seine Einfältigkeit und seine Hybris. Niemals wird Wayra zulassen, dass ein Einzelner vom Salar Besitz ergreift. Der Federmann wütet. Hinaus mit euch. Hinaus! Du und ich ziehen uns nach oben zurück und horchen zitternd, was vor sich geht. Auf der Straße ein Stimmengewirr. Uneinig und durcheinander. Wayra setzt sich durch.

Uns bleibt nichts anderes übrig.
Er hat es selbst zu verantworten.
Wir müssen den Federmann töten.
Er glaubt, sich aneignen zu können, was uns allen gehört.

Das Gold.
Das Silber.
Und jetzt das Lithium.
Genug davon.
Wenn ihr es nicht könnt, dann werde ich es tun.
Ich allein.

Mir schaudert, nicht weil Wayra so hasserfüllt spricht, sondern weil auch ich seinen Entschluss für notwendig halte. Der Federmann muss sterben. Was sonst. Nein, Tika, bleib bei mir! Geh nicht fort. Nicht jetzt. Komm zurück. Wo bist du hin? Tika? Lass mich nicht allein. Mein Sehfeld flackert. Die Erinnerung verblasst. Weiß. Schwarz. Dämmerlicht.

Ich bin bei dir.
Nimm meine Hand.
So ist es gut.
Ach, Amaru.
Du hast im falschen Moment geschwiegen.
Du hättest eingreifen können.
Alles wäre anders gekommen.
Du und ich.
Ein gutes Leben, gemeinsam.
Eine Zukunft, diesseits des Mondes.
Hole endlich nach, was du versäumt hast.

Amaru schirmte seine Augen ab, bis sie sich auf die neue Umgebung eingerichtet hatten. Der Mond krallte sich an der Sonne fest und bedeckte sie. Ein Strahlenkranz umgab die beiden und schien herab. Amaru sah sich als Kind in der Salzwüste stehen. Vor ihm prügelte eine Menschentraube auf etwas ein. Er schob sich durch, um zu verstehen, was in ihrer Mitte vor sich ging.

Hör auf damit. Überlass mir das Wort. Ich erzähle. Ich allein. Amaru. Es ist meine Schuld. Am Boden hockt Wayra, in sich zusammengesackt. Sein Kopf knickt vornüber. Mein kindliches Ich steht neben mir. Die Hände schlottern, sodass die Klinge, die es für den Federmann bereithält, über seine Handflächen gleitet und sie geradlinig aufschneidet. Das Blut perlt auf die Salzkruste. Wayra ist von den Tritten des Federmanns und seiner Schergen betäubt. Seine Schneidezähne fehlen. Sein Gesicht ist zugeschwollen und von Salz bedeckt, das sich in jede Falte legt und sie vertieft. Aus seinem Mund hängt seine erschlaffte Zunge.

Das Messer, in dessen Holzgriff unser Wappen eingeschnitzt ist, wiegt schwer in meinen Kinderhänden. Ich will Wayra und dem noch unschuldigen Kind zu Hilfe kommen, aber ehe ich eingreifen kann, umfasst der Federmann die Hände seines Sohnes. Mit einem Ruck trennen sie Wayras Zunge ab. Der Federmann hat ihm demonstriert, wie er mit Sklaven verfährt, die sich gegen ihren Herrn auflehnen und ihm das Geschäft ruinieren wollen. Das Messer und die Zunge fallen auf die Erde. Liebevoll streicht der Federmann über den Kopf des Kindes und dankt ihm dafür, dass es ihm verraten hat, was es heimlich belauscht hatte. Die von Wayra und seiner Sippe geschmiedete Verschwörung und ihr Vorhaben, ihn, den Federmann, zu ermorden. Dabei will er nur in Besitz nehmen, was ihm zusteht und die Bolivianer nicht zu nutzen wissen. Das Lithium des Salars.

Der Federmann wendet sich ab. Das Sterben widert ihn an. Auch seinem Sohn möchte er diesen grässlichen Anblick ersparen. Nichts ist geschehen. Schweigen für immer. Aber das Kind befreit sich aus der Umklammerung des Federmanns und stiert Wayra entgeistert an. Aus seiner Mundhöhle sprudelt es dunkelrot. Für Sekunden erlangt er das Bewusstsein. Der Schmerz hat ihn wiederbelebt. Röchelnd kriecht er über die Erde und stopft sich seine Zunge in den Mund. Dann fasst er nach den Fingern des Kindes und führt sie an seinen Hals. Gnade. Zudrücken. Erlösung. Die Finger erstarren, sie sind unfähig, Wayras Wunsch nachzukommen. Er kippt zur Seite, schlägt auf dem Boden auf und blutet langsam aus.

Ich nehme mein kindliches Ich in den Arm und tröste es. Ich will es bei mir behalten, aber der Federmann zerrt den Jungen an seinen Schultern und schiebt ihn in den wartenden Wagen. Nein. Er darf nicht mit ihm gehen. Sonst wird er zu ihm. Ein Federmann. Einer von vielen. Ein vergeudetes Leben. Ein anderer Verlauf ist möglich. Jetzt!

Ein Schatten überfliegt mich. Zwei Mäuler schnappen nach dem Trabanten. Der Uturuncu steht mir bei. Ich ergreife die in der Lache liegende Klinge. Zum Handeln fest entschlossen. Das Gesicht des Federmanns wird fahl vor Angst. Sein eigener Sohn erhebt sich und rast auf ihn zu, entgegen allen Gesetzmäßigkeiten, bereit, ihn zu töten. In Panik lässt er den Jungen los und versucht, sich in den Wagen zu retten. Keine Chance. Für jede gestohlene Tonne

Lithium ein Stich in den Rücken. Für jeden Toten einer in den Hals. Tausende Male. Mit seinem Blut fließt meine Schuld davon und versickert in der Salzwüste. Ich bestaune meine Tat. Ruhig und zufrieden. Keine Gewissensbisse. Keine Scham. Nur Erleichterung. Ich habe es vollbracht.

Am Himmel knackt der Uturuncu die Kruste des Mondes auf und schlingt ihn Stück für Stück hinunter. Ich helfe ihm. Meine Zähne zerbeißen den kalten Stein und den harten Kern aus Nickel und Eisen. Es wird immer heller. Die Erde strauchelt. Ich auch. Wir verlassen die Umlaufbahn. Hinaus in den weiten Raum, der Sonne entgegen. Tika, bist du noch da? Zeige dich mir, wenn es so ist. Ich brauche dich.

Ich bin hier.
Gleich hast du es geschafft.
Danach wird alles leicht sein.
Leichter als jemals zuvor.
Du hast die Vergangenheit gesehen und kennst die Gegenwart.
Lass uns jetzt die Zukunft begehen.
Es ist Zeit für deine Krönung.
Komm mit mir nach Paititi.

Tika steht hinter Amaru, der über seine Schulter schaut. Sie schabt mit ihren Füßen über die blutgetränkte Salzkruste, hebt die gelösten Kristalle auf und bläst sie in seine Augen. Seine Netzhäute lösen sich ab. Er schreit ihren Namen und Tika den seinen.

Amarus Finger pressen auf seine Augenhöhlen, bis seine Tränen für Linderung sorgen. Er öffnet seine Lider. Sein verschwommener Blick schwankt durch den morgenrötlichen Wald und den aufsteigenden Dunst. Er findet festen Halt. Tika. Sie ist unversehrt, noch entschlossener und vielversprechender als in all seinen Träumen. Amaru fasst nach ihr und tritt über den Steinkreis hinaus. Er ist ein Federmann mit allen Übeln, aber er will künftig ein anderer sein. Wiedergutmachen, was er verbrochen hat. Nie wieder untätig bleiben, wo es zu handeln gelten werde. Tika und Amaru. Sich ergänzende Wesenszüge des gleichen Menschen. Jedes Sprechen ist überflüssig. Beide wissen um das ihnen Bevorstehende. Sie schreiten über den Sand ins kniehohe Wasser und besteigen ein im Fluss treibendes Floß. In seiner Mitte ragt, gleich einem Segel, das zwölfeckige Andenkreuz auf. Diese alle Welten und alle Zeiten umspannende Brücke soll der Ort seiner Krönung sein.

Amaru setzt sich auf einen von Schleiern umwehten Holzthron, der sich am vorderen Ende des Floßes befindet, lehnt den Kopf zurück, stützt seine Ellen auf die Armlehnen und beschaut das vor ihm Liegende. Der Wald stößt seinen feuchten Atem aus, aphrodisierend und absolut. Er verbirgt die Welt um sie herum, den verwitweten Tag. Nur Tika und Sapa Amaru der Dritte verbleiben. Der Nachkomme der Sonne. Der Sohn von Mutter Mond und ihr Zerstörer zugleich. Amaru, der von der Welt Ersehnte. Ein gewöhnlicher Mensch, der zu allem fähig sein kann.

Von sich und seinen Möglichkeiten überzeugt, lässt er sich von Tika seine Krone aus geflochtener Wolle um den

Kopf wickeln und mit Federn bestücken. In die eine Hand drückt ihm Tika sein wie eine Axt geformtes Zepter und in die andere legt sie ihre, die ihm bekannter ist als seine eigene. Keine Empfindung in dieser oder irgendeiner Welt, seit Anbeginn der Zeit, ist je stärker gewesen als ihr Verlangen nach dem anderen. Ihre Herzen pochen Hunderte Male in der Minute. Tika fährt zärtlich über die geradlinige Furche auf der Innenseite seiner Handfläche, die Narbe wird ihnen den Weg weisen, und löst die Leine, die das Floß mit dem Ufer verbindet. Sie treiben mit der Strömung davon, wohl wissend, dass sie sich nie wieder verlieren werden, weil sie einander bedürfen.

Tika und Amaru betrachten sich. Ihre antagonistischen Körper, die nach dem Miteinander begehren, dem Wir. Die Lust überwältigt sie. Amarus Glied erigiert. Tika zieht ihr Gewand hoch, sackt auf seinen Schoß und wippt mit ihrem Becken. Sie vereinen sich und entschwinden in den Nebelschwaden, wo die Lichter der Großstadt aufleuchten und die Menschen auf ihr Eingreifen warten.

KAPITEL 11

Europa. 2029.
Ein Ort, eine Idee, ohne Zukunft.

*

Es war ein scheußlicher Anblick, der sich mir, der ihn entdeckte, in Amarus Wohnung dargeboten hatte. Niemals werde ich ihn aus meiner Erinnerung tilgen können. Die weit aufgerissenen Augen, die vergeblich nach einem ihm Erlösung verschaffenden Menschen Ausschau zu halten schienen. Sein geöffneter Mund, aus dem seine angeschwollene Zunge und Erbrochenes quoll, der Fähigkeit zu sprechen beraubt. Die sich um seinen Hals krallenden Hände, ein verzweifeltes Aufbäumen gegen den Schmerz und die Atemnot. Dazu der Gestank seines dehydrierten, blau angelaufenen Leichnams, bedeckt mit Maden, Fleischfliegen und Aaskäfern. Sein selbstbestimmter Tod war kein einfaches von sich Gleiten, diese von ihm so innig ersehnte Befreiung. Nein. Sein Tod muss ein über Tage und Nächte andauernder Kampf gegen sich selbst gewesen sein. Jedes Mal, wenn er zu sich gekommen war und ihm klar wurde, dass er noch immer lebte, muss er sich ganz bewusst entschieden haben, weiterzumachen und sterben zu wollen. Anders lässt sich das Ausmaß seiner Überdosierung nicht erklären.

Wie die Forensiker nach der Obduktion feststellten, hatte er seinen Konsum kontinuierlich gesteigert. Lithiumpräparate. Antidepressiva. Alkohol. Kokain. Meskalin. Und schlussendlich hoch konzentriertes DMT. Da sich die ermittelnden, bald misstrauisch werdenden Kriminalpolizisten nicht erklären konnten, wie er dies mit einem zunehmend schwächer werdenden Körper hätte handhaben sollen, und die Reporter nach der Sensation suchten, schließlich war Amaru oder Ferdinand Federmann, wie sein bürgerlicher Name lautete, einer der wohlhabendsten und einflussreichsten Menschen unseres Landes, wenn nicht gar unseres Kontinents, beschuldigten sie kurzzeitig mich, seinen Psychiater, sein Sterben überwacht zu haben. Dabei übersahen sie, dass er sein Leben nur noch im Zustand des Traumes und des Rausches ertragen hatte. Er war längst zu einem Süchtigen verkümmert, zu einem von sich selbst und den anderen im Stich gelassenen Menschen, der jede Bindung zur Welt außerhalb seines Ichs gekappt hatte. Ich weiß, wovon ich spreche, denn ich habe ihm über zwei Jahrzehnte beigestanden und ihn zu retten versucht.

Nachdem er und sein Vater etwa um die Jahrtausendwende herum aus Bolivien zurückgekehrt waren, weil der junge Federmann, damals nicht älter als zwanzig oder einundzwanzig Jahre, an wiederkehrenden Albträumen litt, konsultierten sie unsere Klinik. Wir untersuchten Amarus Schlafverhalten und stellten fest, dass ihn hypnagogische Zustände plagten. In den Wachphasen zwischen seinen Träumen überfielen ihn visuelle, auditive und taktile Halluzinationen. Er war in diesen Momenten paralysiert, zum

Eingreifen oder Aufwachen vollkommen unfähig. Zwar verbesserte sich sein Zustand nach ein paar Monaten der medikamentösen und psychiatrischen Begleitung, aber sein ganzes Leben sollte ein ständiges Auf und Ab zwischen Fortschritt und Rückfall sein, wobei die schmerzlichere Seite mehr und mehr überwog.

Mit jedem Jahr wichen sein Denken und sein Fühlen weiter voneinander ab. Ihn quälte eine innere Zerrissenheit, hervorgerufen durch sich widersprechende Absichten und Wünsche. Eine Art Ungleichgewicht. Typisch für einen schizoiden Charakter. Seine zunehmende Selbstentfremdung bis hin zum völligen Verlust seines Persönlichkeitsbewusstseins und zugleich das abnorme und verzerrte Wahrnehmen seiner Umwelt wiesen auch deutlich auf eine Ich-Störung hin. Nur welche? Depersonalisation? Derealisation? Obwohl ich es insgeheim geahnt hatte, gelang es mir und meinem Assistenten Bartolomé erst knapp ein Jahr vor Amarus Suizid, sein Leiden jenseits seiner Drogensucht zweifelsfrei zu diagnostizieren: Dissoziative Fugue. Mit dieser Krankheit, die so selten auftritt, dass meine Kollegen und ich sie nicht ernsthaft in Erwägung gezogen hatten, geht das Auseinanderdriften von Bewusstseinsinhalten einher. Betroffene werden von Tagträumen und Realitätsverwischungen heimgesucht. Sie imaginieren sich neue Zustände, um unerträglichen Situationen zu entfliehen, und konstruieren eine alternative, gänzlich eigene Wahrheit. Sie begeben sich auf eine Poriomanie, eine Reise, die von einem Kontrollverlust über ihre Impulse bedingt wird.

Von sich und der Welt verwirrt, sich über die eigene Identität im Unklaren, erschuf Amaru neue Ichs. Solche, die nicht zurückhaltend und nicht menschenscheu waren und mit denen er die empfundene Kälte und die Unveränderbarkeit seiner Welt hinter sich lassen konnte. Er illusionierte sich von einem lethargisch gewordenen Menschen zu einem entsprechend seiner Privilegien zum Handeln entschlossenen Menschen. Das Glück, das Amaru dann empfand, wog allerdings zu wenig, um das ihn zermalmende Unglück dauerhaft auszugleichen, das ihn in jenen Momenten überwältigte, in denen er nur mit sich sein konnte und er verspürte, dass er nichts weiter war als ein Verlorener, der sich an einen Wunschtraum klammerte, um der Wirklichkeit zeitweise entrinnen zu können. Sein ganzes Leben balancierte er an der Schwelle von Lebensmut zu Lebensmüdigkeit.

Rückblickend muss gesagt werden, dass genügend Anzeichen für seine Erkrankung vorgelegen hatten, nur leider haben wir sie zu spät zu deuten verstanden. Im Verlauf der letzten Jahre war Amaru mehrmals unerwartet aus unserer Klinik verschwunden, wo er zuvor monatelang einen geordneten und zu sich kommenden, ja genesenden Zustand uns gegenüber simuliert hatte. Nach seiner Rückkehr, manchmal nach wenigen Tagen, manchmal erst nach mehreren Wochen, war er nicht in der Lage, sich das in dieser Zeit Geschehene zu vergegenwärtigen. Ihm waren nur Fragmente übrig geblieben, unvollständige Szenen, die sich zuweilen widersprachen und denen es an jedweder Logik und Ordnung fehlte. Eine chaotische Ansammlung kaleidoskopischer Überlagerungen. Die von ihm kreierten Realitäten, diese Geschichten von seiner Geliebten Tika, von ihrem gemeinsamen Leben in Bolivien und der Gräueltat, deren er als Kind Zeuge gewesen sein soll, klangen so absonderlich und abwegig wie sein Hirngespinst eines Umsturzes von allem Seienden, hier bei uns, mitten in Europa. Das Pachakuti, wie er es nannte. Eine kindliche Utopie.

Der Ausgangspunkt seines Leidens und seiner damit verbundenen Wahnvorstellungen lag viele Jahre zurück. Amaru hatte bis zu jenem Tag, an dem sich seine Mutter die Adern geöffnet hatte, keinerlei psychopathologische Auffälligkeiten gezeigt. Zumindest war in seiner Krankenakte nichts davon vermerkt und auch seinem Vater war nichts dergleichen aufgefallen. Sein später aufkommendes Verlangen, von sich fortzugehen, begründete sich wahrscheinlich auf diesem traumatisierenden Urerlebnis. Seine suizidalen Impulse, seine depressiven Phasen, sein Wunsch, sich nicht mehr spüren zu müssen oder genauer gesagt, sich als jemand anderer spüren zu wollen, basierte auf völlig irrationalen Schuldgefühlen. Vermutlich glaubte er, seine Mutter wäre seinetwegen aus der Welt geschieden. Er wollte nicht akzeptieren, dass es ihre emanzipierte Entscheidung war, von sich zu gehen und ihn zurückzulassen. In seiner materialistischen Weltvorstellung konnte er den Freitod lange nicht in seiner eigentlichen Substanz begreifen, nämlich seiner Opposition zu unserem Leitbild von Produktion und Leistung. Der Suizid gilt als höchster Ausdruck der Selbstbestimmung über das eigene Leben und als Maximalwiderstand gegen die monochrome Welt. Spätestens als sich Amaru dazu entschlossen hatte, seinem Leben selbst ein Ende zu bereiten, muss er dies erkannt haben. Andernfalls hätte er diese Tat nicht vollbringen können.

Amarus Mutter, eine selbstbewusste und doch zur Resignation neigende Frau, kenne ich vor allem aus den Erzählungen seines Vaters, denn Amaru war bei ihrem Tod viel zu jung, als dass er sich an sie wesentlich hätte erinnern können. Es war mir in unseren Therapiesitzungen nicht möglich, gemeinsam mit ihm zu ihr durchzudringen. Für ihn war sie nur ein verschwommener Umriss. Inhaltslos. Unscharf. Und dennoch erdrückend und ihn ewig an sich bindend. Sein Wunsch, es ihr gleichzutun, um seine vermeintliche Schuld zu tilgen, wuchs mit der Zeit über ihn hinaus.

Ungefähr zwei oder drei Jahre vor seinem Selbstmord kam er an einem heißen Julitag in die Klinik und setzte sich mir gut gelaunt gegenüber. Er ergötzte sich an der steigenden Nachfrage des Weltmarktes nach Lithium und scherzte über sein Reich Litiotopia, sein Federmann-Chromosom und seine Affären. Als ich mich nach einer Stunde bei ihm erkundigte, weshalb er sich fortlaufend über seinen Bauch streichle, sagte er mir, dass er eine horrende Menge Metoclopramid eingenommen habe, ein Antiemetikum, das die Muskeltätigkeit im oberen Magen-Darm-Trakt anregt, Übelkeit lindert und somit die überdosierte Aufnahme anderer Medikamente ermöglicht. Wie er mir absolut ruhig, ohne jeglichen Ausdruck von Nervosität oder Angst gestand, habe er anschließend einige Hundert Milligramm Diazepam und etwa einhundert Tabletten handelsübliches Chloroquin geschluckt. Eine narkotische Dosierung.

Amaru bat mich darum, sein Sterben zu begleiten, und fragte mich ganz sachlich, ob ich die Auffassung vertreten würde, dass jeder Mensch, der die Welt nicht länger erträgt, seiner selbst müde geworden ist oder im Zustand der Zufriedenheit einfach genug davon hat, das Recht haben sollte, den wohlüberlegten Wunsch, sterben zu wollen, kontrolliert verwirklichen zu dürfen. Gemäß seinem freien Willen. Ich hätte ihm entgegnen können, dass bereits bewiesen wurde, dass der freie Wille nichts anderes ist als eine Geschichte, die wir uns wieder und wieder erzählen, bis wir nicht anders können, als daran zu glauben. Der freie Wille ist ein Mythos. Nur was hätte es zu diesem Zeitpunkt, wo seine Vergiftung schon so weit fortgeschritten war, noch genutzt? Ich stimmte ihm also widerspruchslos zu, wohl wissend, dass er bald einschlafen würde, rutschte neben ihn und als sein Kopf nach ein paar Minuten auf meine rechte Schulter sackte, Amaru das Bewusstsein verlor und von sich glitt, alarmierte ich den Rettungsdienst. Nach seinem Erwachen auf der Intensivstation verweigerte er sich mir einige Wochen und willigte dann doch ein, dass ich mich seiner wieder annahm.

Ferdinand Federmann. Was für ein bedauernswürdiger, weil so vielverheißender Mensch. Hunderte Male habe ich unsere Gesprächsprotokolle und seine persönlichen Aufzeichnungen inzwischen seziert, die Tonbandaufnahmen angehört, mich in meine Erinnerungen und seine Visionen, die er mir anvertraut hat, vertieft. Obwohl es ihm an nichts Weltlichem mangelte und er aufgrund seines Vermögens und seines Ansehens jedes denkbare Bedürfnis jederzeit hätte stillen können, terrorisierte ihn ein alles überschattendes Unglück. Jahrelang linderte er die in sich anwachsende Leere, diesen ihn immerzu an sich fesselnden Schmerz mit einem Antidepressivum und unter Zuhilfenahme verschiedener lithiumhaltiger Arzneien, die in seinen Schwächeepisoden die Produktion von Serotonin anregten. Die Einzelheiten der pharmakokinetischen Prozesse würden zu sehr ins Detail gehen. Außerdem bin ich Psychiater und kein Pharmakologe oder Schamane. Amarus Verlangen war jedenfalls unersättlich. Hätte ich ihm das Lithium nicht verschrieben, es wäre ihm das Leichteste gewesen, es sich von einem seiner Untergebenen auf dem Schwarzmarkt besorgen zu lassen. Immer wieder postulierte er mit einem zufriedenen Lächeln, dass derlei Medikamente glückverheißender seien als jede Revolte, die sich ein Mensch fantasieren könne.

Natürlich wusste ich von den Unmengen an Drogen, die er nebenher konsumierte und ohne die er diese Welt nicht mehr ertragen konnte. Und ja, ich hätte noch konsequenter einschreiten müssen, als er die Entzüge abbrach. Aber viel wichtiger erschien mir damals die Auseinandersetzung mit seinem eigentlichen Konsumgrund. Seine Sucht, so bin ich mir heute sicher, war die Besänftigung eines Schmerzes. Ein Versuch, der Einsamkeit zu entkommen. Er litt an Platzangst in seinem eigenen Körper und deshalb suchte er nach Auswegen, um sich zu verlassen. Allein im Rausch und im Traum eröffnete sich ihm ein Ort jenseits der Transparenz, ein utopischer Raum, der ihm von allen weltlichen Wahrheiten und unveränderbaren Gegebenheiten losgelöst vorkam. Das Vordringen in diese Sphären war für ihn die einzige Möglichkeit zur Auflösung seines Egos, zum Sterben seines Ichs und dem Einswerden mit allem.

Amaru muss es kurz vor seinem Tod vergönnt gewesen sein, die Welt in ihrer Ganzheit zu erfassen, denn das Todesgebräu, das er über Tage hinweg in seiner Wohnung hinuntergeschlungen hatte, bis zum Kammerflimmern und dem folgenden Herzstillstand, schwächte zeitweilig die Filterfunktionen seines Gehirns, die im Normalzustand dazu dienen, dass uns nur ein winziger, für das biologische Überleben notwendiger Teil der Realität zu Bewusstsein kommt. Dank des Tranks und des darin enthaltenen halluzinogenen Alkaloids N,N-Dimethyltryptamin, besser bekannt als DMT. Dieser Botenstoff, der sich an bestimmte Serotoninrezeptoren bindet und sie aktiviert, wird auch vom menschlichen Körper selbst produziert. Insbesondere schüttet ihn unser Gehirn bei der Geburt und beim Sterben aus. Das DMT nimmt Einfluss auf unsere Traumtätigkeit und verursacht starke Visionen. Es fördert unser Reflexionsvermögen und gibt einen anderen Blick auf die Dinge frei. Diesen Blick hinter die Schwellen des Sichtbaren dürfte Amaru vor seinem Tod erhascht haben, denn auch das Yopopulver und der San Pedro, die neben seinem Leichnam gefunden wurden und die er wie die Liane der Geister auf seinen Geschäftsreisen von den im Dschungel lebenden Heilern erworben hatte, sind nicht minder schwache Halluzinogene.

Dabei hatte es einige Jahre lang durchaus so ausgesehen, als ob Amaru gesunden würde. Nachdem er das Unternehmen der Federmänner dank seiner Kontakte, seiner Täuschungsmanöver und seines Verhandlungsgeschicks zum größten Lithiumimperium der Welt ausgebaut und ihre Stellung gefestigt hatte, glaubte ich wirklich, er hätte das Schlimmste überstanden. Er strotzte in dieser Phase vor Energie, schmiedete Zukunftspläne und schwor den Drogen ab. Im Scherz verglich er sich gar mit einem geläuterten Heilsbringer. Zuversichtlich sinnierte er über das Zurückliegende, das Bestehende und das Kommende, und dass alles irgendwann eins sein würde, in einer Welt jenseits der Dunkelheit. Doch immer dann, wenn er aus Bolivien zurückkehrte und länger in Berlin weilte, begannen der Exzess und das Abschweifen von sich aufs Neue. Obsessiver und schonungsloser als zuvor. Dieser aussichtslose Krieg, den er gegen sich selbst führte, endete in der vollkommenen Entfremdung von sich und allen anderen.

Zeitlebens hatte Amaru sein wahres Wesen zu überwinden versucht. Das Wesen eines gierigen und skrupellosen Menschen, der sich mit seiner Welt einverstanden erklärt hatte und der nicht anders konnte, als zu unterwerfen. Das Auseinanderklaffen von Selbstanspruch und Wirklichkeit zerfraß ihn. Nur ein Lichtblick war ihm geblieben: Tika. Die Mensch gewordene Hoffnung auf ein anderes Dasein. Eine Imagination, für die er sich zuweilen hielt.

Als er mir wenige Wochen vor seinem Freitod gegenübertrat, mich nicht länger als seinen ihn behandelnden Arzt erkannte, sondern in mir einen Kriminalkommissar zu sehen glaubte, der gegen Tika ermittelte, offenbarte sich mir die ganze Dimension seiner Erkrankung. Mein Appell, er möge dringend in unserer Klinik bleiben, drang weder zu Amaru noch zu seinem Vater durch. Schlussendlich musste ich mich den Drohungen und dem Druck des alten Federmanns beugen, der mit einem Geschwader von Anwälten dafür gesorgt hatte, dass der richterliche Beschluss, der es mir ermöglicht hätte, Amaru festzuhalten, verwehrt wurde, und so entließ ich ihn in die Obhut seines Vaters. Er war davon überzeugt, dass sich sein Sohn nur eine Weile in ihre Lithiumfabriken zurückziehen und Kraft tanken müsse.

Sieben oder acht Tage später fand ich Amaru leblos in seiner Wohnung. Alles war verwüstet, der Danza de la paloma enamorada von Yupanqui schallte in Endlosschleife durch die Räume, deren Wände mit den Schriften Arguedas' und seinen andinen Kindheitshelden tapeziert waren. Eine Ansammlung von revolutionären Geistern. Ich sank benommen aufs Parkett, schloss ihm die Augen, knöpfte seinen Mantel zu, um dem ausgezehrten Körper etwas Würde zu verleihen, und nahm den an Tika gerichteten Abschiedsbrief an mich.

Dann schaute ich zu der über seinem Leichnam hängenden Malerei auf, die er Jahre zuvor von einer seiner Reisen durch Bolivien oder Peru mitgebracht hatte. Ich hatte dieses Gemälde nie gemocht, dieses Geflecht aus Symbolen in übersättigtem Kolorit. Amaru hingegen hatte mir zigmal versichert, dass dies sein wertvollster Besitz sei. Er hielt diese Leinwand für mehr als eine im Rausch festgehaltene Utopie. Für ihn verbarg sich darin eine höhere Erkenntnis, nämlich die Aufforderung zu handeln und die Einsicht, dass es keine Ohnmacht gäbe, sofern wir verstünden, dass wir nicht allein sind. Aus den düsteren, weit aufgesperrten Mäulern eines zweiköpfigen Jaguars schob sich eine menschliche Silhouette, die über sich hinausging und sich sehnsüchtig nach einer sich im Farbenrausch abzeichnenden Menschenschar streckte. Darüber thronten die Umrisse von Sonne und Mond, in Größe und Leuchtkraft einander ebenbürtig und so dicht beisammen, als würden sie sich umschlingen. Ihr Dämmerschein verschmolz mit dem einfallenden Tageslicht und strahlte auf Amaru herab. Er sah aus wie ein Auserwählter, der gescheitert war. Unwiederbringlich.

Jetzt, wo Amaru schon seit vielen Jahren tot ist und die Welt auf ihrer ewig gleichbleibenden Bahn gleitet, frage ich mich manchmal, ob ich mich nicht doch geirrt habe, als ich ihm bei unserer letzten Begegnung einredete, dass ein einzelner Mensch keinesfalls den Verlauf der Dinge verändern könne. Vielleicht war Amaru der Kataklysmus, von dem er immer geträumt hatte: die die Welt zerstörende Katastrophe und ihr Schöpfer zugleich, dazu bereit, alles fortzuspülen im ewigen Zyklus von Werden und Vergehen. Womöglich ruht in uns allen etwas, was uns von uns erlösen kann.

GLOSSAR

A

Abya Yala: Postkolonialer Name aus der Kuna-Sprache für den amerikanischen Kontinent vor Ankunft der Europäer.

Ama qhilla. Ama llulla. Ama suwa: Quechua für Sei nicht faul. Sei kein Lügner. Sei kein Dieb; ethisches Prinzip der Inka und ein Grundsatz der bolivianischen Verfassung.

Amaru: Quechua für Schlange, Anakonda; Symbol des Wissens und der Weisheit; in der Inkamythologie war Amaru ein zweiköpfiges Mischwesen mit den äußeren Merkmalen einer Schlange, eines Vogels und einer Raubkatze; mehrere Sapa Inka betitelten sich als Amaru.

Apires: Bezeichnung für einen Minenarbeiter, der für den Abtransport der gelösten Mineralien zuständig ist.

Apu: Quechua für Herr; Berggottheit.

Ayahuasca: Stark psychedelisch wirkender Pflanzensud, der im Amazonasgebiet für religiöse und rituelle Zeremonien verwendet wird; enthält unter anderem das halluzinogene Alkaloid N,N-Dimethyltryptamin, kurz DMT.

Ayllu: Quechua für Familie, Sippe, Dorfgemeinschaft; politische Einheit der traditionellen Andengesellschaft; Bezeichnung für genossenschaftlich organisierte Gemeinschaften.

Ayni: Aus präkolumbianischer Zeit stammende Form der

gegenseitigen Hilfe, die im Andenraum und dem angrenzenden Tiefland noch heute praktiziert wird.

B

Barretero: Bezeichnung für einen Minenarbeiter, der für das Aufsprengen oder Abschlagen des Gesteins zuständig ist.

Bruja: Spanisch für Hexe.

C

Chaco-Krieg: Militärische Auseinandersetzung zwischen Bolivien und Paraguay um die Region Gran Chaco von 1932 bis 1935; laut der sogenannten Ölthese ist der Krieg durch die in Bolivien und Paraguay konkurrierenden Mineralölunternehmen Royal Dutch Shell und Standard Oil of New Jersey befeuert worden.

Chakana: Quechua für Treppe; Symbol aus dem bolivianischen und peruanischen Andenhochland in Form eines Stufenkreuzes mit einem aufgesetzten Quadrat und einem Loch im Zentrum; das Andenkreuz symbolisierte in der Vorstellungswelt der Inka unter anderem die drei Existenzebenen Hanaq pacha (obere Welt), Kay pacha (diese Welt) und Ukhu pacha (untere Welt).

Chanca: Indigenes Volk im heutigen Peru; mächtigste Gegner der Inka in der ersten Hälfte des 15. Jahrhunderts.

Charango: Zupfinstrument aus der Andenregion.

Chaski: Quechua für Bote; das gut organisierte Netzwerk von Läufern konnte binnen weniger Tage die in Khipus festgehaltenen oder mündlich übermittelten Nachrichten in alle Teile des Inkareiches überbringen; zur Grundausstattung der Chaski gehörten ein Pututu und ein Beutel mit Cocablättern.

Chicha: Im gesamten Andenraum verbreitetes Bier; von den Inka aus Mais gebraut.

Chola: Bezeichnung für indigene Frauen in Bolivien und Peru, die sich nach einer in den 1920er-Jahren aus Europa eingeführten Mode kleiden; die Kleidung der Chola besteht aus zahlreichen übereinandergeschichteten Röcken, einem Schultertuch und einem Bowler-Hut.

Chuquichinchay: Raubkatzensternbild in der Kosmologie der Inka.

Cocalero: Person, die Cocapflanzen anbaut.

Coya: Hauptfrau des Sapa Inka.

G

Gutes Leben: Zentrales Prinzip der indigenen Weltanschauung im Andenraum; das Konzept ist in der 2009 verabschiedeten bolivianischen Verfassung verankert und wird dort als »vivir bien / suma qamaña« bezeichnet; laut Artikel 8 der Verfassung stützt sich der Staat demnach »auf die Werte der Einheit, der Gleichheit, der Inklusion, der Würde, der Freiheit, der Solidarität, der Reziprozität (Gegenseitigkeit), des Respekts, der Komplementarität (gegenseitige Ergänzung), der Harmonie, der Transparenz, der Ausgewogenheit, der Chancengleichheit, der sozialen Gerechtigkeit und der Geschlechtergerechtigkeit bei der Partizipation, dem gemeinschaftlichen Wohlstand, der Verantwortung, der sozialen Fairness, der Verteilung und Umverteilung der Sozialprodukte und -güter, um besser zu leben.«

I

Inkarrí: Abgeleitet von der spanischen Bezeichnung Inka Rey

(Inkakönig); der messianische Mythos des Inkarrí geht auf die dreifache Hinrichtung eines Sapa Inka durch die Spanier zurück: Atawallpa, Tupaq Amaru der Erste und José Gabriel Condorcanqui (Tupaq Amaru der Zweite); in der Prophezeiung heißt es, die Körperteile der Hingerichteten würden wieder zusammenwachsen und der Sapa Inka auferstehen, um für Gerechtigkeit zu sorgen.

Inti: Sonnengott in der Mythologie der Inka.

Intipampa: Quechua für Sonnenfeld; Tempelareal in der ehemaligen Hauptstadt Cuzco.

K

K'oa: Brandopfer für Pachamama.

Kallawaya: Name einer Ethnie in Bolivien und zugleich die Bezeichnung für deren Heiler_innen.

Khipu: Quechua für Knoten und zugleich der Name für die bis heute nicht entzifferte Knotenschrift der Inka; ein Khipu besteht aus einer Hauptschnur und zahlreichen geknoteten Nebenschnüren, die sich in Schlagrichtung, Material (meist Tierhaare) und Farbe unterscheiden.

Khipukamayuq: Person, die Khipus knüpfen und lesen konnte.

Kukamama: Quechua für Mutter Coca; Göttin der Gesundheit und Freude.

Kuraka: Beamter des Inka-Reiches und Anführer eines Ayllus; von den spanischen Eroberern mit Privilegien ausgestattet und als Vermittler genutzt, um Arbeitskräfte und Tribute aus ihren Gemeinden zu mobilisieren und sie den Spaniern auszuhändigen.

M

Mama Killa: Quechua für Mutter Mond; Mondgöttin; Tochter Wiraquchas und Ehefrau Intis.

Mama Uqllu: Tochter Intis und Mama Killas; wurde wie ihr Bruder und Ehemann Manqu Qhapaq aus dem Schaum des Titicacasees erschaffen, um der Welt Gutes zu bringen.

Manqu Qhapaq: Erster, mythischer Herrscher der Inka; Gründer der Stadt Cuzco; Sohn Intis und Mama Killas.

Minero: Spanisch für Bergarbeiter.

Minka: Im Andenraum und dem angrenzenden Tiefland praktizierte, aus präkolumbianischer Zeit stammende Form kommunaler Arbeit, die dem gemeinschaftlichen Wohl dient.

Movimiento al Socialismo: Linkspopulistische und sozialreformerische Partei in Bolivien, die besonders von indigenen Bolivianern Zuspruch erhält; die von Evo Morales geführte Partei ging aus einer sozialen Bewegung hervor und hat seit 2005 alle Präsidentschaftswahlen gewonnen; nach der umstrittenen Wahl im November 2019 und dem Vorwurf des Wahlbetrugs durch die MAS putschten Teile des Militärs und der Polizei, angeführt von evangelikalen und konservativen Politiker_innen; während der folgenden Massenproteste wurden Dutzende MAS-Anhänger von Sicherheitskräften getötet; Morales und einige Kabinettsmitglieder mussten vorübergehend ins Exil gehen; die von der Interimspräsidentin Jeanine Añez Chavez mehrmals verschobenen Neuwahlen fanden im Oktober 2020 statt, die MAS gewann mit absoluter Mehrheit; der Vorwurf des Wahlbetruges gilt inzwischen als widerlegt.

P

Pachakamaq: Quechua für Schöpfer der Welt; nach der Eroberung der pazifischen Küstengebiete wurde die dort verehrte Gottheit in die Mythologie der Inka integriert.

Pachakuti: Quechua für Zeitenwende; der Begriff gilt heute als Ausdruck der Hoffnung auf die Veränderung der Welt.

Pachamama: Quechua für Mutter Erde, Mutter Kosmos; gilt heute im Andenraum als Identitätsfaktor und als Ausdruck von sozialpolitischem Widerstand.

Paititi: Sagenumwobener Zufluchtsort der Inka im peruanischen Regenwald; hier soll der Inkarrí am Tag des Jüngsten Gerichts wiederauferstehen.

Palliris: Bezeichnung für einen Minenarbeiter, der für das Pulverisieren und das Aussortieren der wertvollen Mineralien zuständig ist.

Palo Santo: Spanisch für heiliges Holz; wird im rituellen Kontext verwendet und soll böse Geister vertreiben.

Paqariqtampu: Mythologischer Ort; eine Höhle unweit von Cuzco, aus der Manqu Qhapaq hervorgetreten sein soll.

Puquina: Wichtige Verkehrssprache im Inkareich; gilt inzwischen als ausgestorben.

Pututu: Blasinstrument im Andenraum; wird aus den Gehäusen von Flügelschnecken hergestellt.

Q

Qantuta: Heilige Blume der Inka; Nationalblume von Peru und Bolivien.

Qhapaq Ñan: Königsstraße der Anden; sie war Teil des gepflasterten Straßensystems und ermöglichte die politische und wirtschaftliche Kontrolle des Inkareiches; sie ersteckte sich über mehrere Tausend Kilometer in Nord-Süd-Richtung.

Qina Qina: Ritueller Tanz zu Ehren des Jaguars.

Quena: Südamerikanische Kerbflöte.

Quri: Quechua für Gold.

Qurikancha: Quechua für goldener Tempel, goldener Hof; heiligster Tempel im Inkareich; hier wurden die Mumien der Sapa Inka und ihrer Ehefrauen aufbewahrt.

Qusqu: Quechua für Cuzco, mit der Bedeutung Nabel der Welt; heute Hauptstadt der gleichnamigen Provinz in Peru.

S

San Pedro: Meskalinhaltiger Kaktus, der von Schamanen und Heilern im rituellen Kontext verwendet wird.

Sapa Inka: Bezeichnung für den Inkaherrscher; er galt als Inkarnation von Inti.

Saxra: Bösartige Geister, die den Menschen schaden wollen.

Singani: Ein Weinbrand; bolivianisches Nationalgetränk.

T

Tambo: Quechua für Herberge; Raststätte für Boten.

Tawantinsuyu: Quechua für Reich aus vier Teilen; einstige Bezeichnung für das Inkareich.

Tayta Inti: Quechua für Vater Sonne.

Tío: Spanisch für Onkel; er gilt in Potosí als Gottheit der Unterwelt und Wächter über die Mineralien; die Bergarbeiter hinterlegen bis heute vor den in den Minen stehenden Holzfiguren des Tío Opfergaben wie Alkohol, Tabak und Cocablätter.

Titiqaqa qucha: Quechua für Titicacasee; ursprünglich wohl die Bezeichnung für die Sonneninsel, aus der der erste Inka, Manqu Qhapaq, stieg.

Tocapu: Reihe von Quadraten mit geometrischen Schmuckelementen, die auf Textilien gewebt oder gestickt wurden; diente womöglich als grafisches Kommunikationssystem im Andenraum.

U

Umawa: Quechua für Regenwald östlich der Anden.

Upamarca: In der Inka-Mythologie der Name für das Land der Toten, das Land der Stille; die Seelen der Verstorbenen erreichten diesen Ort, indem sie eine aus Menschenhaar geflochtene Brücke überquerten.

Uturuncu: Quechua für Jaguar; mythologisches Wesen; außerdem der Name eines etwa sechstausend Meter hohen Vulkans mit zwei Gipfeln im Südwesten Boliviens.

W

Wanqara: Trommel aus der Andenregion.

Wiphala: Emblem, bestehend aus sieben Farben und neunundvierzig quadratischen Feldern, das ursprünglich von Andenvölkern verwendet wurde und vor allem in Bolivien und den angrenzenden Andenregionen präsent ist; die Wiphala gilt heute als Symbol der indigenen Bevölkerung und wurde mit Annahme der neuen Verfassung im Jahr 2009 der bolivianischen Nationalflagge gleichgestellt.

Wiraqucha: Von den Völkern der Zentralanden verehrte Schöpfergottheit; Vater von Inti und Mama Killa.

Y

Yacumama: Quechua für Mutter des Wassers; mythologische Riesenschlange, die im Amazonas leben soll.

Yatiri: Hellseher, Heiler, der die Blätter des Cocastrauches deutet.

Yopo: Die gerösteten und gemahlenen Samen einer südamerikanischen Pflanzenart, die psychoaktive Substanzen enthalten.

Yungas: Region in Bolivien, die parallel zum Ostrand der Cordillera Real verläuft; sie bildet den Übergang zwischen dem Andenhochland und dem Amazonasregenwald.

Z

Zambo: Lateinamerikanische ethnische Bezeichnung für Menschen mit schwarzen und indigenen Vorfahren.

Historische Personen

A

Arguedas, José María (1911–1969): Peruanischer Schriftsteller, Übersetzer und Anthropologe, der sich in seinen Romanen und Studien dem Leben und der Glaubenswelt der indigenen Völker verschrieben hatte; seine Forschungsarbeiten und Publikationen trugen wesentlich zur Verbreitung des Inkarrí-Mythos bei.

Artigas, José Gervasio (1764–1850): Uruguayischer General, Politiker und Unabhängigkeitskämpfer.

Atawallpa (um 1500–1533): Spanische Schreibweise Atahualpa;

Inkaherrscher zur Zeit des Einmarsches der Konquistadoren unter Führung von Francisco Pizarro, auf dessen Befehl hin er ermordet wurde.

Azurduy de Padilla, Juana (1780–1862): Freiheitskämpferin in den südamerikanischen Unabhängigkeitskriegen zwischen 1809 und 1825.

B

Banzer, Hugo (1926–2002): Bolivianischer Diktator und Politiker; der nach einem Militärputsch im Jahr 1971 an die Macht gelangte Offizier war während seiner siebenjährigen Herrschaft für zahlreiche Menschenrechtsverletzungen, Ermordungen und das Verschwindenlassen von Andersdenkenden verantwortlich; 1997 gewann er die Präsidentschaftswahlen und trieb die Wasserprivatisierung in Bolivien voran.

Bastidas Puyucahua, Micaela (um 1744–1781): Mitanführerin eines indigenen Aufstandes gegen die Spanier und Ehefrau von José Gabriel Condorcanqui Noguera.

Bolívar, Símon (1783–1830): Südamerikanischer Unabhängigkeitskämpfer und Nationalheld, der maßgeblich für die Befreiuung Venezuelas, Kolumbiens, Panamas, Ecuadors, Perus und Boliviens verantwortlich war.

Braun, Otto Philipp (1798–1869): Deutscher Tiermediziner; später Mitstreiter von Símon Bolívar, Großmarschall und bolivianischer Kriegsminister.

C

Castro, Raúl (geb. 1931) und Fidel (1926–2016): Führende Persönlichkeiten der Kubanischen Revolution; langjährige Staatspräsidenten Kubas.

Chávez, Hugo (1954–2013): Venezolanischer Offizier und Politiker; strebte von 1999 bis 2013 als Staatspräsident Venezuelas einen Sozialismus des 21. Jahrhunderts an.

Cienfuegos, Camilo (1932–1959): Kubanischer Revolutionär und Guerillaführer der Bewegung des 26. Juli.

Condorcanqui Noguera, José Gabriel (1738–1781): Später bekannt als Tupaq Amaru der Zweite; verstand sich als Nachfolger von Tupaq Amaru dem Ersten; er nahm das Leid der Indigenen wahr, kritisierte politische und wirtschaftliche Entscheidungen der spanischen Krone und führte nach erfolglosen Klagen und Gerichtsprozessen ab 1780 einen Aufstand gegen die Kolonialherren an; die Gran Rebelión forderte über einhunderttausend Opfer; Tupaq Amaru der Zweite wurde wie sein Namensvetter hingerichtet.

D

De Bry, Theodor (1528–1598): Goldschmied, Kupferstecher und Verleger; er veröffentlichte unter anderem zwei mit Kupferstichen illustrierte Reiseberichtsammlungen über die Eroberung der Neuen Welt.

De Las Casas, Bartolomé (um 1484–1566): Spanischer Theologe, Schriftsteller und Dominikaner, der sich vom Eroberer und Kolonisten zum Verfechter der Rechte der indigenen Ureinwohner wandelte und die Rechtmäßigkeit der spanischen Eroberungen in den Neuen Welt öffentlich infrage stellte.

De San Martín, José (1778–1850): Südamerikanischer Unabhängigkeitskämpfer.

De Santa Cruz, Andrés (1792–1865): Bolivianischer Unabhängigkeitskämpfer; Präsident von Bolivien und Peru.

De Sepúlveda, Juan Ginés (1490–1573): Spanischer Historiker, Verleger und Philosoph; trat als Gegenspieler von Bartolomé de Las Casas auf und verteidigte das Recht Spaniens, die indigenen Ureinwohner Lateinamerikas aufgrund ihrer Inferiorität zu versklaven.

De Sucre, Antonio José (1795–1830): Südamerikanischer Freiheitskämpfer und Mitstreiter von Símon Bolívar; Präsident von Bolivien.

F

Federmann, Nikolaus (um 1505–1542): Deutscher Handelsagent im Dienst der Welser, Konquistador und Entdecker; führte mehrere Eroberungszüge durch das heutige Venezuela und Kolumbien an; er scheiterte mit seinem Versuch, das Südmeer zu entdecken und starb, der Untreue bezichtigt, im Gefängnis von Valladolid.

G

García Linera, Álvaro (geb. 1962): Ehemaliger Guerillakämpfer, bolivianischer Politiker und Soziologe; Vizepräsident unter Evo Morales.

García Meza, Luis (1929–2018): Bolivianischer General und von 1980 bis 1981 Diktator der Republik Bolivien; sein Regime war in den Drogenhandel involviert; mehrere Tausend Menschen fielen seiner Schreckensherrschaft zum Opfer.

Guerrero, Gonzalo (um 1470–1536): Strandete als Schiffsbrüchiger an der mexikanischen Karibikküste; kämpfte an der Seite der Maya und gilt als Vater der Mestizen.

Guevara, Ernesto »Che« (1928–1967): Revolutionär und Guerillaführer in der Kubanischen Revolution; 1966 ging er als

Anführer einer nationalen Befreiungsarmee nach Bolivien; 1967 scheiterte seine revolutionäre Bewegung, er wurde gefangen genommen und auf Befehl des Präsidenten von einem Feldwebel der bolivianischen Armee exekutiert.

H

Hatuey (?–1512): Häuptling des indigenen Volkes der Taíno auf den Großen Antillen; erster Widerstandskämpfer der Neuen Welt gegen die europäische Kolonialherrschaft; wurde auf dem Scheiterhaufen verbrannt.

Hunt, Nelson (1926–2014), Lamar (1932–2006) und William (geb. 1929): Bekannt als Hunt-Brüder; sie versuchten ab Mitte der 1970er-Jahre den Silbermarkt zu beherrschen; ihre Spekulationen führten letztlich zu einem massiven Einbruch des Silberpreises.

K

Karl V. (1500–1558): Kaiser des Heiligen Römischen Reiches sowie König von Spanien und Herrscher über ein Kolonialreich, in dem die Sonne nie unterging.

M

Maduro, Nicolás (geb. 1962): Venezolanischer Staatspräsident; Nachfolger von Chávez.

Martí, José (1853–1895): Kubanischer Schriftsteller, Nationalheld und Symbol des Unabhängigkeitskampfes.

Morales, Evo (geb. 1959): Kosename Hermano Evo; langjähriger Vorsitzender der Partei Movimiento al Socialismo und erster indigener Präsident Boliviens; nach dem von ihm so titulierten Lithium-Putsch gegen seine Regierung floh er zeitweilig ins Exil nach Mexiko und Argentinien.

N

Núñez de Balboa, Vasco (um 1475–1519): Spanischer Entdecker, Abenteurer und Konquistador.

P

Pancho Villa (1878–1923): Guerillakämpfer und General während der Mexikanischen Revolution von 1910 bis 1920.

Paz Estenssoro, Ángel Víctor (1907–2001): Bolivianischer Jurist, Politiker und viermaliger Präsident; in seiner ersten Amtszeit von 1952 bis 1956 initiierte er mit der Nationalen Revolution einen der relevantesten sozialen Umbrüche in Lateinamerika; während seiner letzten Amtsperiode zwischen 1985 und 1989 förderte er umstrittene wirtschaftsliberale Maßnahmen.

Paz Zamora, Jaime (geb. 1939): Von 1989 bis 1993 Präsident von Bolivien; ging eine umstrittene Allianz mit Exdiktator Banzer ein.

Pizarro, Francisco (um 1478–1541): Spanischer Konquistador, der mit seinem Gefolge das Inkareich unterwarf.

S

Sánchez de Lozada, Gonzalo (geb. 1930): Von 1993 bis 1997 und von 2002 bis 2003 Präsident Boliviens; veranlasste den Ausverkauf der Öl- und Gasvorkommen und floh nach der blutigen Niederschlagung der Gegenproteste in die USA.

Santos Atahualpa, Juan (um 1710–1756): Anführer eines indigenen Aufstandes im heutigen Peru.

T

Tupaq Amaru der Erste (1545–1572): Letzter Sapa Inka und letzter Herrscher des Inkastaates Willkapampa.

Tupaq Katari (1750–1781): Anführer eines Aufstandes der indigenen Bevölkerung gegen die Spanier im heutigen Bolivien.

W

Waskar (um 1500–1533): Spanische Schreibweise Huáscar, 12. König der Inka; im Bruderkrieg mit Atawallpa entmachtet und ermordet.

Wayna Qhapaq (um 1476–1527): Spanische Schreibweise Huayna Cápac, 11. König der Inka; Vater von Waskar und Atawallpa.

Z

Zapata, Emiliano (1879–1919): Führender Akteur der Mexikanischen Revolution ab 1910.

Zárate Willka, Pablo (?–1905): Bolivianischer Offizier und Anführer einer der größten indigenen Rebellionen in der Geschichte Lateinamerikas.

Poljak Wlassowetz, Tschernobyljahrgang. Zahlreiche Recherchereisen haben ihn als Schriftsteller und Politologen u.a. nach Lateinamerika geführt. Er hat mit den Schamanen in den tropischen Wäldern Boliviens gedacht und erkannt, welch Lebenssinn stiftendes Glücksgefühl ein Mensch in jenem Moment empfindet, wenn er sich dazu entscheidet, an die Zukunft zu glauben. Sein Debütroman Mirovia wurde im Jahr 2014 im Open House Verlag veröffentlicht. Poljak Wlassowetz lebt in Berlin.